ドイツ中世スポーツ史研究入門

楠戸 一彦
KUSUDO, Kazuhiko

溪水社

まえがき

　本書の目的は，大きく分けて二つある。一つは，「スポーツ史研究」における歴史的認識の方法論を論定し，研究対象である「スポーツ」概念の意味を分析することである。もう一つは，「ドイツ中世スポーツ史研究」に関する先行研究と史料を解説することである。このような目的を有する本書を上梓する動機は，以下に見るように，これまた二つあった。

　筆者が大学院生（博士課程1年）の時，恩師である故岸野雄三先生（筑波大学名誉教授）が『体育史―体育史学への試論―』（大修館書店，1973年）を出版された。我々はこの本によって「体育」概念の変遷を学び，体育史の「対象と領域」や「研究略史」あるいは「研究法」を学んだ。今日においても，本書は体育史あるいはスポーツ史の研究を志す者にとっては，必読の文献であろう。しかしながら，「歴史の記述は，法則的な把握をふまえたうえで，個性的な理解を求めるべきである」（前掲書，226頁）という岸野先生の見解は，不肖の教え子である筆者には，未だに理解できないままである。どのようにしたら，「法則的な把握」や「個性的な理解」を歴史叙述の中で実現できるのか？。このような疑問が筆者を歴史認識の方法論の問題に向かわせ，本書の第1章が筆者なりの解答である。

　一方，岸野先生の著作が刊行されて以来40年が経過しており，その間に「体育史」あるいは「スポーツ史」の研究環境は劇的に変化してきた。例えば，「体育史」と同様に「スポーツ史」という名称も，「スポーツ史学会」（1988年）の設立に見られるように，現在では研究分野を示す名称として確かな地歩を得ている。しかしながら，「スポーツ」という概念は，今日の学会において必ずしも一義的な意味で使用されている訳ではない。この意味では，「体育」概念の意味分析もさることながら，「スポーツ」概念の意味分析も「スポーツ史研究」の対象を考える上で重要なのではないだろうか。

他方では，今日のスポーツ史研究において，研究対象となる時代と地域あるいはテーマは極めて多様になっている。そうした中で，筆者のライフワークである「ドイツ中世スポーツ史研究」は極めて低調である。わが国ではドイツスポーツ史の研究者は僅かであり，ドイツ中世スポーツ史の研究者は筆者以外にはいない。海外に目を向けても，ヨーロッパ中世のスポーツ史に関する研究者は数名である。こうした状況を考えると，これから「ドイツ中世スポーツ史」を研究しようと考えている諸氏のために，先行研究の歴史や史料の概観を提供することは，それなりの意義があるのではないだろうか。

　さて，本書は5章で構成されている。第1章の「スポーツ史研究の方法的前提」では，スポーツ史研究における歴史認識の目的と方法が論じられている。すなわち，先ず歴史の意味と意義，そして観点の多様性の問題が論じられる。次いで，歴史叙述における概念，因果的説明と歴史的解釈，そして歴史研究の客観性の問題が検討される。

　第2章の「研究対象としての『スポーツ』」では，最初に概念の定義に関する方法論を検討する。次いで，「スポーツ」概念の意味について，日本語の「スポーツ」と英語の「sport」の意味の変遷と，「体育」から「スポーツ」への移行について論じる。そして，遊戯論とスポーツ史研究の立場からの「スポーツ」概念の専門的意味を検討する。最後に，「運動」概念の多義性を検討した上で，「スポーツ」概念の定義を試みる。

　第3章の「競技と体育」では，先ず古代ギリシャとM. ヴェーバー及びG. ジンメルの「競争」概念を検討する。次いでヴェーバーによる「規則」概念を検討した上で，最後に古代ギリシャにおける「ギムナスティーク」概念に関するJ. ユットナーとE. メールの研究を紹介する。

　第4章の「ドイツ中世スポーツ史研究の歴史」では，次の5つのテーマに分けて先行研究を概観する。19世紀の実証主義に基づく研究，20世紀前半の民族史観に基づく研究，1970年代までの文化史観と唯物史観に基づく研究，1970年代以降の多様な歴史観に基づく研究，日本におけるドイツ中世スポーツ史研究。

まえがき

　第5章の「ドイツ中世スポーツ史研究の史料」では，先ず「トーナメント」に関する史料目録を作成し，G. リュクスナーの『トーナメント書』(1530) の内容を紹介する。次に，「射撃」に関して「射手招待状」と道化師による「記録」の目録を作成し，16世紀の年代記作者 P.H. マイルの射撃に関する年代記を紹介する。最後に，15世紀と16世紀の剣術書に関する目録を作成し，剣士団体「マルクス兄弟団」の1566年の規約を紹介する。

　ところで，本書の前半部（第1章から第3章）の内容は，主として筆者が20歳代後半から40歳代前半にかけて読んだ文献に基づいている。この意味では，前半部の内容は既に「古い考え方」かもしれない。また，ドイツ中世スポーツ史研究に関する先行研究と史料の概観（第4章と第5章）は，筆者が広島大学において閲覧していた2010年までの学術誌に基づいている。したがって，先行研究と史料に関しても最新の情報とは言い難い。このような欠陥を有してはいるが，本書がこれからスポーツ史研究あるいはドイツ中世スポーツ史研究に取り掛かろうとしている諸氏にとって，多少なりとも「道しるべ」となるならば，筆者にとってこのうえもない喜びである。

　本書の執筆に当たっては，多くの方々の学恩があった。岸野先生と成田十次郎先生（筑波大学名誉教授）は，筆者を「スポーツ史（体育史）研究」の世界に導き入れ，筆者の研究に厳しくも暖かい指導を常に与えてくれた。成田先生は筆者の学位論文の作成に対しても貴重な助言を与えてくれ，山本徳郎先生（奈良女子大学名誉教授）は学位論文の審査に当たってくれた。山口大学時代の同僚であった渡邉正先生（山口大学名誉教授）と水光雅則先生（京都大学名誉教授，名古屋外国語大学教授）にも感謝したい。渡邉先生は筆者にとって難解であった「論理学」（命題論理学と述語論理学）を一年間に渡って教授してくれた。水光先生との出会いがなければ，K.R. ポパーや C.G. ヘンペルの名前を知ることもなければ，「分析哲学」や「科学哲学」の世界に接することもなかった。広島大学の同僚であった故鶴岡英一先生は，英語論文読解の機会を設けてくださり，筆者の研

まえがき

究に有益な助言を与えてくれた。さらに，故木村真知子先生（奈良教育大学名誉教授）には，彼女がウィーンの M. シュトライヒャーの所に留学していたとき，ドイツ中世スポーツ史関係の先行研究と史料の収集に関して多大な迷惑をおかけした。彼女の助力がなければ，筆者のドイツ中世スポーツ史研究はありえなかった。彼女の早すぎる死去が残念でならない。

最後になったが，本書の内容は筆者がこれまで発表した論文を加筆修正した部分や，新たに書き下ろした部分が混在している。叙述に当たっては可能な限り統一を図るように努めたが，読み難い点や叙述の不統一あるいは誤記があったならば，ご容赦を願いたい。

なお，本書の出版を引き受けていただいた（株）渓水社の木村斉子さんには一方ならぬお世話になった。ここにお名前を記して，深謝の念を表したい。

目　次

まえがき……………………………………………………………………ⅰ

第1章　スポーツ史研究の方法論的前提
第1節　問題の所在と論点 ……………………………………… 3
1．問題の所在　3
2．本章の論点　7
第2節　歴史の意味と意義 ……………………………………… 9
1．歴史の客観的意味　9
2．歴史への主観的意味の付与　11
3．観点の多様性と歴史の意義　14
第3節　歴史の記述と説明 ………………………………………16
1．歴史の記述と概念　16
2．歴史的説明（因果的説明）　20
3．歴史研究の客観性　25
まとめ……………………………………………………………27
注…………………………………………………………………29

第2章　研究対象としての「スポーツ」
第1節　定義の方法論的前提 ……………………………………47
1．「実質定義」と「唯名定義」　47
2．「唯名定義」と「約定的定義」　48
3．「概念」の定義　49
第2節　「スポーツ」概念の意味 ………………………………50
1．「スポーツ」概念の歴史的意味　50
　1)「スポーツ」表記の出現　50

2）第二次世界大戦以前の「スポーツ」の意味　53

　　3）第二次世界大戦以後の「スポーツ」の意味　54

　2．「sport」の歴史的意味　58

　　1）中世英語　58

　　2）近世英語　59

　　3）近代英語　59

　3．「体育」から「スポーツ」へ　60

　　1）「体育学部」から「スポーツ科学部」へ　61

　　2）「体育学研究科」から「スポーツ科学研究科」へ　62

　　3）「体育学会」から「スポーツ学会」へ　63

第3節　「スポーツ」概念の専門的意味 ……………………………65

　1．「遊戯」論に基づく「スポーツ」概念の定義　65

　　1）J. ホイジンガにおける「スポーツ」の意味　65

　　2）R. カイヨワにおける「スポーツ」の意味　67

　　3）A. グットマンにおける「スポーツ」の意味　69

　　4）樋口聡における「スポーツ」の意味　71

　2．スポーツ史研究者における「スポーツ」の意味　72

　　1）M. クリューガーにおける「スポーツ」の意味　72

　　2）J. マクレランにおける「スポーツ」の意味　74

　　3）岸野雄三における「スポーツ」の意味　76

第4節　「スポーツ」概念の定義 …………………………………78

　1．「運動」概念の多義性　79

　2．現象学的運動学における身体運動の分類　82

　3．「スポーツ」概念の定義　85

　注 ………………………………………………………………………85

第3章　競技と体育

第1節　「スポーツ」における「競争」………………………… 101

　1．古代ギリシャにおける「競技」と「競争」　102

        1）「競技」(Athletik)　102
        2）「競争」(Agonistik)　103
    2．G. ジンメルとM. ヴェーバーによる「競争」概念の説明　104
        1）G. ジンメルによる「競争」概念の説明　104
        2）M. ヴェーバーによる「競争」概念の説明　107
  第2節　「スポーツ」における「規則」……………………… 108
            ― M. ヴェーバーを手掛かりにして ―
    1．『シュタムラー論文』におけるヴェーバーの意図　108
    2．「規則」概念の意味　110
        1）「規範」としての規則　111
        2）「規則性」としての規則　111
        3）「格率」としての規則　112
    3．規則の評価的考察　113
        1）方法論的二元論　113
        2）規則の評価的考察　114
    4．規則の経験的考察　116
        1）経験的考察の方法　116
        2）経験的考察の前提としての規則　116
        3）理論的・歴史的考察の対象としての規則　117
  第3節　古代ギリシャにおける「体育」……………………… 118
    1．J. ユットナーによる「Gymnastik」概念の説明　119
    2．E. メールによる「Gymnastik」概念の説明　123
  注　………………………………………………………………… 135

第4章　ドイツ中世スポーツ史研究の歴史
  第1節　実証主義に基づく研究 ― 19世紀 ― ……………… 148
    1．概観　148
    2．J. ビンツの研究　150
    3．K. ヴァスマンスドルフの研究　151

目　次

第 2 節　民族史観に基づく研究—20 世紀前半— ………… 154
　1．概観　154
　2．E. ノイエンドルフと E. メールとの中世スポーツ史論争　156
　3．M. ハーンの研究　158
第 3 節　文化史観と唯物史観に基づく研究 ……………… 160
　　　　—1970 年代まで—
　1．概観　160
　2．G. ルカスの研究　162
　3．K.C. ヴィルトの研究　163
第 4 節　多様な歴史観に基づく研究—1970 年代以降— ……… 164
　1．概観　164
　2．スポーツ史学会の設立と学術誌の刊行　170
　3．学術誌における「中世スポーツ史」研究　172
第 5 節　日本におけるドイツ中世スポーツ史研究 ………… 175
　1．第二次世界大戦以前の「体育史」研究　176
　2．第二次世界大戦以後の「スポーツ史」研究　178
　3．学術誌における「中世スポーツ史」研究　180
　注 ……………………………………………………………… 184

第 5 章　ドイツ中世スポーツ史研究の史料

第 1 節　「トーナメント」関係史料 ……………………… 206
　1．「トーナメント」関係史料　206
　2．G. リュクスナーの『トーナメント書』(1530) の刊行と内容　212
　　1) ゲオルグ・リュクスナーの経歴と紋章官　212
　　2)『トーナメント書』の刊行　213
　　3)『トーナメント書』の内容　217
　　4) 内容の信頼性　219
　　5) トーナメント規則　222
第 2 節　「射撃」関係史料 ………………………………… 223

目　次

　　1．「公開射撃大会」関係史料　224
　　　1）「射手状」関係史料　224
　　　2）「道化師」による公開射撃大会の記録　229
　　2．P.H.マイル（1517-1579）の射撃に関する年代記　235
　　　1）参事会役人としてのマイル　235
　　　2）年代記作者としてのマイル　237
　　　3）射撃に関する写本の成立　238
　　　4）射撃に関する写本の内容　239
　第3節　「剣術」関係史料 ………………………………………… 242
　　1．「剣術」関係史料　242
　　　1）15世紀の剣術書　243
　　　2）16世紀の剣術書　246
　　2．剣士団体「マルクス兄弟団」の規約（1566年）　249
　　　1）資料　250
　　　2）1566年の規約状の邦訳　252
　注 ………………………………………………………………………… 257

あとがき……………………………………………………………………… 271
参考文献……………………………………………………………………… 275
事項索引……………………………………………………………………… 309
人名索引……………………………………………………………………… 315

ドイツ中世スポーツ史研究入門

第1章　スポーツ史研究の方法論的前提

第1節　問題の所在と論点

1. 問題の所在

　周知の「歴史は科学か？」という問題設定に象徴されるような歴史認識の方法論を巡っては，19世紀末にドイツの歴史学界で展開された「文化史論争」を始めとして，今日の「社会史」を巡る社会科学的な歴史認識の方法論に至るまで，既に多種多様な論議が積み重ねられている。それにもかかわらず，改めて「人間の身体運動」を研究対象とするスポーツ史研究における科学的な歴史認識の方法論を論議する理由は，今日のスポーツ史研究者が次のような問題状況に直面していると判断されるからである。

　「スポーツ史」（History of Sports）を巡る研究状況は，岸野雄三が指摘しているように[1]，1970年代以降大きく変化した。例えば，「国際体育・スポーツ史協会」（International Association for the History of Physical Education and Sport, HISPA, 1973），「国際体育スポーツ史学会」（International Society for the History of Physical Education and Sport, ISHPES, 1989），「ヨーロッパスポーツ史学会」（European Committee for Sport History, CESH, 1995）などの国際的な学会の創設や，「北米スポーツ史学会」（North American Society for Sport History, NASSH, 1972），「イギリススポーツ史学会」（British Society of Sports History, BSSH, 1982），「日本スポーツ史学会」（Japanese Society of Sport History, JSSH, 1987）などの国内学会の設立に見られるように，スポーツ史研究の国際的あるいは国内的な学会が結成され，同時にスポーツ史

に関する学会誌や専門誌が創刊された[2]。これらの学会の創設や機関誌あるいは専門誌の創刊は，スポーツ史の研究が組織的かつ国際的に行われるようになったことを反映している，と言えるであろう。

　他方，1970年代以降，例えばフットボールと暴力の問題，産業化とスポーツ，あるいはスポーツとジェンダーなどの研究テーマに見られるように，それまでの教育学的観点からの「体育史的」研究に留まらず，多様な観点から研究が行われるようになった[3]。こうした研究テーマの多様化は，一方では歴史認識の方法論の多様化と密接に関連している。例えばスポーツ史研究における「歴史社会学」「社会史」「歴史民族学」「歴史地理学」といった認識方法に見られるように，スポーツの歴史を社会学や人類学や民族学などの理論に基づいて考察する傾向が見られるようになった[4]。

　このようなスポーツ史研究における研究テーマと認識方法の多様化は，1970年代以降の歴史学界における研究テーマと研究方法の多様化の傾向と決して無縁ではない。周知のように，近年では「社会史」が歴史学における新しい潮流となっている。言うまでもなく，この「社会史」と総称される研究分野における問題設定と研究方法に関しては，必ずしも明確な一致点があるわけではない[5]。しかし，歴史学全般に対して社会史が与えた影響は，従来の国制史（いわゆる「一般史」）と区別される「民衆史」，あるいは「文化史」と称されていた分野における研究テーマの多様化だけではない。例えば「構造史」「時系列史」「歴史民族学」といった方法が示しているように，社会史の影響は歴史研究における認識方法にまで及んでいる[6]。このような歴史研究における認識方法を巡る諸問題は，歴史学における理論と法則の問題，あるいは歴史学における科学的な認識方法の問題にまで及んでいる。こうした問題状況の中で，今日の歴史研究者は「自己省察と基礎研究と理論構成とによって，科学（Wissenschaft）としての歴史という要求を新たに論証する」ことを要請されている，と言えよう[7]。

　スポーツ史研究に留まらず歴史研究全体における研究対象と問題設定あるいは認識方法の多様化，さらには科学的な歴史認識への要請といった問

第1節　問題の所在と論点

題状況を前にして，スポーツ史研究者も自らの歴史認識の方法論に対する再検討の必要に迫られているように思われる。つまり，H. ユーバーホルスト（Horst Ueberhorst）が「現代歴史学におけるスポーツ史の意味と課題」の中で指摘しているように[8]，「スポーツ史（Sportgeschichte）は，歴史学（Geschichtswissenschaft）と同様に，その基礎を新たに省察しなければならない」状況に置かれている。言い換えれば，歴史研究者の一員であるスポーツ史研究者も，「科学的な歴史研究のための認識方法のあり方」を自問することが要請されていると言えよう。

しかし，このようなスポーツ史研究における科学的歴史認識の方法論はいかにあるべきかという問題を前にして，わが国のスポーツ史（体育史）学界における歴史認識の方法論を巡る論議は，必ずしも十分に対応しているとは言い難い。例えば，日本体育学会の機関誌である『体育学研究』（1巻—50巻）における論文を概観すると，僅かに岸野の「スポーツ科学とスポーツ史」（19巻(1974)4・5号，167-174頁）の論稿が見られるだけである。さらに，学会大会における発表（1回—56回）を概観しても，スポーツ史（体育史）学の方法論に関する発表はほとんど見られない[9]。他方では，わが国のスポーツ史研究に対する「社会史」の影響は研究テーマの多様化という点に絞られており，科学的な歴史認識の方法論の問題にまで及んでいないように思われる[10]。

こうした方法論の論議が低調なわが国のスポーツ史（体育史）学界において，スポーツ史（体育史）研究の方法論に関しては，これまでに稲垣正浩，岸野，木下秀明，成田十次郎の各氏が自らの見解を提起している[11]。先ず，稲垣は「スポーツ史学」を，「スポーツ，およびスポーツにかかわる諸現象を歴史的に研究する学問領域」と規定した上で，この学問領域の目的と課題を次のように述べている[12]。スポーツ史の「最終的なねらいは，スポーツの発生とその変遷（容）過程に関するスポーツ史固有の理論を導き出すこと」であり，スポーツ史の課題は「〈人間にとってスポーツは何であったのか〉という歴史的なテーゼから，スポーツの歴史を全体的，構造的に記述すること」である。

岸野は歴史研究の課題を次のように述べている[13]。「歴史の記述は，法則的な把握をふまえたうえで，個性的な理解を求めるべきである」。つまり，「人間の自由な意志的行為は，目的—手段との関係から，個性的に理解されなければならない。しかしそれと同時に，このような事件の生起については，自然法則とちがった歴史法則があることにも注意しなければならない。したがって他方では，人類史全体を前提とした社会発展の法則（仮説）や，各発展段階に即した特殊法則（仮説）にしたがって，歴史を法則的に把握することが必要になってくる」。

木下は，先ず「学問とは解明すべき問題を意識し，これをすべての人が認めざるをえない方法，すなわち若干の仮説にもとづいて事実と論理とをもって組織的に解明する過程である」と規定した後，歴史科学の性格を次のように述べている[14]。「人類は，homo sapiens であるが故に，社会と文化とを発展させてきた。この発展を認めるところに歴史は存在し，何が，いかにしてと疑問を投げかけ，これを客観的に理解しようとするところに，歴史科学は生まれる」。さらに，史料から「推論される史実」は「科学的知見とあわせて論理的に整理されることによって，客観的な歴史を構成してゆく」。この客観的な歴史は「完全な歴史の再現ではないが，発展の歴史として推論しうる範囲でもっとも信頼しうるものをめざさなければならない」。そうすることによって，「発展の歴史をつくり出した力，すなわち歴史の法則や原理もまた明らかになってくる」。

最後に，成田は歴史研究の課題を「事実と事実の関連や，事実の背後にあるものとの『関連を理解する』という知的理解の試みでなければならない」と規定した上で，体育史を研究することの課題を次のように述べている[15]。体育史研究の課題は，「身体形成にかかわる身体運動が（略）（時間的に）いかに，なぜ生成し，移り変わったかを，その時代全体との関連で理解すること」，あるいは「人間の体育活動の事実とその原因を全体的構造的にえがきだすこと」である。さらに，彼は科学としての体育史の「第一歩は，体育史理論の欠如の反省と，その構築作業」であると指摘して，「体育史固有の科学的方法論」あるいは「体育史を科学的にとらえる方法

論」の構築の必要性を強調している。

　以上，4氏の見解を極めて概略的に要約した。しかしながら，岸野の見解を除いて，他の3氏の見解は，方法論的論議の地平において，科学的な歴史認識の方法を検討しているとは言い難い。例えば，成田は「体育史固有の科学的方法論」の構築を主張し，稲垣は「スポーツ史固有の理論」の導出を主張しながら，両氏とも体育史（スポーツ史）に固有の方法論や理論に関して，科学的な歴史認識の方法論の地平にまで踏み込んで議論しているわけではない。さらに，木下は歴史の発展法則を主張しながら，法則を伝える言明の論理学的構造にまで立ち入って議論しているわけではない。

2. 本章の論点

　本稿の目的は，前述のように，スポーツ史研究における科学的な歴史認識の方法はいかにあるべきか，という問題を論定することである。しかしながら，わが国のスポーツ史研究者が科学的な歴史認識の方法論を論議する場合，岸野の歴史認識の方法論との対峙を避けることはできない。というのは，彼は「体育史学への試論」という副題をもつ『体育史』(1973)において，「学問としても歴史としても信頼に値する体育史研究のあり方」(V頁) を，学問論の地平にまで立ち戻って検討しているからである。そこで，本稿では以下のような論点を設定して，岸野の歴史認識の方法論を検討することを通じて，スポーツ史研究における科学的な歴史認識の方法論上の諸問題を論定することにする。

　(1) 歴史の意味と意義の問題。岸野は，特殊な出来事は「客観的な意味」と結合することによって「歴史的な出来事」になる，と言う[16]。しかし，果たして，歴史的な出来事に「客観的な意味」が内在するのであろうか（第2節　1. 歴史の客観的意味？）。むしろ，研究者が出来事に歴史の意味を付与するのではないだろうか（第2節　2. 歴史への主観的意味の付与）。というのは，歴史の見方（観点）は多様であり，

しかも歴史の意義（対象の価値分析）は多様に解釈され得るからである（第2節　3. 観点の多様性と歴史の意義）。
(2) 歴史の記述と説明の問題。岸野は「歴史の究極的な目的は，体系的な理論を叙述することではなく，具体的な事象に即して歴史を描写することにある」が，しかし「体育史は理論と無関係」ではなく，むしろ「歴史の記述は，法則的な把握をふまえたうえで，個性的な理解を求めるべきである」と主張している[17]。彼が主張するように，歴史研究の主要な課題の一つが過去の具体的な出来事の記述にあることは，言うまでもない。この出来事の記述においては「概念」が重要な役割を果たすがゆえに，概念の論理的機能と方法論的意義を検討する（第3節　1. 歴史の記述と概念）。次に，彼は歴史記述の客観性を普遍的な歴史法則との関連性に求めている。そこで，先ず歴史的事実の因果的説明（歴史的説明）における法則の役割を，因果的説明の論理学的構造から明らかにした上で（第3節　2. 歴史的説明（因果的説明）），次に歴史研究の客観性の問題を論定する（第3節　3. 歴史研究の客観性）。

このように，本稿の論議世界は，スポーツ史研究の対象を規定したり，研究領域の分類を試みたり，あるいはスポーツ史における「固有の理論」や「固有の発展法則」そして「固有の科学的方法論」を論定することにあるのではな。繰り返しになるが，本稿の課題は，スポーツ史研究における科学的な歴史認識の方法論を巡る諸問題を論定することにある。ここに，本稿のテーマである「スポーツ史研究の方法論的前提」の意図がある。

ところで，本稿で展開される科学的な歴史認識の方法論に関する基本的な立場は，20世紀の最も偉大な分析哲学者と社会科学者であるK.R.ポパー（Karl R. Popper）とM.ヴェーバー（Max Weber）の科学論に基づいている。しかしながら，本稿では，ポパーとヴェーバーとの科学論（あるいは歴史認識論）の一致と相違を論定したり，あるいは両者の見解をより高次の科学哲学から分析・評価したり，さらには両者とK.マルクス（Karl Marx）の弁証法的史的唯物論との対決を論定しようとするものでは

ない[18]。むしろ，本稿では，わが国のポパー研究者とヴェーバー研究者の知見を助けとしながら[19]，ポパーとヴェーバーの科学論的な知見に基づいて，上述の諸問題に関する筆者自身の見解を提出しようとするものである。

第2節　歴史の意味と意義

1. 歴史の客観的意味

　岸野は歴史的意味について，次のように述べている。「食べるためにリンゴをもぎとる」というような「日常的な出来事」が「歴史的な意味をもつ出来事」になるためには，「その特殊な行為になんらかの客観的な意味が結びつかなければならない。（略）たとえば，チャールズⅠ世（1600-49）がレース（略）のゴルフ場でゴルフを中止して宮殿に帰ったということだけなら，日常的茶飯事を越えた歴史的意味をもつ出来事ではない。それが，スコットランドの反乱を告げる早飛脚の書状をみて，チャールズが急いで宮殿に帰ったとなると，はじめてそれが歴史的意味をもってくる。ゴルフを中止して急いで帰った国王の行動には，その主な動機を支配欲に見い出すことができる。それを理論化した場合が王権神授説であり，やがて，それはこの反乱のときのように，平和と秩序の回復を目的とした武力鎮圧という手段となって現われるのである。このように，人間の自由な意志的行為は，目的—手段との関係から，個性的に理解されなければならない」[20]。このように，彼は，ゴルフの中止という日常的な出来事は理論としての王権神授説と結びつくことによって歴史的に客観的な意味をもつ出来事になる，と主張する。

　しかしながら，「国王のゴルフの中止」に関するこの説明は，彼の論述が依拠しているヴェーバーの方法論に従えば，「歴史の意味」を巡る論議の地平ではなく，まさに「具体的事実の因果帰属」を巡る論議の地平にある[21]。つまり，上述の説明は「国王のゴルフの中止」という具体的出来事

を,「スコットランドの反乱」という具体的出来事に「因果的に帰属」させた説明であり,この因果的説明の手段として用いたのが「王権神授説」という法則論的知識（理論）である。他方,岸野の「客観的な意味」を巡るこの主張においては,「国王のゴルフ」という具体的な出来事を研究対象として選択する際の「観点」,あるいは「問題関心」の問題が抜け落ちてしまっている。

　歴史認識の論議の地平においては,歴史の「意味」[22]の問題は,「歴史に意味が内在しているかどうか」,あるいは「歴史には客観的な意味があるかどうか」というように定式化される。この問題に対する解答では,一方では事実そのものに客観的な意味が内在していると考える立場と,他方では認識主体が事実に主観的な意味を付与すると考える立場とが区別される。本稿では,前者を「事実―意味の一元論」,後者を「事実―意味の二元論」と呼ぶことにする[23]。ここでは,事実―意味の一元論を検討し,事実―意味の二元論に関しては次項で検討することにする。

　事実―意味の一元論の立場に立つ人たちは,世良晃志郎が指摘しているように,「事実そのものがある特殊の性質（他に類のないような個性的な性質,あるいは逆に非個性的な法則的な性質,原因としての作用力の強さなど,学者によって見解がちがう）を客観的にもっていて,この性質の故にその事実が『歴史的事実』になる」と考える[24]。このような事実自体が特殊な性質を客観的に内包しているという主張では,さらに,個々の事実に「個性的な性質」が内在すると考える立場と,全体としての歴史に「非個性的な法則的な性質」が内在していると考える立場とが分けられる。前者の立場は,事実自体に客観的な意味が内在しているのであるから,事実さえ明らかにすれば,歴史の意味が自ずから明らかになる,と主張する。周知の「事実をして語らしめる」というこの立場は,しばしば批判の対象となる「実証主義的立場」である。他方,全体的な歴史に法則的な性質が内在するという立場（本稿では「法則主義的立場」と呼ぶことにする）の代表は,マルキシズムの立場である。事実と意味の問題に対するマルキシズムの基本的な立場は,次のような林毅の主張に代表されるだろう。「マルキシズ

ムにあっては，歴史の発展法則も事実としての歴史の中に既に内在しているのであり，ただそれが正しく反映されるかされないかが階級的立場によって違ってくるのであって，プロレタリアートの立場に立っている時にのみ人間の思考は歴史の発展法則を正しく把握し，それを認識されたものとしての歴史として示すことができるのである」[25]。

歴史的事実に客観的な意味が内在すると考えるこのような実証主義的立場と法則主義的立場は，基本的には，後述の概念を巡る「本質主義」（第3節　1．歴史の記述と概念）と，存在―当為の「方法論的一元論」（第3　3．歴史研究の客観性）とに依拠している。本質主義と方法論的一元論に依拠する事実―意味の一元論の立場には，次のような問題点が存在する。

(1) 歴史的出来事の選択を規定するのは認識主体の価値関心である，という視点が欠落している。
(2) 客観的意味の「正しい反映」を判断する「絶対的規範」は存在せず，この主張は価値言明と事実言明との混乱を引き起こし，しかも価値言明の妥当性の主張は無限後退に陥る。

いずれにしても，事実―意味の一元論の立場では，「歴史の意味は客観的な事実自体に内在しているわけであるから，いろいろの歴史の見方はありえないことになり，いったん一定の歴史認識が確実なものとして前提されると，それ以外の新しい見方はすべて排除されることになり易い」[26]。

2. 歴史への主観的意味の付与

歴史に客観的な意味が内在すると考える事実―意味の一元論的な立場に対して，事実―意味の二元論の立場は，歴史の意味が事実自体に客観的に内在しているのではなく，認識主体の問題関心（価値関心）を通じて事実に歴史的な意味が付与される，と考える。ポパーが「歴史には意味が無いにも関わらず，われわれは歴史に或る意味を与えることができる」とか，「事実そのものは意味を持っていない。事実が意味を獲得するのは，われわれの決断を通じて初めてそうなる」（事実―決断の二元論）と述べている

ように[27]，歴史的な出来事はそれ自体では何の意味をもっていない。この出来事が歴史的事実としての意味を獲得するのは，認識主体の問題関心に基づく「選択」によるのである。というのは，歴史的な出来事は無限に多様であり，個々の出来事は無限の性質及び変化を示し，この無限に多様な出来事す・べ・て・が認識主体の関心（興味）を引くわけではないからである。したがって，研究あるいは記述の対象となる過去の出来事は，認識主体の「歴史的関心」に基づいて選択された出来事だけである。

例えば，ドイツ中世の年代記を取り上げてみると，年代記作者は彼が経験した（観察することのできた）す・べ・て・の出来事を記述しているわけではない。作者が記述しているのは，例えばトーナメントや射手祭などのように，彼が関心を抱いた出来事だけである。と同時に，記述された出来事に関しても，その出来事の性質が「全面的に」記述されているのではなく，トーナメントの賞品や参加者など，何らかの観点に基づいて記述されている。他方では，年代記の背後には作者の関心を引くことなく記述されなかった，それこそ無数の出来事が眠っているのである。あるいは，テレビによる野球中継を取り上げてみても，われわれが見るテレビ画面は野球場でのすべての出来事を中継しているわけではない。われわれが見る画面は，複数のカメラ画面からテレビ局のディレクターが「おもしろい」と判断して選択した画面だけである。

このように，無限に多様な出来事は，認識主体の価値関心からの主観的な選択によって歴史的意味を与えられ，歴史的事実となる。したがって，スポーツ的にせよ政治的にせよ，何らかの観点を前提としない対象の選択は有り得ない。例えば，「国王のゴルフの中止」という出来事をスポーツ史的な観点から取り上げるのか，政治史的な観点から取り上げるのかという判断は，認識主体の問題関心に依存している。したがって，岸野が主張するように，過去の出来事は「客観的な意味」を有する法則や理論との関連性において，「歴史的に意味のある出来事」になるのではない。むしろ，スポーツ史研究の対象として「国王のゴルフの中止」という出来事が選択された時点で，既にこの出来事にはスポーツ史的な観点からの歴史的な意

味が与えられているのである[28]。この出来事を政治的な諸理論によって説明することは，出来事の選択とは異なった地平にある問題である。

　さて，過去のいかなる出来事をいなかる観点の下で選択するかということは，上述のように，認識主体の主観的な価値関心あるいは問題関心に依存している。しかし，ヴェーバーが「歴史家の選択は歴史的関心に規定されており，歴史的関心には『絶対的規範』は存在しない」と述べているように，観点を前提とした対象の選択には客観的に妥当する絶対的な基準は存在しない[29]。というのは，この選択基準の妥当性の議論は「無限後退」に陥ってしまうからである。例えば，スポーツ史の研究において「現代スポーツ史を研究すべきである」という主張の背後には，例えば中世スポーツ史よりも現代スポーツ史の方が重要であるという価値判断がある[30]。こうした中世スポーツ史と現代スポーツ史のどちらの問題が重要であるかという議論では，両者の重要性を判断する基準の妥当性が問題となる。しかし，この判断基準の妥当性を判断するには，より上位の判断基準が必要であり，より上位の判断基準の妥当性は，それより上位の判断基準から判断せざるを得ず，こうして判断基準の妥当性の問題は「無限後退」に陥ってしまう。したがって，歴史研究（だけでなく，科学的研究）における対象の選択には，絶対的な選択基準は存在しない。こうした選択基準の妥当性の議論における無限後退を避けるためには，後述するように，むしろ認識目的との関連において選択基準を明確に提示すべきである。

　以上のように，事実—意味の二元論の立場においては，
(1) 歴史に客観的な意味が内在しているのではなく，歴史に意味を与えるのは認識主体の主観的な価値関心である。
(2) 歴史的事実の記述は観点に基づく選択を前提としている。
(3) 観点には絶対的な規範が存在せず，「主観的な」観点が存在するだけである。

3. 観点の多様性と歴史の意義

　歴史研究において，研究対象の選択を導くのは研究者の主観的な問題関心であるが，同時に観点を前提としない研究は有り得ない。この観点の設定を導くのは，岸野が主張するような「一般法則や発展法則」なのではない[31]。むしろ，観点の選択は研究対象の価値の分析，つまり対象の価値関係に依存している。この点に関して，ヴェーバーは対象を科学的に問題にしうる様々な論理的観点を，ゲーテ（Johann Wolfgang von Goethe）のフォン・シュタイン婦人宛の手紙の「意味解釈」（価値関係）から，次のように具体的に説明している[32]。

(1) ゲーテの内面的生活からの影響と痕跡を因果的に「解釈」する歴史的事実として，つまり「一つの因果的連鎖の実在的構成部分」として。

(2) 「ゲーテの歴史的固有性」（「ゲーテの個人的並びに文学的生活の言動を決定的に左右していたような一種の生活態度や人生観」）を明らかにするための認識手段として。

(3) 「他の時代や社会層の生活態度と異なって当時あの階層に（略）『類型的』であった精神的態度の固有性と，その表現形式としての生活態度の固有性」とを認識するための「類型的範例」として。

(4) ゲーテの「独自的な固有性からすれば全く重要でない構成要素」から，「文化心理学」とか「社会心理学」における「類概念」を獲得するための手段として。

(5) 「文化科学的関心」をすべて欠いているとしても，「例えば性愛心理学に関心をもつ精神病医」にとっての，あるいは様々な「有益な」観点の下での，「理念型的」実例として。

　これら五つの観点の中で，第1の観点は「歴史的連関の因果的構成要素」，つまり「歴史的個体」としての方法論的意義をもっている。これに対して，第2から5までの観点は他の歴史的個体を認識するための「認識

第 2 節　歴史の意味と意義

手段」である。

　このように，観点の導出は対象の価値分析に依存している。対象が有する価値は極めて多様であり，認識主体の価値関心も多様であるから，観点も極めて多様である。したがって，対象の選択の際に絶対的な選択基準が存在しないのと同様に，観点の選択の際の絶対的な選択基準も存在しない。というのは，いかなる観点を選択するかということは，認識主体の問題関心に規定されているからである[33]。

　観点を導出する対象の価値分析は，対象の歴史的意義の分析，つまり歴史的評価の問題と密接に関連している。この歴史的評価について，ヴェーバーは次のように述べている[34]。歴史的評価は，「対象をその独自の固有性において評価すること」である。この評価は，「対象の固有性，他とは比較し得ない独自なもの，唯一のもの」の評価と，「『科学的な』取り扱いの，つまり解釈の対象となるための根拠となる」ような評価，すなわち「意味解釈」との，ふたつの方向がある。後者の意味解釈では，さらに，「対象と価値とがいかに関係するか，その様々な可能性」を分析する「価値解釈」と，評価された対象に対する無限に多様な「態度決定」の分析的な解釈とが区分される。したがって，意味解釈は対象の評価の際の可能な「立場」と「着眼点」とを発見することである。

　このように歴史的評価には，(1) 対象の「固有性」の評価，(2) 対象の可能な価値関係，(3) 対象に対する態度を決定する主体の直接的な価値判断，という三つの方法がある。したがって，歴史的意義を論じる場合には，これらの評価をどの地平で論じるのか，ということが明示される必要がある。しかし，歴史的評価における「価値の妥当性は，経験的真理としての因果関係の妥当性に対して，何か原理的に異質なもの」であり，「客観的に妥当する評価」の問題は歴史的評価の地平を越えた問題である，ということも銘記しておく必要がある[35]。というのは，さもなければ事実言明と価値言明との混同を避けることができないからである。

　このような対象の歴史的な意義の分析（歴史的評価）は，しかし「本来の経験的作業の最高に重要な予備作業」にすぎない[36]。つまり，歴史研究

において研究者は,「対象の現実的な評価の段階から出て,可能的価値諸関係という理論的分析的考慮の段階に入り,そうして対象から『歴史的個体』を形成」する[37]。この意味で,「対象の『固有価値』の『解明』に研究の分析が留まっている限り,因果的帰属の研究は顧慮されず」,ここでは「歴史家は僅かに歴史的な問題の礎石であるにすぎない」[38]。したがって,再構成された歴史的個体の因果的説明こそが歴史研究の本来の課題である,と言えよう。

　以上のように見てくれば,例えば「特殊な出来事の価値への関係づけが,歴史的説明の内容になる」とか,「歴史学でいわれる『解釈』とは,批判を経て確かめられた諸事実について,それらの意味を捉え,過去を理解すること」というような岸野の主張は,ヴェーバーの見解を援用しながらも,ヴェーバーによる価値問題の検討が不十分なままに終わっていることが明らかになる[39]。この対象の歴史的意義の分析（歴史的評価）に関しては,上述の三つの評価方法を明確に区別することが肝要である。しかも,このような評価問題と事実問題との論議世界の相違を銘記する必要があろう。

第3節　歴史の記述と説明

1. 歴史の記述と概念

　スポーツ史研究に留まらず歴史研究も「経験的な事象」を対象とする研究分野である以上,経験科学的な認識の方法に依拠せざるを得ないことは言うまでもない。ポパーは経験科学の主要な課題について,次のように述べている。「われわれが経験する事物と出来事を記述することと,これらの出来事を『説明』すること,すなわち普遍法則の助けを借りて,これらの出来事を記述すること」である[40]。しかしながら,過去の特殊な出来事を対象とする歴史研究の課題は,「普遍法則の定立」にあるのではない。むしろ,歴史研究の主要な課題は,過去の特殊な出来事から歴史的事実を

再構成（記述）し，この歴史的事実を因果的に説明することにある[41]。ここでは，歴史的事実の再構成（記述）の際の概念の問題を検討し，法則と因果的説明の問題についてはは次項で検討することにする。

前節で見たように，歴史の研究においては，認識主体の問題関心から研究対象が選択され，研究対象の価値分析に基づく観点にしたがって歴史的事実の再構成が試みられる。この再構成された歴史的事実は，例えば「ドイツ中世の都市におけるトーナメント」のように，時間的・空間的に定位され，具体的かつ個別的である。この意味で，再構成された歴史的事実は一つの「歴史的個体」を成している。この歴史的個体の構成，つまり歴史的事実の記述に当たっては，様々な「概念」が使用される。そこで，以下では，概念の定義と意味の問題，及び歴史的概念構成とその論理的機能の問題とを検討することにする。

前節で論じた事実―意味の一元論に基づく実証主義的立場と法則主義的立場は，論理学的に見ればアリストテレス以来の概念を認識の出発点とする伝統的な古典論理学である名辞論理学を基礎としており，概念の問題に関しては「本質主義」の立場に立っている[42]。この本質主義的な立場では，概念の問題は例えば「スポーツとは何か」というように「……とは何か？」（What is……?）と定式化され，解答は「対象（スポーツ）の本質を明らかにする」ことによって行われる。というのは，スポーツというような普遍名辞は，「真なる存在」である「実体」とか「本質」と呼ばれる普遍的対象を指示しているからである。しかも，この本質は「知的直感」によって発見される。このように，本質主義における定義では，知的直感によって発見された普遍的対象の本質をすべて記述することが要請される。したがって，本質主義における概念（主語＝被定義項）の意味とは普遍的対象の「すべての本質を言語的に表現した名辞」（述語＝定義項）であり，概念の内包は「すべての本質的性質」である。こうした本質主義を基礎とする科学的探求では，普遍的対象（本質）への接近が認識の目的となる（「方法論的本質主義」）[43]。しかしながら，本質主義における概念の論議では，次のような問題を解決することが不可能である[44]。

(1) 真なる本質的定義と偽なる本質的定義との区別。
(2) 単なる用語上の約束と本質的定義との区別。
(3) 本質的性質を確定する判断基準に関する無限後退の回避。

これに対して，事実—意味の二元論は，概念ではなく文（言明）を認識の出発点とする現代の命題論理学あるいは述語論理学を基礎としており，概念の問題に対しては「唯名主義」の立場に立っている。唯名主義は，普遍名辞が指示する普遍的対象（本質）の存在を否定する。というのは，言語（名辞）は無限に多様な経験的事象を指示する有限の言語的記号であり，言語が「記号としての意味をもつのは人間の社会的な記号活動の結果」であるからである[45]。したがって，唯名主義における普遍名辞は，「単一の諸事物から成る集合もしくは部類の諸性質に付けられた名称（ラベル）」にすぎない[46]。

言うまでもなく，概念は普遍名辞によって表される。唯名主義においては，概念の内包は「この語が指示する対象が共有すべき諸性質」であり，概念の意味は「この語が指示する対象または性質」である。それゆえ，概念のいかなる内包（性質）を選択するかは認識目的に依存しており，しかも観点を前提として選択された内包は定義によって示される[47]。したがって，唯名主義における定義は本質を表現する事実言明ではなく，言語の用法に関する約束を示す当為言明であり，言明の論理学的な「真—偽」問題にはなじまない。例えば「スポーツとは競争的身体運動である」という言明は，スポーツという概念を競争的身体運動という内包（性質）を有する語として使用しようという提案であり，この言明が論理学的に真か偽かは問題とはならない。さらに，この内包に「遊戯的」という性質を加えるかどうかは，認識目的にとって必要かどうかという問題に帰着する。このように，本質主義における概念が認識の目的であるのに対して，唯名主義における概念は認識の手段にすぎない（「方法論的唯名主義」）[48]。

さて，歴史的事実の記述の際に使用される概念は，「客観的事実」を単に模写しただけの名辞ではない。むしろ，概念は一定の観点から対象の諸性質に着目して構成された理論的構成体であり，ヴェーバーの言う「理想

第3節　歴史の記述と説明

型的概念」である。ヴェーバーによれば，理想型的概念は「一個の，または若干の観点の一面的高揚によって，そしてこの一面的に高揚された観点に一致するような，ここには多くあそこには少なく，所によっては全く無いというように分散して存在する夥しい個々の現象を，それ自体において統一された一つの思想像に結合することによって獲得される。この思想像はその概念的な純粋性において現実のうちにはどこにも経験的には見い出され得ない。それは一個のユートピアである」[49]。この理想型的概念は，発生的概念と同じ原理にしたがって構成される。つまり，理想型的概念は，例えば「トーナメント」や「射手祭」といった概念の構成に見られるように，類と種差あるいは対象の平均から構成された概念ではなく，特定の観点（例えば，スポーツ的な観点）から対象を発生的に構成した「思想像」である。このように，理想型的概念は一つの思想像であるから，「歴史的実在であるのでもなければ，まして『本来の』実在であるわけではない」[50]。

このようにして構成される理想型的概念は，歴史研究においては次のような方法論的な意義を有している。

(1) 理想型的概念の構成は，歴史的個体やその個々の構成要素を発生的に捉えようとする試みである。
(2) 理想型的概念の構成に当たって，後述の「客観的可能性判断」を適用することによって，後述の「因果帰属」の訓練となり，同時に仮説の形成に方向を与えることになる。
(3) 理想型的概念を「実在を比較し測定する概念手段として使用するならば，研究にとっては高い索出的価値を有し，叙述にとっては高い体系的価値を有する」と同時に，仮説の検証にもなる[51]。

最後に，理論的構成体である理想型的概念はあくまで普遍概念であり，普遍言明によって示される「法則」とは論理学的な地平を異にしていることに留意しなければならない。しかも，理想的的概念は「歴史的研究の対象として形成された場合には，個性的価値概念，つまり諸価値理念との諸関係によって構成された価値概念」である[52]。つまり，理想型的概念の構

成は，前述の対象の「意味解釈」に依存している。したがって，この概念を説明する言明は，既に観点を内包しており，ポパー的な意味での「テスト」が不可能である。むしろ，理想型的概念を説明する言明は，ポパーが指摘するように「右辺から左辺へと」読まれなければならず，そうすることによって理想型的概念は，歴史事実を「解釈」する「理論的モデル」としての方法論的な意義を獲得する[53]。

2. 歴史的説明（因果的説明）

岸野は歴史研究における「法則的把握」と「個性的な理解」について，次のように述べている。「人間の自由な意志的行為は，目的—手段との関係から，個性的に理解されなければならない。しかしそれと同時に，このような事件の生起については，自然法則とちがった歴史法則があることにも注意しなければならない。したがって他方では，人類史全体を前提とした社会発展の法則（仮説）や，各発展段階に即した特殊法則（仮説）にしたがって，歴史を法則的に把握することが必要になってくる。」「だから，歴史の記述は，法則的な把握をふまえたうえで，個性的な理解をもとめるべきである」[54]。というのは，「一般的法則や仮説との関連性を考えない限り，まったく主観的な歴史記述になってしまう」からである[55]。歴史記述の客観性を保証する法則（Law, Gesetz）は，「事物間の不変の関係を意味し，行為の規範（Norme）やルールとは区別される。したがって歴史の法則という以上，歴史学は社会発展の本質的な不変の関係を見出さなければならない。ところで，これまで歴史の法則といわれてきた学説は，次のように2大別することができる。その第1はシュペングラーやトインビーなどの循環論であり，その第2はランプレヒトやマルクスなどの段階説である」[56]。このように，岸野は法則を事物間の本質的な不変の関係と理解し，さらに法則を「一般法則」と「特殊法則」に，あるいは「自然法則」と「歴史法則」に区分する。しかも，彼の念頭にある歴史法則は「循環論」や「段階説」である。しかしながら，彼は法則を表す「普遍命題」の論理

第3節　歴史の記述と説明

学的構造にまで踏み込んで，歴史法則を検討しているわけではない。そこで，以下では，先ず（1）現代の命題論理学と記号論理学に依拠しながら，経験科学における「因果的説明」の論理学的構造（原因と結果，予測とテスト）を明らかにし，次いで（2）歴史認識における因果的説明（「歴史的説明」）を検討し，最後に（3）岸野が主張する「一般的歴史法則」の問題点を検討することにする。

　科学的説明には発生的説明や統計的説明あるいは理由による説明などが挙げられるが，法則との関連で問題となる説明は「因果的説明」である[57]。ポパーは特殊な出来事の因果的説明の論理学的構造を，次のように分析する[58]。ある特殊な出来事を因果的に説明することは，その出来事を記述した言明を，「(1) 自然法則の性格をもった普遍的言明と，(2) 当面する特殊事例に関した『初期条件』と呼ばれる特殊な諸言明」との二つの前提から演繹することである。例えば，「ある糸が切れた」という特殊な出来事の因果的説明は，「ある与えられた構造S（略）をもつすべての糸には，ある特徴的な重さWが存在しており，それは，Wを越えるいかなる重さがそれに加わっても，その糸が切れるという意味での特徴的な重さである」という仮説と，「S1なる構造をもつすべての糸にとって，その特徴的な重さWは1ポンドに等しい」という仮説，つまり「普遍的自然法則という性格をもった」仮説である二つの普遍的言明と，「これはS1なる構造をもつ糸である」と，「この糸に加えられた重さは2ポンドである」という初期条件を示す二つの単称的な言明から，演繹的に説明される。このように特殊な出来事の因果的説明で使用される法則が一つであることは極めて稀であり，通常はいくつもの法則が使用されている（「包摂法則理論」（Covering-Law Theory））[59]。

　このように，説明の対象となる出来事を記述する単称言明と，普遍言明で表わされる法則と，初期条件を記述する単称言明とが，因果的説明の論理学的構造を成している。この構造においては，法則と初期条件から「予測言明」を演繹することが可能である。通例，法則との関連において，初期条件は「原因」と呼ばれ，予測言明は「結果」と呼ばれる。したがっ

21

て，原因の説明，結果の予測，理論（法則）のテストとの論理学的構造は同一である[60]。この場合，具体的な出来事の説明に関心を向けるか，法則の発見とテストに関心を向けるかは，認識主体の問題関心に依存している。こうした問題関心の観点に立てば，「主として普遍法則を発見し，それをテストすることに関心をもつ」科学を「理論的科学」，「あらゆる種類の普遍法則を当然のことと前提し，単称的言明を見い出して，それをテストすることに関心をもつ」科学を「歴史的科学」と呼ぶことができる[61]。この意味では，例えば歴史社会学のように，過去の出来事を対象としながらも，そこからの理論の発見に関心を抱いておれば，その研究は理論的科学と呼ぶことができるであろう。

　前述のように，歴史の研究は過去の出来事を一定の観点から歴史的事実（歴史的個体）として再構成し，この事実を因果的に説明することを主要な課題としている。このように，「歴史学は，法則や一般化といったものよりは，むしろ現実の特殊的な，つまり特殊な様々な出来事に対する関心によって特徴づけられる」[62]。すなわち，歴史の研究は，(1)「与えられた単称的な仮説をテストすること」と，(2) ある特殊な出来事（被説明項）が与えられると「その被説明項を説明するような特称的初期条件（略）を求めること」を主要な課題としている[63]。この場合，ある特殊な出来事が他の特殊な出来事の原因であるというのは，上述のように，法則との関連において言えるだけである。しかしながら，歴史的事実の因果的説明においては，この法則は「当然のこと」として暗黙の内に前提されており，特に具体的に明言されることは稀である。というのは，「例えば，もしジョルダノ・ブルーノの死の原因は火刑台で焼かれたことであったといったとしても，われわれには普遍法則―すべての生物は強い熱にさらされると死ぬ―をことさら述べる必要がない」からである[64]。このように，歴史的事実の因果的説明における普遍法則は，「日常的な経験を通じて，何人にもよく知られている」から，それが意識されることは稀である[65]。他方，「何故ブルーノが火刑台に送られたのか」という疑問に対する初期条件（原因）は極めて錯綜しており，歴史の記述において，各々の初期条件に対応

する法則を一つ一つ定式化して，明言することはほとんど不可能である。

とは言え，歴史的説明においては法則に関する知識が全く不必要である，というのではない。むしろ，ヴェーバーが「歴史家の認識が具体的結果の具体的原因への帰属だとすれば，何かある個性的な結果を妥当な仕方で帰属せしめることは，『法則定立的』知識（略）を用いずしては一般に不可能である」と言うように，「法則的知識」の利用は初期条件（原因）の発見に重要な役割を果たしている[66]。この法則的な知識の利用は，「客観的可能性」のカテゴリーの使用に他ならない。ヴェーバーによれば，「事件の個性的性格をすべて再現し，因果的に解明すること」は不可能であり，(1)「個々の状況が論議される出来事と何の関係もない」時，(2)「本質的な構成要素が個々の状況と関係なしに生じる」時，その状況や要素は「因果的に重要でない」と判断される。そうして，「最初の決定的な因果帰属は，事の成り行きを事実上因果的に構成しているもろもろの構成分子の中から，一つまたは2・3の分子を取り出し，それをある方向で変化させて考えることであり，このように変化を加えられた経過の諸条件の下で（略）実際と同じ結果が『期待』されたであろうか，さもなければどのような違った結果が『期待』されたであろうか，を問うことに他ならない」[67]。このように，可能性判断は「特定の条件を除外したり，変更する際に何が生じるであろうか，という事に関する言明」であり，可能性というカテゴリーは「経験規則」への関連，つまり，「『生起の規則』についての肯定的な知識，つまり『法則論的』知識」との関連を意味している[68]。

このように，歴史的事実の因果的説明においては，ある具体的な出来事の諸原因を記述する際に個々の法則を明言することはない。しかし，種々の初期条件（諸原因）を発見する手続きにおいては，法則に関する知識が方法論的に重要な役割を果たすのである。この意味で，歴史研究者は「法則の発見者」ではなく，「法則の利用者」なのである。

最後に，岸野の言う普遍的な歴史法則，つまり人間の歴史全体を前提とした社会発展の法則に関して，若干の検討を加えておきたい。

(1) 普遍的な歴史法則，あるいは「全地域的な規模の一元的な世界的世界史」を構想することは，ポパーの言う「全体論」(Holism) に陥る[69]。前節で論議した観点あるいは記述の選択性という前提に立てば，「事物のあらゆる性質あるいは様相の総体，特に事物を構成する諸部分の間に成り立つあらゆる関係の総体」という意味での全体的な記述は，そもそも不可能であるからである[70]。

(2) リンゴの落下という自然現象は「万有引力の法則」という単一の法則だけによって説明しきれるものではない。この説明では，「重力法則以外にも，われわれは風圧とか，枝が動く運動とか，リンゴの軸内における張力や，衝撃を受けてリンゴが受けた外傷とか，を説明する諸法則を考慮しなければならず」，したがってリンゴの落下を単一の法則によって説明することは不可能である[71]。

(3) 複雑に錯綜した歴史的事実を単一あるいは一群の法則によって説明することが不可能であるがゆえに，例えば「古代の貴族を担手とした王朝風の運動遊戯」から「中世の騎士や武家を代表とした尚武的運動遊戯の形態」への発展を，法則的に説明することは不可能である[72]。しかも，論理学的に見れば，こうした言明は普遍言明ではなく，特定の時空間に限定された特定の対象に関する「単称言明」である[73]。

(4) 他方では，法則の論理学的な観点に立てば，例えば「文明化してすべてが機械によって代行されるようになれば，実用術として発生した人間の運動形態は，純粋遊戯形態へと分化する」という言明は，存在言明の主張であり，法則的な普遍言明として定式化し得ない[74]。この言明は，「文明化」という初期条件に依存しており，この初期条件が持続する限り，実用的な運動形態が純粋遊戯形態へと分化するという一定の傾向あるいは趨勢を示している。このように，発展法則は初期条件に依存した趨勢命題であり，普遍言明による法則とは言えない[75]。

3．歴史研究の客観性

　岸野は歴史研究の「客観性」について，次のように述べている。「一般法則や仮説との関連性を考えない限り，まったく主観的な歴史記述になってしまう」，あるいは「歴史叙述の一般性は，全人類的な一般法則や各段階の特殊法則によって確立される」[76]。このように，彼は歴史研究の客観性が一般法則との関連性において確立されると主張する。しかし，前節で彼が主張する「一般的歴史法則」が成立し得ないことを指摘した。それでは，歴史研究の「客観性」はいかにして保証されるのであろうか。

　ヴェーバーは，「社会科学的認識の『客観性（Objektivität）』は，経験的所与はなるほど常に価値理念——これのみが社会科学的認識に認識価値を与える——に基づいて規整され，この価値理念からその意義が理解されるのであるが，しかしながら認識の妥当性を経験的に証明することが出来ないということのための足場とは決してされない，ということに依存している」と指摘して，科学的認識の客観性の根拠を「価値理念」に求めた[77]。既に「第1節　3．観点の多様性と歴史の意義」で指摘したように，過去の出来事の選択は認識主体の問題関心に依存し，歴史的事実の再構成に当たっては対象の価値解釈（価値分析あるいは価値関係）が方法的に重要な役割を果たし，普遍概念である理想型的概念の構成においても価値解釈が方法的に重要な役割を果たしている一方で，価値判断の基準の妥当性の問題は無限後退に陥る。しかしながら，歴史の研究においては価値解釈に基づく観点を前提としている以上，価値判断の問題を避けて通ることは不可能である。そこで，価値問題を「没—価値的」に論議するよりも，むしろ自らの価値的立場を「価値—自由」（Wert-Freiheit）に明示して，論議することが肝要になってくる。というのは，問題関心や観点の論議の地平における「『客観性』はなによりもまず自己の立脚している前提，すなわち価値理念を自覚することを基盤とする」からである[78]。したがって，例えば「スポーツの現代史研究の必要性」を主張する場合には，必要性を唱える根拠と

なる自らの判断基準（評価基準）を，意識的にせよ無意識的にせよ曖昧なままにしておくことは許されず，むしろ自らの判断基準を論議の中で明確に提示することが要請される。

　他方では，価値問題の論議においては，「実践的命令の規範としての妥当性と，経験的事実の確定の真理としての妥当性ということとは，問題の地平を異にしている」ということを明白に認識すべきである（「方法論的二元論」）[79]。というのは，「推論において前提のいかなる部分にもふくまれていない要素は，結論にもふくまれえない」という論理学の規則に従えば，一定の事実（存在言明）から一定の規範（当為言明）あるいは価値判断（評価言明）を演繹することは不可能であるからである[80]。例えば，「ドーピングは体に害を与える」（存在言明）がゆえに，「ドーピングを禁止すべきである」（当為言明）という主張は日常的にしばしば見られる見解であるが，論理学的は誤った主張である。この場合，われわれは「体に害を及ぼすすべての薬品は禁止されるべきである」という当為言明（価値判断）を暗黙の内に前提としている。したがって，上述の「価値―自由」の基準と論理学的な規則とを遵守しようとすれば，この前提を明確に提示する必要がある。

　さて，科学的認識の客観性は認識主体に内在するのではないという点では，ポパーも同じ見解である。ポパーも方法論的二元論を支持し，観点の主観性を認める。すなわち，彼は前者に関して，「*ある事実を言明する文から，規範や決断，あるいは例えば政策の提言などを言明する文を引き出すことは不可能である*」と述べている[81]。後者に関しては，「疑いもなく，観点のない歴史は有り得ない」のであるから，初期条件の錯綜性からくる因果的説明の困難さを避けるためには，「*予め考えられた選択的観点というものを，自らの歴史に導入すること，つまり我々の関心を引くような歴史を書くことである*」と指摘している[82]。このように，方法論的二元論と価値―自由に関して，ポパーの見解とヴェーバーの見解は重なり合うところが多い。

　しかし，客観性を巡るポパーとヴェーバーの相違は，ポパーが科学の客

観性を「批判的伝統」に求めている点にある。彼によれば,「科学の客観性とは,種々の科学者の個人的な事柄なのではなく,科学者がお互いに批判しあうという社会的な事柄」なのであり,「批判的方法の客観性にある。それは特に次の2点,つまりいかなる理論も批判を免れないということと,批判の論理的補助手段である論理的矛盾のカテゴリーが客観的であることにある」[83]。つまり,「科学的言明の客観性は,それらが間主観的にテストされる (inter-subjectivity tested) という事実にある」[84]。したがって,理論科学にせよ歴史科学にせよ,科学的研究における客観性の論議では,研究者相互の「合理的な批判」の伝統が不可欠である。

ヴェーバーにせよポパーにせよ,科学的認識の客観性の問題が科学者の個人的な事柄に還元される問題ではない,という点で一致している。とりわけ,科学的客観性が「ある程度まで社会的諸制度に基礎をおいている」ことを主張するポパーの指摘は,客観性の問題を考えるうえで重要な示唆を含んでいるように思われる[85]。

まとめ

本稿の課題は,スポーツ史研究における科学的認識に関する方法論上の諸前提を,経験科学の方法論の地平から論定することにあった。そこで,最後に,これまで述べてきた論点を整理することによって,スポーツ史研究における方法論上の前提を明らかにしておきたい。というのは,前節までにおいて論議してきたことは,経験科学的な歴史認識に共通な方法論であり,スポーツ史研究が経験科学的な歴史研究である以上,これらの方法論に依拠せざるを得ないからである。

(1) 歴史の意味は,特殊な出来事に客観的に内在するのではない。過去の出来事は,無限の多様性を示している。この中からいかなる出来事を選択するかは,研究者の主観的な問題関心あるいは価値関心に基づいている。このように,歴史に意味を与えるのは研究者の主観的な価値観であり(事実―意味の二元論),しかも対象の選択には絶対的な基

準は存在しない。
(2) 歴史的事実の再構成の際の観点は多様であり，この観点を導出するのは対象の価値分析と価値関係である。しかし，観点の選択には，出来事の選択の場合と同様に，絶対的に妥当する基準が存在しない。
(3) 歴史的事実の再構成の際に使用される概念は，普遍的対象である「真なる存在」(本質) を表現するものではない (本質主義の否定)。むしろ，概念は同一の性質をもつ対象のクラスに対するラベルである (唯名主義の支持)。
(4) 歴史研究で使用される概念は，特定の観点を前提とした理論的構成体であり，この意味では「理想型的概念」である。したがって，理論的構成体である概念と事実とを混同することは許されない。
(5) 理想型的概念は公理的理論ではない。むしろ，理想型的概念は歴史的個体を構成するための理論的モデルである。この理論的モデルは，概念を説明する言明を「右から左へ」と読むことによって意味が与えられ，それによって歴史的事実を解釈するための判断基準となる。
(6) 科学的認識における因果的説明は，論理学的には法則と初期条件と予測命題から構成されており，この意味では理論科学と歴史科学との間に論理学上の相違があるわけではない。むしろ，理論科学は法則の発見とテストに，歴史科学は初期条件の発見とそのテストに関心を抱く。したがって，歴史の研究では，過去の特殊な出来事に関心を抱くがゆえに，法則を定立することが課題なのではない。
(7) 歴史的事実を因果的に説明するために，単一あるいは複数の一般的歴史法則を指定することは不可能である。というのは，一般的歴史法則の指定は「全体論」に陥るからである。他方では，歴史的事実の説明においては，錯綜した初期条件に対応する法則をそれぞれ明記することは不可能である。
(8) 歴史的事実の因果的説明に法則的知識が不必要なのではない。この知識は，歴史的事実の原因を発見する手続きにおいて，重要な方法的役割を果たす。

(9) 歴史的事実の意味解釈あるいは歴史的評価においては，解釈あるいは評価の基準を明確に提示すべきである．
(10) 歴史研究の客観性を巡る論議では，存在言明―当為言明に関する方法論的二元論を堅持すべきである．
(11) 科学的研究の客観性は，問題関心と観点の論議の地平ではヴェーバー的な意味での「価値―自由」によって保証され，記述と説明の論議の地平ではポパー的な意味での「研究者相互の間主観的な論議の可能性」によって保証される．

このように見てくれば，スポーツ史（歴史）研究の課題は，各研究者の問題関心に基づいて選択された過去の出来事の中から，(1) 理想型的概念を使用しながら，一定の観点の下に歴史的事実を再構成し，(2) 法則的知識を利用しながら，この歴史的事実を因果的に説明することにある，と言えるであろう．

注
1) 1970年代以降のスポーツ史研究に関する変化については，岸野雄三の次の論考を参照されたい．スポーツ史研究の現状と課題，スポーツ史研究，1 (1988):1-8．転換期を迎えたスポーツ史の研究―問題の所在と接近の方向―，スポーツ史研究，10(1997):1-12．
2) スポーツ史研究に関する学術団体と学術誌については，第4章第4節の「2．スポーツ史学会の設立と学術誌の刊行」を参照されたい．
3) 例えば，フットボールと暴力に関しては Elias, N. & E. Dunning, Folk Football in Medieval and Early Modern Britain. In: Elias, N. & E. Dunning (ed.), Quest for Excitement. Oxford 1986, pp.175-190 を，産業化とスポーツに関しては Eichberg, H., Der Weg des Sports in die industrielle Zivilisation. Baden-Baden 1979² と，Guttmann, A., From Ritual to Record. The Nature of Modern Sports. New York 1978 を参照．スポーツとジェンダーに関しては，飯田貴子・井谷恵子編著，スポーツ・ジェンダー学への招待，明石書店，2004年を参照．
4) 例えば，歴史社会学的な研究に関しては，前注のダニングとアイヒベルク及びグットマンの一連の研究を参照．歴史民族学的な研究に関しては，Blanchard, K.& A.T. Cheska, The Anthropology of Sport. An Introduction. Massachusetts 1985（大林太良監訳，寒川恒夫訳，スポーツ人類学入門，大

修館，1988年）を参照。歴史地理学的な研究に関しては，Bale, J., Sport and Place. A Geography of Sport in England Scotland & Wales. London 1982 を参照。わが国において「社会史」という名称を付したスポーツ関係の最初の論稿は，筆者の知る限り，次の論文であるように思われる。根上優，民衆娯楽と社会史—イギリススポーツ史の新たな問題領域を探る試み—，体育・スポーツ社会学研究，1(1982):77-94。また，わが国の民族学的あるいは文化人類学的なスポーツ史研究に関しては，次の文献を参照。寒川恒夫，遊びの歴史民族学，明和出版，2003年。

　ところで，岸野は「1970年代以降のスポーツ史研究は，社会学との提携を深め，歴史学と社会学との学際的な領域となり，スポーツ史はその中核を社会史に置くような時期に到来したといえよう」と指摘している（スポーツ史の現状と課題，スポーツ史研究，1(1988):7)。ただ，岸野は「社会史」に関して，「支配集団の高級文化から一般諸階層の民衆文化への視座の転換」を指摘するに留まり，社会史が提起した社会科学的歴史学の方法論には言及していない（前掲書，6頁）。この他，J.W. ベリーマンは『Journal of Sport History』の創刊10年を記念した「回顧特集」の「序文」(10(1983)1:5-6) において，次のように述べている。「1970年代初期には，イギリスの経験的な伝統を受け入れる傾向にあり，この伝統によってスポーツ史の多くは記述的かつ物語的であった」。しかし，1970年代半ば以降，学問的探求にとって意義ある領域としてのスポーツ史の可能性が肯定的に評価されるようになり，「スポーツ史家は，一般史家と同様に，理論を再発見し，社会学や人類学や政治学における諸観念に関心を示し始めた」。この他，ヨーロッパにおけるスポーツ史の研究動向に関しては，この「回顧特集」におけるA. グットマンの論稿（Guttmann, A., Recent Work in European Sport History, pp.35-52) と，阿部生雄の論稿（イギリス・レジャー史，スポーツ史の中の社会史論争—その断章—，体育の科学，39(1989)8:647-651）を参照。

5) 阿部謹也は「社会史研究の主題」を「人間と人間の関係の変化を明らかにすること」と規定している（ヨーロッパ・原点への旅　時間・空間・モノ，社会史研究，1(1982):1-81。ここでは2頁）。O. ブルンナーは「社会史という言葉で私が理解するのは，ある『専門分野』の対象となりうる特定の個別領域ではなく，一つの考察様式，すなわち，人間と人間集団をその共同生活，その社会関係においてみる見方である」と，述べている（Brunner, O., Neue Wege der Verfassungs- und Sozialgeschichte. Göttingen 1980³, S.80，石井他訳，ヨーロッパ—その歴史と精神—，岩波書店，1974年，115頁）。増田四郎は自らの言う「社会史」について，「しいていえば，支配と団体の双方をふくめた『社会』構造の歴史，その転換の諸相をあとづけるということなのである。そして出来ればそれのグローバルなスケールでの比較をおこなう方法

を模索したい」と述べている（社会史への道，日本エディタースクール出版部，1982年，143頁）。J. コッカは「社会史」という概念で三つの意味を区別している。「第一は，歴史学の内部における部分史としての社会史であり，第二は，社会全体の歴史としての社会史（即ち『社会構造史』）であり，第三は，『構造史』の意味で用いられている社会史である」（ユルゲン・コッカ，早島瑛訳，社会史の概念と方法，思想，663(1979):61-89。ここでは66頁。Kocka, J., Sozialgeschichte Begriff - Entwicklung - Probleme. Göttingen 1977 の特に 70-111 頁をも参照）。

6) 「社会構造史」については，前注の増田とコッカの見解を参照。時系列の歴史学と社会史における数量化の方法に関しては，ル・ロワ・ラデュリ，樺山他訳，新しい歴史［歴史人類学への道］，新評論，1981年を参照。歴史民族学に関しては，ジャック・ルゴフ，二宮宏之訳，歴史学と民族学の現在—歴史学はどこへ行くか—．思想，630(1976):1-17 を参照。

7) Ueberhorst, H., Sinn und Aufgabe einer Sportgeschichte in der modernen Geschichtswissenschaft. In: Ueberhorst, H.(Hg.), Geschichte der Leibesübungen. Berlin/München/Frankfurt a.M. 1980, Bd.3/1. S.7.

8) Ebenda.

9) 日本体育学会では，1962年の第13回大会における体育史専門分科会のシンポジウムで「体育史研究法をめぐる諸問題」が取り上げられている。また，1980年の第36回大会での体育史専門分科会のシンポジウム「体育史における近代化について—ハンネス・シュトローマイヤー論文をめぐって—」において，唐木国彦が「H. シュトロマイヤーの『近代化』論における社会史の方法について」と題して発表している程度である。関春南が雑誌『体育科教育』(1988年12月号，70-71頁）において，「今こそ，体育・スポーツ史研究の方法論の論議と現代史研究を」と題する小論を発表したが，この論稿が学界内で論争にまで発展することはなかった。さらに，本章は拙稿の「研究ノート：スポーツ史学の方法論的前提」（広島大学総合科学部紀要 VI　保健体育学研究，7(1989):1-28) の修正・加筆であるが，この紀要論文が公刊された後も，スポーツ史研究における歴史認識の方法論が学界において論争の対象になることはなかった。

10) 例えば，スポーツ史学会第1回大会 (1987年）での野々宮徹の「スポーツ文化の周縁性に関する一考察」や小沢英二の「1896年のニューヨーク・サイクル・ショーに関する史的考察」，第2回大会 (1988年）での奈良重幸の「"LOVE" その解釈をめぐって」など。しかし，注4で指摘した岸野の理解に見られるように，わが国のスポーツ史研究者の間では，「社会史」を「民衆史」あるいは政治史以外の「個別史」（スポーツ史）と理解したり，数量化的方法と理解する傾向が強く，むしろ社会史の方法論上の問題，特にマルク

31

ス主義的な歴史理解とヴェーバー的な歴史理解との対決，あるいは社会科学的な歴史認識の方法という側面への関心が希薄であるように思われる。
11) 本稿は，スポーツ史研究の認識方法論に関する内外の諸見解を，学説史的に検討することことを目的としているのではない。この点に関しては，岸野の一連の研究，及び注7で挙げたユーバーホルストの研究が参考になる。特に，ユーバーホルストの研究は，歴史学全体における方法論を巡る論議を検討した後に，ドイツのスポーツ史研究者による諸見解を検討している。
12) 稲垣正浩，スポーツ史学，日本体育協会監修，岸野雄三編，最新　スポーツ大事典，大修館書店，1987年，582-583頁。さらに，彼は『スポーツ史講義』(稲垣正浩・谷釜了正編著，大修館書店，1995年)の中で，「スポーツ史とは，スポーツ文化の『現在』を知ることであり，そのための重要な手がかりを提供する学問分野の一つである」(3頁)，あるいは「スポーツ文化の『現在』を知ることが，スポーツ史のもっとも大きな役割なのである」(4頁)と述べている。
13) 岸野雄三，体育史—体育史学への試論—，大修館書店，1973年(特に，第4章「体育史の研究法」)。体育の歴史的研究法，日本体育学会編，体育学研究法，体育の科学社，1961年，351-386頁。スポーツ科学とスポーツ史，体育学研究，19(1974)4・5:167-174。スポーツ科学とは何か，朝比奈・水野・岸野編，スポーツの科学的原理，大修館書店，1977年，77-133頁。ここでは『体育史』の226頁。
14) 木下秀明，日本体育史研究法，前川・猪飼・笠井他編，現代体育学研究法，大修館書店，1976年，438-448頁。ここでは438-439頁。
15) 成田十次郎，外国体育史研究法，前川・猪飼・笠井他編，現代体育学研究法，大修館書店，1976年，448-458頁。体育史，東龍太郎監修，保健体育学体系8　体育学事典，中山書店，1962年，23-48頁。ここでは「外国体育史研究法」の451-453頁。
16) 岸野雄三，体育史，225頁。
17) 前景書，iii頁，226頁，傍点は原文のまま。
18) 浜井と碧海の研究に見られるように，社会科学の方法論に関するヴェーバーとポパーの見解は多くの点で一致している。しかし，両者の根本的な相違は，ポパーの「反証可能性」の基準に見られるように，理論や法則の論理学的基盤にあるように思われる。浜井修，ウエーバーの社会哲学　価値・歴史・行為，東京大学出版会，1982年。碧海純一，新版　法哲学概論　全訂第一版，弘文堂，1979年。

　ところで，柳父圀近(ウエーバーとポパー　科学観の交錯と現代，歴史と社会，4(1984):81-104)は，ポパーの法則や反証可能性の理論が自然科学をモデルにして構築されたと理解している。しかし，彼はポパーの科学方法論

が現代論理学に基づいている点を見逃しているように思われる。なお，丸山真男・世良晃志郎，歴史のディレンマ―マルクス，ウエーバー，ポパーをめぐって―，『創文』200号記念特集号（1980年9月），26-43頁も参照。

19) 本稿の作成に当たっては，世良晃志郎の『歴史学方法論の諸問題 第二版』（木鐸社，1983年）における諸論稿と，前述の浜井と碧海の著作を特に参考にした。

20) 岸野雄三，体育史，225-226頁。

21) 因果帰属と法則に関しては，本章「第3節 2. 歴史的説明（因果的説明）」を参照。

22) オグデン／リチャーズ（石橋幸太郎訳，意味の意味，新泉社，1985年，第9章「意味の意味」，261-287頁）が指摘しているように，「意味」という概念自体が多様な意味を内包している。しかし，「歴史の意味」が問題になる場合の「意味」は「価値関係的な意味」を示している。というのは，そこでは「取り上げるに値する歴史的出来事かどうか」という観点から，「歴史の意味」が問題になるからである。したがって，ここで問題となる「意味」は，史料の文脈的解釈としての意味を指し示しているのはない。

23) 世良（前掲書，6-8頁）は，歴史の意味に関する考え方を「事実主義的思考」と「主体的思考」とに区分している。本稿では，問題が事実と意味の論議世界にあることを考慮して，「事実―意味の一元論」と「事実―意味の二元論」とに区分した。

24) 世良晃志郎，前掲書，6頁，傍点は原文のまま。世良は「事実さえ明らかになれば，そこからおのずからにして歴史の意味や脈絡が浮かび上がってくるであろう」と考える立場を「素朴実証主義」と呼んでいる。この立場では，正確な事実の収集とその叙述だけが歴史研究の任務とされ，概念・理論・法則などは全く無縁なものと考えられる（同書，5頁）。しかしながら，他方では，歴史学が経験科学の一分野であろうとするならば，経験的に検証可能な事実（史料によって検証可能な事実）を対象にする，という経験科学にとって基本的な実証的立場は堅持されなければならないだろう。経験科学については，注の40と61を参照。

25) 林毅，西洋法史学の諸問題，敬文堂，1982年，183頁，傍点は原文のまま。林は本文で引用した部分の前で，次のように述べている。「第一にマルキシズムは，世良教授とは異なって，事実そのものないし事実の複合体である現象そのものの中に，人間にとって一定の意味を有する性質（質）が含まれていると考える。そしてこの事象が有している質は，人間の社会的実践の過程で，経験という形で人間に印象づけられ，意識に反映せしめられ，思考による抽象化を経て『概念』化せられるということになる。但し，その際に，その人間が実践の過程でどういう立場に立っているかによって，その意

第1章　スポーツ史研究の方法論的前提

味は正しく反映されもするし，歪んだ形でも反映されうる。いうまでもなく，プロレタリアートの階級的立場に立っている時にその意味は最も正しく反映されるのであり，そうしていわゆる『歴史の発展法則』も認識されることになるのである」。

26) 世良晃志郎，前掲書，7頁。
27) Popper, K.R., The Open Society and its Enemies. London 1980[5], Vol.2. pp.278-279. 以下では「Open」と省略。武田弘道訳，自由社会の哲学とその論敵，世界思想社，1980年，408-409頁。なお，以下のポパーとヴェーバーの引用は，筆者の責任において訳出した。ポパーは「歴史に意味はあるか？」という疑問に対しては，「歴史は意味を持たない」と主張している（Popper, Ibid. p.269. 武田訳，400頁）。

　ヴェーバーも事実と意味とを明確に区別している。「『文化』とは，意味のない無限の世界生起の中から，人間の立場によって意味と意義をもって考え出された有限の断片である」，あるいは「文化実在の認識はすべて，（略）常に，特殊化された特別な観点の下での認識である」。Weber, M., Gesammelte Aufsätze zur Wissenschaftslehre. Hg. von J. Winckelmann, Tübingen 1982[5], S.177-178. 以下では「WL」と省略。恒藤恭校閲，富永祐治・立野保男共訳，社会科学方法論，岩波書店，1968年，58-60頁。

28) このように見てくれば，そして後述の概念と法則とに対する岸野の見解をも考慮するならば，歴史の意味を巡る彼の立場は，基本的には「事実―意味の一元論」（特に「法則主義的立場」）に立っている，と言えよう。注の44をも参照。

29) Weber, M., WL, S.233. 森岡弘通訳，文化科学の論理学の領域における批判的研究，エドワルト・マイヤー／マックス・ウエーバー，森岡弘通訳，歴史は科学か，みすず書房，1970年，99-227頁。ここでは128-29頁。さらに，ヴェーバーは「何が研究の対象となるか，またどこまでこの研究が因果連関の無限の中に広げられるかを規定するものは，研究者および彼の時代を支配する価値理念である」（WL. S.184. 富永・立野訳，64頁）と述べている。この意味では，岸野が指摘するように，「問題の提起やテーマの選択にはたしかに時代的な傾向がみられる」のである（体育史，267-68頁）。

　ところで，研究対象の選択が認識主体の問題関心に依存するのであるから，ポパーが主張するように，あらゆる科学的認識の出発点をなすのは問題である。「認識は知覚や経験，あるいは資料（データ）や事実の収集と共に始まるのではなく，問題と共に始まる」，「科学的な研究の出発点となるのは観察自体ではなく，特別な意味をもった観察，つまり問題産出的な観察である」。Popper, K.R., Die Logik der Sozialwissenschaften. In: Adorno, T. W., Albert, H., Dahrendorf, R., Habermas, J., Pilot, H., Popper, K.R., Der Positivis-

musstreit in der deutschen Soziologie. Neuwied/Berlin 1971[3], S.103-122. ここでは 104-105 頁。以下では「Sozial」と省略。城塚登・浜井修訳, 社会科学の論理―ドイツ社会学における実証主義論争―, 河出書房新社, 1986[4] 年, 110-111 頁。
30) 関春南は「今こそ, 体育・スポーツ史研究の方法論の論議と現代史研究を」と題する小論 (『体育科教育』1988 年 12 月号, 70-71 頁) において, 「体育・スポーツの現代史研究 (者) が極めて少ない」理由を, 体育・スポーツ史研究の中で支配的であった「実証主義史学の方法」に求めている。しかし, 彼は「史実を選びだすことの基準・価値判断こそ, 現代の関心, 問題意識, 課題意識からなされる」と指摘しながら, なぜ近代史に比べて現代史が重要なのかということの判断基準を明示していない。さらに, 「『事実』はそれのみで意味をもつものではなく, 事実と事実との間にある全体的連関と法則の中ではじめて, 『歴史的事実』としての意義と価値が与えられる」という彼の法則主義的立場に基づく見解は, 本稿の立場からすれば, 受け入れ難い主張である。
31) 岸野雄三, 体育史, 269 頁。
32) Weber, M., WL, S.241-245. 森岡訳, 139-145 頁。
33) このような観点の主観性を認めない論議は, 世良が主張するように, 「自己の世界観を予め事実の世界に投影しておいて, このことを明確に自覚しないまま, 客観的な現実自体が自分の世界観と同じ構造をもっていると認識するところに成立する」(前掲書, 9 頁)。なるほど, 観点の選択は原則的には自由である。しかし, 実際には, 観点の選択には一定の歯止めがかけられる。世良は観点の妥当性の基準として次の 3 点を挙げている。(1)「何らかの社会的意味をもった観点」かどうか, (2) 何らかの意味で現在との関連を有した観点かどうか, (3)「より包括的な諸事実を総合的に把握しうるような観点」かどうか (前掲書, 34 頁)。
34) Weber, M., WL, S.245-246. 森岡訳, 145-148 頁。
35) Weber, M., WL, S.261. 森岡訳, 170 頁。とりわけ, 「対象に対する態度を決定する主体の直接的な価値判断」は, 経験科学的な歴史研究においては, 厳に戒められるべきであろう。
36) Weber, M., WL, S.512. 中村貞二訳, 社会学ならびに経済学における "価値自由" の意味, 山口経済学雑誌, 17(1967)5・6:92-112, 18(1968)1:87-96, 18(1968)2:82-93, 18(1968)3:84-93。ここでは 18(1968)1:90。
37) Weber, M., WL, S.252. 森岡訳, 156 頁。
38) Weber, M., WL, S.263. 森岡訳, 173 頁。
39) 岸野雄三, 体育史, 208 頁, 286 頁。
40) Popper, K.R., Open, Vol.1, p.32. 武田訳, 30 頁。分析哲学者の C.G. ヘンペ

ルは経験科学の目的について，次のように述べている。「経験科学には二つの主要な目的がある。即ち，我々の経験世界における特殊な現象を記述することと，それによって説明かつ予測されうるような一般的原理を確立することである。ある科学分野における説明と予測の原理は，仮説的一般化と理論において言明される」。Hempel, C.G., Fundamentals of Concept Formation in Empirical Science. Chicago 1952. p.1. 碧海は「経験科学」を「実在世界のありかたについて経験内容をもつ命題を仮説として提示し，それを経験的データにてらしてテストし，なかんずく，能うかぎり法則的な仮説をたてて，それによって事象を説明し予言することを任務とする諸学問」と定義している（法哲学概論，183 頁）。本稿で言う「経験科学」は，基本的には，分析哲学者のポパーとヘンペルの見解に依拠している。

41）ポパーは歴史研究の課題について，次のように述べている。「歴史は，様々な特殊な出来事の説明だけではなく，特殊な出来事それ自体を記述することにも，関心をもっている。歴史の最も重要な課題の一つは，明らかに，興味ある諸事件をその特殊性あるいはユニークさにおいて記述することである」。Popper, K.R., The Poverty of Historicism. London 1979². pp.146-147. 以下では「Poverty」と省略。久野収・市井三郎訳，歴史主義の貧困　社会科学の方法と実践，中央公論社，1968¹⁰ 年，221 頁。岸野はヴィンデルバンドとリッケルトに言及しながら，歴史研究の課題について次のように述べている。「歴史として問題」となるのは，「いま，ここで起こった特殊的出来事の意味が問われてくるのである。つまり，特殊な出来事の価値への関係づけが，歴史の説明の内容になるのである。しかし，リッケルトも指摘したように，個性化的記述は，勝手な主観的評価であってはならない。だが，それが妥当性をうるためには，特殊的なものをあつかう学問の原理が必要となり，この原理による一般化が要求されてくるのである」（体育史，208 頁）。ここで言う「学問的原理」とは，「法則」（歴史法則）を意味している。

42）「本質主義」（Essentialism）という表現は，ポパーの造語である。彼は，伝統的に「実念論」（Realism）と呼ばれる名称が「観念論あるいは唯心論」（Idealism）と呼ばれて誤解を招くがゆえに，これを避けて「本質主義」という名称を造語した（Poverty, p.27. 久野・市井訳，50 頁）。ポパーによる本質主義（方法論的本質主義）の批判と唯名主義（方法論的唯名主義）の擁護に関しては，「Poverty」の「10. Essentialism versus Nominalismus」（pp.26-34. 久野・市井訳，49-60 頁），及び「Open」の「11. The Aristotelian Roots of Hegelianism」（Vol.2. pp.1-26. 武田訳，176-198 頁）を参照。

43）方法論的本質主義における「科学的研究が事物を説明するためには，事物の本質に迫らなければならない」という主張は，アリストテレスに始まる（Popper, K.R., Poverty, p.28. 久野・市井訳，52 頁）。こうした方法論的本質主

義からスポーツを論じた代表として，Diem, K., Wesen und Lehre des Sports und der Leibeserziehung. Berlin 1960² (福岡孝行訳，スポーツの本質と基礎，法政大学出版局，1962⁵ 年)を挙げることができる。

ところで，碧海(法哲学概論，29-31 頁)によれば，「Xの本質は何か」という型の問題は「不完全問題」である。不完全問題とは，「厳密な分析を介すればある程度までは答えられる相対的な仮象問題」であり，仮象問題とは「文法上一応疑問文としての体裁を整えてはいるが，それに対して答えることが原理上不可能であるような文」である。稲垣(スポーツ史講義，3-8 頁)が「スポーツ史とは何か」と問いかける時，碧海の言う「不完全問題」あるいは「仮象問題」を意識しているとは思われない。

44) Popper, K.R., Open, Vol.2. p.291. Note 42. 武田訳，注の部，191 頁。伝統的な古典論理学である名辞論理学では，例えば「人間は正直である」という言明を日常的な文法的表現と捉えるから，この言明では「人間」と「正直」というクラスの包括関係だけが問題となり，現代の記号論理学で問題となるような「人間でもなく正直でもない」というクラスは問題とならない。ここに名辞論理学の論理学上の限界がある(沢田允茂，現代論理学入門，岩波書店，1968，121-126 頁)。なお，「真―偽」問題に関しては，注 83 を参照。

ところで，岸野は「現在解決を要する緊急な課題は，第1に体育に関する基本概念を明確に規定すること，第2に，それらの関係を体系的に把握することである」と指摘して，概念規定の明確化と体系化を試みている(体育史，1章　体育概念の変遷，2-53 頁。特に，3. 基本概念の体系的把握，35-53 頁)。このように，概念の明確化と体系化の問題を「体育史学への試論」の出発点していることと，後述の法則概念に関する「本質的」理解に見られるように，認識方法論に対する彼の基本的な立場は，概念を認識の出発点とした「方法論的本質主義」に基づくものであると言わざるを得ない。他方，岸野の体育概念論を批判する佐藤も，内包とは「その概念が適用される事物・事象をそれらしめている本質的徴表の総体」であると主張しているように，基本的には本質主義的立場に立つものである。佐藤臣彦，体育概念における範疇論的考察―体育概念に関する岸野理論の批判的検討を通して―，筑波大体育科学研究紀要，8(1985):9-21。ここでは，11 頁。身体教育を哲学する―体育哲学叙説―，北樹出版，2003 年，70 頁。このように，岸野も，彼を批判する佐藤も概念の認識に関しては，伝統的な古典論理学である名辞論理学の範囲に留まっている，と言えよう。

45) 碧海純一，法哲学概論，116 頁。言語の記号的機能と現代論理学における概念との問題に関しては，同書の「第4章　記号の意味と解釈」(100-138 頁)を参照。ポパーは言語の機能として，次の四つの機能を挙げている。(1) 表出的あるいは徴候的機能，(2) 刺激的あるいは信号的機能，(3) 記

述的機能，(4) 論証的機能。Popper, K.R., Conjectures and Refutations: The Groth of Scientific Knowledge. New York/London 1968. p.295. 以下では「Conjectures」と省略。藤本隆志・石垣壽郎・森博訳，推測と反駁　科学的知識の発展，法政大学出版局，1985 年，546 頁。

46) Popper, K.R., Poverty, p.27. 久野・市井訳，50 頁。碧海は「概念」を「同一の内包をもつ語の集合」であると定義している（法哲学概論，117 頁）。

47) 概念の定義に際しての性質の選択は，「われわれの認識目的とそれに即して主体的に選択される視点との関連においてのみ」行われる（碧海純一，法哲学概論，49 頁）。しかし，同時に概念の定義に際してはヘンペルの言う「経験分析」（ある名辞が指示している経験的事実の性質の分析）と「意味分析」（ある名辞の同義的表現や既に使用されている表現の意味の分析）を十分に考慮しなければならない。しかも，概念は「明確かつ一義的であること」，つまり概念の外延が明白であることを要請される。碧海純一，法哲学概論，125-133 頁，Hempel, C.G., Fundamental of Concept Formation in Empirical Science, Chicago 1952, pp.6-13.。このような概念の定義の方法は，「体育」とか「スポーツ」といった名辞が学界内においても多義的に使用されているがゆえに，これらの名辞の概念規定に当たっては極めて有効な方法であると思われる。

48) Popper, K.R., Poverty, p.29. 久野・市井訳，52-53 頁。ヴェーバーも「概念は目標ではなく，個性的諸観点の下に意義ある諸連関を認識する目的のための手段である」と指摘している（Weber, M., WL. S.207. 富永・立野訳，99 頁）。

49) Weber, M., WL. S.191. 富永・立野訳，74 頁。ポパーは「社会科学の大部分の諸対象（略）が，抽象的な諸対象であり，理論的な構成体である。(ある人々には奇妙に響くかもしれないが，『戦争』とか『軍隊』さえも抽象的な概念である)」と指摘している。Poverty, p.135. 久野・市井訳，204-205 頁。

50) ヴェーバーは「理論的概念像の中に歴史的実在の『本来の』内容やその本質を固定」したり，「理念の実体化，理念を『本来の』実在あるいは現実の『力』として考える」「自然主義的偏見に基づいた理論と歴史の混同ほど危険なものはない」と指摘している（WL. S.195. 富永・立野訳，80 頁）。ポパーも「理論的モデルを具体的な事物だと誤認する」と方法論的本質主義に陥る，と指摘している（Poverty, p.136. 久野・市井訳，205 頁）。

51) Weber, M., WL. S.199. 富永・立野訳，85 頁。岸野は例えば「王権神授説」を理論とか法則と見なしているが（体育史，226 頁），本稿の文脈から言えば，これらの「説」はヴェーバー的な意味での理想型的概念である。理想型的概念の方法論的意義に関しては，拙稿の「スポーツにおける「規則」概念の分析―M. ウエーバーの「規則」概念の分析を手掛かりにして―」（広島大

学総合科学部紀要 VI　保健体育学研究，4(1986):1-10）と，本書の第 3 章第 2 節をも参照。ところで，本書では「Weber」は「ヴェーバー」と表記することにする。

52) Weber,M., WL. S.262. 森岡訳，172 頁。理想型的概念と対象の意味解釈との問題に関しては，林道義の『ウエーバー社会学の方法と構想』（岩波書店，1970 年）の第一部「理解社会学」における「II "Idealtypus" とその『価値関係』」（44-67 頁）を参照。

53) Popper, K.R., Open. Vol.2. p.14. 武田訳，187 頁。ポパーは「我々は選択的な観点あるいは歴史的関心の焦点を，それがテスト可能な仮説として定式化しえない場合には，歴史的解釈と呼ぶことにしたい」と提唱している（Poverty, p.151. 久野・市井訳，227-228 頁）。なお，テストに関しては，本章の「第 3 節　3. 歴史研究の客観性」を参照。

　ところで，ポパーは社会科学における「方法論的個体主義」と「ゼロ─方法」を提唱する。方法論的個体主義とは「我々の社会学的なモデルを，叙述的あるいは唯名論的な見地から，即ち諸個人の態度や期待や諸関係，つまり様々な個体の見地から，注意深く構成し，分析すること」であり，ゼロ─方法とは「介在する諸個人がすべて全く合理性をもつという仮定（略）の上にモデルを構築して，人々の現実の行動がそのモデルの行動とどれほど偏差するかを，一種のゼロ座標として後者を用いながら評価する方法」である。Poverty, pp.136-141. 久野・市井訳，205 頁，212-213 頁。

54) 岸野雄三，体育史，226 頁。傍点は原文のまま。

55) 前掲書，223 頁。

56) 前掲書，211 頁。

57) 黒崎宏，科学的説明の特質，岩波講座　哲学 XII　科学の方法，岩波書店，1968 年，329-353 頁。近藤によれば「説明」とは「何故か」という疑問に答えることであり，因果的説明，種類的法則による説明，演繹的説明，蓋然的説明，機能的説明，目的論的説明などを挙げられる。近藤洋逸・好並英司，論理学概論，岩波書店，1978 年，245-250 頁。

58) Popper, K.R., Poverty, P.123. 久野・市井訳，185-186 頁。Popper, K.R., The Logic of Scientific Discovery. New York/London 1968². pp.59-62. 以下では「Logic」と省略。大内義一・森博訳，科学的発見の論理（上），恒星社厚生閣，1984 年，71-74 頁。ここで示したのは，特殊な出来事の因果的説明であるが，ポパーはこの説明と「規則性の因果的説明」とを区別している。彼によれば，「規則性を因果的に説明することは，既にテストされ独立に確証された一連のより一般的な諸法則から，ある法則（その下で当の規則性が成立するような諸条件をも含んだ法則）を演繹すること」と述べている。このような普遍法則の定式化では，それが「妥当するための諸条件をすべて包括してい

なければならない」。例えば,「互いに十分に隔たっているために相互の引力が極めて小さいような多数の惑星が,もしもはるかに重い太陽の回りを動くならば,その場合には,各々の惑星は太陽をその焦点とする一つの楕円を近似的に描いて動く」。Poverty, p.125. 久野・市井訳,189頁,イタリックは原文のまま。

他方,ポパーと同じ分析哲学の立場に立つヘンペルは,「一般的法則」を「適当な経験的発見によって確証されたり,あるいは反証されたりすることの可能な全称の条件的形式の言明」と定義し,「一般法則」という名称の代わりに「全称形式の仮説」あるいは「全称仮説」という名称を使用する。Hempel, C.G., Aspects of Scientific Explanation and Other Essays in the Philosophy of Science. New York/London 1970. p. 231. 以下では「Aspects」と省略。ヘンペルにせよ,ポパーにせよ,法則は全称の仮言命題で示される。これを論理学的に標準化すれば,「すべてのxについて,xがFならば,xはGである」(記号化すれば,(x)(Fx>Gx)と示される)と表現される。沢田,前掲書,124頁。

ところで,法則を表す言明は「普遍言明」である。この普遍言明は「すべて言明 (an all-statement)」であり,無限数の個体について,いかなる場所,いかなる時にも論理的に真であることを主張する言明である(例えば,「すべてのカラスは黒い」)。これに対して,単称言明は「存在言明 (there-is statement)」であり,「有限の個別的(または特称的)時空領域内における特殊な諸要素の有限な部類だけ」に言及する言明である(例えば,「ここに黒いカラスがいる」)。普遍言明は,論理学的には対偶の法則によって,「非存在言明」と等置である。例えば,「すべてのカラスは黒い」という言明と,「黒くないカラスはいない」という言明は論理学的には等値である。この意味で,普遍言明は一定の事物または事態を排斥する言明である。この普遍言明に対して,「上野動物園のカラスは黒い」というように,個々の例証を挙げても,それは普遍言明を証明することにはならず(命題論理学における「後件肯定の虚偽」),またそのような例証をすべて挙げることは不可能である。しかし,「ここに白いカラスがいる」という言明は,上述の普遍言明が偽であることを示し,これによって普遍言明は反証されたことになる。したがって,普遍言明は反証されない限り「仮説」である。ここに,ポパーの言う「反証可能性」がある。反証可能性の程度が増大すれば,普遍言明が伝える「経験的内容」も増大する。Popper, K.R., Logic. pp.59-70. 大内・森訳,上,71-86頁。沢田允茂,哲学と論理学,岩波講座　哲学Ⅹ　論理,岩波書店,1968年,75-108頁。なお,単称言明の「真偽」問題に関しては,注83を参照。

59) ヘンペルは特定の出来事の因果的説明の論理的構造を,次のように説明し

ている。出来事 E（被説明項事象）は，一般法則 L1, L2,（略）と，因果的先件 C1, C2,（略）から演繹される。彼はこれを「説明の演繹的・法則的モデル」あるいは「説明の D — N モデル」と呼び，この説明で使用される法則を W. ドレイの表現にしたがって「包摂法則」（Covering-Law）と呼んだ。このように，ヘンペルの因果的説明とポパーの因果的説明の構造は同一であり，両者の理論は「ポパー＝ヘンペル理論」と呼ばれる。Hempel, C.G., Aspects. pp.335-354. 長坂源一郎訳，科学的説明の諸問題，岩波書店，1979年，5-25 頁。浜井，前掲書，203-207 頁。また，包摂法則に見られるように，「理論」は普遍言明の演繹的公理体系である（Popper, K.R., Logic, pp.68-70. 大内・森訳，上，86-88 頁）。しかし，こうした演繹的公理体系だけを「理論」と呼ぶか，あるいは「理想型的概念」をも含めて「理論」と呼ぶかは，それこそ定義の問題である。

60) Popper, K.R., Poverty, pp.123-133. 久野・市井訳，186 頁，201 頁。したがって，自然科学であろうと，社会科学であろうと，因果的な説明の構造は同一であり，ここに経験科学における「方法の単一性」がある（Popper, K.R., Poverty, pp.130-143. 久野・市井訳，196-215 頁）。これに対して，「自然」と「社会」という区分は，対象の性質からの区分である。因果的説明の論理的構造が同一であり，また法則が普遍言明で表される（注 58）ことを考慮するならば，自然法則と歴史法則の両者の法則の論理的相違を主張することはできない。

61) Popper, K.R., Poverty, pp.143-144. 久野・市井訳，216-217 頁。高島弘文，カール＝ポパーの哲学，東京大学出版会，1977 年，253 頁。岸野は価値関係の観点から，「『学問』（Wissenschaft）という語は，価値関係を抽象して事物間の法則を定立する自然科学と，価値関係から個別的なものを選択して記述するような文化科学・精神科学との両者を含めて用いられている」と指摘する（体育史，215 頁）。こうした区分は対象との価値関係からの区分である。しかし，法哲学者のラートブルフは，現実に対する価値的態度として次の四つの態度を区別している。(1) 価値盲目的態度＝「方法的に行われるならば，自然科学的思惟の本質である」，(2) 価値評価の態度＝「体系的に遂行されるならば，価値哲学をその 3 部門，すなわち論理学，倫理学および美学において特徴づける」，(3) 価値関係的態度＝「文化科学の方法的態度」，(4) 価値超克的態度＝宗教的態度。G. ラートブルフ，田中耕太郎訳，法哲学，東京大学出版会，1961 年，105-107 頁。さらに，岸野が自然科学を「純粋学」「応用学」「技術学」へと区分（体育史，216 頁）する基準は，認識目的からの区分である。このように，彼の科学分類では，その都度異なった分類基準が適用されている。他方，論理学では知識を伝達する「言明」は，経験との関係から，経験に直接関係するような「総合的言明」と，経験に直接

関係せず，形式的な正しさに関係するような「分析的言明」とに区分される。後者では「恒真性」（トートロジー）が問題となり，言明の正しさの「証明」が問題となる。こうした分析的言明に従事するのは論理学あるいは純粋数学であり，総合的言明に従事するのが経験科学である。沢田，前掲書，79頁。

62) Popper, K.R., Poverty, p.143. 久野・市井訳，216頁。
63) Ibid., p.144. 前掲書，217頁。
64) Ibid., p.145. 前掲書，218頁。
65) Ibid., p.145. 前掲書，218頁。Hempel, C.G., Aspects, p.236. ところで，ヘンペルによれば，「歴史におけるいかなる説明も，原因あるいは蓋然的として解釈されようとも，一般に最初の条件と特に含意される全称仮説とが明白に示されず，明白に補われ得ない」。このような説明を，彼は「説明スケッチ」(explanation sketch) と呼んでいる。「そのようなスケッチは，多かれ少なかれ，関係すると見なされる諸法則と最初の諸条件を漠然と指示したものから成り，十分資格のある説明に変えるために，『充分にすること (Filling-out)』が必要である」(Aspects, p.237-238)。
66) Weber, M., WL. S.179. 富永・立野訳，56頁。
67) Ibid., WL. S.272-73. 森岡訳，184-187頁。
68) Ibid., WL. S.275-76. 森岡訳，190-191頁。ヴェーバーの言う法則論的知識に基づく状況の客観的可能性の分析という方法は，ポパーの言う「状況の論理 (logic of situations)」を想起させる。ポパーによれば，状況の論理は人間の行為をそれが起きる状況から説明することであり，「状況の論理は社会生活でも社会科学でも非常に重要な役割を演じる」(Open, Vol.2. p.97. 武田訳，258-259頁)。この状況の論理は「説明の論理」ではなく，「理解」の方法である。「社会科学においては，客観的理解の方法あるいは状況の論理と呼びうるような，*純粋に客観的な方法*が存在する。（略）*客観的*に理解する社会科学は，心理学の助けを借らないで，状況から行為を説明するために，行為する人間の状況を充分に分析することにある。客観的な『理解』は，我々が行為を客観的に*状況*に添ったものであったと見なす点にある」(Sozial. S.120. 城塚・浜井訳，125頁，イタリックは原文のまま)。なお，浜井，前掲書，215-220頁，及び Poverty, pp.147-149（久野・市井訳，223-225頁），さらに本稿の注84も参照。また，ヴェーバーの客観的可能性判断に関しては，市井の言う「反事実的条件判断（命題）」の方法も参照。市井三郎，哲学的分析──社会・歴史・論理についての基礎的試論──，岩波書店，1968年，84-129頁。
　ところで，市井が指摘するように（前掲書，86頁，及び「E.H.カー『歴史とは何か』批判──歴史における客観性について──」，思想の科学，6 (1962) 9:108-114），E.H.カーは『歴史とは何か』において，反事実的条件判断

の方法を否定する。Carr, E.H., What is History ?. Penguin Books 1961. pp.87-107. 清水幾太郎訳，歴史とは何か，岩波書店，1967年，127-160頁。しかも，彼は「ポパー教授は，彼が嫌いな歴史観に対する頭陀袋として"historicism"を使用している」(Ibid., p.92., 清水訳，244-245頁) とポパーの見解を批判する。しかし，カーは，ポパーの「historicism」批判が方法論的本質主義，あるいは因果的説明における論理学的構造からの「方法の単一性」に基づいていることを全く理解していない。

　この「historicism」という語は「歴史主義」と訳出するよりも，「歴史法則主義」と訳出する方が，ポパーの見解をより良く理解する助けとなると思われる。なお，「歴史法則主義」に関しては次の文献を参照。高島，前掲書，「第5章　歴史法則主義の貧困」，239-277頁。市井三郎，歴史法則と論理—K. ポパー「歴史主義の貧困」—，思想の科学，6(1959)6:26-32 も参照。

69) 岸野は「世界的世界史」について，次のように述べている。「たしかに世界史とは，ヨーロッパ流にいえば，地中海的世界史からヨーロッパ的世界史へ，そして世界的世界史へと拡大されてきた。けれども，それが歴史である以上，世界は統一のとれたまとまりをもつ歴史的時空なのであり，そこでの出来事を歴史的事実として捉え，それを叙述するためには，それぞれの世界史に，それぞれ学問的な世界観に即した統一的把握をする理論が要求されるのである。とくに世界史が，全地球的な規模の一元的な世界的世界史と考えられる時代になると，ますます基礎理論の確立が必要になってくる」(岸野雄三, 体育史, 244頁, 傍点は原文のまま)。ポパーは「全体論」(holism) における「全体」(whole) を「(a) ある事物のあらゆる性質あるいは様態の総体 (totality)」と，「(b) 当該の事物のある特殊な性質あるいは様態」とに区分し，(a) の意味での全体を科学的に研究できるという主張を否定する。というのは，「すべての記述は必然的に選択的であるから」である。この意味では，岸野が主張するような「ある時代のあらゆる社会的・歴史的出来事の構造」を包含した社会的全体を取り扱うことは，記述における観点の選択が無視され，ポパー的な意味での「全体論」に陥る。Popper, K.R., Poverty, pp.17-19, pp.76-83. 久野・市井訳，37-40頁，119-130頁。

70) Popper, K.R., Poverty, p.76. 久野・市井訳，20頁。むしろ，全体という概念は，ゲシュタルト理論に見られるように，「当該の事物のある特別な諸性質もしくは様相，即ち（略）一つの組織された構造と見えるような特別な諸性質」と理解されるべきである。この意味では，岸野が主張する「一般史」と「特殊史」の区分は全体と部分という対象のクラス関係であり，その区分は相対的なものである。しかも，歴史学において言われる「一般史」は，コッカが指摘しているように，「政治史」と同義に使用されてきた事情がある。Kocka, J., Sozialgeschichte. Göttingen 1977, S.51-59.

第 1 章　スポーツ史研究の方法論的前提

71) 岸野雄三，体育史，225 頁。Popper, K.R., Poverty, p.117. 久野・市井訳，176-177 頁。ところで，稲垣は次のように主張する。「近代スポーツの誕生の背景を考えるうえで重要な示唆を与えてくれる」考え方は，「詳しくは専門書に委ねるとして，気候不順→穀物収穫量の減少→相対的人口過剰→慢性的栄養不良→死亡率の上昇と人口減少，疫病の発生，内乱，戦争という図式がヨーロッパのこの時代にそのままあてはまる」という考え方であり，したがって「スポーツがバナキュラーな側面を切り捨ててインダストリアルな方向に進む第 1 の契機は天候不順に求めることができる」。この「近代スポーツの誕生」の「第 1 の契機」を「天候不順」に求める説明では，「→」を条件命題の記号と解釈すれば，一見「包摂法則理論」と見られるかもしれない。しかし，「穀物収穫量の減少がなければ，気候不順も存在しない」という言明が簡単に反証されるように，穀物収穫量の減少は気候不順にだけ依存するのではい。このような説明は「風が吹けば桶屋が儲かる」という言明と同様に，決して法則的な普遍言明として定式化することはできない。稲垣正浩，近代スポーツの誕生とその背景，岸野雄三編著，体育史講義，大修館書店，1984 年，95-107 頁。ここでは 103 頁。

72) 岸野雄三，体育史，264-265 頁。

73) ヴェーバーが「発展も理想型として構成され，この構成は非常に高い索出的価値を有する」(WL, S.203. 富永・立野訳，91 頁) と指摘しているように，発展法則あるいは発展段階は理想型と理解されるべきであろう。同時に，理想型としての発展段階を理論的モデルと捉えることによって，歴史的解釈への判断基準が与えられるであろう。ヴェーバーの「進歩」の概念に関する分析をも参照。WL. S.518-527. 中村訳，18 巻 2 号，82-89 頁。

74) 岸野雄三，体育史，267 頁。原文の「人間の運動形態は，日常生活，労働，戦争などの『実用術』(Brauchkunst) として発生したが，文明化してすべてが機械によって代行される段階にいたるや，かつて実用を通じて獲得されていた体力や技能を代償する純遊戯的形態へと分化発展した」という言明を，論理学的に標準化した。

75)「傾向を主張する言明は存在言明であって，普遍言明ではない。(略) しかも，ある特定の時と場所における傾向の存在を主張する言明は，単称的な歴史的言明であって，普遍法則ではない」。Popper, K.R., Poverty, pp.115-116. 久野・市井訳，174 頁。注 58 をも参照。確かに「説明された傾向というものは存在する。しかし，この傾向が持続するかどうかは，ある特殊な初期条件 (略) が持続するか否か，ということによって左右される」。しかし，「傾向を説明あるいは還元することが論理的に可能であることは疑い得ない」。したがって，「我々はできる限り立派に傾向を説明するという困難な課題，つまり傾向がその下で持続する諸条件をできるだけ正確に規定する，という

44

困難な課題をもつ」。Popper, K.R., Poverty, pp.115-116, 126-129. 久野・市井訳，174頁，189-194頁。

76) 岸野雄三，体育史，223頁，229頁。岸野における「一般」という概念の使用は多義的である。(1)「歴史叙述の一般性は，全人類的な一般法則や各段階の特殊法則によって確立される」という言明に見られるように，「一般性」は「客観的」という名辞と同義に使用されている。というのは，この言明は，「一般法則や仮説との関連性と考えない限り，全く主観的な歴史記述になってしまう」という言明との同意反復文であるからである。(2) 一般法則という場合の「一般」は，「一般史とは何であり，そこでいわれる普遍的な『歴史法則』はなんであろうか」という言明に見られるように，「普遍」と同義である。(3) さらに，一般史と特殊史の区分では，一般は「全体」であり，特殊は「部分」である。

77) Weber, M., WL. S.213. 富永・立野，106頁，傍点は原文ではゲシュペルト。

78) 安藤英治，マックス・ヴェーバーにおける「客観性」の意味，大塚久雄・安藤英治・内田芳明・住谷一彦，マックス・ヴェーバー研究，岩波書店，1983年，3-42頁。ここでは39頁，傍点は原文のまま。自らの価値理念を自覚し，評価問題に対する立場と観点を明示することは，研究者の「知的誠実さ」を前提としている。

79) Weber, M., WL, S.501. 中村訳，第17巻5・6号，104頁。存在—当為の一元論は，「方法論的一元論」と呼ばれる。

80) 碧海純一，合理主義の復権 反時代的考察 再増補版，木鐸社，1985年，246-247頁。

81) Popper, K.R., Open, Vol.1. p.64. 武田訳，57頁，イタリックは原文のまま。

82) Popper, K.R., Poverty, p.150. 久野・市井訳，226頁，イタリックは原文のまま。ところで，ポパーは「価値自由」の問題に関して，次のように主張している。「客観的な，価値から自由な科学者は理想的な科学者ではない」，「客観性や価値自由は個々の科学者にとって実際上到達不可能であるばかりではない。客観性や価値自由は，それ自体が正に価値である。価値自由がそれ自体一つの価値であるとすると，無条件の価値自由の要求はパラドックスになる」。Popper, K.R., Sozial, S.114-115. 城塚・浜井訳，119-120頁。

83) Popper, K.R., Sozial, S.106. 城塚・浜井訳，111頁。普遍言明の反証については，既に注の58で指摘しておいた。それでは，単称言明の反証は，可能なのであろうか。特殊な出来事を陳述した言明は，様々なテストを経て，現実と「合致」する場合に「真」と見なされる。しかし，殺人事件の「冤罪」が示すように，単称言明の「絶対的真理」を主張することはできず，その意味では単称言明も仮説的である。このように，単称言明と普遍言明はいずれも「恒真性」を主張することはできない。

第1章　スポーツ史研究の方法論的前提

　　ポパーにおける言明の真偽問題は，タルスキーの真理論に依拠している。タルスキーの真理論に基づく「事実との対応」説に関しては，Popper, K.R., Conjectures. pp.215-250（藤本・石垣・森訳，362-425頁），及び沢田の『現代論理学入門』（150-164頁）を参照。対象言語とメタ言語との区別，およびタルスキーによる「真」の意味論的な定義によって，有名な「嘘つきのパラドックス」（「クレタ島人自身が，すべてのクレタ島人は嘘つきである，と言ったとすれば，この言明は真か偽か」）が論理学的に解決された。他方，本質主義的定義と価値言明とが無限後退に陥るのは，名辞あるいは言明の真偽を論理学的に決定できない点にある。

84) Popper, K.R., Logic, p.44. 大内・森訳，上，54頁。ポパーの批判的合理主義に関しては，次の論考を参照されたい。碧海，法哲学概論，13-20頁。ハンス・アルバート，碧海純一訳，カール・ライムント・ポパーの批判的合理主義，現代思想　第6巻　批判的合理主義，ダイヤモンド社，1974年，91-125頁。

　　ポパーは「客観的精神の理論」という論文において，世界を存在論的に区分される三つの部分世界（1.「物理的世界」，2.「心的世界」，3.「客観的意味における観念の世界」）に分類し，「第三世界」における「理解の理論（解釈学）」を展開している。それによれば，理解の過程または活動は「問題解決という一般的図式」によって示すことが可能である。つまり，「出発点となる問題」→「暫定的解決」→「誤りの排除」→「新しい問題状況」。したがって，「理解の活動はあらゆる問題解決の活動と本質的に同じ」であり，それは「客観的問題状況のより詳細な分析」である。このような理解の方法は，「客観的な歴史理解」にも妥当する方法である。即ち，「すべての歴史的理解の目的は，歴史的問題状況の仮説的再構成にある」。このような歴史的な問題状況の分析あるいは仮説的再構成の方法は，とりわけ「思想史」の研究方法として有効であるように思われる。Popper, K.R., Objective Knowledge. An Evolutionary Approach. Oxford 1983（Revised Edition）. pp.153-190. 森博訳，客観的知識—進化論的アプローチ—，木鐸社，1984年，175-215頁。

　　ところで，佐藤は概念研究の「客観性の根拠」を論じる際，自然科学の実験的方法における「再現可能性」と「測定可能性」をモデルとして，論を展開している（佐藤臣彦，前掲書，25-43頁）。彼は客観性の議論において，ポパー（74頁）やヴェーバー（84頁）を引用していながら，しかし「方法的二元論」あるいは「間主観的テスト」を誤解しているように思われる。

85) Popper, K.R., Poverty, p.155. 久野・市井訳，233頁。

第2章　研究対象としての「スポーツ」

　我々の研究分野である「スポーツ科学」[1]の研究対象であり，この研究分野の一研究領域であるスポーツ史学の研究対象でもある「スポーツ」という語は，日常的にも学術的にも多様な意味で使用されており，明確かつ一義的な概念として定着している訳ではない。例えば，スポーツという語は，ある場合には「運動」を意味し，他の場合には「運動競技」と同義に使用されている[2]。このため，論理的に一貫した歴史叙述と，研究成果に関する客観的な議論のためには，基本的諸概念を可能な限り明確かつ一義的な意味で使用する必要があることは論を待たないであろう[3]。以下では，「定義」の方法論を確認した上で，「スポーツ」概念の辞書的意味と専門的意味を分析し，最後にこの概念の定義を試みる。

第1節　定義の方法論的前提

1.「実質定義」と「唯名定義」

　スポーツというような日常的な名辞を学術的な概念として構成するための重要な方法は，C.G. ヘンペル（Carl G. Hempel）が指摘しているように，「定義」である[4]。周知のように，古典論理学の定義理論においては，「唯名定義」と「実質定義」とが区別される。唯名定義とは「ある所与の言語的表現のために選択的な表記法を単に導入するという申し合わせ（convention）」であり，実質定義とは「ある実質の『本質的な徴表（characteristics）』の言明」である[5]。アリストテレス以来の古典論理学においては，

実質定義は「類と種差」によって対象の本質を規定することによって行われる。しかも，本質の規定では，対象を対象たらしめるすべての本質を明示することが求められる[6]。しかしながら，既に第1章「第3節 1. 歴史の記述と概念」において述べたように，本質の言明である実質定義では「本質的な」本質と「非本質的な」本質とを区別する明確な基準は存在せず，定義問題は無限後退に陥らざるをえない。さらに，ヘンペルは類と種差による定義の限界について，次のように述べている。「歴史的に言えば，類―と―種差の規則は，次のような事実を反映している。即ち，伝統的論理学はクラス概念あるいは性質概念と関係することを排除してきた―現代科学の論理学的分析を提供することを不可能にする一つの限界」[7]。

2.「唯名定義」と「約定的定義」

　ヘンペルが指摘しているように，「科学的理論の構成においては，唯名定義が最も重要な役割を果たしている」[8]。彼は「記述的定義」(descriptive definition) と「約定的定義」(stipulative definition) とを明確に区別する[9]。唯名定義は，上述のように，ある語の使用法に関する「約束，決定または提案」であり，約定的定義である。定義される語を被定義項 (definiendum)，定義する語を定義項 (definiens) と呼ぶと，約定的定義は，被定義項と定義項が同じ意味を持っている，とする「提案」(あるいは「約束」)である。例えば，「スポーツとは運動競技である」という言明を約定的定義 (唯名定義) と理解すると，この定義はスポーツという語を運動競技という語と同じ意味で使用しましょう，という提案あるいは約束である[10]。この言明は論理学的な意味での「真理値」を持たず (言明の真偽は問題とならない)，「当為言明」(ought-statement) である。

　約定的定義に対して，記述的定義とはある語の意味を「記述」することである。ヘンペルは語の意味の記述に当たって，「意味分析」(meaning analysis) と「経験分析」(empirical analysis) とを区別する。意味分析は，「既に使用されている言語の表現に関わり (略) 同義的表現を提供するこ

とによって意味を明らかにする」ことである[11]。この意味では，辞典（辞書）は正に意味分析を提供している，と言えよう。これに対して，経験的分析は，「言語的表現とその意味に関係するのではなく，経験的現象に関係している。(略) 通常，経験的分析を表現する文は，一般法則という特徴を有して」おり，「一般法則の見地からの経験分析は，科学的*説明*の特殊なケースである」[12]。この意味で，歴史研究における経験的分析は，第1章第3節で述べたように，「歴史的個体」の構成と「歴史的事実の因果的説明」に関わる，ということができよう。また，論理学的に見ると，意味分析も経験分析も「存在言明」(there-is statement) であり，論理学的な「真理値」を有している，と言えよう。

3. 「概念」の定義

　語ではなく，文あるいは命題を基本単位とする現代論理学では，概念 (concept, Begriff) は「同一の内包をもつ語の集合」，あるいは「同一の内包をもつ語のクラス」と理解される[13]。ここで言う「内包」とは「名辞の適用される対象の共通性質（property）」（概念の意味）であり，「語の集合」あるいは「語のクラス」は「外延」を意味する[14]。このように見てくると，名辞の用法の約定である唯名定義は，方法論的には「名辞の適用される対象の共通性質」に関する約束あるいは提案であると言えよう。

　ところで，定義に際していかなる共通性質に着目するか，あるいは「何が『重要な』，『本質的な』性質であるかということは，対象自体の性質だけからはきめられず，われわれの認識目的とそれに即して主体的に選択される視点との関連においてのみ相対的にきまる」[15]。このように，ある名辞の唯名定義では，認識目的と主体的に選択される視点とが極めて重要な役割を果たしている，と言えよう。

　日常的用語を学術的用語として定義する場合には，ヘンペルの言う意味分析と経験分析が大きな役割を果たすことに留意すべきであろう。すなわち，定義に当たっては，従来の用法を出来るだけ尊重する（意味分析）一

第 2 章 研究対象としての「スポーツ」

方で，対象の性質に関する経験分析を十分考慮する必要がある。「学術用語の定義は，このように，原理上は自由であるが，実際上，その有効性の諸条件による制約をうける。ゆえに，その真偽は問題となりえないが，目的論的見地からその当否を論ずることは可能であり，かつ必要である。そして，このような目的論的関連において，定義は経験分析および意味分析に大きく依存せざるをえない」[16]。

以下では，経験的現象を対象とする経験分析（歴史研究の主要な課題）ではなく，「言語表現」を対象とする意味分析に基づいて，スポーツという語の意味分析と定義を試みる。

第 2 節　「スポーツ」概念の意味

「スポーツ」概念の専門的意味を検討する前に，次の三つの観点から「スポーツ」（sport）概念の歴史的意味を明らかにしておこう。
(1)「スポーツ」概念の歴史的意味。「スポーツ」というカタカナ表記の出現と，辞典や事典における意味の変遷。
(2) 英語の「sport」概念の語源と意味の変遷。
(3)「体育」から「スポーツ」へ。1970 年代以後の学会名や大学名あるいは研究科名の「体育」から「スポーツ」への変更。

1.「スポーツ」概念の歴史的意味

1)「スポーツ」表記の出現

カタカナの「スポーツ」という日本語表記が一般化する以前に，既に欧米の「スポーツ」は日本に導入され，普及していた。例えば，フットボールは 1874（明治 7）年頃には工学寮（現在の東京大学工学部）で行われており，「野球の伝来も早く，東京開成学校，開拓使学校（後札幌農学校），熊本東洋学校などで外人教師の指導のもとに行われた」[17]。

1875（明治 8）年に来日し，東京英語学校や第一高等中学校（いずれも現

第 2 節 「スポーツ」概念の意味

在の東京大学）の英語教師であった F.W. ストレンジ（Frederick W. Strange）は，スポーツの指導にも熱心であった[18]。彼は 1883（明治 16）年に『Outdoor Games』(Tokio, Maruzen) を出版し，2 年後の 1885（明治 18）年には下村泰大が『西洋戸外遊戯法』という書名で抄訳を出版した[19]。下村の著書は「第一編　徒手遊戯」「第二編　弄球遊戯」「第三編　争強遊戯」の 3 部構成となっている。徒手遊戯では「プリゾナース，ベース」や「タッチ」など八つの遊戯が挙げられている。また，争強遊戯では「百ヤード，レース」「ハイ，ジャンプ」あるいは「ポール，ジャンプ」など陸上競技種目とも言える八つの遊戯が挙げられている。また，弄球遊戯では，表 1 が示すように，九つの遊戯が取り上げられている。これら全部で 27 の遊戯は，全てカタカナで表記されている。ただし，表 1 が示すように，各々のカタカナ表記には「日本語訳」が補足されている。

表 1　『西洋戸外遊戯法』における「弄球遊戯」

第二編 弄球遊戯	カッチボール	（球捕り）
	スロー，ジ，クリケット，ボール	（球投げ）
	ホッキー	（撃球の一種）
	フート，ボール	（蹴鞠）
	ランダース	（打球おにごっこ）
	ベース，ボール	（打球おにごっこの一種）
	クリケット	（撃球の一種）
	クロッキー	（循環球戯）
	ロウン，テニース	（球打ち）

このように，明治時代前半には漕艇・蹴球・野球・庭球・陸上競技（運動会）などのスポーツが実施されていた[20]。

ストレンジの教え子であった武田千代三郎は，1904（明治 37）年に『競技運動：理論実際』を著した[21]。本書で言う「競技運動」は「水上技」（競泳，競漕）と「陸上技」（歩走技，飛躍技，登昇技，投擲技，索曳く技，挙扛技）から構成されている。しかしながら，武田は競技運動を「スポー

51

ツ」と表記することはなかった[22]。他方，木下が指摘しているように，1900（明治30）年代になると，各種のスポーツが急速に普及し，スポーツの技術に関する説明書が数多く出版された[23]。このように，明治期には欧米のスポーツが日本に導入されたが，個々のスポーツを総称する概念としては「遊戯」（戸外遊戯）あるいは「運動」（競技運動）という語が使用され，「スポーツ」という表記が使用されることはなかった[24]。

英語の「sport」が「スポーツ」とカタカナ表記されるようになるのは，大正年間になってからである[25]。例えば，東京高等師範学校教授であった永井道明は1913（大正2）年の「体育講話」の中で，「身体を運動する処の手段材料」の一つとして「遊び（Play）または遊戯スポート（Sport）」を挙げている[26]。その後，大正年代を通じて「スポーツマン」「スポオツマンシップ」「スポート」「スポーツ（Sports）」「スポートマンライク」などの表記が使用された。しかしながら，「大正年間になっても，"sport"をかな書きで日本語化するこころみは，例外的にしか認められず，特殊な用法の域をでていない」[27]。

こうした中で，「スポーツ」という日本語表記が普及し始める大きな契機は，1923（大正12）年に朝日新聞社の運動部が発刊した雑誌『アサヒスポーツ』（The Asahi Sports）である[28]。毎月1日と15日に刊行されたこの雑誌は，写真と記事から構成されており，国内及び国外のスポーツ大会の結果やスポーツ選手について紹介されている。このように，カタカナ表記の「スポーツ」という用語が一般化するのは，大正年代の終わりになってからである。

こうした「スポーツ」という日本語表記の一般化の背景には，「スポーツ」自体の多様な展開があった。例えば，オリンピック夏期大会（初参加は1912年）や極東選手権大会（第1回大会は1913年）への参加，国民的なスポーツ大会であった「明治神宮競技大会」の開催（1924年），ボート（1920年）やサッカー（1921年）あるいは水泳（1924年）や陸上競技（1925年）などの全国的な競技団体の結成，明治神宮外苑競技場（1924年）や甲子園球場（1924年）などのスポーツ施設の建設などが挙げられよう[29]。

2) 第二次世界大戦以前の「スポーツ」の意味

　日本語表記の「スポーツ」という名辞の意味について，以下では国語辞典と専門的辞典における説明を検討する。

　阿部生雄によれば，「スポーツ」という言葉に最初に言及している国語辞典は 1932（昭和 7）年に出版された『大言海』である[30]。この辞典では，スポーツは「スポウツ」と表記され，「戸外遊戯。又，屋外運動競技」と説明されている[31]。『広辞林』の 1934（昭和 9）年版では，「スポーツ」は「競技。運動」と説明されている[32]。『大辞典』（1934～35 年）では，「（原語スポートとスポーツの相違あれども，我国にて混用す），1. 運動，遊戯（個人の身体鍛錬，娯楽等を目的とするもの），2. 競技，演技（一般に観覧せしむる目的にて行う団体的の競技又は運動会）」と説明されている[33]。このように，第二次世界大戦以前の国語辞典では，「スポーツ」という語の説明において「運動」「遊戯」「競技」などの語がキーワードとなっている。

　他方，木下らによれば[34]，体育あるいはスポーツに関する我が国で最初の辞典は 1922（大正 11）年に刊行された『運動競技辞典』（盛山智利，研究社）と思われる。昭和に入ると，体育あるいはスポーツに関する次のような辞典が刊行されている。『体育辞典』（木下東作，寺岡英吉，目黒書店，1928 年），『現代スポーツ辞典』（山田午郎，万里閣書房，1930 年），『詳解スポーツ用語辞典』（山本忠與監修，実業之日本社，1931 年），『最新スポーツ用語辞典』（スポーツ研究会編，モナス，1931 年），『日本スポーツ人名辞典』（日本スポーツ協会，日本スポーツ協会，1933 年），『スポーツ百科』（読売新聞社運動部，泉書院，1937 年）。これらの中で，例えば『運動競技辞典』は，「スポーツ」という語について次のように説明している[35]。

　　スポート sport 広義には，凡ての遊び，凡ての娯楽は之をスポートと言ふことが出来る。普通にスポートと言へば戸外遊戯又は戸外運動の意に用ひられる。即ち凡て体育的競技は勿論射撃，狩猟，漁獲，登山，旅行，野外撮影，雪橇，帆走，自動艇，自転車，飛行機，騎馬等の遊びは何れもスポートの語に含まれる。

木下と寺岡の『体育辞典』では,「スポーツ」(sports) は「スポートに同じ。但し,時として狭義に解釋して狩獵及び競馬のことを言ふ場合がある」と説明され,「スポート」(sport) は次のように説明されている[36]。

> アスレティックより廣い意味にして凡ての運動を言ふ。陸上競技,水上競技,漕艇,凡ての球戯,其の他體育的遊戯は言ふまでもなく,登山,スキー,スケーティング,旅行,帆走,自動艇,射撃,遊獵,乗馬,釣,自轉車,其の他凡ての戸外運動及び娛樂的遊戯も含まれてゐる。

また,『現代スポーツ辞典』[37] は,「スポーツ」と「競技」を同義に捉え,「各種スポート」の規則を説明している。さらに,『詳解スポーツ用語辞典』は「スポート sport」を「戸外運動,及び娯楽的遊戯」をも含む「凡ての運動をいふ」と説明し,『最新スポーツ用語辞典』は「スポート (sport)」を「凡ての戸外運動及び娯楽的遊戯」をも含む「アスレテイックより広い意味にして凡ての運動を言う」と述べている[38]。讀賣新聞社運動部が「オリムピックを東京に迎える事となつた」1937 (昭和12) 年 2 月に刊行した『スポーツ百科』は,野球から競馬までの 24 種目と取り上げ,その起源と歴史を紹介している。本書は「スポーツ」を明確に定義してはいないが,序における説明から「競技」と同義に使用していると思われる[39]。

このように,第二次世界大戦以前の体育あるいはスポーツに関する辞典類では,「スポーツ」という語の説明において「運動 (戸外運動)」「遊戯 (娯楽的遊戯)」「競技」などの語がキーワードとなっている。

3) 第二次世界大戦以後の「スポーツ」の意味

第二次世界大戦以後における「スポーツ」の意味について,前項と同様に国語辞典と専門的辞典における説明を検討する。

第二次世界大戦以後今日まで,多種多様な国語辞典が刊行されている。

第2節 「スポーツ」概念の意味

　以下では，数多くの国語辞典を代表すると思われる『広辞苑』（新村出編，岩波書店，1955年）と『日本国語大辞典』（日本大辞典刊行会編，縮刷版，小学館，1966年）を中心に，国語辞典における「スポーツ」の意味を検討する。

　1935（昭和10）年に刊行された『辞苑』（博文館）を増補改訂して岩波書店より出版された『広辞苑』（1955年）では，「スポーツ」と「運動競技」は次のように説明されている[40]。スポーツは「陸上競技・野球・テニス・水泳・ボートレースなどから登山・狩猟などにいたるまで，遊戯・競争・肉体的鍛錬の要素を含む身体運動の総称」と説明されている。他方，「運動競技」は「一定の規則に従って，速力・持久力・技能などを競う運動。競技。スポーツ」と説明されている。このように，『広辞苑』では，運動競技とスポーツが同義と説明されながら，その説明内容は異なっている。

　次に，1915-19（大正4-8）年に上田万年と松井簡治の共著で出版された『大日本国語辞典』（冨山房）を引き継いで1972-76（昭和47-51）年に刊行された『日本国語大辞典』は，「スポーツ（sport）」を次のように説明している[41]。「広義の運動競技のこと。もともとは気晴らしにする遊戯をさしたが，時代の変遷とともに競争的要素の強い，技術的にも高度な運動競技をさすようになった。一般には陸上・水泳の競技，野球・テニス・サッカーなどの球技やボート・登山・狩猟・武術などの総称として用いることが多い」。

　このように，「スポーツ」という語を『広辞苑』は「遊戯・競争・肉体的鍛錬の要素を含む身体運動の総称」と説明し，『日本国語大辞典』は「運動競技」と説明している。これに対して，松村明が編集した『大辞林』（三省堂，1988年）は，「スポーツ（sport）」を「余暇活動・競技・体力づくりのために行う身体運動。陸上競技・水泳・各種球技・スキー・スケート・登山などの総称」と説明し，「運動競技」を「運動の能力や技術を，決められた規則のもとで競い合うこと。スポーツ」と説明している[42]。いずれにしても，これらの国語辞典では，「スポーツ」は「運動競技」と同義に理解されている，と言えるであろう。

第 2 章　研究対象としての「スポーツ」

　他方，今日では体育あるいはスポーツに関する辞典や事典は，例えば学校体育やスポーツ用語あるいは個々の種目に関するものまで，極めて多種多様に出版されている。以下では，第二次世界大戦以後の体育あるいはスポーツに関する辞典や事典を代表すると思われる総合的な辞典（事典）に焦点を当てて，「スポーツ」の意味を検討することにする。

　戦前の『體育辭典』（1928 年）を引き継いで，東京教育大学体育学部の教官によって編集され，1950（昭和 25）年に出版された『體育大辭典』は，「スポーツ（sports）」について次のように説明している[43]。

　　廣い意味での運動競技の意。語源はラテン語から始まり，次いでフランス語として用いられた。もとは disport と言ったが英語になってから di が落ちて，sport となった。原語の中の dis というのは「分離」の意味を示す接頭語で away に相當し，port は「運ぶ」carry の意味だから disport とは carry away と言う事になり，つまり，「自分の本來の仕事から心を他の頭に運ぶこと」となる。更にこれを言い換えれば「仕事に疲れた時に気分轉換に何かすること」となる。これ故に氣分轉換に樂しく行うことは何でも sport というわけである。ところが英國人は昔からスポーツの非常に好きな國民であつたから，この氣晴らしの手段として特に運動競技を愛好した。そこでスポーツと言えば一般に運動競技をさすようになったのである。近代になってこのようなスポーツが逆に英國からフランスやドイツ及びアメリカに傳わり，英國流の解釋をするようになった。從つて陸上競技，水泳，ボート，球技，登山，スキー，スケート，乗馬，魚釣，狩獵などすべてスポーツである。スポート sport を複数にしてスポーツ sports というのはそれは種類が多いからである。

　このように，『體育大辭典』の初版では，「スポーツ」は「運動競技」と同義に説明されている。しかし，1976（昭和 51）年に出版された『新修体育大辞典』では，「スポーツ（sport）」に関する説明が初版の『体育大辞

典』から大幅に増補改訂されている。「新修」版では「語源」「概念」「分類」の三つの観点から説明が行われている。「概念」の冒頭で「スポーツ」は，次のように説明されている[44]。

　　この言葉が国際化するようになったのは19世紀以降のことで，わが国の新聞が運動競技の意味にはじめて用いたのは大正の初年であったといわれている。スポーツを明確に定義することは今日なお困難であるが，その用法を大体次の3つに分けることができる。①それぞれの社会や個人が慣習的に用いているスポーツ。②競技，闘いとして行われる運動。③現代社会における運動の機能が重要になり，スポーツが運動の主要な部分を占めることから，運動一般とほとんど同義に用いられるスポーツ。

「スポーツ」という概念を広義の「運動」として，そして狭義の「運動競技」として説明する立場は，1987（昭和62）年に刊行された『最新スポーツ大事典』においても同様である[45]。本書において「スポーツ sports」の項目を担当した佐伯聰夫は，「〈スポーツ sports〉ということばは，広義には，楽しみや健康を求めて自発的に行われる運動をいい，狭義には，競争として行われる運動を意味する」と説明している。

（社）日本体育学会が監修し，2006（平成18）年に出版された『最新スポーツ科学事典』は，「スポーツという言葉には大きく3つの意味がある」と述べ，三つの意味を次のように説明している[46]。

　　第1に，スポーツとはルールに基づいて身体的能力を競い合う遊びの組織化，制度化されたものの総称を意味する。いいかえれば，遊戯性，競争性，身体的活動，歴史性という4つの要素によって特徴づけられる文化形象である。
　　第2の意味として，健康の保持増進や爽快感などを求めて行われる身体活動のことを指してスポーツと呼ぶことがある。

第3の意味として，知的な戦略能力を競い合う遊びを指してスポーツと呼ぶことがある。（略）ただし，現代においてはあくまでも特殊な使われ方であって，スポーツの一般的な意味ではない。

以上のように見てくると，今日では，「スポーツ」概念は単に「運動競技」（狭義）を意味するだけではなく，健康や楽しみを目的とする身体運動（広義）をも意味している，と言えよう。

2.「sport」の歴史的意味

日本語の「スポーツ」は，英語の「sport」（あるいは「sports」）をカタカナ表記したものである。周知のように，この sport は古代ローマ時代のラテン語「deportare」（運ぶ，運び去る）を語源としている。このラテン語の原義は「運ぶ，運び去る」であったが，「ある状態から他の状態への転換」をも意味し，この意味から「気分転換をする」あるいは「気晴らしをする」という意味に変化した。その後，古ラテン語は古フランス語（deporter, desporter）に引き継がれ，古フランス語から中世英語（deport, dessport）へと伝えられた[47]。以下では，主として阿部のスポーツ概念史に関する研究に依拠しながら，英語の sport の意味の変遷を辿ることにする[48]。

1) 中世英語

「気分転換」などを意味する古フランス語の deporter あるいは desporter は，ノルマン征服（1066年）後の中世英語では deport あるいは desport (disport) と表記された。deport は，動詞として「我慢する，忍ぶ，節制する，礼儀作法に従って振るまう，物を運ぶ，追放する」などを意味し，名詞として「楽しみ，娯楽」を意味した。一方，desport は 15 世紀頃から dysport と書かれ，15～16 世紀には disport と表記されるようになる。disport は，他動詞として「精神的，気分的な転換」を意味し，再帰

的用法あるいは自動詞として「楽しむ，慰める，遊び戯れる」と意味し，名詞として「真面目な義務からの気分転換，骨休め，レクレーション，娯楽，慰め」を意味した。

2) 近世英語

disport は 15～16 世紀にかけて di- という語頭母音が消失し始め，15～17 世紀初頭には sporte という語が派生してきた。15～16 世紀には disport と sporte とがほとんど同様に使用され，17 世紀頃から主として sport という語が使用されるようになった。15～16 世紀の sporte は，動詞の再帰的用法として「気分転換による喜びの獲得」を意味し，自動詞として「身体活動，ゲームを通して喜びを得る行為」を意味し，名詞として「身体活動を含む野外での遊びやゲームによる気晴らし」，あるいは「見世物や社会的行事を形成するようなコンテスト」を意味した。このように，「15～16 世紀において，sporte は disport の言葉の意味構造を受け継ぎながらも，より明確に身体活動を前提とする気晴らしに適用されるものとなり，又，社会的行事となり得る気晴らしの組織化された見世物やそれを構成する種目をも含蓄する言葉に変化してきている」[49]。

17 世紀頃より，名詞としての sport は「戸外での狩猟や釣等の獲物を追い捉える余暇的活動」を意味するようになる。また，動詞としての sport は「賭博やみせびらかし」と関係深い言葉になっていく。17～18 世紀の sport（名詞及び動詞）は，16 世紀の sporte の意味の延長にありながら，特に次の三つの意味を内包するようになる。(1) 野外での肉体活動を伴う気晴らし（特に狩猟），(2) 勝負事に伴う賭博，(3) 他人に誇示する行為，活動，見世物というショー的要素。

3) 近代英語

19 世紀半ば以降，sport の意味は大きく変化する。19 世紀前半の sport は，17～18 世紀と同様に，主として「野外での狩猟と関連する気晴らし」を意味していた。しかしながら，19 世紀半ば以降になると，sport という

語は次のような新しい意味を内包するようになる。(1) 闘争性（競技性），(2) 戸外での競技的な身体活動やゲーム，(3) 一定の競技形式を持ち，組織化された運動やゲーム。こうした変化は 19 世紀後半の辞書に明確に現れている。「1880 年代末から 1890 年代は，辞書上においてスポーツの概念が近代的に変化し始めた移行期と考えてよいであろう。この時期に，『スポーツ』の概念が微妙に従来の狩猟を中心としたフィールドスポーツから競技的なゲームに重心を移し始め，20 世紀初頭にはっきりとその位置の転換がなされるのである」[50]。

3.「体育」から「スポーツ」へ

　周知のように，1991（平成3）年 6 月 5 日に「大学設置基準」の一部が改正（いわゆる大綱化）され，大学に於ける教養教育と専門教育の教育課程の改革が進められた。この改革の中で，教養教育における「保健体育科目」（体育実技と保健体育理論）は必修科目ではなくなったが，多くの大学では「健康スポーツ」という名称の下にこの科目の存続が模索された。他方，博士の学位に関しても，1974（昭和49）年の「大学院設置基準」と「学位規則」の改正により「博士（学術）」が新たに導入された。1991（平成3）年の学位規則の改正では「博士（専門分野）」（例えば「博士（体育科学）」）というように表記されるようになった[51]。さらに，社団法人「日本体育学会」は，2000（平成 12）年 5 月の理事会において，欧文名を「Japan Sosiety of Physical Education」から「Japan Society of Physical Education, Health and Sport Sciences」に変更した[52]。

　このように，1970 年代半ば以降，とりわけ 1990 年代に入ると，大学教育における科目名あるいは学会名に「スポーツ」という名称が使用されるようになった。以下では，「スポーツ」という名称に関わる学部と大学院博士課程および学術研究団体について，現状を確認しておきたい。

1)「体育学部」から「スポーツ科学部」へ

　第二次世界大戦後の教育改革によって設置された大学のうち「体育」の名称を有する学部は，国立大学の東京教育大学体育学部と私立大学の日本体育大学体育学部の2学部のみであった。表2が示しているように，1980年代までに設置された学部では「体育学部」という名称が，2000年以降に設置された学部では「スポーツ」と「健康」がキーワードなっている[53]。

　さらに，学科名に着目してみると，「体育学科」「武道学科」「健康学科」などの名称の他に，次のような「スポーツ」という名称を冠した学科が見られる。「スポーツ教育学科」「スポーツシステム工学科」「スポーツテクノロジー学科」「スポーツ健康政策学科」「スポーツ医科学科」「こどもスポーツ教育学科」「競技スポーツ科学科」「スポーツトレーナー学科」「国際スポーツ文化学科」「生涯スポーツ学科」「スポーツ科学科」「スポーツ学科」「スポーツマネージメント学科」「スポーツ経営学科」「スポーツ情報マスメディア学科」「健康スポーツ学科」「健康スポーツ科学科」「スポーツ社会学科」「スポーツ健康福祉学科」「スポーツウエルネス学科」「健康・スポーツ心理学科」などなど。

表2　体育・スポーツ系学部の名称

大学名	学部名	開設年
東京教育大学	体育学部	1949
日本体育大学	体育学部	1949
順天堂大学	体育学部	1951
国士舘大学	体育学部	1958
東京女子体育大学	体育学部	1962
大阪体育大学	体育学部	1965
日本女子体育大学	体育学部	1965
東海大学	体育学部	1967
仙台大学	体育学部	1967

第2章 研究対象としての「スポーツ」

福岡大学	体育学部	1969
筑波大学	体育専門学群	1974
天理大学	体育学部	1980
鹿屋体育大学	体育学部	1984
国際武道大学	体育学部	1984
びわこ成蹊スポーツ大学	スポーツ学部	2003
早稲田大学	スポーツ科学部	2003
大東文化大学	スポーツ・健康科学部	2005
九州共立大学	スポーツ学部	2006
流通経済大学	スポーツ健康科学部	2006
環太平洋大学	体育学部	2007
桐蔭横浜大学	スポーツ健康政策学部	2008
同志社大学	スポーツ健康科学部	2008
北翔大学	生涯スポーツ学部	2009
札幌国際大学	スポーツ人間学部	2009
法政大学	スポーツ健康学部	2009
名古屋学院大学	スポーツ健康学部	2010
立命館大学	スポーツ健康科学部	2010
武庫川女子大学	健康・スポーツ学部	2011
金沢学院大学	スポーツ健康学部	2011
東海学園大学	スポーツ健康科学部	2012

　このように見てくると，2000年以降に設置された学部と学科の名称では，健康やスポーツがキーワードなっていることが見て取れるだろう。

2）「体育学研究科」から「スポーツ科学研究科」へ
　体育に関する我が国で最初の大学院は，1964（昭和39）年に開設された東京教育大学の「体育学研究科」である。ただし，この研究科は「修士課

程」だけであった。1970年代に入ると，順天堂大学（1971年），中京大学（1974年），日本体育大学（1975年），東海大学（1976年），筑波大学（1976年）に相次いで体育学研究科（修士課程）が設置された。

表3　大学院（博士課程）

大学名	研究科名	設置年
筑波大学	体育科学研究科	1976
中京大学	体育学研究科	1987
日本体育大学	体育科学研究科	1998
順天堂大学	スポーツ健康科学研究科	2000
国士舘大学	スポーツ・システム研究科	2003
鹿屋体育大学	体育学研究科	2004
大阪体育大学	スポーツ科学研究科	2004
福岡大学	スポーツ健康科学研究科	2004
早稲田大学	スポーツ科学研究科	2006

表3が示しているように，体育あるいはスポーツに関する大学院（博士課程）が設置されるのは，筑波大学の「体育科学研究科」が最初である[54]。その後，中京大学（1987年）と日本体育大学（1998年）に設置され，2000年以降になると六つの大学に博士課程が設置されている。2000年以降に設置された博士課程では，鹿屋体育大学を除いて「スポーツ」という名称が研究科名として使用されている。このように，2000年以降になると，大学院（博士課程）の名称として，「スポーツ」がキーワードとなってくる。

3)「体育学会」から「スポーツ学会」へ

第二次世界大戦以後，「体育」という名称を冠した最初の学術団体は1950（昭和25）年に設立された「日本体育学会」であり，「スポーツ」という名称を冠した最初の学術団体は1973（昭和48）年に設立された「日本スポーツ心理学会」である[55]。日本学術会議の「協力学術研究団体」に

登録されている団体の中で，体育・スポーツ・健康・運動などに関係する学術研究団体は 54 団体が登録されている（平成 23 年 8 月末現在)[56]。しかし，2003（平成 1991）年 9 月に創設された「日本フットボール学会」(Japanese Society of Science and Football)[57]のように，日本学術会議に未登録の研究団体もあることを考慮すると，体育やスポーツに関する研究団体は相当の数になると思われる。表 4 は，日本学術会議に登録されている団体の中で，スポーツという名称を冠した学術研究団体だけを一覧表にしたものである。

表 4　体育とスポーツに関する学術研究団体

団体名	機関誌名	設立年
日本スポーツ心理学会	スポーツ心理学研究	1973
日本体育・スポーツ哲学会	体育・スポーツ哲学研究	1978
日本スポーツ教育学会	スポーツ教育学研究	1981
日本体育・スポーツ経営学会	体育・スポーツ経営学研究	1984
スポーツ史学会	スポーツ史研究	1986
日本スポーツ産業学会	スポーツ産業学研究	1990
日本スポーツ方法学会	スポーツ方法学研究	1990
日本体育・スポーツ政策学会	体育・スポーツ政策研究	1991
日本スポーツ運動学会	スポーツ運動学研究	1991
日本スポーツ社会学会	スポーツ社会学研究	1992
日本スポーツ法学会	日本スポーツ法学会年報	1992
日本運動・スポーツ科学学会	運動とスポーツの科学	1993
日本スポーツ人類学会	スポーツ人類學研究	1998
日本生涯スポーツ学会	生涯スポーツ学研究	1999
日本スポーツとジェンダー学会	スポーツとジェンダー研究	2002
日本アダプテッド体育・スポーツ学会	障害者スポーツ科学	2006
日本スポーツマネジメント学会	スポーツマネジメント研究	2007

この表4に見られるように，特に1990年代以降に「スポーツ」という名称を冠した学術団体が増大していると言えよう。

第3節　「スポーツ」概念の専門的意味

1.「遊戯」論に基づく「スポーツ」概念の定義

スポーツの意味が社会科学的な観点から論じられる場合，「遊戯」のカテゴリーの中で論じられるのが通例である[58]。この場合，必ず言及されるのはJ. ホイジンガ（Johan Huizinga）とR. カイヨワ（Roger Caillois）の遊戯論である。そこで，以下では，先ずホイジンガとカイヨワにおける遊戯論とスポーツの定義を概観する。次いで，スポーツ史においてしばしば言及されるA. グットマン（Allen Guttmann）の言説を検討する。最後に，我が国における議論に大きな影響を与えたと思われる樋口聡の主張を検討する。

1) J. ホイジンガにおける「スポーツ」の意味

オランダの文化史家であるJ. ホイジンガは，1938年に『Homo Ludens』と題する著作を世に問うた。「遊ぶ人間」（der spielende Mensch）を意味する本書において，彼は心理学や生理学などの生物学的な観点からの遊戯の定義が，遊戯の本質である「面白さ」（Witz）を説明し得ないがゆえに不十分であると批判する[59]。彼は生物学的分析による説明ではなく，「遊戯」を「文化現象」として解釈する[60]。彼は遊戯を「生物学的にも，論理的にも完全に定義することはできない生命体（lebendiges Wesen）の一つの機能として取り扱う」という前提の上に立って，「真面目」（Ernst）の反対にある遊戯の形式特徴として，次のような特徴を挙げている[61]。
（1）遊戯は「自由な行為」（Handeln）である。
（2）遊戯は日常生活とは別のものとして，「直接的物質的利害や生活に必要な個人的充足」の外に置かれている。

（3）遊戯の第三の特徴は「完結性と限定性」である。時間的な制約の中で現れる「反復の可能性」は遊戯の最も本質的な特性の一つである。他方，空間的に制約されている遊戯の場では，「固有な絶対的秩序」（固有の規則）が支配している。
（4）遊戯は「緊張を解こうとする努力」でもある。

このような形式特徴を指摘した上で，ホイジンガは遊戯を次のように定義している[62]。

　形式から見れば，遊戯は次のような自由な行為（freie Handlung）と要約出来るだろう。この行為は〈そのようなものとしては思われないもの〉として，そして日常生活の外にあるものと感じられるにもかかわらず，遊戯者を完全に独占できる行為である。いかなる物質的利害とも結びつかず，いかなる利益も得られない行為である。そして，特定の独自の時間と空間の中で行われ，特定の規則に従って規則正しく進行し，生活の中に共同体としての結びつきを呼び込む行為である。他方では，好んで秘密に取り囲まれ，変装によって日常的な世界とは別のものとして強調される。

ところで，ホイジンガは「スポーツ」を明確に定義してはいないが，「競争を原理」（agonales Prinzip）とし，「組織化された遊戯」としてのスポーツについて次のように述べている[63]。

　19世紀の第4四半世紀以来のスポーツ制度（Sportwesen）の発達をみると，この遊戯はより真面目なものと捉えられる方向で推移している。規則はより厳密になり，ますます詳細になっている。記録はますます高くなっている。

あるいは，

［オリンピック大会やアメリカの大学のスポーツ組織では，昔から
　　の遊戯の要素が大部分消滅している］という見解は，スポーツが我々
　　の文化における遊戯の要素を最高に言い表していると見なす公式の意
　　見と完全に衝突する。これは決してスポーツではない。それにもかか
　　わらず，逆に，スポーツは遊戯要素の最高の部分を失ってしまった。
　　この遊戯は完全に真面目になっており，遊戯の雰囲気は多少なりとも
　　スポーツから遠ざかっている。

　このように，ホイジンガはスポーツの中に「遊戯的要素」を認めながら
も，「真面目」になったスポーツを遊戯とは認めていない[64]。

2）R. カイヨワにおける「スポーツ」の意味

　ホイジンガの『ホモ・ルーデンス』の 20 年後，フランスの社会学者で
ある R. カイヨワは『遊びと人間』（1958）と題した著作を出版した[65]。本
書においてカイヨワは，一方で遊びの基本的特徴を分析し，文明の発達に
おける遊びの役割の重要性を指摘した点をホイジンガの功績と認めなが
ら，他方ではホイジンガの研究は「遊びの研究」ではなく，「文化の領域
における遊びの精神の創造性の研究」，あるいは「ルールのある競技を支
配する精神の創造性の研究」であると指摘する[66]。しかも，彼はホイジン
ガによる遊戯の定義は一方では広すぎ，他方では狭すぎる，と批判する。
つまり，一方では「遊びと秘密や神秘との間に存在する親近性」を遊びの
定義の中に入れることはできず，他方では「遊びがいかなる物質的利害も
伴わない活動であるとした部分によって，賭けや偶然の遊びは，右から左
へ除外されてしまう」と批判する[67]。

　カイヨワは，ホイジンガの遊戯の定義に依拠しながら，遊戯の特徴を検
討した上で，「遊び」を次のような活動として定義している[68]。
　（1）自由な活動。遊ぶ人がそれを強制されれば，たちまち遊びは魅力的
　　　で楽しい気晴らしという性格を失ってしまう。
　（2）分離した活動。あらかじめ定められた厳密な時間および空間の範囲

第2章 研究対象としての「スポーツ」

内に限定されている。
(3) 不確実な活動。発明の必要の範囲内で，どうしても，或る程度の自由が遊ぶ人のイニシャティヴに委ねられるから，あらかじめ成行がわかっていたり，結果が得られたりすることはない。
(4) 非生産的な活動。財貨も，富も，いかなる種類の新しい要素も作り出さない。そして，遊ぶ人びとのサークルの内部での所有権の移動を別にすれば，ゲーム開始の時と同じ状況に帰着する。
(5) ルールのある活動。通常の法律を停止し，その代わりに，それだけが通用する新しい法律を一時的に立てる約束に従う。
(6) 虚構的な活動。現実生活と対立する第二の現実，全くの非現実という特有の意識を伴う。

次に，カイヨワは「遊びの分類」に向かう。彼は，先ず遊びを区分する「独自の原理」として「競争」（アゴーン），「偶然」（アレア），「模擬」（ミミクリー），「目眩」（イリンクス）を挙げる。この四つの名称は「それぞれ一個の独自の原理が支配する四つの四円分に分けるものである。同じ種類の遊びをまとめる区域の境界線である」[69]。次いで，彼は「性質の変化」に従って各々の区域の遊びを「二つの反対の極」に並べる。「パイディア」と呼ばれる一方の極は「一種の無制限の気紛れが表現される部分」であり，「ルドゥス」呼ばれる他方の極は「望む結果を獲得するのに必要な努力，忍耐，技あるいは器用」である[70]。カイヨワは四つの区域と二つの極を使って，遊びの分類を行う。例えば，模擬（ミミクリー）におけるパイディアに属する遊びは「子供の物まね遊び」であり，ルドゥスに属する遊びは「一般のスペクタクル芸術」である[71]。

ところで，カイヨワは「スポーツ」を明確には定義していない。彼はスポーツについて「筋肉的性格のアゴーン（スポーツ競技）」（「極めて頭脳的なタイプのアゴーン」）とか，「ルールのある競争とはスポーツのこと」と言及しているだけである。しかし，上述の四つの区域と二つの極に基づいた「遊びの配分」では，スポーツは「競争」（アゴーン）の中でも「ルドゥス」に位置づけられている[72]。

68

第3節 「スポーツ」概念の専門的意味

カイヨワの言説から「スポーツ」の特徴を導き出すと，それは「遊び」「筋肉的性格」「ルールのある競争」と言えるであろう．

3) A. グットマンにおける「スポーツ」の意味

カイヨワの『遊びと人間』の20年後，アメリカのスポーツ史研究者A. グットマンは『儀礼から記録へ』(1978) と題する本を上梓した．「普通の読者向け」に書かれた本書は，「近代スポーツ (modern sports) に関する体系的かつ独創的な解釈と，アメリカスポーツについて何がユニークで，何がユニークではないかということに関する一連の省察を提供する」ことを目的としている[73]．

グットマンは近代スポーツを体系的かつ独創的に解釈するための「道具であり，発見のための装置であり，有用なモデル」として，「遊戯，ゲーム，コンテスト，スポーツに関する基本的なパラダイム」を設定し，四つの概念の関係を検討している．先ず，彼はC. ディーム (Carl Diem) の遊戯に関する定義を引用しながら，「遊戯とはそれ自身のために追求される非実用的な身体的かつ知的な活動である」と定義する[74]．その上で，彼は遊戯 (Play) を「自然発生的な遊戯」と，「組織化された遊戯」すなわち「ゲーム」(Game) に二分する．ゲームは勝者を必要とする「競争的ゲーム」すなわち「競技」(contest) と，勝敗を問題としない「非競争的ゲーム」に二分される[75]．さらに，彼は「競争的ゲーム」を「身体的な競技」と「知的な競技」とに二分した上で，「スポーツ」(sports) を次のように定義している．スポーツは「遊戯の要素に満ちた身体的競技 ("playful" physical contests)，すなわち身体的ならびに知的な技能が重要な割合で含まれる非実用的な競技」である[76]．

グットマンの著作は，スポーツの定義論よりも，むしろ「近代スポーツ」の七つの特徴によって，スポーツ史やスポーツ社会学など社会科学的な研究に従事する研究者に大きな影響を与えた．彼は本書の書名ともなっている第2章「儀礼から記録へ」において，近代スポーツの七つの特徴を挙げている．「世俗主義」「競争機会と競争条件の平等」「役割の専門化」

「合理化」「官僚的組織化」「数量化」「記録の追求」[77]。

表5 各時代におけるスポーツの特徴

	原始的	ギリシャ的	ローマ的	中世的	現代的
世俗化	○×	○×	○×	○×	○
平等化	×	○×	○×	×	○
専門化	×	○	○	×	○
合理化	×	○	○	×	○
官僚化	×	○×	○	×	○
数量化	×	×	○×	×	○
記録化	×	×	×	×	○

彼は各々の特徴について次のように説明している[78]。

(1) 世俗主義 (secularism)。儀礼化され，深奥の感情を喚起する傾向があるにもかかわらず，近代スポーツは宗教的な (the sacred) 何か超域的な領域には関与していない。

(2) 平等 (equality)。近代スポーツは，少なくとも理論的には，誰もがその競技能力に基づいて試合に参加することを認められ，すべての競争者にとって規則が同じであることを要求する。

(3) 官僚化 (bureaucratization)。地域的，地方的，国家的，国際的な官僚組織が，今やリトルリーグからオリンピック大会までのあらゆるレベルの近代スポーツを管理している。

(4) 専門化 (specialization)。多くの近代スポーツは，役割とプレイのポジションがほとんど専門化されている。

(5) 合理化 (rationalization)。近代スポーツの規則は，手段—目的の観点から常に綿密に調査され，しばしば改定される。競技者は科学的にトレーニングし，技術的に洗練された装備を使用し，その能力を最も効率よく使用するように努力する。

(6) 数量化 (quantification)。近代スポーツにおいては，我々の日常生活のすべての側面におけると同様に，我々は数字の世界の中に住んでい

る。
(7) 記録の追求（quest for records）。我々がスポーツの記録によって意味するところの数量化された卓越した業績（achievement）は，この業績を凌駕しようと望むすべての者に対しては，常に挑戦である。

グットマンは近代スポーツの七つの特徴を，表5のような形で要約している[79]。スポーツ史研究の分野において，この表は大きな影響を与えたように思われる[80]。

4) 樋口聡における「スポーツ」の意味

わが国において初めて「スポーツ美学」という学問領域を確立した樋口は，「一つの範型として社会的な現実を理解する一つの手段」を構築することを目的として，スポーツ概念の定義を行っている[81]。彼は，まず，「スポーツ」という語を限定する必要性を論じた上で，この概念の意味内容を古代ラテン語にまで遡って考察する「語源的解釈」と，ジレの定義に見られるような「近代的解釈」の二つの視点から考察している。その結果，「現在われわれがスポーツというとき，その語源的解釈でとらえれば，極めて広い範囲でスポーツという概念を考えることになるのであり，逆に近代的な解釈でもって，さらにその激しさや競争性を特徴として掲げればかなり狭い範囲に限定される」[82]という結論を導出している。この「広狭のとらえかたの中間領域にいくつかの解釈の段階がありうる」として，その代表者として彼はグットマンの定義を検討している。次いで，彼はスポーツの美学的研究におけるスポーツの概念について，M. フィッシャー（Michael Fischer）や D.N. アスピン（David N. Aspin），あるいは C.E. トーマス（Carolyn E. Thomas）などの主張を検討している。スポーツの意味内容と美学的研究における概念を検討した上で，樋口は「スポーツ」を「遊戯性，組織性，競争性，身体性によって特徴付けられる活動」と措定し[83]，これら四つの概念を検討した上で，彼は「スポーツ」概念を次のように定義している。「スポーツとは，日常生活とは異なる意味連関をもつ特殊な情況の中で（遊戯性），人為的な規則にもとづき（組織性），他人との競争

や自然との対決を含んだ（競争性），身体的活動（身体性）である」[84]。

2. スポーツ史研究者における「スポーツ」の意味

　スポーツを歴史的に研究するスポーツ史研究において，「スポーツ」をどのような意味で使用するかという問題は，研究対象を限定する上で重要な問題である。19世紀以来の体育史研究者あるいはスポーツ史研究者による「スポーツ」の定義をすべて検討することは，不可能である。以下では，現代ドイツのスポーツ史研究を牽引するミュンスター大学教授のM. クリューガー（Michael Krüger），ヨーロッパの中近世のスポーツ史研究者であるトロント大学名誉教授のJ. マクレラン（John McClelland），そして日本のスポーツ史研究に極めて大きな影響を与えた筑波大学名誉教授の故・岸野雄三の3人の研究者に焦点を当てて，彼らの「スポーツ」概念の理解を検討することにしたい。

1) M. クリューガーにおける「スポーツ」の意味

　「ドイツスポーツ学会」（Deutsche Vereinigung für Sportwissenschaft, DVS）の「スポーツ史分科会」（Sektion Sportgeschichte）の会長（2012年現在）であり，DVSの機関誌『スポーツ科学』（Sportwissenschaft）の編集長であるミュンスター大学のM. クリューガーは，1993年に『体育・スポーツ史入門』（Einführung in die Geschichte der Leibeserziehung und des Sports，以下『入門』と略す）の第2巻と第3巻を刊行し，2004年になって第1巻を刊行した。本書の第1巻ではスポーツの起源，古代ギリシャとローマのスポーツ，中世と初期近世のスポーツが取り扱われている。第2巻では18世紀から19世紀の主としてドイツにおける「体育」が，第3巻では近代オリンピック，ワイマール期とナチス期の体育とスポーツ，戦後のスポーツ，旧東ドイツのスポーツが論じられている[85]。

　クリューガーは『入門』の最後に刊行された第1巻の序論において，スポーツ史における普遍史（Universalgeschichte）や，理論あるいは時代区分

第3節 「スポーツ」概念の専門的意味

などについて論じている。その中で，研究対象である「スポーツ」概念の意味について，次のような設問から議論を始めている。「スポーツ史とスポーツ科学において，次のような論争がなされている。あらゆる国とあらゆる民族において近代スポーツの成立と発展以前にさまざまな方法で行われた身体運動（Leibesübungen），競技（Wettkämpfen），遊戯（Spielen）の形態を『スポーツ』を言い表しうるのかどうか」[86]。すなわち，イギリスに起源を有する近代的な意味での「スポーツ」概念は，近代以前に適用できるのかどうか，という問題である。この問題に対してクリューガーは，先ずA. グットマンの『儀礼から記録へ』（From Ritual to Record, 1979）に依拠しながら「近代スポーツ」の特徴を確認した後に，近代以前のスポーツについて検討を加えている。その上で，彼は「スポーツの普遍史」のあり方を論じている。

　近代的な概念である「スポーツ」という語を「古い時代」あるいは「中世」に適用する妥当性を検討するに当たって，クリューガーは次のような説明から論を展開している。「スポーツのより広い概念は，あらゆる時代とあらゆる文化の遊戯とスポーツ，肉体的修練，肉体的—運動的訓練と教育のあらゆる形式の内容をテーマ化することを意味している」[87]。スポーツの広義の意味をこのように措定した上で，彼はI. ヴァイラー（Ingomar Weiler, 1988）とW. デッカー（Wolfgang Decker, 2000）による「古代スポーツ」研究におけるスポーツの意味，G. ルカス（Gerhard Lukas, 1969）の「身体文化」（Körperkultur）概念の意味，あるいはC. ディーム（1960），R.D. マンデル（Richard D. Mandell, 1986），G.U.A. ボーゲング（G.U.A. Bogeng, 1926），H. ユーバーホルスト（1980）などの著作におけるスポーツの意味を検討している[88]。その結果，次のような結論を得ている。「スポーツの普遍史—要約的に言うならば—は，指導的な理念つまりある原理が基礎となっていることを前提としている。あらゆる叙述において基本的な思想となっているのは，あらゆる民族と時代において，例えば軍役あるいは畑での労働のような労働と生命の直接的安全の世界に含められるような活動とは異なった遊戯と身体修練が証明される，という思想である」[89]。

第2章 研究対象としての「スポーツ」

　クリューガーが『入門』の第1巻の序論で論じているのは，スポーツの「普遍史」のあり方やスポーツ史の理論あるいは時代区分の問題であり，「スポーツ」概念の「定義」自体を論じているわけではない。しかしながら，スポーツに関する具体的な歴史を解明しようとする場合，彼の次のような説明はスポーツ概念の歴史的事実への適用を考える上で，重要な示唆を与えてくれるように思われる。「今日，スポーツはあらゆる肉体的遊戯と身体修練の上位概念（Überbegriff）になっている」[90]。しかし，「古代と中世においては，今日の包括的な『スポーツ』概念に対応するような概念は決して存在しなかった。それは現代におけるいわゆる自然民族の身体文化と見なされる。今日『スポーツ』と見なされるものは，例えば教育・戦争・宗教的文化的儀礼・狩猟あるいは労働のような様々な生活―意味連関に属していた」[91]。「『スポーツ』という語を適用することによって，他のより古い文化における身体修練・運動・遊戯・スポーツをも言い表そうとする者は，これらの活動（Betätigungen）が考慮と叙述に値し，19世紀と20世紀の社会的文化的一現象としての狭い歴史的スポーツ概念とは異なっているような，特殊な文化的文脈の中に常にあるということについて，明確にしておかなけれならない。スポーツの意義を文化的かつ人間学的な普遍性として評価できるためには，『スポーツ的な』（sportive）行為と思考の特殊な歴史的かつ文化的な現実化あるいは客観化を明確にし，それらの相異点と一致点を引き出すことが重要である」[92]。

2）J.マクレランにおける「スポーツ」の意味

　カナダのトロント大学名誉教授であるJ.マクレランは，ヨーロッパの中世及びルネサンス期におけるスポーツ史研究をライフワークとしている数少ない研究者の一人である。彼は2007年に彼の研究の集大成とも言える著作『身体と精神』を上梓した[93]。本書の第1章「時代，史料編集，定義」（Timelines, historiofraphy, definitions, pp.1-18）において，彼は「スポーツ」概念の定義を試みている。

　A.グットマン（1978）あるいはJ.ウルマン（Jacques Ulmann, 1977）らに

第3節　「スポーツ」概念の専門的意味

代表される「スポーツの起源の説明と定義とに関する努力のほとんどが，人類学や教育学そして社会学の洞察を利用してきた」と指摘するマクレランは，彼らとは別の立場から，すなわち「言語学と記号論からモデルを借用することによってスポーツを理解すること」を提案している。彼が借用したモデルは，アリストテレスの論理学に由来し，フランスの言語学者 A. J. グレイマス（Algirdas J. Greimas）が記号論的概念として明確化した「記号論的四角形」（semiotic square）である。マクレランによれば，この認識手続きは「四辺形の両端に肯定的ではあるが，表面上は対照的な二つの概念を置き，両者の対角線上の反対側に二つの概念を置く。論理的に言えば，肯定的な二つの概念は，普通は，互いに相反するものとして認識されるが，互いに矛盾するものではない。これに対して，二つの否定的な概念は，この反対と相反の本質が直ちに明確ではないにもかかわらず，正に矛盾するものである。さらに，相反する概念は，通常は，肯定的なものから否定的なものへと記号論的に移行することを許す中心点であることが明らかに示される」[94]。

　マクレランは「大部分の人々の生活リズム」であり，表面上は互いに対象的な「労働と遊戯」（work vs play）を，「記号論的四辺形」の基本的な一組として取り上げる。労働と遊戯は矛盾するものではなく，「一つの相補的なもの」として結びついている。この労働と遊戯を乗り越えるような人間の第三の活動，つまり「戦争」が存在する。戦争は破滅的であるがゆえに労働と矛盾し，戦争は致命的であるがゆえに遊戯と相反する。しかし，戦闘と遊戯は，時間と資源とエネルギーの浪費という意味で，相補的である。戦争は，「真面目である」という特徴を労働と共有するがゆえに，労働と遊戯との間の中間的な概念である。最後の一角を占めるのは「スポーツ」である。スポーツは遊戯の仲間と見なされ，遊戯と矛盾すると見なすのは困難である。しかし，「多くの点で，スポーツは遊戯を否定する」。スポーツは余暇時間に行われるがゆえに労働と相反するものであり，破壊をもたらさないがゆえに戦争と相反するものである。同時に，スポーツは様々な経済的活動の形を取るがゆえに労働と相補的である。また，競争的

あるいは戦略的であるがゆえに，スポーツと戦争は相補的である[95]。

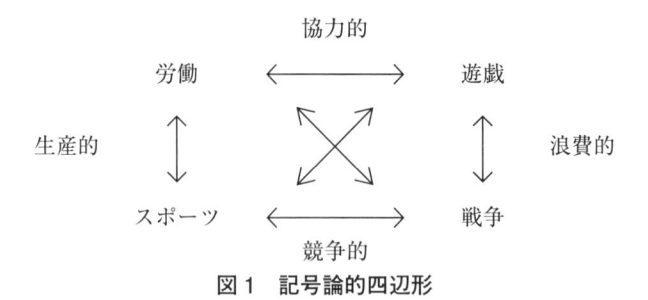

```
              協力的
    労働  ←―――――――→  遊戯
        ↑  ↘     ↗  ↑
生産的   ↑    ✕    ↑   浪費的
        ↓  ↗     ↘  ↓
    スポーツ ←―――――→ 戦争
              競争的
```
図1 記号論的四辺形

　図1が示しているように，スポーツは多様な次元を有しているがゆえに，A. グットマンの言うような「自己目的的・遊戯的・身体的競争」(autotelic, ludic, physical contest)[96] と単純に定義することはできない。

　マクレランは図1の対極にある「遊戯」との対比から，「スポーツ」の特徴を次のように指摘している。「スポーツは，遊戯と同様に，表面上は楽しいが，機能的には無報酬であるような身体活動である。しかしながら，訓練し，必然的に競争的であることによって，スポーツは遊戯とは異なる。競争は直接的であり，それゆえにスポーツは防禦的かつ攻撃的な策略を含んでいる。あるいは，競技者は個人的な最高を達成しようと努力し，競争相手を妨げることを望まない」[97]。

3）岸野雄三における「スポーツ」の意味

　岸野は1973（昭和48）年に「体育史学への試論」という副題を有する『体育史』を上梓した[98]。この書名が示すように，1970年代初頭の我が国においては，学問名称は「スポーツ科学」よりも「体育学」が一般的であった。本書の第1章「体育概念の変遷」において，岸野は「体育術語学の動向」と「体育の語義と定義」を検討し，最後に「体育の基本的諸概念の体系化」を試みている。彼は「身体の語義や意味についての検討」と「体育の基本的諸概念の歴史的・理論的な説明」に基づいて，「諸概念の相互関係と体系化」について次のように述べている[99]。

第 3 節　「スポーツ」概念の専門的意味

　少なくとも現状においては，身体文化的現象の中核としての身体＝運動を前提し，「身体活動」→「身体運動」→「身体修練」→「身体教育」→「身体文化」の系列を追いながら，諸概念を体系化していくことが妥当のように思われる。これをいいかえるならば，体育の独自性を維持していくためにも，体育は身体活動からはじまるという発想法をもとに，基本的諸概念の体系化を試みる方が得策であろう。

　古典論理学に基づく語と語の関係を論じる岸野による「諸概念の体系化」では，上述のヘンペル的な意味での「概念の定義」論を読み取ることはできない。このような方法論的立場は「スポーツ」概念の検討においても堅持される。
　岸野は 1972（昭和 47）年に刊行された『スポーツの技術史』における「スポーツの技術史　序説」を分担執筆している[100]。彼は「第 1 章　スポーツの概念」において，「1．スポーツの語源」「2．スポーツの語義」「3．スポーツの意味」を検討している[101]。彼は「スポーツの意味」について次のように述べている。

　　広くみて，スポーツは遊戯のカテゴリーに包含される。しかも，①身体運動であること，②競争的活動であること，の二つの特性が加わることによって，現代のスポーツはより限定されて用いられ，狭く運動競技の意味に解されるようになった。
　　「身体＝運動的なものと，知的なものと両方を含んでいる」スポーツを「本質的に規定する際には，戸外の動的活動（例えばフットボール）であろうと，室内の静的活動（たとえば将棋）であろうと，競争という要素が有用になる。しかもいまや競技としてのスポーツは遊戯の高度化された特殊の段階として，ふつうの競争的遊戯とは区別して用いられている。というのも，競技としてのスポーツは遊戯とちがって，たとえば，たんに球や石を投げくらべするだけではなく，それを高度化し，組織化し，技術化し，規則化して，競技としておこなうよ

うなものをさすからである」。

このように，岸野は「スポーツ」を「遊戯」のカテゴリーの中で捉え，その特徴として（1）身体運動，（2）競争的活動，（3）高度化，（4）組織化，（5）技術化，（6）規則化を挙げている[102]。

第4節 「スポーツ」概念の定義

前節で見たように，1990年代以降の我が国では，大学教育の科目名においてもまた学術研究団体名においても，「スポーツ」という用語が一定の地歩を得たと言えるのではないだろうか。しかしながら，この「スポーツ」という用語は，ある場合には「運動」と同義に使用され，ある場合には狭く「運動競技」と解されており，決して「一義的な意味」で使用されている訳ではない。

他方，約定的な意味での「スポーツ」概念の定義を試みる場合，第1節で言及したように，定義の「目的」が問題になり，また学会での用例あるいは定義例を無視して定義して良いわけでもない。そこで，本稿では次の二つの前提から，スポーツ概念の定義を試みてみたい。一つ目の前提は，ある大学に「スポーツ科学研究科」を設置することを念頭において，特に修士課程における教育課程の編成を構想するに当たって，「スポーツ」概念を可能な限り広義に定義することである。二つ目の前提は，スポーツ概念を「遊戯」概念を出発点として定義するのではなく，「運動」概念を出発点として定義することである。というのは，第2節で指摘したように，なるほど明治期における欧米の近代スポーツに関する総称概念の一つは「戸外遊戯」であったが，しかしカタカナ表記の「スポーツ」が定着する大正年代の終わりには「スポーツ」は「運動競技」と同義に理解されていたからである。

第4節 「スポーツ」概念の定義

1.「運動」概念の多義性

　2010年11月12日から11月27日まで中華人民共和国の広州で開催された第16回アジア競技大会では,「中国象棋」「囲碁」「チェス」が競技種目に加えられた。このことについて,朝日新聞の伊東衆生記者は次のような記事を書いている。「囲碁は日本では文化と位置づけられることが多いが,国際的には『頭脳スポーツ』という言葉も定着しつつある」[103]。東北アジア体育スポーツ史学会に参加した日本人スポーツ史研究者の中には,中国あるいは韓国のスポーツ史研究者が「囲碁はスポーツである」という主張に接した研究者もいるであろう。このように,中国及び韓国では,「スポーツ」という概念には,伊東記者が言うような「頭脳スポーツ」が内包されている。

　しかし,筆者の講義において学生たちに「スポーツという語を漢字に置き換えると何と言いますか」という質問をすると,戻ってくる回答はすべて「運動」あるいは「運動競技」という言葉である。上述のように,「スポーツ」というカタカナ表記が定着する時から,「スポーツ」は「運動」と同義に理解されていた。このように,日本では,「運動」(あるいは「身体運動」)が介在しない「囲碁」や「将棋」は「スポーツ」とは理解されない状況がある。この意味では,「スポーツ」概念の定義に際して,「遊戯」概念を出発点にするよりも,「運動」概念を出発点にする方が現実的であると言えよう。とは言え,「運動」概念も日本では極めて多様に理解されている。

　『広辞苑』は「運動」という語の意味を次のように述べている[104]。

(1) 物体が時間の経過につれて,その空間的位置を変えること。
(2) 広く化学変化・生物進化・社会発展・精神的展開などをも含めて,形態・性状・機能・意味などの変化一般をいう。アリストテレスは運動の理解を自然学の基礎に置いた。

（3）体育・保健や楽しみのために身体を動かすこと。スポーツ。
（4）目的を達するために活動すること。
（5）生物体の能動的な動き。個体内の局所的運動と個体の移動運動，また成長運動・筋運動・細胞運動などのように分類する。植物にも膨圧運動がある。

　このように，「運動」という語は日常生活においても多様な意味で使用されている。スポーツを問題にする場合の運動は，もちろん「身体を動かすこと」である。換言すれば，スポーツの世界で論じられる運動は，政治運動や社会運動あるいは蒸気機関車の動きなどではなく，「身体の運動」（「身体運動」）である。しかも，この身体運動は日本猿の竹馬歩行やボノボの直立二足歩行のような「動物の身体運動」ではなく，「人間の身体運動」である。とは言え，すべての人間の身体運動がスポーツとなるわけではない。例えば農作業などの肉体労働における運動は，「スポーツ」とは呼ばれない。
　他方，「人間の身体運動」における「運動」概念は，「体育」（あるいは「スポーツ」）の世界では，極めて多義的に使用されている。「体育で用いられる日本語の運動という概念の階層性」について，朝岡正雄は次のように分析している[105]。彼は「特定の目的をもった身体活動の全体やそこに含まれる各々の活動領域」を意味する運動と，「時間の経過にともなって生じる身体の空間的位置変化を表わす」運動とを区別する。前者は，「生物学的・教育学的目的を達成するために何かを反復的に遂行する身体活動の全体」を意味する運動と，「体育における学習活動のある特定の領域やスポーツ種目」（学習指導要領に見られる「陸上運動」や「器械運動」など）としての運動に区別される。「身体の空間的位置変化」としての運動は，「各々のスポーツ種目や運動領域の特定の行動課題を達成するある仕方」としての運動（例えば「パス」「シュート」「スパイク」あるいは「キック」など）と，「特定のスポーツ種目や運動領域で用いられる具体的な手段や運動練習の目標」としての運動（例えば「チェストパス」「逆上がり」「ベリー

ロール」など）に区別される。前者の運動で問題となるのは，「運動者とそれを取りまく状況のなかからある特定の意味が抽出され，それに基づいて多様な運動経過の全体が一つの基本的な行動の仕方としてまとめられた，非常に高い抽象レベルに位置する運動形態」である。後者の運動で問題となるのは，「それを行う具体的な状況のなかで一定の意味をもち，しかもその空時・力動的な展開においてある特徴的な運動経過が認められる運動形態」である。

朝岡の運動概念の分析の論議地平は，「動き」（Bewegung, movement）と「修練」（Übung, exercise）の意味世界である。前者で問題となるのは「身体の空間的位置変化」としての「運動形態」であり，後者で問題となるのは「特定の目的のための反復的に遂行される身体活動」である。岸野が，1968 年に刊行された『序説運動学』の「運動学の対象と研究領域」[106]において「Bewegung」と「Übung」の峻別を強調して以来，約 40 年余が経過している。しかし，今日の「スポーツ科学」の世界においても，両者はなお曖昧なままに使用されている。他方，金子明友は両者の概念について次のように述べている[107]。

> movement, mouvement, Bewegung, движение という一連の概念が日常の語法としても，さらに専門語としてさえも，exercise, exercice, Übung, упражнение としばしば取り違えられることである。つまりわが国の運動研究には，運動と云う一つの名辞にこの両者の意味内容を託しても，その差が気にならない呑気さが残っている。加えて，その「運動」の概念にスポーツ，体育さらに身体活動の意味内容まで担わせても，あまり問題にしない無邪気ささえある。

金子が我が国における運動概念の曖昧使用についてこのように嘆いたのは約 20 年前のことである。しかし，このような状況は今日においても全く変わっていないのではなかろうか。

人間の身体運動は，上述のように，そのすべてが「スポーツ」となる訳

でない。以下では，K. マイネル (Kurt Meinel) の「人間学的運動学」における「運動」(Bewegung) の分類に依拠しながら，スポーツとしての身体運動の特徴を検討することにする。

2. 現象学的運動学における身体運動の分類

人間の身体運動に関する生理学的あるいはバイオメカニクス的な研究における因果的法則や数量的定量化よりも，フランス 19 世紀の小説家である H. de バルザック (Honoré de Balzac) の『歩きかたの理論』(1833) における歩行の「意味」分析に親近感を抱くスポーツ史研究者にとって，スポーツ生理学やスポーツバイオメカニクスに見られるような「科学的運動学」よりも，人間の身体運動の「価値系」や「意味系」を問題にする「現象学的運動学」は，スポーツ概念を定義する上で極めて示唆的である。以下では，人間学的運動学を提唱した F.J.J. ボイテンディーク (F.J.J. Buytendijk) とモルフォロギー的運動学を提唱した K. マイネルによる運動分類と，両者に強い影響を受けている金子の「スポーツ運動学」における運動分類を概観することにする。

マイネルの「運動学」(Bewegungslehre) に大きな影響を与えたと言われるオランダの生物学者 (生理学者, 心理学者, 人間学者) であるボイテンディークは，有名な『人間の姿勢と運動の一般理論』(1956) において「人間の運動の体系化」を論じている[108]。彼は生理学的あるいは心理学的区分などを検討した上で，「ヴァイタルな現象」(vitale Erscheinung) としての「人間の有意味な運動」(sinnvolle menschliche Bewegungen) を「意味」あるいは「機能」の観点から，次の三つグループに区分している。第一のグループは「その意味が特定の目標，すなわち目的 (Endpunkt) との関係の中にあるような，自発的かつ反応的な運動表示 (motorische Äußerungen)」を包含する「行為」(Handlungen) である。第二のグループは「ある目標の達成に向けられているのではなく，それ自体の中に意義 (Bedeutung) があるような表出運動 (Ausdrucksbewegungen) である。これら二

第4節 「スポーツ」概念の定義

つのグループは動物の場合にも現れる。他方，機能の上から特に人間的な第三のグループは「表示運動」（repräsentative Bewegungen）である。この運動は「表出運動」とは異なり，「外的な目標」に向けられているが，「運動に依存しない意味」に関係している。このように，ボイテンディークは人間の運動を「行為」と「表出運動」そして「表示運動」の三つのグループに区分している。

　マイネルはボイテンディークの「運動の意味に基づいた機能という立場からの分類」には首肯しながら，次のように批判する。「行為，表出運動，"表示運動"というものは体系論の立場からは満足できるものではない。というのは，表出運動と，いわゆる"表示運動"（たとえば，手振りや身振りをさす）は，人間同士の交流では同じように行為性をもつからである。それらの運動が行為性をもたないとするならば，それらを無意味な運動として理解するしかないことになるであろう」[109]。表示運動をこのように批判する一方で，マイネルはボイテンディークのいう「運動の意味に基づいた機能」という観点から，「人間の運動」を「一般的な人間運動系」（allgemeine menschliche Motorik）「労働運動系」（Arbeitsmotorik）「表現運動系」（Ausdrucksmotorik）「スポーツ運動系」（sportliche Motorik）に分類する[110]。

(1) 一般的な人間運動系。「ホムブルガーの定義によれば，ある活動全体としての人体の"運動全体"を包含するものであり，たとえば，顔の表情変化，手振り，身振り，話すときの動作などである」。

(2) 労働運動系。「物質財をつくり出して，多様な社会的要求を充足していくのに役立つ多くの生産的運動を包含する」。

(3) 表現運動系。「顔（表情）や全身（パントマイム）の表現動作，話すことや書くことの，また芸術上の創作・模倣の表現動作を包含する」。

(4) スポーツ運動系。「人間の陶冶と教育として，人間の健康維持のため，スポーツや労働や祖国防衛における運動系の達成能力の向上のため，さらに，人間の喜びやレクレーションの手段として役立つあらゆる運動を含む」。

第2章　研究対象としての「スポーツ」

　1981年にマイネルの『Bewegungslehre』の日本語訳である『マイネルスポーツ運動学』を上梓した金子は，その後マイネル運動学の世界を大きく発展させた現象学的運動学に基づく「身体知」に関する著作を立て続けに余に問うている[111]。彼は，「因果決定論に支えられた機械論的分析方法論をその基柢に据え」，そして「精密測定と再現実験によってその客観性を実証する科学的運動学」に対して，「自己運動の内在的超越現象の発生目的論を基柢に据え」て，「自由な運動主体の動感深層に潜む地平志向性を目的論の立場から類的普遍性を解明する」現象学的運動学を構築しようとしている[112]。

　さて，金子はマイネルの運動分類よりもF. フェッツ（Friedrich Fetz）の区別に従って，人間の身体運動を「日常運動」「表現運動」「労働運動」「スポーツ運動」の四つに区分している[113]。

(1) 日常運動。食事をし，散歩で歩き回り，水たまりを跳び越え，物を運んだり，シャワーを浴びたりする日常的な動作や手作業のような日常運動はその人の現存在の実存的世界に関わるから決して一様であるはずはない。

(2) 表現運動。ここに表現概念のみを要約して述べれば，まず動く人の受動世界に立ち現れる表出契機と動く人が意図的に何かを模倣し，再現しようとする再現契機が同時に含意される可能性がまず確認されるのでなければならない。

(3) 労働運動。それは生産的な〈ものづくり〉の身体運動が意味される。

　金子は「スポーツ運動」を，マイネルの「有用目的という視点」に基づいて次の四つの領域に区分している[114]。

(1) 人間の楽しみや気晴らしの手段としてのスポーツ運動
(2) 人間の健康維持手段としてのスポーツ運動
(3) 達成力向上手段としてのスポーツ運動
(4) 人間の身体教育の手段としてのスポーツ運動

　達成力向上の手段としてのスポーツ運動では，「競技運動，つまり，わ

ざを競い合うという意味の狭義としての身体運動が主題化され」，このような競技運動には「測定競技，評定競技，判定競技の三領域」が措定される。

3.「スポーツ」概念の定義

既に述べたように，ある大学に「スポーツ」に関する大学院を設置し，修士課程における教育課程を編成することを念頭において，「スポーツ」概念の定義を試みることにしよう。その際，大学院の教育はできるだけ幅広い内容を提供することとしよう。また，定義の出発点を「遊戯」に求めるのではなく，「人間の身体運動」を出発点としよう。そして，人間の運動（menschliche Bewegung）を主体と環境との関わり合いの中における「機能」，あるいは「意味」に基づいて分類するマイネルの運動分類に依拠しながら，「スポーツ」概念の定義を試みることにしよう。

さて，「スポーツ」の語源的意味（気晴らし）と近代的な意味（競争），そして「体育」の語源の一つであるギリシャ語の「gymnastike」の意味（第3章を参照）を考慮しながら，「スポーツ」概念を次のような目的で遂行される「人間の身体運動」と定義することにしよう[115]。

(1) 健康の保持増進
(2) 達成力の競争
(3) 身体教育
(4) 気晴らし

注
1) 本稿で言う「スポーツ科学」は，単に「実験系の学問領域だけを意味する」のではなく，「自然科学と精神科学を統合した」学際科学を意味している。朝岡正雄，スポーツ運動学序説，不昧堂出版，1999年，113-114頁。稲垣が指摘しているように，「スポーツ科学は実験系の学問領域である」のだから，「スポーツ史はスポーツ科学ではない」という学生の理解には，筆者もしばしば出会う。藤井英嘉，稲垣正浩，対談「スポーツ学とはなにか」，IPHIGENEIA日本体育大学大学院体育科学研究科スポーツ文化・社会科学系

稲垣研究室　紀要，5(2004):5-104。ここでは19頁。稲垣は「科学偏重主義」や「史料実証主義」を批判して，「スポーツ学」という用語を使用する。しかし，我々の学問分野を「スポーツ科学」と呼ぶか，あるいは「スポーツ学」と称するかという問題は，本論で明らかにするように，正に定義の問題である。

2) 2010年2月17日づけの『朝日新聞』朝刊には，「囲碁棋士，アジア大会へ」と題した署名記事（伊藤衆生）が掲載されている。この中で伊藤は，2010年11月に中国の広州で開催される「第16回アジア競技大会」において，開催国中国の意向で「チェス競技枠の中に，囲碁，チェス，中国将棋（象棋シャンチー）の3ゲームが並ぶ」と伝えた上で，次のように述べている。「囲碁は日本では文化と位置づけられることが多いが，国際的には『頭脳スポーツ』という言葉も定着しつつある」。伊藤衆生，囲碁棋士，アジア大会へ，朝日新聞，2010年2月17日，1頁。

3) 岸野は既に1973年に，概念規定の重要性について次のように述べている。「概念の言語的表現は名辞（Term）によって示される。したがって，体育の概念規定を明確にし，それをめぐる専門語（術語）を明確に使用することが，科学的研究の第1条件である」。あるいは「体育を学問と称するレベルで研究する場合には，体育史研究をも含めて，研究の対象となる体育自体の概念と，それをめぐる基本的諸概念を明確に理解しない限り，その研究領域も研究方法もぼやけてしまい，ついには学問としての十分な資格を欠く結果になりかねない」。岸野雄三，体育史─体育史学への試論─，大修館書店，1973年，2頁，16頁。約40年後の今日においても，「体育」あるいは「スポーツ」概念をめぐる問題状況は，岸野が指摘した時代と変わらないように思われる。研究対象としてのスポーツの明確な概念規定に関する筆者の問題意識は，恩師である岸野のこのような見解に強く影響されている。

4) Hempel, C.G., Fundamentals of Concept Formation in Empirical Science. Chicago 1952. p.1. カール・G. ヘンペル，黒崎宏訳，自然科学の哲学，倍風館，1978年，141頁。岸野は体育における「術語学」（Terminologie, Terminology）の「緊急な問題」として，(1) 名辞の術語化，(2) 術語の体系化，(3) 基本概念の明確化の3点を挙げている（前掲書，16頁）。ここに見られるように，概念の明確化をめぐる方法論に関して，岸野は基本的には古典的な名辞論理学に依拠している。これに対して，概念に関する筆者の基本的な立場は，既に第1章で言及したように，現代の命題論理学あるいは記号論理学を基礎とする分析哲学，とりわけポパーとヘンペルの見解に依拠している。

　ところで，多々納秀雄は1975年に「スポーツの概念規定についての若干の論理学的・方法論的考察」（九州大学体育学研究，5(1975)3:1-14）を発表

している。本稿における多々納の立場は，本書の第1章と同様に，筆者の立場と同様である。しかし，非常に残念ながら，筆者は彼の死後に刊行された『スポーツ社会学の理論と調査』（不味堂出版，1997年）に接するまで，彼のこの論文の存在を知らなかった。

5) Hempel, C.G., Ibid., p.2.
6) 碧海純一，新版 法哲学概論 全訂第一版，弘文堂，1979年，43-44頁。
7) Hempel, C.G., Ibid., pp.5-6.
8) Ibid., p.14.
9) カール・G. ヘンペル，黒崎宏訳，前掲書，141-142頁。
10) 科学的認識におけるすべての概念を定義しようとすると，定義項が再び被定義項となり，別の定義項によって定義されるという「定義循環」（definitional circle）に陥る。例えば，「スポーツとは運動競技である」という場合，「運動競技」とは何かを再び定義しなければならなくなる。このような定義循環を避けるために，ヘンペルは「原始語」（primitive term）を導入する。原始語とは，「理論内部では定義されず」，「他の全ての理論的な語を究極的に定義する」ような語である。Hempel, C.G., Ibid., p.15. カール・G. ヘンペル，黒崎宏訳，前掲書，145頁。

なお，碧海が指摘しているように，定義に当たっては「説得定義」（persuasive definition）を避けなければならない。説得定義とは，「ひろく用いられていることばに対して，その情緒的意味（emotive meaning）を大きく変えることなしに，新たな概念的意味を与え，こうすることによって，ひとびとの関心の方向を意識的にまたは無意識に変えることを目的とするような」定義である。碧海純一，前掲書，53頁。

11) Hempel, C.G., Ibid., p.9.
12) Ibid., p.8. イタリックは原文のまま。
13) 碧海純一，前掲書，117頁。
14) 近藤洋逸・好並英司，論理学概論，岩波書店，1978年，11頁。
15) 碧海純一，前掲書，49頁，傍点は原文のまま。この意味では，古典論理学に依拠する本質主義的定義が認識の目的であるのに対して，唯名定義における概念は認識の手段にすぎない。第1章第3節の「1. 歴史の記述と概念」を参照。ところで，佐藤は「体育」という「概念の同一的で不変な意味」を分析するための装置として，カントの認識方法論に依拠しながら，「カテゴリー装置」を導入する。そして，この「カテゴリー装置そのものは，どのように見いだせばよいのであろうか。結論的にいえば，『試行錯誤 trial and error』以外にない」と，彼は主張する。佐藤臣彦，身体教育を哲学する―体育哲学叙説―，北樹出版，2003年，80-81頁。しかしながら，この「試行錯誤」に対する「妥当性」はどのようにして保証されるのであろうか。

16) 前掲書，50頁，傍点は原文のまま。このようにみてくれば，概念と定義の問題に関して，カントの認識方法論に依拠している岸野と佐藤は，「概念の本質的徴表」の理解を目的としており，そこでは概念の「約定定義」（唯名定義）と「意味分析」そして「経験分析」の問題が混同されている，と言えよう。特に，岸野が「『身体活動』→『身体運動』→『身体修練』→『身体教育』→『身体文化』の系列を追うて，基本的諸概念の体系化を試みてきた」という時，彼の認識方法論は概念を「内包」（property）と「クラス」（class）から捉える現代論理学とは全く異なった認識方法論である。岸野雄三，前掲書，53頁。
17) 今村嘉雄，日本体育史，不昧堂出版，1970年，329-335頁。
18) 阿部生雄，高橋孝蔵，リチャード・ルイス，渡辺融，日本体育学会第59回大会（早稲田大学）体育史専門分科会シンポジウム報告 F.W.ストレンジ像の再構成：生い立ちと業績，体育史研究，26(2009):53-99。渡辺融，F.W.ストレンジ考，体育学紀要，7(1973):7-22。
19) Strange, F.W., Outdoor Games, Tokio 1833。下村泰大，西洋戸外遊戯法，博聞社，明治18年。岸野雄三監修，近代体育文献集成 第II期 第18巻 遊戯III，日本図書センター，1983年。阿部が指摘しているように（前掲書，49頁），この時代「games」を「遊戯」と訳すのが一般的になっていた。また，「game」という概念は，19世紀のイギリスにおいては「勝敗を競う遊戯形態を指し示すことば」であった。阿部生雄，前掲書，36頁。
20) もちろん，「漕艇・蹴球・野球・庭球・陸上競技（運動会）」という日本語は翻訳語である。後述するように，明治期前半には「フートボール」や「ベースボール」あるいは「ローンテニス」のように，カタカナ表記されていた。個々の競技スポーツの日本への導入と普及に関しては，次の文献を参照されたい。日本体育協会，日本スポーツ百年，名古屋タイムス社，1974年。
21) 阿部生雄，武田千代三郎の「競技道」の系譜とその性格，筑波大学体育科学紀要，25(2002):31-48。
22) 武田千代三郎，理論実験競技運動，木下秀明監修，社会体育スポーツ基本史料集成 第2巻，大空社，1992年，189頁。武田は本書において一回だけ「sport」に言及している。「英語で"Athletic sports"と云ふときは，陸上技のみを意味して居る」（前掲書，192頁）。
23) 木下秀明，日本体育史研究序説―明治期における「体育」の概念形成に関する史的研究―，不昧堂出版，1971年，258頁。
24) 木下が指摘するように，「大正10年代になっても」，「体育」と「運動」そして「競技」とは「密接不可分の関係で把握され，混用されている」（前掲書，262頁）。
　ところで，学校における「体操科」の教授指針として1913（大正2）年1

月に初めて出された「学校体操教授要目」における教材は体操と教練そして「遊戯」に分けられた。この遊戯は，さらに，「競争を主とする遊戯」「発表的動作を主とする遊戯」「行進を主とする遊戯」の三つに区分されている。1926（大正 15）年 5 月に出された「改正学校体操教授要目」における「遊戯及競技」の教材は，「競争遊戯」「唱歌遊戯」「行進遊戯」「走技，跳技及投技」「球技」の五つに区分された。そして，1936（昭和 11）年 6 月に出された「第 2 次改正学校体操教授要目」における「遊戯及競技」の教材は，「走」「跳」「投」「各種」（追逃，運搬，押引，攀登，格力）「球技」から構成されている。このように，学校体育の教材に関しては，「スポーツ」という用語は使用されず，「遊戯」または「競争遊戯」あるいは「競技」などの語が使用された。井上一男，学校体育制度史　増補版，大修館書店，1970 年，75-119 頁。

25) 木下秀明，前掲書，258 頁。
26) 永井道明，體育講演集，健康堂體育店，1913 年，187 頁。彼は「米国の遊技はアセリチック及国技としてのベースボール，フットボール等」とも述べており（前掲書，23 頁），「遊戯（スポーツ）（Sport）」を後述する「運動競技」と同義に捉えていたように思われる。
27) 木下秀明，前掲書，258-259 頁。
28) アサヒ・スポーツ　The Asahi Sports，第 1 巻（大正 12 年）第 1 号（3 月）。
29) 今村嘉雄，日本体育史，不昧堂出版，1970 年，536-552 頁。
30) 阿部生雄，辞書に見る"スポーツ"概念の日本的受容，中村敏雄編，スポーツ文化論シリーズ⑤　外来スポーツの理解と普及，創文企画，1995 年，11-71 頁。国語辞典の歴史については，次の文献を参照した。辞典協会編，日本の辞書の歩み，辞典協会，1996。特に，金田一春彦の「二　国語辞典の歩み」（16-43 頁）を参照。
31) 大槻文彦，大言海，冨山房，1940 年，920 頁。第二次世界大戦以前に『大言海』と並んで高い評価を受けていた『大日本国語辞典』（上田万年・松井簡治，冨山房）の第 3 巻（大正 7 年）には，「スポーツ」という語は載録されていない。
32) 金沢昭三郎，広辞林　新訂版，三省堂，1932 年，1094 頁。広辞林の 1925 年版には，「スポーツ」という項目は記載されていない。
33) 下中彌三郎，大辞典　第 15 巻，平凡社，1935 年，255 頁。
34) 木下秀明編著，体育・スポーツ書解題，不昧堂出版，1981 年，572 頁。
35) 盛山智利編，運動競技辞典，研究社，1923（1922）年。本書は用語の説明の他，参考書一覧，大學競漕記録表，萬國オリンピック競技記録表が所収されている。

第 2 章　研究対象としての「スポーツ」

36) 木下東作，寺岡英吉，體育辞典，1928 年，220 頁。この辞典では，関連語として「スポーツ・ウーマン」「スポーツゲームズ・エンド・エクササイズィズ」「スポーツマン」「スポーツマンシップ」「スポーツマン・スピリット」「スポーツマン・ライク」「スポーティング」「スポーツ・マッサージ」が挙げられている。
37) 山田午郎，現代スポーツ辞典，万里閣書房，1930 年，1-2 頁。
38) 山本忠與監修，詳解スポーツ用語辞典，実業之日本社，1931 年，285 頁。引用に当たっては，漢字へのフリガナは省略し，現代漢字に置き換えた。スポーツ研究会編，最新スポーツ用語辞典，モナス，1931 年，448 頁。
39) 讀賣新聞社運動部，スポーツ百科，泉書院，1937 年，1 頁。この他，日本スポーツ協会が 1933（昭和 8）年に出版した『日本スポーツ人名辞典』では，「スポーツ」という語に関する記述はなされていない。しかし，目次では「競技」「競技運動」「体育運動団体」という用語が使用されている。
40) 新村出編，辞苑，博文館，1935 年。『辞苑』では，「スポーツ sports」は次のように説明されている。「一　競技。運動。二　遊戯。遊猟。」（1145 頁）。新村出編，広辞苑　第 1 版，1955 年，294 頁，1518 頁。阿部生雄（辞書に見る"スポーツ"概念の日本的受容，中村敏雄編，スポーツ文化論シリーズ⑤　外来スポーツの理解と普及，創文企画，1995 年，11 頁）が指摘するように，『広辞苑』における「遊戯・競争・肉体的鍛錬」という 3 要素は，1952 年に日本語訳が出版された B. ジレの『スポーツの歴史』における次のようなスポーツの定義に影響されている。「一つの運動をスポーツとして認めるために，われわれは三つの要素，即ち，遊戯，闘争，およびはげしい肉体活動を要求する」（ベルナール・ジレ，近藤等訳，スポーツの歴史，白水社，1952 年，17 頁）。また，1954 年に刊行された『辞海』における「運動競技，戸外遊戯，野球，庭球から登山，狩猟等まで身体鍛錬を目的とするものの総称」という説明も，『広辞苑』の説明に影響を与えている（阿部生雄，前掲書，56 頁）。さらに，1965 年に刊行された『新潮国語辞典現代語古語』（山田俊雄他編，新潮社，1050 頁）も，『広辞苑』と同様に「スポーツ（sports）」を「陸上競技・球技・水上競技，其の他遊戯・競争・身体鍛錬などの目的で行われる運動の総称。運動競技」と説明している。
41) 日本大辞典刊行会編，日本国語大辞典　縮刷版，小学館，1986 年，第 6 巻，493 頁。
42) 松村明，大辞林，三省堂，1988 年，252 頁，1359 頁。同じく松村が編集した『大辞泉』（小学館，1995 年）は，「スポーツ（sports）」を「楽しみを求めたり，勝敗を競ったりする目的で行われる身体運動の総称。陸上競技・水上競技・球技・格闘技などの競技スポーツのほか，レクリエーションとして行われるものを含む」（1442 頁）と説明し，「運動競技」を「一定の規則に従

注

って，身体の運動にかかわる技能などを競うもの。スポーツ」（274頁）と説明している。

43）東京教育大学體育学部教官編，體育大辞典，不昧堂出版，1950年，455頁。この辞典は，1956（昭和31）年に「改訂版」が，1966（昭和41）年には大谷武一ほかを編者として「増補版」が刊行されている。

44）今村嘉雄，宮畑虎彦編，新修体育大辞典，不昧堂出版，1876年，764-765頁。「語源」に関しては初版の内容と相異は見られない。

　ところで，2008（平成20）年に出版された日本スポーツ心理学会編の『スポーツ心理学事典』（大修館書店，5頁）において，猪俣公宏は「スポーツ心理学の定義」において次のように述べている。「今日スポーツは人々の生活に深く根ざし，多様な広がりを見せている。この言葉の語源は今村ら（1976）によれば，ラテン語から始まり，ついで，フランス語として用いられたとされている。本来はdisportとよばれ，英語になってからsportとなった。Disは『分離』の意味を持ち本来の仕事から離れるということになり，またportは『運ぶ』という意味になる。したがって，disportは『自分の本来の仕事から離れ心を他の面に運ぶこと』を意味している。言い換えると，気分転換あるいは気晴らしをすることであった。このように見てくると，もともとスポーツは，仕事以外の広範囲な遊戯的活動を含んでいる用語であるといえよう。しかしながら，スポーツ心理学の対象としての『スポーツ』は，比較的狭義の意味に使われ，身体技能を伴う比較的組織化されたものに限定されていて，トランプやチェスといった大筋的活動を伴わない活動は除外し，競技一般，レクレーション，ダンス，武道，健康のために行われる身体活動，その他運動を伴う遊戯などが含まれる」。「スポーツ（sport）」の語源論については，注47を参照されたい。

45）日本体育協会監修，最新スポーツ大事典，大修館書店，1987年，521-524頁。ここでは，521頁。

46）（社）日本体育学会・監修，最新スポーツ科学事典，平凡社，2006年,48頁。なお，2007（平成19）年に出版された『スポーツの百科事典』（田口貞善編，丸善株式会社）では，「スポーツ」あるいはこの語に関連する用法の説明はあっても，スポーツの定義を読み取ることは困難である。

47）岸野雄三，スポーツの技術史序説，岸野雄三・多和健雄編，スポーツの技術史，大修館書店，1972年，2-3頁。1933年に刊行された『Beckmanns Sport Lexikon A-Z』（Otto Beckmann, Leipzig/Wien S.2099）は，sportの語源としてラテン語の「disportare」を挙げている。また，J. ゲーラーは語源として中世ラテン語の「disportare」を挙げている。Göhler, J., Die Leibesübungen in der deutschen Sprache und Literatur. In: Stammler, W., Deutsche Philologie im Aufriß. Bd.3. Berlin 1955. S.2-76. ここでは8頁。E. メールによれば，

91

フランス語学者の E. ガミルシェークは，sport の語源が「disportare」ではなく，「deportare」であることを明らかにした。Mehl, E., „Sport" kommt nicht von disportare, sondern von deportare. Eine Berichtigung Prof. Gamillschegs zum Etymologische Wörterbuch der deutschen Sprache von Kluge-Mitzka (1963) und zur landläufigen Ableitung des Wortes. In: Die Leibeserziehung. 15(1966)7:232-233. 今日では，sport の語源であるラテン語は「deportare」であることが，周知の事実となっている。しかし，上述の猪俣（注44）の説明に見られるように，相変わらず日本では「diportare」を語源とする説が見られる。

48）阿部生雄，スポーツの概念史，宇都宮大学教養部研究報告，9(1976)1:99-117頁。以下の引用は，特に断らない限り，本論文からの引用である。阿部生雄，Sport の概念史，岸野雄三，体育史講義，大修館書店，1984年，120-125頁。The Oxford English Dictionary being a corrected reissue with an introduction, supplement, and bibliography of a new English dictionary on historical principles. Vol. X. Oxford. 1978(1933). pp.665-667.

49）阿部生雄，スポーツの概念史，102頁。阿部（前掲書，39-44頁）が指摘しているように，「sport」という英語は既に1800年代初頭の英和辞典には採録されていた。彼によれば，「初期の英和辞典では，sport が遊びの形態を表現するものではなく，暇つぶしや戯れを広く意味することばとして理解されていた」（42頁）。

50）前掲書，32頁。ところで，sport と関連の深い game と athletics について，阿部は次のように述べている（スポーツの概念史，107-111頁）。古代フリーシアン語，古代サクソン語，古代南部ドイツ語の gamen（参加，共同，親しい交わりを意味する）に由来する「game の基本的な構造は主として，人間の集合，共同によってもたらされる喜び，ルールに従って勝敗を競う競技，賭博という要素から構成されているといえよう。従って，game は sport と異なり，必ずしも野外での身体活動という要素を前提とする言葉ではなく，ルールに従って勝敗の決着を目的とする数人で行う娯楽を表現するものであった」。他方，古代ギリシャ語の athlein（賞品を目当てに競技する）に由来する「athletics とそれに関連する用語の概念領域を支えている要素は，賞品をめざして行う古代の運動競技，激しい肉体活動の中で体力や技能の優劣を競うこと，専門的訓練というものに求められる」。

51）総務省の「法令データ提供システム」のホームページ（http://law.e-gov.go.jp/cgibin/idxsearch.cgi）より，関係省令を確認した。

52）日本体育学会，体育学研究，45(2000)5:667。

53）各学部の名称は開設年の名称である。各大学の開設年と学部名に関しては，主としてホームページ上に開設されている各大学の「沿革」に基づいて

いる。

　ところで，高橋幸一が指摘しているように，ドイツでは1970年代に「体育」の代わりに「スポーツ」が多用されるようになる。高橋幸一，ドイツ語圏におけるスポーツ科学，体育の科学，41(1991)8:471-476。このことを象徴するのが，「ドイツ体育教師連盟」(Bundesverband Deutscher Leibeserzieher)から「ドイツスポーツ教師連盟」(Deutscher Sportlehrerverband)への名称変更であり，この団体の機関誌である『体育』(Die Leibererziehung)から『スポーツ教育』(Sportunterricht)への名称変更である。この名称変更について，H. ベルネットは次のように述べている。「身体を通しての人間の教育」(Erziehung des Menschen durch den Leib)という「イデオロギー的にうさんくさい体育概念」は古くなっており，「スポーツ」の方が「教育的かつスポーツ的活動が具体化される専門分野の名称」としてふさわしい。Bernett, H., Im Brennpunkt. Sportunterricht, 22(1973)1:1。

54) 筑波大学の「体育科学研究科」は，その後2001（平成13）年には「人間総合科学研究科」の「体育科学専攻」と「スポーツ医学専攻」に改組されている。ところで，国立情報学研究所が開設しているホームページ「学術研究データベース・リポジトリ」(http://dbr.nii.ac.jp/infolib/meta_pub/G9200001 CROSS)における「博士論文書誌データベース」において，「体育」(448論文) あるいは「スポーツ」(278論文)をキーワードとして検索すると，合計で736編のタイトルが得られる（平成23年8月末）。特に，1991年（平成3）年の「博士（学術）」の導入以来，体育あるいはスポーツに関する学位論文が激増していることが明らかになる。

55) 第二次世界大戦以前における体育に関する学術団体に関しては今後の課題であるが，東京高等師範学校の体育教員は1922（大正11）年3月に「日本体育学会」を創設している。なお，「日本体力医学会」は体育学会よりも1年早く1949年に創設されている。

56) 日本学術団体協力学術研究団体のホームページ (http://www.scj.go.jp/ja/group/dantai/index.html) において確認した。

57) 日本フットボール学会 (http://www.jssf.net/home.html) は，2004年より機関誌『Football Science』を発行している。

58) 「解釈学的─経験的方法」によって遊戯とスポーツの関係を論じた論考として，次の文献を挙げて起きたい。Röhrs, H., Spiel und Sportspiel ein Wechselverhältnis. Hannover 1981。長谷川守男監訳，遊戯とスポーツ，玉川大学出版部，1987。

59) ホイジンガはF.J.J. ボイテンディクによる遊戯の生物学的説明を批判している。Huizinga, J., Homo Ludens. Vom Ursprung der Kultur im Spiel. Hamburg 1972(1956), S.10. Anm.1. J. ホイジンガ，高橋英夫訳，ホモ・ルーデンス

人類文化と遊戯，中央公論社，1963。Buytendijk, F.J.J., Wessen und Sinn des Spiels. Das Spielen des Menschens und der Tiere als Erscheinungsform der Lebenstrieben. New York 1976(1933). 楠戸一彦，F.J.J. ボイテンディクの遊び論—生物学的遊び論の一系譜—，体育学研究，24(1979)3:175-183。

60)「人間文化は遊戯の中に—遊戯として—発生し，展開したきた」，あるいは「遊戯は文化よりも古い」というホイジンガの主張は，余りにも有名である。Ibid., S.7 und 9.

61) Ibid., S.14-18.

62) Ibid., S.20. 別の箇所では次のように定義されている。「遊戯とは，ある特定の時空間の定められた境界内で自発的に行われるが，無条件に拘束する規則に従って行われる自発的な行為あるいは活動（Beschäftigung）である。この行為の目的は行為自体の中にあり，緊張と喜びという感情と，〈日常生活〉とは〈異なった存在である〉という意識を伴っている」(S.34)。

63) Ibid., S.188。この点について，彼は次のようにも述べている。「我々はスポーツにおいて，遊戯として意識し，承認している活動に関わり合ってきた。しかし，この活動は技術的組織化と物質的装備そして科学的な熟考の高度な段階に達しているが故に，具体的かつ公的に遂行される中で独自の遊戯の雰囲気を失うように脅かされている」(S.189)。

64)「真面目なスポーツ」が遊戯ではないとなると，スポーツと「労働」との関係が問題なるであろう。この点については，次の二つの論攷を挙げて起きたい。内海和雄，スポーツの労働起源論・遊戯論研究，一橋大学研究年報人文科学研究，25(1986):123-167。樋口聡，スポーツと労働をめぐる試論的考察—リガウアとグートマンを超えて—，広島大学教育学部紀要　第2部，41(1992):167-176。

65) R. カイヨワ，清水幾太郎，霧生和夫訳，遊びと人間，岩波書店，1970年。Caillois, R., Les jeux et les hommes: Le Masque et leVertige, Paris 1958.

66) 前掲書，3-4頁。

67) 前掲書，5頁。

68) 前掲書，13-14頁。

69) 前掲書，17頁。

70) 前掲書，17-18頁。

71) 前掲書，55頁。

72) 前掲書，20頁，109頁。

73) Guttmann, A,, From Ritual to Record: The Nature of Modern Sports. New York 1978, p.vii。清水哲男訳，スポーツと現代アメリカ，TBSブリタニカ，1981。

74) Ibid., p.3. ディームは「遊戯とはそれ自身のために行われる目的のない行

為であり，従って労働の対極にある」と定義している．Diem, C., Wesen und Lehre des Sports und der Leibeserziehung. Berlin 1964[4], S.3. 福岡孝行訳，スポーツの本質と基礎，法政大学出版局，1958年。ちなみに，ディームは「スポーツは真面目に行われ，規制され，上昇可能な遊戯である」とも定義している（Ibid., S.10）．

75) グットマンは「競技」に関して，ホイジンガを次のように批判する。「競技であるゲームと競技でないゲームとの間の区別を無視し，全ての競技がゲームであることを仮定することによって，ホイジンガは詩，宗教，遊戯，戦争，芸術，音楽，政治に関する魅力的ではあるが，基本的には人を惑わせる著作を書いてしまった」（Ibid., p.7）．

76) Ibid., p.7.

77) Ibid., p.16.

78) Guttmann, A. and L. Thompson, Japanese Sports. A History. Honolulu 2001, pp.3-4. ところで，グットマンが上述の著作における近代スポーツの「ヴェエーバー的解釈」（pp.80-89, p.85）において言及している H. アイヒベルク（Eichberg, H., Der Weg des Sports in die industrielle Zivilisation. Baden-Baden 1979[2].）は，近代スポーツの「合理化過程」（Rationalizierungsprozeß）と「達成方向付け」（Leistungsorientierung）に関して次のような特徴を挙げている。合理化過程におけるスポーツ：(1) 全体的経過の分析的解析，(2) 体系化，(3) 科学化，(4) 数量化，(5) 規制化と規範化（S.94）。達成方向付けにおけるスポーツ：(1) 競争（Wettbewerb und Konkurrenz）の姿を取る達成比較，(2) 最高達成（Spitzenleistungen）の記録としての周知，(3) 達成比較の前提条件としての平等原理（Gleichheitsprizip），(4) 競争熱の国家的奨励，(5) 達成比較の客観化としての数量化の増大（S.110）．

79) Guttmann, A., From Ritual to Record. p.54.

80) この表における「中世スポーツ」に関しては，拙著の批判を参照されたい。ドイツ中世後期のスポーツ—アウグスブルクにおける「公開射撃大会」—，不昧堂出版，1998年，391-392頁．

81) 樋口聡，スポーツの美学，不昧堂出版，1987年。以下では，本書の「第二節　考察の対象について」における「第一項　『スポーツ』という語の限定」（16-31頁）に焦点を当てて，彼の見解をまとめる．

82) 樋口聡，前掲書，18頁．

83) 前掲書，23頁。彼は特に「組織性」について，「自発的な遊戯がしだいに組織されてスポーツになるとき，その組織化の程度の基準」というような「ものはありえない」（26-27頁）と指摘している。しかしながら，他方で「スポーツが成立するためには，先に述べたスポーツの遊戯性を保証するようなかたちでのルールによる組織性が必要である」（27頁）とも述べている．

第 2 章　研究対象としての「スポーツ」

84）前掲書, 31 頁。
85）Krüger, M., Einführung in die Geschichte der Leibeserziehung und des Sports. Schorndorf. Teil.1: Von den Anfängen bis ins 18. Jahrhundert. 2004. Teil 2: Leibeserziehung im 19. Jahrhundert. Turnen fürs Vaterland.1993. Teil 3: Leibesübungen im 20. Jahrhundert. Sport für alle. 1993. なお，ドイツにおける体育とスポーツに関する「通史」については，第 3 章を参照されたい。
86）Krüger, M., Einführung in die Geschichte der Leibeserziehung und des Sports. Tl.1. Schorndorf 2004. S. 11.
87）Ibid., S.15.
88）Ibid., S.15-21. Weiler, I., Der Sport bei den Völkern der Alten Welt. Darmstadt 1988². Decker, W., Sport – eine Bezeichnung für die griechische Kultur ?. In: Deutsches Olympischen Institut(Hg.), Jahrbuch 1999. St. Augustin 2000. S.83-91. Lukas, G., Die Körperkultur in Deutschland von den Anfänge bis zur Neuzeit. In: Eichel, W.(Hg.), Geschichte der Körperkultur in Deutschland. Bd.1. Berlin 1969. Diem, C., Wesen und Lehre des Sports. Berlin 1960². Mandell, R., Sport. Eine illustrierte Kulturgeschichte. München 1986. Bogeng, G.A.E.(Hg.), Geschichte des Sports aller Völker und Zeiten. Leipzig 1926. Ueberhorst, H.(Hg.), Geschichte der Leibesübungen. Bd.3.1. Berlin 1980.
89）Krüger, M., Ibid., S.21.
90）Ibild, S.16.
91）Ibid., S.16-17.
92）Ibid., S.18.
93）MacClelland, J., Body and Mind. Sport in Europe from the Roman Empire to the Renaissance, New York 2007. 本書の幾つかの章は，彼が学会や講演会で発表した内容に基づいている。
94）Ibid., pp.12-13.
95）Ibid., pp.14-15.
96）Guttmann, A., Sports Spectators, New York 1986. p.4. グットマンの原典では「ludic」という語は使用されておらず,「it is useful to define *sports* as autotelic physical contests i.e., nonutilitarian competitions carried out for their own sake.」と述べられている。
97）MacClelland, J., Ibid., p.16. 彼は既に 1998 年に刊行された『記号論事典』(Bouissac, P. (ed.), Encyclopedia of Seminotics. New York 1998) の「Sport」(pp.593-596) の項目において，スポーツの記号論的な定義を試みている。
98）岸野雄三，体育史―体育史学への試論―，大修館書店, 1973 年。
99）前掲書, 46-47 頁。
100）岸野雄三，多和健雄編著，スポーツの技術史，大修館書店, 1972 年。

101) 以下の叙述は，前掲書の 2-7 頁に基づいている．
102) 岸野は「スポーツ科学とは何か」と題する論稿の中で，スポーツの定義について次のように述べている．「これを要するに，それぞれの専門分野あるいは研究者によって，スポーツの規定や理解の仕方は，いろいろである．すなわち，それを狭くスポーツ的運動自体に限定するものから，それを広く人間の運動と，運動する人間に拡大するものまである．しかし，スポーツをどのように定義づけるかは専門諸学によって相異はあるにしても，定義づけは科学としての研究の当然の義務であり，そのような定義づけを無視して，私的な了解事項としてスポーツの規定を曖昧に放置しておいてはいけないであろう」．朝比奈一男・水野忠文・岸野雄三編著，スポーツの科学的原理，大修館書店，1977 年，77-133 頁，ここでは 84 頁．なお，「スポーツ史研究」を巡る諸問題に関する岸野の見解については，次の二つの論文を参照されたい．スポーツ史研究の現状と課題，スポーツ史研究，1(1988):1-8．転換期を迎えたスポーツ史の研究―問題の所在と接近の方向―，スポーツ史研究，10(1997):1-12．
103) 伊東衆生，囲碁棋士アジア大会へ，2010 年 2 月 17 日付け朝刊，14 版，1 頁．
104) 新村出編，広辞苑　第六版，岩波書店，2008，294 頁．
105) 金子明友・朝岡正雄編著，運動学講義，大修館書店，1990 年，27-28 頁．朝岡は『スポーツ運動学序説』(不昧堂書店，1999 年，134-136 頁) において，日本語の「運動」概念の両義性を詳細に検討している．
106) 岸野雄三，松田岩男，宇土正彦編，現代保健体育学大系 9　序説運動学，大修館書店，1969 年，1-47 頁．
107) 金子明友・朝岡正雄編著，前掲書，2 頁．その後，金子は『わざの伝承』(明和出版，2002 年，286-292 頁) においても，『身体知の形成』(上，明和出版，2005 年，77-78 頁) においても，日本語の「運動」概念の多義性を指摘している．
108) Buytendijk, F.J.J., Allgemeine Theorie der menschlichen Haltung und Bewegung. Als Verbindung und Gegenüberstellung von physiologischer und psychologischer Betrachtungsweise. Berlin/Göttingen/Heidelberg 1956. S.57-83. 以下の引用は 76 頁である．
109) Meinel, K., Bewegungslehre. Versuch einer Theorie der sportlichen Bewegung unter pädagogischen Aspekt. Berlin 1960, S.96. 金子明友訳，マイネル　スポーツ運動学，大修館書店，1981 年，95 頁．表示運動に関するマイネルのボイテンディーク批判に対しては，金子は「演劇や舞踊の時空芸術を生み出していく全身的な表現運動においても，その表示運動の意味構造が大きな役割をもち，その動感化現象の志向分析が不可欠となることは論をまたな

い」とマイネルを批判する。スポーツ運動学―身体知の分析論―,明和出版,2009年,28頁。
110) Meinel, K., Ibid., S.93. 傍点は原文ではゲシュペルトである。金子訳,前掲書,91頁。ところで,本稿ではマイネルと金子に学びながら,「人間の運動」(menschliche Bewegung) に焦点を当てて,分類論を考察した。しかし,他方では「体育運動」(Leibesübungen) に着目した分類論にも言及しておく必要があろう。「修練」(Übung) が「同じあるいは同様の活動の反復による達成の向上と状態の変化」として現れ,「反復」(Wiederholung) が修練の主要な特徴であるとすると (Bernett, H., Terminologie der Leibeserziehung. Schrondorf 1968[4], S.129),いかなる目的で反復される活動が「体育運動」と理解されるのか,ということが問題となってくる。この場合も,機能的観点からの場合と同様に,健康・競争・教育・気晴らしを「目的」に反復される活動を「体育運動」と理解できるであろう。体育運動の体系論については,差しあたり次の文献だけを挙げておく。木村真知子,自然体育の成立と展開―運動学的観点から―,不昧堂出版,1989年。特に,本書の「第5章 体育運動体系論」(222-265頁) を参照。Gaulhofer, K., System des Schulturnens. Wien 1966. Groll, H., Die Systematik der Leibesübungen. Vergleichende Systemkunde der pädagogischen Leibesübungen. Wien/München 1959[4]。ハンス・グロル著,高嶋実訳,近代体育教材史―体育体系論の系譜―,プレスギムナスチカ,1978年。注113のフェッツの著作。
111) 金子明友,わざの伝承,明和出版,2002年。身体知の形成,上:運動分析論講義・基礎編,下:運動分析論講義・方法編,明和出版,2005年。身体知の構造―構造分析論講義―,明和出版,2007年。スポーツ運動学―身体知の分析論―,明和出版,2009年。
112) 金子明友,スポーツ運動学―身体知の分析論―,明和出版,2009年,13頁。
113) 金子明友,前掲書,25-26頁。F. フェッツ,金子明友・朝岡正雄訳,体育運動学,不昧堂出版,1979年,71-72頁。Fetz, F., Bewegungslehre der Leibesübungen. Wien 1989[3]. S.30-31.
114) 前掲書,26頁,30-37頁。マイネルは「達成力向上手段」に関して,「祖国防衛における運動系の達成能力の向上」に言及しているが,金子の分類では欠落している。ところで,金子は「スポーツ」概念について次のように説明している。「ここで意味されるスポーツという表現は遊戯する人(ホムルーデンス)遊戯する人として憂さ晴らしやリフレッシュのために行う遊びごとという語源的意味で理解される。ラテン語の遊ぶ(ルーデン)は踊ることも動きかたの習練も,さらに劇を演じる動きさえも意味されるから,生活生存の目的から解放された幅広い身体運動がスポーツ概念に含意されても何のふしぎもない」。(前掲書,24頁)

115) 本稿では，「スポーツ」概念を最広義に定義した。しかし，筆者の学位論文（「ドイツ中世後期の帝国都市アウグスブルクにおける『公開射撃大会』に関する研究」，1997年，奈良女子大学）においては，スポーツは主として「運動競技」の意味で使用された。というのは，本書の研究目的は健康や教育を目的にした身体運動ではなく，競争を目的とした身体運動に焦点が当てられたからである。

第 3 章　競技と体育

　前章において「スポーツ」という概念の意味を教育・競争・健康・気晴らしを目的とする「人間の身体運動」と定義した。身体運動と「気晴らし」については，前章において検討した。以下では，競争と教育そして健康と身体運動との関係について検討することにする。

第 1 節　「スポーツ」における「競争」

　「競争」という言葉を『広辞苑』は，「勝負・優劣を互いにきそい争うこと」と説明している[1]。競争に相当する英語は「competition」あるいは「contest」である。『オックスフォード英語辞典』[2]によれば，「competition」は「① 他の 1 人が獲得しようと努力しているものを，同時に獲得しようと努力する行為，同一対象に対して，二人以上の人が抗争すること，② 何ものかを取得するための争い，優劣をきめるための試合，何人かの候補者の優越性あるいは適合性をきめるための能力の試験」を意味する。他方，「contest」は「① 論争，激しい討論，② 論戦，③ 勝利または望ましい目標への努力，④ 防御のための努力，⑤ 闘争，口論，競争，腕くらべ，⑥ 賞品あるいは栄与をめぐっての競争者間の平和的な闘争」を意味している。ドイツ語で競争を意味する語は「Wettbewerb」あるいは「Konkurrenz」である。後者は 19 世紀にフランス語の「concurrence」から造語された。「Wettbewerb」は「① 政治的な張り合い，② 取引と経済における業績の争い，③ 学問的業績と芸術的業績におけるコンクール，④ 特に芸術的な懸賞，職業的な業績の争い」などを意味している[3]。

スポーツにおける「競争」に関しては多様な観点からの考察が可能であるが[4]，以下では歴史的な観点と社会学的な観点から考察を試みることにする。前者に関しては，後述の「体育」の場合と同様に，現代の諸問題を考察する上で古代ギリシャにおける諸理論が多くの示唆を与えてくれる。ここでは，古代ギリシャにおける「競技」（Athletik）と「競争」（Agonistik）の概念について，J. ユットナー（Julius Jüthner）の見解を翻訳によって紹介することにする。他方，後者に関しては，「競争」概念を論じる際にしばしば引用されるドイツの社会学者である G. ジンメル（Georg Simmel）と M. ヴェーバーによる見解を概観する。

1．古代ギリシャにおける「競技」と「競争」

　日本語で「競技」と訳出される英語の「athletics」の語源は，古代ギリシャ語に遡る。以下では，J. ユットナーの『ギリシャ人の競技的身体運動』（1965）の「I．術語論」における「Athletik」と「Agonistik」の説明（9-14頁）を訳出する[5]。原文における注のうち，言語学的な説明に関する注は省略した。また，ギリシャ語表記はラテン語表記に置き換えた。

1）「競技」（**Athletik**）
　競技者（Athlet）と競技（Athletik）という概念の先祖は，はるか遠くに遡る。これらの概念の語根は，aethlos あるいは athlos である。ホメロスはこれらの語根を，彼の実際の生活における元々の使い方では，「努力，労働，達成，行為」という一般的な意味で使用していた。ホメロスの時代には，ある種の肉体的な達成（Leistungen）が既に長い間賭（Wette）のためにも行われており，娯楽としても行われていたがゆえに，athlos という語は特に競争（Wettbewerb）における力の達成（Kraftleistung），すなわち「競技」（Wettkampf）を意味している[6]。この語根から動詞の athlein が形成された。この語は「達成を引き受ける」，特に「ある術（Kunst）に携わり，術を実施する」を意味した。そして，これを行う者が，athletes（実

施者）である。身体運動（Leibesübungen）の重大な意味では，この術語は主としてスポーツ的なこと（Sportliches）に使用され，身体運動に精通し，それゆえに競技に参加出来る者が競技者と呼ばれた。船旅の苦労を通して零落したオデュッセイアは，嘲笑するファエーケの人々によってこの能力を奪われた。その後の国民的競技会（Nationalspiele）の最盛期には，「競技者」の下で，持続的で慎重なトレーニングによって訓練し，通常はただ一つの運動において修練した，公の競技に参加する人が理解されている。本書の表題にある「競技的身体運動」は，競技において競技者が登場することに限定することを意味している。不案内な素人（idipotes）は逆のことを示している。

　今日使用されている「Athletik」という表現は，athlosの増補形成である形容詞のathletixos（athletisch）に遡る。この語は，競技者に関わるすべてのことに適用された。texne（Kunst）が補完されるべき語である抽象名詞のathletixeという語は，ギリシャ語には欠けている。というのは，競技者の術（Kunst）は，術が後にtexnitai（Artisten）と言われたにも関わらず，厳密に受け取れば，存在しなかったからである。元来の遂行者は，むしろ，GymnastenとPaidotribenだった。それゆえ，ガレノスはGymnastenでは競技者に関する術について述べ，Athletenでは手仕事について述べている。競技者を芸人（Künstler）に数え入れたローマ人が，初めてars athleticaを知っている。現代の表現で「Athletik」を古代ローマ人と同様の意味で使用することに疑念の余地はない。

2)「競争」（**Agonistik**）

　スポーツ史家にとって非常に周知であるこの表現は，しばしば，その本来の意味に関する明確な観念がないまま使用されており，それゆえより詳細に解明されなければならない。この語形は，前節で述べたことからすると，我々には既に周知のものである。すなわち，texneという概念が念頭に浮かぶ形成物である。しかし，競技は能力（Können）でもなく，知識（Wissen）でもない。術に関する無数の名称に従って形成され

た外面的な類似形が存在する。この類似形は，例えば「競技制度」(Wettkampfwesen) あるいは「競技活動」(Wettkampftätigkeit) によって，再現されうる。Agonistik という名前があらゆる種類の競技を含んでいるにもかかわらず，この名前はクラウゼ[7]以来のスポーツ文献においては，体操競技 (der gymnische Wettbewerb) と，例えば競馬に限定される。このことに関しては，プラトンの法律篇のある箇所がきっかけを与えた。しかし，この箇所をより厳密に解釈すると，この哲学者は体操の Agonistik と並んで，音楽の Agonistik をも視野に入れていた，ということが示される[8]。

　Agonistik の基語は agon であり，athlos と並んでホメロスの英雄叙事詩に現れる「競技」に関する二番目の名称である。しかし，この名称は前者よりも少し早く競技という意味を得ていた。ホメロスのほとんどの箇所では，athlos という語は「集会」あるいは「集会場所」を意味している。しかし，様々な種類の集会では，特に諸侯の葬式あるいは国家的祝祭や宗教的祝祭では，ダンスあるいは競技が開催されるのが通常であったがゆえに，Agon という名称が競技にも移行し，athlos という別の語をほとんど完全に押しのけた。

2．G. ジンメルと M. ヴェーバーによる「競争」概念の説明

　19世紀後半から 20世紀前半にかけてのドイツにおける偉大な社会学者である G. ジンメルと M. ヴェーバーは，いずれも「競争」(Konkurrenz) 概念を「闘争」(Kampf) から導き出している。

1）G. ジンメルによる「競争」概念の説明

　ジンメルは 1908年に出版された『社会学』の第 4章において，「闘争」(Kampf) について論じている[9]。彼によれば，闘争は「社会化」(Vergesellschaftung) の一つの形式である。すなわち，「人間の下であらゆる相互作用が社会化である」とすると，「最も活発な相互作用の一つである闘争」は社会化と見なされなければならない[10]。居安によれば，ジンメルの場合

第1節 「スポーツ」における「競争」

「闘争とは元来何ものかのための闘争であり，それをめぐって相手を打倒し勝利を克ちとることが目ざされるものである。それは，何らかの目標・価値・利益たる獲物・賞品をめぐって―それが相手の手中にあれ，あるいは競争の場合のように第三者の手中にあれ―この目標達成のためにたたかわれる」[11]。目標達成のための闘争は，「何ものかに至る目的」（terminus ad quaem）を達成するための手段としての闘争と，主観的な「それ自体としての目的」（terminus ad quo）として勝利そのものを直接的な目標とする闘争とに分けられる[12]。ジンメルは勝利を直接的な目的とする闘争の一形式としての「闘争遊戯」（Kampfspiel）について，次のように述べている[13]。

　　闘争の勝利それ自体の刺激が内容的に誘発される敵対の一要因に過ぎないとしても，排他的な動機をなす，という唯一の場合を私は知っている。それは闘争遊戯であり，しかも遊戯自体の外側にある勝利の賞品なしに行われる闘争遊戯である。ここでは，巧みさの闘い（Geschicklichkeitskämpfen）において他者に対して主人となり，自己を貫徹するという純粋に社会学的な魅力が，合目的で成功した運動（Bewegung）という純粋に個人的な喜びと結びついている。賭け事（Hazardspielen）の場合は，このような社会学的な魅力は運命の恩恵と結びついている。この恩恵によって我々は，個人的出来事と社会的な出来事の彼方にあるさまざまな力に対する神秘的に調和した関係によって幸せにされる。いずれにしても，闘争遊戯はその*社会学的な動機づけ*において，絶対的に闘争自体以外のなにものをも含んではいない。しばしば金貨と同じ熱情をもって争われる価値のない数取り（Spielmarke）は，この衝動の形式主義を表している。この衝動は，金貨を巡る闘争においても物質的な利益をしばしば遙かに凌駕している。しかし，注目に値することは，正にこの最も完全な二元性がその実現のために狭義の社会学的な形式である統一化（Vereinheitlichungen）を前提としていることである。すなわち，人は闘争するために*統一*し，双方が承認した規範と規則の支配の下で闘争する。既に

述べたように，この統一化は企図全体の動機づけの中に入ることはない。しかし，統一化の形式において動機づけが形成される。この統一化の形式は次のような技術（Techinik）を提供する。すなわち，その技術がなければ，あらゆる異質的あるいは客観的な根拠づけを排除するような闘争が実施され得ないような技術である。正に，闘争遊戯の規範化は，しばしば，非常に厳格であり，非人格的であり，名誉の法典（Ehrenkodex）の厳格さで双方から遵守される。協力のための団結では，このような規範化はほとんど見られない。

　この引用における「闘争遊戯」を，競争的身体運動を意味する「スポーツ」と同義に理解するならば，「双方が承認した規範と規則の支配の下で闘争する」スポーツでは，「巧みさの闘いにおいて他者に対して主人となり，自己を貫徹するという純粋に社会学的な魅力が，合目的で成功した運動という純粋に個人的な喜びと結びついている」と言えるであろう[14]。
　他方，ジンメルは上述のような「敵対的」（直接的）闘争に対して，「間接的」な闘争である「競争」（Konkurrenz）について次のように述べている。「競争の社会学的な本質にとって第一に決定的なのは，この闘争が間接的な闘争である，ということである。相手を直接傷つけ，あるいは殺害する者は，その限りにおいてもはや相手と競争しているのではない」[15]。すなわち，「二つの党派が一つの同じ賞品を巡って並行的に努力する」ような「競争的闘争」（Konkurrenzkampf）においては，「勝利はそれ自体では全く何ものをも意味せず，むしろ活動全体の目標は闘争自体とは全く独立している価値の出現（Sich-Darbieten）によってはじめて達成される」[16]。したがって，「速さ（Schnelligkeit）によってだけ活動しようとする競走者（Wettläufer）」に見られるように，闘争の本質は「各々の競争者が目標に向かって一人で努力し，相手に対して力を行使しない」という点にある[17]。

2) M. ヴェーバーによる「競争」概念の説明

　ヴェーバーは有名な『経済と社会』の第1部第1章における「社会学的基本概念」において，「闘争の概念」（Begriff der Kampfs）を次のように定義している[18]。

　　闘・争・は，行為が単数或いは複数の相手の抵抗に対して自分の意志を貫徹しようという意図へ向けられている限り，一つの社会的関係と呼ばれなければならない。現実の物理的暴力行為を内容としない社会的関係は，「平和的」闘争手段と呼ばれなければならない。「平和的」闘争は，それが他の人々も熱望するチャンスに関する自己の支配権を巡る形式的に平和的な努力として行われる時，「競争」（Konkurrenz）と呼ばれなければならない。競争が目的および手段がある秩序に方向付けられる限り，それは「規則に従った競争」（geregelte Konkurrenz）と呼ばれなければならない。人間の個体あるいは類型が生存あるいは生き残りチャンスをめぐって，意味のある闘争的意図を欠いて互いに対・し・て・（gegen）行われる（潜在的な）生存競争は，「淘汰」（Auslese）と呼ばれなければならない。生きている者の人生におけるチャンスが問題である限り，それは「社会的淘汰」（soziale Auslese）と呼ばれなければならない。遺伝的素質の生き残りチャンスが問題である限り，それは「生物的淘汰」（biologische Auslese）と呼ばれなければならない。

　　1．相手の生命を滅ぼすことを目ざし，闘争規則（Kampfregel）へのいかなる拘束も拒否する残虐な闘争から，慣習的に規則に従った騎士の闘争（Ritterkampf）（フォントノアの戦闘の前に「イギリス軍諸君，最初に撃ち給え」という伝令の叫び）や，規則に従った闘争遊戯（geregeltes Kampfspiel）（スポーツ）に至るまで，あるいは女性の寵愛を巡る恋愛の競争者による無秩序な「競争」や，交換のチャンスをめぐって市場の秩序に拘束される競争的闘争（Konkurrenzkampf）から，規則に従った芸術上の「競争」や「選挙の闘争」（Wahlkampf）に至るま

で，隙間のない極めてさまざまな推移が存在する。暴力的な闘争を概念的に分離することは，この闘争にとって通常である手段の特性によって，また手段の開始から生ずる社会学的結果の特殊性によって，正当化される。

このように，ヴェーバーは「スポーツ」を「闘争遊戯」と理解していた[19]。

第2節　「スポーツ」における「規則」
―M. ヴェーバーを手掛かりにして―

　ジンメルとヴェーバーが言うように，「規則に従った闘争遊戯」であるスポーツは，「双方が承認した規範と規則の支配の下で闘争」し，「闘争自体とは全く独立した価値の出現」を目標としている。このように，競争を目的とする人間の身体活動（スポーツ）では，「規則」が極めて重要な役割を果たしていることは言うまでもない[20]。
　以下では，スポーツにおける規則を認識の対象とした場合の規則概念の意味と，その方法論的意義を論定することを課題としている[21]。本稿の所論の基礎となっているのは，「20世紀最大の社会科学者」といわれるM. ヴェーバーによる「規則」（Regel）概念の意味分析と，その認識方法論上の意義分析である。というのは，彼は1907年に著わした「R. シュタムラーにおける唯物史観の『克服』」（以下，『シュタムラー論文』と略）という論文において，トランプ遊びの一種であるスカートを「『歴史』が明らかにし，『社会科学』が取り組む文化の基礎的な構成要素」として措定し，この競技（Spiel）の規則の認識のあり方を論じているからである[22]。

1.『シュタムラー論文』におけるヴェーバーの意図

　M. ヴェーバーが『シュタムラー論文』において取り上げたのは，19世

紀末のドイツの法哲学に大きな影響を与えた新カント主義的法哲学者である R. シュタムラー（Rudolf Stammler）の代表的な著作である『唯物史観による経済と法—社会哲学的研究』（Wirtschaft und Recht nach der materialistischen Geschichtsauffassung. Eine sozialphilosophische Untersuchung. Leipzig 1906[2]) である。ヴェーバーによれば，「シュタムラーの著作は，そのなかでくりかえし強調されているように『唯物史観』を科学的に『克服』しようとしている」[23]。

　シュタムラーのこの「克服」の試みに対して，ヴェーバーは先ず彼の「唯物史観」の捉え方と，この史観の克服の基盤となる認識論とを批判的に検討する。この検討の中でヴェーバーは，シュタムラーの目的を「明らかに『社会生活』が『自然』とは全く異なる考察の対象であることを示し，同時に社会科学の原理が『自然科学的方法』とは論理的に異ならざるをえないことを説明することによって，『社会生活に関する科学』が『自然科学』とは端的に異なるものであることを，証明することにある」と指摘している[24]。このように，シュタムラーは自然科学と社会科学との対象と方法との相違を，科学的な認識の基盤から明らかにしようとしている。しかし，ヴェーバーはシュタムラーの定式化が不明確で曖昧であると批判する。すなわち，シュタムラーは「『統一性』『法則性』『連関』『観点』を極めて無頓着に混同」しており，「事実認識と事実評価」「生起の法則性と認識作用の規範」「認識根拠と実在根拠」などを混同しているからである[25]。これに対して，ヴェーバーは「自然」概念の分析を通じて「自然科学」と「社会科学」における対象と認識方法との相違を論じている。次いで，ヴェーバーはシュタムラーの全論証がその上に構築されている「社会生活」という概念における決定的な特徴である「規則」（Regel）概念を取り上げ，この概念の意味をさまざまな角度から検討している。すなわち，(1)「規則性」（Regelmässigkeit）としての「規則」と「規範」（Norm）としての「規則」，「格率」（Maxime）概念，(2) 競技規則（Spielregel），(3) 法規則，(4) 法律学的概念と経験的概念の四つの項目に渡って検討を加えており，『シュタムラー論文』の大部分をこれらの検討に費やしている。

109

これらの検討を通じて，ヴェーバーは「存在―当為」の峻別，規範的考察と経験的考察における方法的区別を強調している。

そこで，本稿では次のような問題を設定した。(1) 規則の意味分析，(2) 規則の評価的考察の方法，(3) 規則の経験的考察の方法。このように，本稿での問題範囲は認識の方法論上の諸問題に限定されており，したがって何か具体的なスポーツ規則を取り上げて，その社会学的あるいは歴史学的解明を意図しようとするものではない。他方，本稿ではヴェーバーの社会科学方法論の全体像を描くことを意図するものではない。いわば，「規則」という窓を通じて彼の科学的方法論の一端をスポーツ規則の考察に適用してみようということである[26]。

以下では，ヴェーバーの社会科学方法論の一端は，次の点に焦点が当てられる。認識の方法論における「存在―当為」の二元論，すなわち規範的認識と経験的認識あるいは価値的評価と事実的認識との区別の問題，及び経験的認識における「規則」概念の意義に焦点が当てられる。それゆえ，本稿ではスポーツの規則を対象とした「文化史的」（歴史的）あるいは「文化論的」（社会学的）な認識の方法論の問題が主要なテーマなのではなく，規則を認識の対象とする際の「存在と当為」あるいは「事実認識と価値評価」の峻別の問題に主要な関心がある。

2.「規則」概念の意味

スポーツの規則を考察の対象とする場合，規則概念の意味を多義的であいまいなままに使用するならば，それは論議の混乱を招くだけであろう。したがって，スポーツの規則に限らず規則の一般的な意味を分析し，一定の観点の下で論じることが重要である。ヴェーバーは『シュタムラー論文』において，上述のように，「規則」概念の一般的な意味を「規範」「規則性」「格率」の三つの観点から論じている。

第2節 「スポーツ」における「規則」― M. ヴェーバーを手掛かりにして ―

1)「規範」としての規則

　我々がスポーツの「規則」を対象にして論じる場合，一般的には規則の「規範的な意味」が想定されている。すべてのスポーツ種目の規則集には，「誰を勝者にすべきか」あるいは「いかなるプレイを反則とすべきか」などということに関する条項が必ず含まれている。このように，スポーツの規則という場合，そこでは先ずスポーツ的行為における「当為（Sollen）の一般的言明」，すなわち「規範」が意味されている。我々はこの規則の規範的意味を「価値判断」の基準として，様々なスポーツ的行為を「評価」しているのである。しかも，「当為の一般的言明」の内容は倫理的規範に留まるものではなく，合目的・法的・美的などの内容を含んでいることは言うまでもない。

2)「規則性」としての規則

　規則という概念は，「当為の一般的言明」としての規範的な意味だけではなく，「経験的現実」における「規則性」の意味でも使われる。この規則性は，「因果的な結合に関する一般的言明」，つまり「自然法則」を意味している。この場合，「自然」概念は後述するように「対象」を意味するのではなく，「考察方法」を意味していると理解されなければならない。したがって，考察方法の観点の下での「自然法則」は「（例外がないという意味での）無条件の厳密性を有する一般的因果命題」を意味している[27]。

　しかしながら，「法則」という概念を前述の「絶対的な厳密性を有する普遍的な因果命題」に限定するならば，「規則」という概念はそのような厳密性を持たないすべての「経験的命題」に対しても用いられる。この場合，規則概念は，例えば「人間は必ず死ぬ」というような「確かに経験的に例外のないことが特色ではあるが，その例外のないことにとって決定的な因果的被制約性に対する理論的に十分な洞察を欠いているような，いわゆる『経験的法則』」から，例えばあるスポーツ選手の技量が上手か下手か，あるいはゲームでの戦術は妥当であるか，ということなどに対する判断の基準となるような「普遍的な経験的命題」まで含んでいる[28]。こ

のように，規則性という意味での規則概念は先ず「一般的な因果命題」を意味しており，この命題はさらに「絶対的な厳密性」という観点から「自然法則」と「経験的法則」と「経験的命題」という三つの意味を含んでいる[29]。

3)「格率」としての規則

　規則という概念の第三の意味は「格率」である。「『規則 (Regel)』および『規制されている (geregelt)』という概念には，その意味からすれば極めて単純な以上の二つの根本的意義のほかに別な意義があるのであって，この両者のいずれかに無雑作にそのまま吸収されるようには思われない。それに属するものとして，まず行為の『格率』と普通呼ばれているものがある」[30]。この行為の格率は，「『規範』についての表象であり，行為の事実上の動因として作用するもの」である。しかし，「規則に従う」という場合，行為する人の表象は「当為の一般的な命令」としての規範だけでなく，「存在の経験的な規則」にも向けられる。例えば，「私の消化は規則正しい」という時，この言明における規則には二つの意味が内包されている。すなわち，一方では「私の消化は規則正しく行われている」という「『自然』について観察された（略）一つの経験的事実」としての意味と，他方では病気にならないためには「私の消化は規則正しく行われなければならない」という「『自然』に向かって要求されたもの」，つまり「追求される一つの理想，事実を『評価的に』測る基準となる一つの『規範』」としての意味である[31]。

　このように，スポーツにおける「規則」を問題にするとき，次の三つの意味が峻別されなければならないであろう。すなわち，(1) スポーツ的行為に対する「当為の一般的言明」としての規範的な意味，(2) スポーツ的行為に関する経験的な規則性の意味，(3) スポーツをする人の規則に対する表象である格率的意味。

3. 規則の評価的考察

1）方法論的二元論

　規則概念には，前述のように，経験的現実（存在）の規則性と一般的命令（当為）としての規範との二つの意味が内包されている。規則を認識の対象とする場合，この区分は極めて重要である。

　ヴェーバーは『シュタムラー論文』において「自然」概念の意味を，(1) 対象の限定，(2) 考察方法，(3) 存在と当為という三つの観点から分析している。この内，存在と当為の観点の下での自然概念は，「経験的＝因果的な『説明』を得ようとする学問の全体」を意味する「自然科学」と理解される。この意味での「自然科学の範囲は，因果性のカテゴリーを使って行われる研究の範囲とぴったり重なり」，「歴史科学」の対象全体までも含まれている。この場合の自然科学に対立するのは「教義的な学問」，つまり「規範的もしくは教義的＝概念分析的な目標を追求する学問」（例えば，論理学，倫理学，数学，法教義学，神学的教義学など）である。したがって，この観点の下では，「経験的に存在するもの」と「教義的に存在すべきもの」とは明確に区別されるべきである。このように，ヴェーバーの方法論的立場は「存在＝当為一元論」ではなく，「存在と当為」の二元論に立脚するものである。しかも，「存在＝当為二元論は没価値性原理（Wertfreiheit）と同様，事実と価値，存在と当為の異質性を科学的論議の大前提とする価値前提，つまり文字通り方法論上の準則」である[32]。

　この方法論上の準則は，規則を対象として考察する場合にももちろん遵守されなければならない。すなわち，規範的規則を対象とする場合と経験的規則性を対象とする場合とは，方法論的に峻別されなければならない。スポーツの規則といえども，それを科学的認識の対象とする限り，この方法論的二元論は守られなければならず，規範的考察（あるいは価値的評価）と経験的考察とは峻別されなければならない。

113

2) 規則の評価的考察

スポーツの規則の規範的な考察では，先ず規則の規範的意味，つまり「当為の一般的言明」の内容が純粋に評価の対象となる。この場合，規範的意味は（1）「実践的評価的」つまり「政策的」，（2）「教義学的」という二つの観点から論議の対象にされる。

先ず，規則は実践的評価的に論議される。すなわち，規則すなわち規範的命題の内容そのものを直接に評価するような論議である。例えば，1947（昭和22）年に制定され，1971（昭和46）年に第2次改正された「日本体育協会アマチュア規定」の「スポーツで得た名声を商業宣伝のために使った者」は体育協会加盟の競技団体の競技者として登録できないという条項[33]は，様々な観点から直接的評価の対象となる。つまり，倫理的にはこの条項の規範としての「当否」が論議される。また，特定の「文化理想」あるいは「政策的」要請からはこの条項に含まれている理念の実現に対してそれが価値あるものなのかどうか，さらに「階級的」もしくは「個人的」利害の立場からはこの条項が「有利」なのか「不利」なのか，といったことが討議されるであろう。このように，規則の直接的評価の基準つまり価値的立場は一元的ではなく，多元的である。したがって，実践的評価的論議の際には，評価の基準がどこにあるのか，ということを見極めることが非常に重要である。

次に，規則は「教義学的に」論議される対象となる。すなわち，ある規範的命題が「概念的に何を意味するのか」という問題である。換言すれば，ここでは，規範的命題として「現われてくる一つの言語構成体にはどのような意義が，すなわちどのような規範的意味が論理的に正当な仕方で帰属すべきであるか，ということを問題にする」のである[34]。例えば，先のアマチュア規定の諸条項から「アマチュア競技者」という概念の意味が論理的に導出できるかどうか，というような問題である。

さて，評価的論議においては規則自体の規範的な意味だけではなく，規則に従っている人の行為も評価の対象となる。この場合，評価の基準としての規則は（1）法的，（2）合目的的，（3）倫理的，という三つの観点か

第2節 「スポーツ」における「規則」— M.ヴェーバーを手掛かりにして—

ら論議される[35]。「本来の法学」的考察では，ある具体的な行為は規則に「正しく」従っているのかどうか，という評価が問題にされる。例えば，サッカーにおけるあるプレイが「オフ・サイド」の規則に違反しているのかどうか，というような問題である。

次に，合目的的評価においては，あるプレイヤーが具体的に「上手に」，すなわち目的に適うようにプレイをしたかどうかという問題が論議の対象となる。この論議において，プレイヤーの具体的なプレイの合目的性を評価する基準となるのは，さまざまな「経験的規則」である。例えば，野球の試合において「バント」の攻撃がその局面において一点を取るという目的に対して合目的な「戦術」なのかどうか，あるいはその場合の打者のバントが「技術的に」上手に為されたのかどうか，というような問題である。

さらに，ある具体的なプレイは倫理的な観点からも評価の対象となる。例えば，柔道では試合の仕方が「見苦しく卑怯である」と判断されれば，その者は負と判定される。また，相手のチームを勝たせるような不注意なプレイは，チームメイトから批難されるのが常である。しかし，相手チームに勝つためにチームメイトの誰かを「犠牲」にすること—「人間的には最高に排斥さるべき格率」—は，経験的なスポーツの倫理からはあまり強く批難されないのが通例である[36]。

このように，プレイヤーの具体的なプレイのさまざまな方向での「評価」に対応して，プレイヤーの「法的」「目的的」「倫理的」な規範に対する格率が区別される。しかしながら，「規範的考察（略）において『観念的に妥当する』ものとして取り扱われるさまざまな方向性を持つ格率は，我々が純粋に経験的・因果的な考察の領域に踏み込むや否や，プレイヤーの実際の行為を（略）決定するような事実上の思惟の複合体へと溶け込んでしまう」[37]。この場合，格率は後述の経験的な考察の対象となる。

115

4. 規則の経験的考察

1) 経験的考察の方法

　経験的考察の対象となるのは，「経験的な現実」である。既に見たように，経験的考察は「経験的＝因果的に説明すること」である。この経験的考察を「考察方法」の観点から見るならば，二つの方法が区分される。すなわち，「『普遍的なもの』，時間を越えて妥当する経験的規則（『自然法則』）を目指す経験的現実の研究」つまり自然科学的方法と，「経験的現実の『個性的なもの』を因果的被制約性において考察する」歴史科学的方法である[38]。このように，経験的＝因果的認識には，普遍的な因果的規則性を追求する自然科学と個性的な経験的現実を因果的に追求する歴史科学とがある。

　それでは，以上のような経験的考察にとって「規則」はいかなる意義を持っているのであろうか。先ず，「あるプレイヤーが具体的に『間違って』プレイしたのは何故か（故意か過失かなど）という問題は，まったく経験的な，さらにいえば『歴史的な』性格のものである」[39]。これに対して，(1) 規則が経験的認識の「前提」となる場合と，(2) 規則と人間の「文化生活」との経験的な関係が問題になる場合とでは，規則の論理的な意義は異なってくる[40]。

2) 経験的考察の前提としての規則

　規則は経験的な解明の前提として，論理的に全く異なる三つの意義を持っている。すなわち，(1)「対象を限定する場合の分類的，概念構成的」意義，(2)「因果的認識の場合の発見的」意義，(3)「認識さるべき対象自体の一つの因果的決定要因」としての意義，である[41]。

　ある具体的な行為に例えば「サッカー」という性格規定を与えるのは，サッカーの規則からみて重要であると思われるような事象である。したがって，この規則の規範的な意味に関する思惟的な内容が，一群の事象か

ら「概念的に本質的なもの」を選択する基準となるのである。換言すれば，「我々は一群の事象の中に規範の適用に対して意義があると思われるものが見い出される時，この一群を『スカート』（あるいはサッカー）として『分類する』のである」。このように，「『規範』の立場からする有意義性が研究の対象を限定する」のであり，この有意義性が因果的説明の「出発点」となる[42]。

次に，プレイヤー達の行為の「経験的な因果関係」を認識しうるためには，そのプレイに関する規則についての知識だけが役にたつ。つまり，我々は「規範」についての知識を「発見的手段」として使用する。例えば，サッカーにおいてある戦術が取られた場合，そのゲームが特定の経過をたどる「チャンス」について，「一般的な命題」を立てようとする時には，次のような手続が取られる。先ず，「理念的なゲームの規則（サッカー規則）が実際に守られる」ことと，「厳密に合理的に，すなわち目的論的に『合目的的に』ゲームが行われる」ということを「前提」にする。次いで，サッカーの規則についてのさまざまな知識を利用することによって，ある戦術の特定の経過に対する「蓋然性」を導き出すのである[43]。

最後に，規則は認識さるべき対象自体の一つの因果的決定要因となる。この場合，問題となるのはプレイヤーの「格率」である。「ゲームの規則は一つの因果的要因である。プレイヤーの実際の行為の動機になるのは，いうまでもなく『スカート規則』（サッカー規則）の『理念的な』規範としての』ゲームの規則』ではなく，彼らがその時々に規則の内容や拘束力について思い浮かべる表象である」[44]。

3) 理論的・歴史的考察の対象としての規則

スポーツの規則は，規則自体の価値評価的（政策的，教義学的）な考察，規則に従っているプレイヤーの具体的なプレイの評価（法学的，目的的，倫理的など），プレイヤーの具体的なプレイの純粋に歴史的な考察，あるいは経験的＝因果的認識の前提としての規則の意義の外に，「文化生活」の経験的な経過との関係が考察の対象とされる場合がある。この場合に

117

は，前述のような規範的考察と経験的考察とは認識の方法が異なってくる。

ある具体的なスポーツのゲームの経過を経験的・歴史的に解明しようという場合には，対象の構成はそのゲームの規則の規範的意味に照らして諸事実が持つ意義にかかっていた。しかし，ある具体的なスポーツ行為（例えば，サッカーのプレイ）を規則以外のさまざまな諸連関との関係において，歴史的あるいは理論的に考察する場合には，経済的・政治的・社会的など規則とは異なったメルクマールや，規則には関係のないメルクマールからの事実も認識の「関心」を引くからである[45]。このように，スポーツの規則が文化生活との関係において理論的あるいは歴史的な考察の対象となる場合には，前述の「考察方法」の観点からの「自然科学的」方法と「歴史科学的」方法とが採用されなければならない。

最後に，スポーツの規則と法的規則との相違について言及しておきたい。両者の間には基本的な相違はない[46]。ただ，文化生活に対する意義において異なる。つまり，法律学上の術語には他の学問領域へ転用されるという習慣がある。しかし，「全く実際上の理由から『スカート規則』が文化生活に対して持っている意義は僅かである」[47]。

第3節　古代ギリシャにおける「体育」

教育学的価値を有する身体運動は，前章で検討したように，「体育」と呼ばれる。この用語は，木下の研究に見られるように[48]，1877（明治10）年に近藤鎮三によって「physical education」の訳語として初めて使用された。しかし，周知のように，1872（明治5）年には「学制」によって公教育制度が導入され，「体術」という教科が設けられた。この教科名は翌年には「体操」という名称に変更された。教科名としての「体術」あるいは「体操」は，幕末から明治初年には英語の「gymnastics」やオランダ語の「Gymnastiek」の訳語として，あるいはドイツ語の「Gymnastik」やフランス語の「gymnastique」の訳語として知られていた[49]。

第3節　古代ギリシャにおける「体育」

　これら英独仏蘭の言葉は，周知のように，古代ギリシャ語の「gymnastike」（ラテン語表記）が語源である。この語は，後述のJ. ユットナーとE. メール（Erwin Mehl）の翻訳に見られるように，医者や教育者そしてトレーナーの「術」を意味していた[50]。特に，哲学者プラトンの「体育」に関する思想が近代ドイツのJ. C. F. グーツムーツ（Johann C. F. GutsMuths）に大きな影響を与えたことは，これまた周知のことである。

　以下では，今日の「体育」に関する諸問題を考える上で大きな手掛かりを与えてくれると思われる古代ギリシャの「gymnastike」概念について，ユットナーとメールの論稿を邦訳によって紹介することにする。

1．J. ユットナーによる「Gymnastik」概念の説明

　ここで訳出するユットナーの論稿は，本章の第1節で訳出した『ギリシャ人の競技的身体運動』（1965）の「I. 術語論」における「Gymnastik」の説明（14-18頁）である。前出の邦訳と同様に，原文における注のうち言語学的な説明に関する注は省略した。なお，「Gymnastik」（体育術）と「Paidotribik」（トレーニング術）とこれらに関連する語は，言語学的な説明を考慮して，原語のままとした。また，「Turnen」というF. L. ヤーン（Friedrich L. Jahn）が造語したドイツ語は「体育」と訳出した。なお，ギリシャ語表記はラテン語表記とした。

　Gymnastik という概念は，取り扱われている時代よりも相当後の時代に成立した[51]。語根は gymnos（裸の）であり，この語根から語系全体が派生した。最初に使役動詞である gymnazein（衣服を脱ぐ，衣服を脱いで訓練する）が派生した。ホメロスがまだ知らないこの語は，紀元前5世紀に初めて証明されている。訓練を行う者は gymnastes（訓練者，トレーナー）であり，裸体運動を実施する（gymnazesthai）ことに通暁している者は gymnastikos である。この語は「スポーツにいそしむ」，すなわち「トレーナー」のような近代的な表現と比較し得る語であり，athletes と同じこ

とを意味している。gymnastike（texne を補うこと）は，訓練することの術である。すなわち，既にその名称が指し示しているように，第一に Gymnasten の事柄に関連するすべてのことによって，裸体者をトレーニングすることの術である。競技的運動は gymnasion あるいは gymnastia と言われる。したがって，スポーツに関する厳密な術語としてのこれらの表現の古さは，紀元前 500 年頃に実施されるようになった競技における裸体の導入によって制限される。事実，アテネの立法家であるソロン（6 世紀初め）に帰される古い法律は，奴隷に肉体的鍛練を禁止しているが，gymnazesthai という表現を使用しておらず，簡潔な言い方で「乾燥塗油」についてだけ述べている。5 世紀には新しい概念が既に普通であった。ガレノスは Gymnasten の術の登場をプラトンの少し前と見ており，この頃に職業競技者も形成された。ガレノスは gymnastike という概念を，病気の者に対する医術と並んで「健康な者の養護」という意味で，ヒポクラテスの身体（Corpus）の中に見つけた。この新しい名称を導入していたのは，恐らく，有名なトレーナーであるセリンブリアのヘロディコスである。彼は方法的な肉体養護のためのトレーニング術を創り上げていた。プラトンが主張するには，ヘロディコスはイッコスと同様に Gymnastik を言い立てているにすぎず，実際には彼らは詭弁家である。それまで使用されていた Paidotrib という名称が彼の高尚な活動には決して相応しいとは思えなかったので，彼は現代的で高貴に響く Gymnastes という名称を割り当てた。しかし，彼は競技者だけでなく素人も行う養生の方法を Gymnastik と名づけた。これによって，肉体養護の術は医術（Medizin）と Paidotribik との間に置かれ，概念と権限の制限を対象とする数世紀に及ぶ権限論争が引き起こされた。例えば，プラトンは医学の姉妹術である Gymnastik の下で，健康な肉体の養護を理解している。この養護は，プラトンによれば，食物摂取と労働達成との関係を観察し，トレーナーと同様に医者が配慮することのできることを説明する，ということを課題としている。これに対して，プラトンの弟子であるアリストテレスは，Paidotribik に対する Gymnastik の領域を制限し，Gymnastik は肉体の健康状態に影響を与え，

第3節　古代ギリシャにおける「体育」

Paidotribik は達成の質に影響を与える，ということを確認した。ここでは，トレーナー術の理論的な部分が Gymnastik に割り当てられ，実践的な部分が Paidotribik に割り当てられているのに対して，イソクラテスは Gymnastik を Paidotribik の一部と見なしている。それゆえ，彼によれば，Paidotrib は昔の見解に相応して，学問的な部分と手仕事的な部分をも含めたトレーニング術全体を支配している[52]。しかし，Gymnasten あるいは Paidotriben が Gymnastik と呼ばれる肉体養護の新たな術を実行するとしても，彼らは次のような健康に関する結果を目指した。すなわち，Athleten によって競技のための巧みな準備のために受け入れられる健康に関する結果だけでなく，素人によっても彼らの良い状態の維持と改善のために要求される健康に関する結果である。このことは，医術家にとっては厳しい競争を意味した。医者の側では健康の世話のために必要な知識をも全く別の範囲で所有していると確信していた。というのは，Gymnasten は，しばしば，せいぜい実践的な自然医術者としか見なされ得ないような卑賤な身分の引退競技者であろうから。それゆえ，将来の医者には自分自身のための健康な肉体養護が要求された。そして，彼らの Gymnastik としての名称は実行者としての Gymnasten を指示するがゆえに，紀元前3世紀のケオスの医者であるエラシストラトスによって，新しい名前が提案された。すなわち hugieine，つまり健康論（Gesundheitslehre）である。特に身体運動に関わる部分だけが，「Gymnastik」と呼ばれなければならなかった。健康科学は全体として医者だけが行わなければならず，Gymnast と彼の術は医者に従属しなければならなかった。

　我々は医科学のこの状態については，ガレノス（2世紀）によって詳細に教えられる。特に，最初に衛生術である。彼によれば，医術あるいは肉体養護の術は二つの主要な部分，つまり衛生術と治療術に分かれる。この内，衛生術は Gymnastik をも含んでいる。この Gymnastik は肉体的な活動全体の作用に関する学問を意味する。

　その唯一の代表者が医者である本来の Gymnastik は体育（Turnen）を調べるだけでなく，各々の労働の作用をも調べる。したがって，パラエスト

121

第 3 章　競技と体育

ラとギュムナシオンでの術は，Gymnastik のほんの一部でしかない。ガレノスは，クインチリアヌスの見解が証明しているように，既にずっと以前に素人世界をも医者が引き受けていたという見解を提出した。Gymnastik とさえ言われる競技者の肉体養護に関わる術は，ラコニア人も言っているように，正しい「鎮圧術」（Niederwerfkunst）と呼ばれなければならない。

　Paidotriben と Gymnasten の立場に関する文献は，ほんの僅かまで失われているが，これらの立場について我々は良く分かっている。というのは，この対象に関して我々に唯一残されているフィロストラトスの論文が専門文献の基礎になっているからである。Gymnastik に関する彼の定義は次のような内容である。「Gymnastik は，医者の術と Paidotriben の術から構成される術と見なされなければならず，Paidotriben の術よりも完全ではあるが，医者の術の一部にすぎない」。この定義とその外の詳しい説明からは，その文献によってトレーニング術の学問性を証明しようと考えているフィロストラトスが，Gymnatik の下で Gymnasten の能力と知識を理解している，ということが明らかになる[53]。Gymnastik は，身体運動の実践的な知識である Paidotribik を包含しているが，あらゆる衛生術的な手段に通暁し，適用する医術に関わることによって，Paidotribik を凌駕している。医者と哲学者が Gymnatik の中に民衆の健康を高めるための手段を見ており，Gymnasten のトレーニングを害があると見なしているのに対して，フィロストラトスは彼の文献全体において，先ず競技のための競技者の訓練に注目し，競技者と幅広い民衆層が Gymnastik の下で理解したことを理解していた。つまり，科学的に論証された競技者のトレーニングと，スポーツにいそしむ者（Sportbefleissener）に正しい肉体養護を教示することを，Gymnastik の下で理解していた。

　トレーナーのための第三の名称，すなわち aleiptes が導入された後，トレーナーが行使する術に関する名称，すなわち aleiptike が登場した。これは，フィロンによれば，Gymnastik と同様に，姿勢と運動によって力と健在のために肉体を保護する術である。

　今日では，「Gymnastik」は古代とは別の意味を有している。ギリシャ

第3節　古代ギリシャにおける「体育」

では，上述のように，様々な範囲と内容を有する概念がこのGymnastikと結びついていたが，常に何か抽象的なもの，つまり能力と知識が意味されており，身体運動の理論的な知識をも意味していた。しかし，「ドイツ体育術の祖父であり家長」であるグーツムーツが，人文主義によって知られるようになったギリシャの表現を利用しながら，1793年に『青少年のGymnastik』を出版した時，彼はGymnastikによって身体運動の体系，つまり実践的な体育を言い表した。それ以来，「Gymnastik」は考古学的あるいはスポーツ的文献においては常に肉体的な活動，つまりギリシャ人がGymnasionと呼んだことを意味している。クラウゼの著作『Gymnastik und Agonistik der Hellen』(1841) のタイトルは，古代ギリシャ人の身体運動と競技を取り扱うことを予告している[54]。

2. E. メールによる「Gymnastik」概念の説明

メールは1930年に『大学体育学報』(Hochschulblatt für Leibesübungen, H.3) において，「Gymnastik概念の歴史」と題する論文を発表した[55]。以下で訳出するのは，この論文の古代ギリシャに関する部分 (22-30頁) である[56]。原文のイタリックは訳文もイタリックとした。本文中における典拠文献への言及は，注で訳出した。[　]内は訳者の挿入である。なお，ユットナーの翻訳の場合と同様に，「Gymnastik」(体育術) と「Paidotribik」(トレーニング術) とこれらに関連する語は，言語学的な説明を考慮して，原語のままとした。また，「Turnen」というヤーンが造語したドイツ語は「体育」と訳出した。なお，原文ではギリシャ語はラテン語表記である。

紀元前400年頃—したがって，今からおそよ2400年前—古代ギリシャ人が，その歴史の中では比較的遅く「Gymanastik」という概念を造った。当時，身体運動の全盛は既に終わりに近付いていた。しかし，Gymnastikという語は，この身体運動とヘレニズムの終焉を克復し，身体運動の

領域における古い芸術家の標準となるような業績に関する用語として，1500年を超えて今日なおも最初の日のように生き続けている。この語の内容と範囲は，明らかに，時の経つうちに非常に変化している。様々な意味が相次いで通り過ぎ，同時に今日なおも持続しており，理解を困難にしている。注目すべきことは，この語の意味の動揺は今日や昨日以来初めてではなく，既に初めからこの語に付着している，ということである。「既に古代ギリシャ人は」—ここでも，このように言うことができる—，彼らの歴史の中でこの語を様々な意味で使用し，「真のGymnastik」の内実について論争した。それゆえ，この語の個々の意味の歴史的発展を示し，この発展を従来よりも鋭く概略しようと試みるとき，このことは体育史の立場からだけではなく，今日の明白な概念からも望まれるだろう。

このような試みにおける主要な重点は，*教育的「Gymnastik」*にある。養生（Gesundheitspflege）と医術（Heilkunst）（健康—医療体育）を志向する「Gymnastik」は，教育的Gymnastikの理解のために必要である限り，言及される。養生と医術に関する概念史的な叙述は，医術に関する歴史家にとってやり甲斐のある課題であろう。

ギリシャ人は「Gymnastik」の下で何を理解したか？
「運動」（Übungen）ではなく，「Gymnastの術」（スポーツ医者の術）である。

一般的に，ほとんどの人は「ギリシャ人のGymnastik」の下で，ギリシャの体育場（Turnplatz）で行われている運動，したがって五種競技（走，跳，円盤投げ，槍投げ，レスリング）や自由スタイルの格闘（パンクラチオン），あるいは遊戯やダンスを考える。しかし，このような考え方は「近代の」理解であり，決して古代ギリシャ人の理解ではない。同時に，Gymnastikという概念の内実に関する古代ギリシャ人の見解を様々な箇所に適用しようと試みるやいなや，たちまち解決し得ない困難に陥る。J.B.エッガーは，J.ユットナー教授の下で作成した学位論文「古代の哲学

第 3 節　古代ギリシャにおける「体育」

者と医学者における Gymnastik 概念」において，ギリシャ人の見解をまとめている[57]。ユットナー教授自身も Pauly-Wissowa の『古代学百科事典』に寄稿した「Gymnastik」の中で，この概念に関する概要を述べている[58]。

　さて，若干の事例を挙げてみよう。古代の医者ガレノス（2 世紀の『Thrasybulos』）は次のように述べている。

　　Gymnastik はあらゆる運動の作用に関する学問である。

ここでは，体育運動（Gymnastikübungen）というありきたりの概念は全く助けとならない。ガレノスが次のように続けると，少しは良くなる。

　　「真の Gymnastik」は体育専門的（turnfachlich）な側面を全く気にする必要がない。彼ら，あるいは指導的な Gymnastes（トレーナーとスポーツ医者）は，この真の Gymnastik を Paidotribes（元来は子どもをこする人である「マッサージ師」，後の一般的な体育教師）に任せることができる。この Paidotribes は Gymnastes の指示に従って，（いわば「調教師」として）運動を実施しなければならない。
　　Paidotribes は，将軍に対する兵士のように，あるいは医者に対する料理人のように振る舞う。
　　医者は料理については何も理解していないが，もちろん結局どこが問題なのか，つまり食物の肉体への作用については十分に理解している。他方，料理人はこの作用について何も知らない[59]。

ユットナー教授は，この私の論文［1930］の最初の捉え方に誘発されて，Pauly-Wissowa の百科事典における項目「Gymnnastik」を書いた後の 20 年以上もたって，解決策を見つけた。彼はベルリンの雑誌『Die Leibesübungen』（1932）に投稿した論文において，この疑問を明白に解決した[60]。

125

第3章　競技と体育

　Gymnastik は，ギリシャ人の場合，（我々の場合のような）運動（Übung）ではなく，「Gymnasten の術」であった。すなわち，Paidotribik が Paidotriben（すなわち体育教師）の術であったのと全く同様に，Gymnastik はスポーツ医者とトレーナーの術であった。運動は，常に，（厳密には場所のような）gymnasion あるいは gymnasia とだけ呼ばれる。運動に関することは（gymnastikos ではなく）gymnikos，すなわち（gymnastisch ではなく）「gymnisch」と言われる。それゆえ，大規模な競技会での体育的競技は「gymnisch」競技（agones gymnikoi）であり，「gymnastisch」競技ではない。（後者はスポーツ医術における競技を意味し，もちろん無意味であろう。）したがって，「Gymnnastik」は Gymnast だけが行うことができ，弟子が行うものではない。この Gymnast が Gymnasia をなす。

　この「発見」はコロンブスの卵であったが，元来は以前の洞察の再発見にすぎなかった。というのは，既に V.C.Fr. ロスト［Valentin C.F. Rost］の『ギリシャ語―ドイツ語辞典』（1821!）[61] において，明白かつ一義的であったからである。

　　　Gymnastikos は「gymnastes に属し」，Gymnastike（techne）は「gymnast の術」に属する。

　さらに，この語の起源はその語頭にある。つまり，Gymnast-ik はスポーツ医者である gymnast-es から派生したはずであり，運動の gymnasion あるいは gymnasia から派生したのはない。それゆえに，「Gymnastik」と言われたはずである。

　ガレノスは，実際，次のように言っている。「Gymnastik」はあらゆる運動の作用に関する学問である。というのは，スポーツ医者がこの学問に注目し，Gymnast とも呼ばれる医療体育の指導者もこの学問に注目していたからである。それゆえ，Gymnast は訓練を Paidotriben に任せることができた。Paidotriben に対するスポーツ医者の立場は，兵士に対する指揮官，あるいは料理人に対する医者の立場に比較できる。

第3節　古代ギリシャにおける「体育」

同様に，エッガーが深い溜息で研究を始め，非常に頭を悩ました次の箇所も明らかになる[62]。

> Gymnastik 概念への疑問は，古代の文化史の最も難しく，複雑な疑問の一つである。

これには，「Gymnastik」の主要部分，すなわち（スポーツ）医者の術になる栄養（Ernährung）の箇所も属する。この中には，しばしば挙げられる（が，誤解されている）プラトンの意見である「*Gymnastik は単純である！*」という箇所も含まれる。この見解は『国家篇』の第3巻にある。ここで，プラトンは理想国家における「夜警」（戦士）の教育を描いており，ソクラテスに次のように言わしめている[63]。

> Gymnastik は特に戦争のための訓練に関しては単純かつ適当である。

しかし，単純な運動を期待する者は，非常に失望する。というのは，プラトンはこの「単純性」を，*単純な栄養と健康な生活*によってだけ説明しているからである。そのような単純で良い訓練の原型は，既にホメロスに見られる。ホメロスの英雄たちは決して魚を食べず，煮料理した肉を食べず，焼いた肉を食べた（これについては，我々の養生が示される）。そして，彼らは根の食物も摂らない。さらに，宴会と菓子そして房事も遠ざけねばならなかった。そして，「Gymnastik」（したがって常にスポーツ医者の指導）の課題についていかなる疑念もない，ということをプラトンは『国家篇』の終わりでもう一度要約している[64]。

> 単純性は，音楽の場合には精神に健全な感覚を，スポーツ医者（gymnastik）の場合には身体に健康を生み出す。

このように，単純性は「単純な運動」とは何の関係もない[65]。

127

第 3 章　競技と体育

　同様に，「Gymnastik」は肉体の中の物質の増加と減少の監視に関係している，というプラトンの『国家篇』における意見も明白になる[66]。このことはありきたりの見方では理解できないかもしれないが，「スポーツ医者の術」では即座に理解できる。このことについては，古代の医術では，「欠けているものを補う」と「余分なものを取り除く」という二つの概念が大きな役割を果たしていた，ということに注目しなければならないだろう。このことに関する詳細は，エングラート［Ludwig Englert］によるガレノスの『Thrasybulos』に関する研究に見出される[67]。

　古代の「Gymnastik」の主要な目標として浮かぶのは，良い*身体状態*（euexia），つまり「*良い形*」であり，これは医者の目標である。

　いつものように，『国家篇』の中でアリストテレスは Paidotribik に対する Gymnastik の関係について，簡にして要を得た説明を行っている。

　　　一方（Gymnastik）は身体の状態に影響を与え，他方（Paidotribik）
　　は達成に影響を与える[68]。

　このことは，デンマークの J.P. ミューラー［Johann P. Müller］の有名な室内体操書である『我が体系』[69]の「私が Athletik と Sport そして Gymnastik で何を理解しているか」という章における「スポーツ」と「Gymnastik」（Turnen）との区別を想い出させる。

　　　指導過程の最後に，「参加者は何を達成できるか」と問われる時は
　　スポーツが問題となり，「参加者はどのようになっているか」と問わ
　　れる時は Gymnastik（Turnen）が問題となっている。

　明らかに，ミューラーは古代とは逆に，主として運動経営（Übungsbetrieb）に着目している。この「良い身体的状態」（euexia）に関する詳細は，エングラートに見られる[70]。

　養生に対する「Gymnastik」の関与は大きく，医者のエラシストラトス

128

は紀元前3世紀に「衛生術」(Hygiene)という表現を造った[71]。この表現は，ギリシャ人の精神的創造の証拠として，今日まで我々の間に保持されている。体育家たちは，この表現が身体運動から生じていることを喜ぶかも知れない。しかし，新しく命名された「衛生術」は，「Gymnastik」の構成要素にとどまる。それゆえ，ガレノスは既に繰り返し引用した『Thrasybulos』において，消息通には珍しくもない疑問，すなわち「衛生術は医術に属するのか。Gymnastik（したがって「スポーツ医者の術」）」に属するのかという疑問を調査している。その際，彼は「Euexia」（したがって良い状態）を目的とする「真のGymnastik」を弁護するが，職業競技者の養成を意味する「偽のGymnastik」は弁護しない。この偽のGymnastikは若干の成果を挙げるが，―ガレノスが極めて明白に説明しているように―市民的かつ軍事的な生活のための競技者を「豚のように駄目」にする[72]。そのような「Gymnastik」は*偽術*（Katotechnia）であり，衛生術は何の関係もない[73]。ガレノスが医者として，真の「Gymnastes」のための体育専門的な知識を非常に重要とは見なさず，むしろその知識をそれほど評価されていないPaidotribenのものとしていることは明白である。

　この関係は，元来は明らかに逆であったように思われる。ガレノス自身が，プラトンがGymnastesという表現を稀にしか使用していないことを気づかせてくれる。むしろ，プラトンは常に，Paidotribesを後のGymnastesの意味で述べている。プラトンの用語の使用では，Paidotribesは体育家の医学的かつ体育専門的な世話全体を配慮し，Gymnastesは職業競技者と健康体操だけに関与する。エッガーはそのような箇所を集めた[74]。アテネの有名な雄弁家であるイソクラテスによる「財産の交換」の話し（財産の交換をすることができる自称金持ちに対する国家負担を逃れる注目すべき形）から関係する箇所が，ここで挙げられよう。

> 先祖は我々に対して2通りの世話（epimeleias）を残した。すなわちPaidotribikによる身体の世話―Gymnastikはその一部である―と，哲学による精神の世話である[75]。

第 3 章　競技と体育

ここでは，Paidotribik と Gymnastik との関係は，アリストテレスの場合とは逆であり，なおさらガレノスの場合とは正に逆である。

ユットナーによって出版された著作『Gymnastikos』(2 世紀) においてフィロストラトスは，ガレノスよりも若干多く「Gymnastik」の中に体育専門性を認めている。フィロストラトスによれば，Gymnastik は医者と体育専門家の知識から構成されている。Gymnastik は医者の知識の一部であり，純粋に体育専門家の知識の上に立っている[76]。

しかも，フィロストラトスによれば「Gymnastik」の課題は，今日の我々が医者にだけ割り当てる次のような課題である。「体液の純化」(四つの体液とその「混合」=「気質」─血液，黄胆汁，黒胆汁，粘液─に関する古代の教えがここに入り込んでいる)，余分な脂肪の除去 (今日では再び多くの女性の「Gymnastik 目標」となっている)，痩せた部分の肥満化 (Prostheisis と Aphairesis に関する古代の教えに気づく)。しかも，食餌 (Diät) とマッサージそして運動によって，カタルや結核そしててんかんと水腫 (!) といった病気をも取り扱う。このような考え方によって我々は，プラトン以来「Gymnastik」に割り当てられ，我々の概念に従えば医者の業務である医療体育の真っ直中にいる。

さて，古代の Gymnastik が従事した運動 (gymnasia) にも目を向けよう。gymnasia は，既に最初に述べたように，ほとんどすべての肉体的活動を含んでいた。その中心にあったのは，もちろん，ギリシャの大規模な競技会において*競技的*に決着がなされている運動である。すなわち，五種競技，ボクシング，自由スタイルの格闘 (「あらゆる手段で戦う」パンクラチオン) といった実際に裸で (gymnos) で実施される運動，さらに遊戯とダンスである。もちろん，ダンサーは─名前に反して─決して*裸* (gymnos) ではなった。有名な医者であるヒッポクラテスに帰される著書『栄養について』[77] によれば，Gymnastik は*感覚運動* (Sinnesübungen) (見る，聴く) と*発声運動* (Stimmübungen) (話す，朗読，歌唱) をも配慮しなければならない。グーツムーツが彼の『青少年のための Gymnastik』(1793) においてこれらの運動を挙げるのは，もちろん，「古代」の影響である[78]。

第3節　古代ギリシャにおける「体育」

　ヒッポクラテスによれば，さらに運動には次のようなものが属する。すなわち，思考（！），散歩，呼吸停止（pneumatos kataschesis），腕振り（Cheironomia，もちろん回旋），そして当時の相異なる4種類——激しく，柔らかく，長く，短く続く——のマッサージである。

　プラトン（『法律篇』）によれば，乗馬とダンスと戦闘運動は「gymnasia」である。労働（ponoi）も場合によっては gymnasia である[79]。クセノフォンが少女に対する良い「gymnasion」（「Gymnastik」ではない！）として嘲笑的に紹介するのは，粉を混ぜたり練ることと，衣服と敷物を叩いて重ねることである[80]。これは食欲をもたらし，良い血色と健康をもたらす。

　ガレノスが gymnasia として挙げるのは，行進，漕ぐ，掘る，刈る，葡萄畑の労働，乗馬，狩猟，伐木，剣術，荷運び，耕作である。ガレノスがある「労働」あるいは「運動」が「訓練」（Übung）となるための特徴とみなすのは，「緊張」（Anstrengung）である。彼によれば，緊張は訓練する者がより早く呼吸しなければならないほど，大きくなければならない[81]。この特徴は人文主義者の医者も受け入れた。「裸」については言及されない。これは我々の場合と同様である。

何故「Gymnastik」という名称が後になって登場するのか。

　我々はギリシャ人の場合の「Gymnastik」という語の全体的発展と本来の意味を知るがゆえに，この語が後になって登場する理由に対する疑問は非常に簡単に答えられる。
　二つの事柄が前提となっている。
　1. 運動の際の完全な裸体。2. 職業的体育教師（gymnastes）の存在。この両者はホメロスよりも後に初めてギリシャの身体運動の中に登場する。すなわち，ツキディデス（紀元前5世紀）とプラトン（紀元前4世紀，『国家篇』）の証言によれば[82]，*裸体*（Nacktheit）はスパルタ人によって「ずっと以前ではなく」現れ，競技者の職業体育教師としての Gymnastes

第3章　競技と体育

は紀元前4世紀にようやく現れている。(比較的後の) オリンピックの伝承は, 明らかに, オリンピック競技大会への裸体の導入を紀元前720年としている。この時, メガラ出身の走者オリシッポスが, 走っている途中で腰巻き (perizoma) を失ったが, 勝者となった。それ以来, 走者 (と他の競技者) は完全に裸で登場した。このことは, プラトンが『国家篇』の中で「野蛮人」(すなわち, ローマ人も含めた非ギリシャ人) に関すると全く同様にギリシャ人に関しても証言しているように[83], 以前には不作法として嘲笑された。ただし, オルシッポスの歴史を伝えるパウサニアスは, このことについて次のように述べている。

> 私は, 走者 (オルシッポス) が腰巻きを意図的に落としたと思う。というのは, 彼は裸の方が腰巻きに妨げられる時よりも容易に走ることができる, と知っていたからである[84]。

こうしたことによって, オルシッポスは裸体体育の創始者となり, したがって Gymnastik の創始者となったのであろう。比較的早いオリンピックでのスタートと, ツキディデスとプラトンによる比較的遅いスタート (6世紀の壺絵もまた腰巻きをしている) との間の矛盾についてユットナーは, 恐らく他の運動での裸体は比較的遅く導入されている, ということによって説明している。その後ようやく, gymnazein (誰かを修練させる) と gymnazesthai (自身を修練する) という動詞が導入された。gymnazein は本来「(他人を) 裸にする」を意味し, gymnazesthai (中間態) は修練するために「自らを裸に (gymnos) する」を意味した[85]。

この動詞に関する最古の例証は, 体育に関連しているのではなく, 偉大な詩人であるアイスキュロス (紀元前476年頃) の悲劇であるプロメテウスにおける転用に関連している[86]。この悲劇では, 嫉妬深いユノの命令で牛に変えられ, さらに虻に追い回されるイオ (ゼウスの愛人) が, コーカサスの岩に鎖で繋がれたプロメテウスの前に来て, 彼女の不幸を訴える。

第3節　古代ギリシャにおける「体育」

「あちこちと迷い歩いて，酷く疲れた」。プロメテウスは歌舞団に次のように言う。

「ヘラに憎まれて，彼女は走り続けるよう強制的に苦しまされる」。

しかし，この最古の例証においては，「裸体」も既に色あせている。裸体とともに，体育的な意味も，その意味がなおも明白に認識されるとしても，特に「長く走り続ける」と結びついている中では，色あせている。とは言え，「Gymnastik」になるには次の段階，すなわち若い Gymnastes が必要である。

ところで，最後に分かりやすい疑問を取り上げよう。すなわち，我々が今日「Gymnastik」と称する運動は，ギリシャ人の間ではいかなる地位を占めていたのか。例えば，「肉体訓練」(第1次世界大戦後のドイツ帝国の文献の中に挙げられている)，あるいは北欧の「形成的運動」，ガウルホファー[87]の「肉体（姿勢）―運動形成」，「陸上競技，スキー，水泳の飛び込みのための準備体操」，「ドイツ体操」，あるいはリズム体操，調和体操，技巧的体操，養護体操などの運動である。

カール・ディームは彼の『Gymnastikの理論』[88]の中で，エングラート博士の助けを借りて当該箇所を集めた。ボクシング選手のための「準備運動」，徒手運動，亜鈴運動，跳躍運動，ボール運動に関する非常に僅かな運動と，厳密には書かれていない若干の運動がある。ユットナーはこの報告に関して，これらの運動が古代には「準備運動あるいは健康運動」としては全く僅かな役割しか果たさなかった，と述べている。「一般的に奨励されたダンス（Tanzkunst）が，これらの運動の十分に価値のある代用をなした」[89]。したがって，今日の「Gymnastik」は決して古代の Gymnastik に由来するものではない。全く異なった事柄に関してこの語に相当するものが，ここでは悪い誤解と誤った主張になった。これらの誤解と主張を妨げることが，上述の詳述の主要目標でなければならない。

ギリシャの運動は民族性と宗教と密接に結びついていた。

第3章　競技と体育

　諸概念の専門的な内容と運動自体とにおけるこのような相違に加えて，なお，精神的―倫理的な背景のある非常に本質的な相違がある。つまり，ギリシャの*教育的*な運動と民族主義及び宗教との強い結合は，今日の「Gymnastik」では民族性が多少なりとも欠けており，宗教では完全に欠けている。

　ギリシャの体育場で行われる（狭義の）運動は，純粋に個人的な問題であるだけでなく，高度に祖国の問題であり，部分的には宗教の問題でもあった。我々は，ギリシャの「Gymnastik」の催しが宗教的な民衆祭であり，その際に競技が礼拝の一部であった，ということを知っている。［体育施設である］Gymnasium は神の保護の下にあった（神の立像が通常は Gymnasium の中に立てられた）。（体育施設の指導者である）Gymnasiarch は，同時に司祭としても行動した。民族と祖国のための運動に与えられた意味に関して，ルキアノスは彼の『アナカルシス』の中で，ソロンに言い含められた次のような美しい言葉を述べている[90]。

　　　我々若人によって行われる運動は，*公的な競技*と，その際に獲得される*賞品*が目指されているのではない。というのは，これらの賞品は常に非常に僅かした与えられないからである。そうではなく，我々は賞を与えることによって，賞を貰うその人と同様に我々の国家にも非常に大きな利益をもたらす。この利益は，人間の幸福をなすすべてを含んでいる。つまり，各市民の個人的な自由と祖国全体の共通の自由，祖国の繁栄と安寧，祖国の祝祭の楽しい享受，家族と家庭の幸福の維持であり，一言で言うならば人間が神々から許される最高のものである。友よ，これらすべてが私の言う月桂冠の中に編み込まれており，この運動と苦労が到達する各々の共通の競技の結果である[91]。

　周知のように，ギリシャの「Gymnastik」全体は（競技だけでなく，「Agonistik」も），自由人の生まれで品行方正なギリシャ人に限定されていた。奴隷はここから除外されていた。我々の民主的な時代に奴隷の除外と

134

いうこの後者の処置が，表面的な考察では「厳しい」と思われるとしても，上で述べた「Gymnastik」と宗教及び民族性との結合という立場からすると，この処置は直ちに理解され，正当化されるだろう。この平和的手段の奨励は，正に，同じ意見で，同じ意志があり，同じ精神的かつ倫理的な高さに立つ参加者集団を前提としている。このような参加者集団がないならば，ギリシャの模範的な身体教育は，実際に存在していたようには決して行われなかっただろう。「人類の発展」という立場から考察すると，このことは大きな損失であっただろう。

世界市民的に考える「汎愛主義教育者たち」が「Gymnastik」を彼らの学校に採用したとき，ギリシャ人の民族主義的精神はそれほど残ってはいないが，それでも「最高ドイツ人」のザルツマン［Christian G. Salzmann］とグーツムーツの場合には最も多く残っていた[92]。古代ギリシャの身体運動の宗教的な結びつきは，古代ギリシャの宗教とキリスト教との相異のゆえに，決して考慮されなかった。北欧とアメリカそしてドイツ起源の近代の Gymnastik の他の形態の場合も同様である。これら近代の Gymnastik をギリシャと比較するならば，純粋に専門的な相異と並んで，少なからず重要な精神的なものにおける相異が看過されるだろう。

注

1) 新村出編，広辞苑，第六版，岩波書店，2008 年，733 頁。
2) The Oxford English Dictionary being a corrected reissue with an A New English Dictionary on Historical Principles founded mainly on the Materials collected by The Philological Society. Vol. II, Oxford 1978(1933), p.720 and 901. 菅原は出典を示さないまま，OED の意味を引用している。菅原礼，VII 章　運動と競争，215-246 頁，岸野雄三・松田岩男・宇土正彦編，現代保健体育学大系 9　序説運動学，大修館書店，1969 年（再版）。ここでは，216 頁。
3) Deutsches Wörterbuch von Jacob Grimm und Wilhelm Grimm. Bd. 29, München 1984. S. 663-664.「Wettbewerb」に関連してスポーツの分野では「Wettkampf」という語が使用される。この語は「肉体的力と精神的な力を使って，賭を巡る闘い」を意味し，「遊戯とスポーツにおける達成の闘い」を意味する。Ibid., S.779.
4) 菅原は上述の論稿（注 2）において，「競争の社会学的意味」についてジン

メル・ヴェーバー・ヴィーゼ・松本潤一郎の所論を紹介している。そして，彼は「運動にみられる競争的要素」として，カイヨワの四つのメルクマール（アゴーン・アレア・ミミクリー・イリンクス）を挙げている。菅原礼，前掲書，216-236頁。スポーツにおける「競争」概念に関する研究は，「ルール」の問題と比較して（注21参照）極めて僅かである。梅田靖次郎，スポーツにおける競争と協同についての研究，九州保健福祉大学研究紀要，6(2005):179-187。古城建一，トーナメントにおける「競争」についての一考察，スポーツ教育学研究，16(1996)1:1-12。古城建一，スポーツ競争研究のための序説，大分大学教育学部研究紀要，11(1989)2:257-275。濱口義信，スポーツにおける競争の概念と理念についての考察，同志社女子大學學術研究年報，58(2007):53-60。小山高正，動物行動にみる競争と攻撃，体育の科学，40(1990)11:897-901。

5) Jüthner, J., Die Athletischen Leibesübungen der Griechen. Bd.I. Geschichte der Leibesübungen. Wien 1965, S.9-14. 古代ギリシャ語の「athletes」に関するわが国の研究については，注50を参照されたい。

6) ［原注］そのようなaethloiは，「ヘラクレスの労働」（イリアス，8.363; 19, 133），あるいは非常に巧妙なオデュッセイアのさまざまな苦労である（オデュッセイア，1, 18）。競技の場合でも，この語は闘いそれ自体を言い表すのではなく，訓練されなければならない活動の特性（オデュッセイア，8, 133; 145; 160; 179），例えば両手あるいは両足で達成できるような活動の特性を言い表している。オデュッセイアの素晴らしい槍投げをアテネ人はaetholosと呼んでいる。これは，ファエーケ人の誰も凌駕できないがゆえに，オデュッセイアが満足できる達成であった。しかも，ピンダロスは，競技の際の緊張を意味しなければならないとき，この語により詳細な規程を付け加えなければならなかった（I.5, 8 en taggonisis aethloisi）。しかし，既にホメロスの場合には，この語の意味が競技での達成に制限され始めている（II. 16, 590 f. 槍投げについて）。

7) ［訳者注］Krause, J.H., Gymnatistik und Agonistik der Hellenen aus den Schrift und Bildwerken des Alterthums. 2 Bde. Wiesbaden 1971.（Neudruck der Ausgaben von 1841）

8) ［原注］（部分訳）プラトンは彼の理想国家における青少年教育の指導に関して（法律，764D），音楽と体育のために各々二人の人物を見込んでいる。一人はpaideiaのために，もう一人はagonistixeのためである。paideiaのために，法律は体育場と小学校の指導者を任命している。我々の説明では，「Agonistik」の下で国家的な競技が理解されている。

9) Simmel, G., Soziologie. Untersuchungen über die Formen der Vergesellschaftung. Hg. von Otthein Rammstedt. Frankfurt am.M. 1992. S. 284-382（Der

Streit).堀喜望・居安正訳，ジンメル　闘争の社会学，律文法化社，1969 年。本稿における引用は，堀・居安の翻訳を参考にしているが，筆者が訳出したものである。原文のイタリックは訳文でもイタリックとした。なお，ジンメルの「競争」概念に関しては，河野と周の論文があげられる。河野清司，スポーツ競争に関する文化論的研究―ジンメル文化論を中心にして―，体育思想研究，1(1997):41-58。周愛光，スポーツにおける競争と人間疎外に関する一考察―ジンメルの文化的社会的観点から―，スポーツ教育学研究，12(1992)2:89-102。河野と周の研究は，残念ながらジンメルの原典には基づいておらず，また本稿で引用する「競技」(Kampfspiel) に言及していない。なお，周の学位論文(「スポーツにおける疎外に関する哲学的研究」，筑波大学，博士(体育科学)，1994 年 3 月)は，残念ながら未見である。

10) Simmel, G., Ibid., S.284.堀・居安訳，1 頁。
11) 堀・居安訳，前掲書，203 頁。
12) Simmel, G., Ibid., S.297.
13) Ibid., S.304-305.堀・居安訳，31-32 頁。ジンメルの「闘争」概念については，久保田正雄の二つの論文をも参考にした。久保田正雄，社会関係としての闘争―ジンメルの闘争理論をめぐって―，政経論叢，50(1982)5/6:641-696, http://hdl.handle.net/10291/12079。久保田正雄，紛争と闘争―ジンメル再論―，政経論叢，51(1983)5/6:639-678, http://hdl.handle.net/10291/13202。
14) ジンメルは『社会学』の「闘争」を論じた章において，一箇所だけ「スポーツ」(Sportkampf) に言及している。「赤と黒の賭け (Trente et Quarante) では，敗者は勝者を憎むことはなく，むしろ羨むだろう。ここでは，成績が互いに独立しているために，勝者と敗者の双方は，経済的な闘争あるいはスポーツ闘争の競争者よりも大きな距離と，アプリオリな無関心を互いに示す」。Ibid., S.335。堀・居安訳，77 頁。
15) Simmel, G., Ibid., S.323。堀・居安訳，59 頁。「賞品が相手の手中にはない」のであるから，競争的闘争の純粋な形式は，特に，攻撃的でも防禦的でもない」(S.323。59 頁)。
16) Ibid., S.323。堀・居安訳，60 頁。「競争的闘争は，闘争の決着がそれ自体ではなお闘争の目的を実現するのではない，ということによって特色を得る」(S.324。60 頁)。
17) Ibid., S.324。堀・居安訳，61 頁。周は注 9 であげた『スポーツ教育学研究』の論文において，ジンメルは「間接性・非暴力性」「正当性・公平性」「社会的功利性」を本質的契機として闘争を定義した，と述べている (95 頁)。周によるジンメル理解の妥当性を判断することは，ジンメル社会学者ではない筆者としては差し控えたいが，次の点を指摘しておきたい。周が「社会的功利性」として引用した箇所は，ジンメルが「法と競争」(堀・居

137

安訳，88-94頁）において「衣料品店の隣に誰かが大規模な競争事業を興し，捨て値で販売し，その値を誇大広告で市場に宣伝されるまでに知らせ，ついにはこの小事業主を破滅させるといった場合」（堀・居安訳，94頁）における競争を論じた箇所である．
18) Weber, M., Wirtschft und Gesellschaft. Grundriss der verstehenden Soziologie. Fünfte, Revidierte Auflage, Besorgt von Hohann Winckelmann. Tübingen 1980. Erster Teil, Kapitel I. Soziologische Grundbegriffe. § 8. Begriff des Kampfs. S.20-21. 清水幾太郎訳，社会学の根本概念，岩波文庫 1972 年，62-64 頁．本稿における引用は，清水の翻訳を参考にしているが，筆者が訳出したものである．なお，原文のゲシュペルトには傍点を付した．
19) ヴェーバーは『経済と社会』の第 2 部第 9 章「支配の社会学」の「第 4 節 封建制，身分制国家および家産制」において，「遊戯」（Spiel）に言及している（Weber, M., Ibid., S.650-651）．以下では，少し長くなるが，世良による翻訳を引用する（世良晃志郎訳，支配の社会学 2，創文社，1976 年，389-390 頁）．

　かくして，教育と生活態度とのうちには，一つの要素がひきつづきその地位を占めつづけることになる．その要素とは，生活に必要な資質を涵養する形式として，人間ならびに諸動物がもっている力の経済の一つなのであるが，生活の合理化が進展してゆくにつれて次第に排除されてゆく要素，すなわち遊戯にほかならない．遊戯は，このような社会的諸条件の下においては，有機体の生命におけると同様に，決して「暇つぶし」なのではなく，有機体の精神物理的な諸力が生き生きとかつ柔軟な形で保たれるための，自然発生的な形式なのである．それは，いかに習律的に洗練されていようとも，意欲を越えた蕪雑の動物的衝動性をもっているという点で，「精神的なるもの」と「物質的なるもの」，「霊的なるもの」と「肉体的なるもの」との，一切の分裂のなお彼岸にあるところの，「訓練」の形式なのである．遊戯は，歴史的発展の過程において，かつて，完全にまたは半ば封建的なギリシャ戦士社会を地盤として─スパルタから発して─，自由闊達で飾り気のないすぐれて芸術的な完成を，見出したことがある．西洋のレーエン制的騎士層や日本の封臣層の間では，厳格な距離感と品位感情とを伴う貴族制的身分的習律が，重装歩兵的市民層の（相対的な）民主制におけるよりも，より狭い枠をこの自由に対して設けた．しかしながら，これらの騎士層の生活においても，「遊戯」は，不可避的に，きわめて真剣で重要な仕事という役割を果たしている．それは，経済的に合理的な一切の行為の対局をなすものであり，かかる合理的な行為の道を阻むものであった．

注

なお，ヴェーバーの「遊戯」については，次の文献をも参照されたい。林道義，ヴェーバー社会学の方法と構想，岩波書店，1970年，341-354頁（「補論Ⅴ　ヴェーバーのSpiel（遊戯）概念と日本の高度成長」）。

20) 第2節は次の拙稿を加筆・修正したものである。スポーツにおける「規則」概念の分析―M.ウエーバーの「規則」概念の分析を手掛かりにして―，広島大学総合科学部紀要Ⅵ　保健体育学研究，4(1987):1-10。

21) スポーツにおける「規則」（ルール）の問題に関して，例えば『スポーツ規範の社会学　ルールの構造的分析』（菅原礼編著，不昧堂書店，1980年，68-72頁）において菅原は，「明示的スポーツ・ルールの機能」として「1) ルールはスポーツを構成する。2) プレイヤーの行動を規制する。3) スポーツに文化的影響をもたらす。4) 機会を平等にする」という四つの機能を挙げている。しかし，ここでは「類概念」としての機能(1)と，「規範的概念」としての機能(2)(4)と，「経験的概念」としての機能(3)とが混同されてはいないだろうか。また，従来のスポーツ・ルールの研究者が「絶対的・個別主義的評価主義，すなわちラートブルフのいう『価値盲目』主義に終始してきた」と批判する守能信次は『スポーツとルールの社会学』（名古屋大学出版会，1984年，10-17頁）において，「社会科学としてのルール分析」においては「ルールが規定する内容そのものを問題とする」法解釈学的立場と，「ルールが『なぜ』『なんのために』あるのかを問うもの」である法社会学的立場とを明確に区別しなければならないことを強調している。しかし，彼が「スポーツとは（略）それ自身としては倫理的に無色の活動である」と再三強調する時，社会科学における「価値自由（Wertfreiheit）」の問題や，「規範的考察」と「経験的考察」との方法論上の峻別に対する彼の理解に疑問を抱かざるを得ない。守野の次の文献も参照されたい。スポーツルールの論理，大修館書店，2007年。さらに，中村敏雄の提唱した「スポーツ・ルール学」における研究目的の一つは，「スポーツのルールが，何を，どのように規定し，またなぜそのように規定したのか，あるいは今日予測しうる他の規定をなぜ採用しなかったのかなどについて考察し，スポーツのルールに包摂されている歴史的，社会的，文化的，思想的等の諸条件を明らかにすること」である。中村敏雄，スポーツの風土　日米比較スポーツ文化，大修館書店，1982年，232-234頁。彼の次の著作も参照されたい。スポーツルール学への序章，大修館書店，1995年。しかし，ここにおいても，ルールの「教義学的」認識の方法と「経験的」認識の方法とが区別されておらず，また社会科学における「存在と当為」の方法論的二元論の問題が必ずしも明確に自覚されているとは思われない。

スポーツとルールに関しては，雑誌『体育の科学』が1983年（486-512頁），1994年（84-107頁），2009年（4-37頁）に特集を組んでいる。この

外，ルールに関する論文として，次の論稿を挙げて起きたい。Van Miert, K. 笠原宏訳，スポーツと競争―最近の展開と欧州委員会の活動―，国際商事法務，26(1998)4:377-384。南雅晴，スポーツ分野への競争法の適用，公正取引，610(2001):58-65。小山高正，スポーツ人類学アンソロジ―8―動物行動にみる競争と攻撃，体育の科学，40(1990)11:897-901。梅田靖次郎，スポーツにおける競争と協同についての研究，九州保健福祉大学研究紀要，6 (2005):179-187。川辺光，スポーツ・ルールの存在と機能：社会文化の要素としてのスポーツルールの検討，東京外国語大学論集，27(1977):257-274。長谷川寿一，動物行動学からみたルール―闘争と格闘をめぐって―，体育の科学，44(1994)2:91-95。守能信次，スポーツルールと法（スポーツ法学〈特集〉―スポーツ法学の諸問題―），法律時報，65(1993)5:56-59。守能信次，スポーツ・ルールの法社会学的分析とその構造，中京女子大学紀要，16 (1982):69-82，

22) Weber, M.: R.Stammulers „Ueberwindung" der materialistischen Geschichtsauffassung. In: Winckelmann, J.(Hg.), Gesammelte Aufsatze zur Wissenschaftlehre. Tübingen 1982⁵, S.291-383. 以下では「WL」と省略。ここでは337頁。松井秀親訳，R. シュタムラーにおける唯物史観の「克服」，『世界の大思想 II-7. ヴェーバー 宗教・社会論集』，河出書房，1968年，3-65頁。本稿でのヴェーバーの『シュタムラー論文』の引用の訳文は，松井訳を参照にしながら筆者の責任において訳したものである。

23) WL. S.293-294.
24) WL. S.320.
25) WL. S.303-306.
26) 本稿では，ヴェーバーの『科学論文集』あるいは『シュタムラー論文』を理解するにあたって，次の著作を参照にした。浜井修，ヴェーバーの社会哲学 価値・歴史・行為，東京大学出版会，1982年。及び，林道義，ヴェーバー社会学の方法と構想，岩波書店，1970年。
27) WL. S.323-324.
28) WL. S.323-324.
29) しかし，K. ポパーが指摘しているように，ヴェーバーは「法則」概念の論理学的構造を十分に分析していないように思われる。そのために，本稿でみるような「法則」概念の曖昧さが残るように思われる。Popper, K.R., The Poverty of Hi- storicism. London 1961. p.146. 久野収，市井三郎訳，歴史主義の貧困，中央公論社，1968年，219頁。
30) WL. S.323.
31) WL. S.329.
32) WL. S.322.

33) 今村嘉雄・宮畑虎彦編，新修体育大辞典，不昧堂出版，1976年，1136-1137頁。このアマチュア規程に関する引用は，1987年の論文作成時のものである。この「日本体育協会アマチュア規程」は，1986（昭和61）年に「日本体育協会スポーツ憲章」（全6条）に改正された。2008（平成20）年から施行されている「スポーツ憲章」では，「物質的利益」に関する条項は「附則2」で言及され，「必要とする団体」のみが採用することが可能である。http://www.japan-sports.or.jp/ Portals/0/data0/ about/pdf/jasa_kenshou.pdf。

34) WL. S.345.

35) Weber, M., Wirtschaft und Gesellschaft. 1980. S.181。世良晃志郎訳，法社会学，創文社，1976年，3頁。

36) WL. S.337-338. この外，スポーツにおいては美的な観点からの評価もある。

37) WL. S.338.

38) WL. S.321.

39) WL. S.337.

40) ヴェーバーは「社会科学的・社会政策的認識の『客観性』」という論文において「文化」概念について，次のように述べている。「我々にとって，経験的実在は価値理念と関係せられる限りにおいて，『文化』である」(WL. S.175.)。あるいは「文化とは，世界生起の意味のない無限のうちから人間の立場において意味と意義とをもって考え出された有限の一片である」(WL. S.180.)。富永佑治・立野保男訳，社会科学方法論，岩波書店，1968年，51-58頁。

41) WL. S.342.

42) WL. S.340-341.「あるいはサッカー」は引用者の挿入である。

43) WL. S.342.「サッカー規則」は引用者の挿入である。

44) WL. S.339.「サッカー規則」は引用者の挿入である。

45) 歴史的考察とは「現実の中で『文化価値』にかかわらしめて意義のある特定の構成部分が，その因果的に出来上がった姿において説明される」ことを意味し，理論的考察とは「そのような構成部分が生じてくる因果的諸条件に関する，あるいはその因果的な作用に関する，一般的な命題を得る」ことを意味する。WL. S.343。

46)「法制史」に言及した注の中で，ヴェーバーは「ある特定の法制度がある特定の過去の時代に『妥当』した」ということを経験的に考察する場合の留意点について述べている。「我々は，（略）裁判官が場合によってはどのような判決を下すべきで『あった』かという問題をあまりに容易に設定する傾向が，従って教義的な構成を経験的な考察に持ち込む傾向がある」。「いかなる場合にも我々は，教義的な構成を，他の箇所で述べたような意味での『理念型』として使用するのである」。WL. S.357-358.

47) しかしながら，『シュタムラー論文』が著わされた1907年という時代と現在とを比較するならば，スポーツの「規則」が「文化生活」に対して持つ意義は決して「僅か」ではないであろう．例えば，本稿で引用した「アマチュア規定」の変更は，今日の社会にとっては決して小さな意義ではないであろう．なお，ヴェーバーの「法社会学」については，次の論文を参照されたい．川村泰啓，マックス ヴェーバーの「法社会学」序論，法社会学，5 (1954):1-45．

48) 木下秀明，日本体育史研究序説—明治期における「体育」の概念形成に関する史的研究—，不昧堂出版，1971年，53頁．

49) 木下，前掲書，27-28頁．岸野雄三，体育史—体育史学への試論—，大修館書店，1973年，21-23頁．

50) 古代ギリシャの「体育」に関しては，ここでは，次の研究だけに言及しておきたい．岸野雄三，γυμναστικη 成立に関する史的考察，博士論文（東京教育大学），1966年。高橋幸一，スポーツ学のルーツ—古代ギリシャ・ローマのスポーツ思想—，明和出版，2003年。木庭康樹，プラトン哲学における身体論—ソーマ概念の体系的考察を通して—，博士論文（筑波大学），2006年．

51) ［原注］（関連文献省略）この語は，gymnasia の下で裸あるいは楽な衣服で実施されるすべての肉体的な活動が理解されたがゆえに，後になってようやく生じたように思われる．そして，この表現と，高い階層のスポーツ的活動に関する表現は，高貴なものには相応しくないと思われた．

52) ［原注］プラトンは『ゴルギアス』『プロタゴラス』『クリトン』において，Gymnastik の本質に述べている．

53) ［原注］Jüthner, J., Philostratos über Gymnastik. Amsterdam 1969(1909), S.172 f.

54) ［原注］K. ガウルホファーによれば，Gymnastik は Turnen と同様に肉体を形成しようとする（Gaulhofer und Streicher, ［Natürliches Turnen］Gesammelte Aufsätze II, ［Wien/München］1930, 10ff., 14ff.）．C. ディームは「Gymnastik は目的のために形式を考案された目的思考の身体訓練である」と説明している（［Diem, C.,］Theorie der Gymnastik, ［Handbuch der Leibesübungen, Bd.14, Berlin］1930, S.125）．現代の医学も「Gymnastik」という概念を広い範囲で使用している：W. Mering, Die Anschauungen des Hippokrates über Gymnastik und Massage, ［München］1937．「Gymnastik 学校」において通常は新鮮な空気の中で実施され，今や一般的に「体操」（Gymnastik）と呼ばれるあらゆる種類の形成的運動（die formenden Übungen）は，古代では，スポーツ場での一定の準備運動（Vorübungen），あるいは医者に処方された室内体操，特にギリシャの至る所で愛好されたダンスに相応する．既に，スポーツ界ではこの表現の現代的な使用に対して反対の声が上がって

いる（Jüthner, J., Zur Namengebung einst und jetzt: Gymnastik, Athletik, Körperspiel. In: Die Leibesübungen, 1932, S.443）。したがって，「Gymnastik」という表現は，古代の言語使用には対応しないような新しい観念が結びついており，それ故この表現を使用する場合には注意が必要である。古代の概念が説明された百科事典『RE』[Paulys Realenzyklopädie der classischen Altertumswissenschaft. Hg. von Georg Wissowa, Stuttgart 1893-1963] の「Gymnastik」の項目においてさえ，その説明は現代の言語使用に影響されており，この語は「身体運動」（Leibesübungen）という非古代的な意味で使用されている。このような使い方は，今後は慎まなければならない。しかし，以下の叙述では，単調さを避けるために，ヤーンが1811年に導入した「Turnen」と，19世紀の始め以来イギリスで普及した「Sport」という名称も使用される。これによって，少なくともギリシャ人が運動（gymnasia）と呼んだものをカバーすることができる。[ ] 内は訳者の挿入である。

55) Mehl, E., Zur Geschichte des Begriffs Gymnastik. In: Jahn, R.(Hg.), Zur Weltgeschichte der Leiebsübungen. Festgabe für Erwin Mehl zum 70 Geburtstag. Frankfurt a.M. 1960, S.22-47.（Hochschulblatt für Leibesübungen, Berlin, 1930, Heft 3. Überarbeitet 1960）

56) 本論文は，古代につづく「人文主義。古代ギリシャに関する名称を留めるGymnastik」（30-31頁），「1760年頃の身体運動の『再発見』。Gymnastikの第二の意味：学校―健康体操」（32-34頁），「体操禁止期。Gymnastikの第三の意味＝機械体操（Kunstturnen）」（34-35頁），「北欧の体操。Gymnastikの第四の意味＝肉体形成（Körperformung）」（36-38頁），「リングとペスタロッチ」（38-41頁），「ドイツ『Gymnastik』運動。Gymnastikの第五の意味＝運動形成（Bewegungsformung）」（41-43頁）から構成されている。

57) [本文より] Egger, J.B., Begriff der Gymnastik bei den alten Philosophen und Medizinern. Ihr Verhältnis zur Jatrik, Diätetik, Hygieine, Paidotribik und Athletik. Nach den Quellen dargestellt. Freiburg in der Schweiz, 1903, S.104.

58) [本文より] Jüthner, J., Gymnastik. In: Pauly-Wissowa(Hg.), Realenzyklopädie der klassischen Altertumswissenschaft. Bd. VII. 1911. Sp. 2030 ff.

59) メールは本文中の原典への言及において，「Thrasybulos 41」「Thrasybuylos 89」「De sanitate tuenda, II 9」「ebda. 143 u. 156, Ausgabe von Kühn」と挙げているだけである。残念ながら，これらの典拠を確認することはできなかった。Kühn, K.G.(Hg.), Clavdii Galeni Opera Omnia. Hildesheim 1921.（Leipzig 1833）. Galen, Thrasybulos: ist das Gesunde Gegenstand der Heilkunde oder der Trainingslehre. Berlin ca 1925.

60) [本文より] Jüthner, J., Zur Namengebung einst und jetzt: Gymnastik, Athletik, Körperspiel. In: Die Leibesübungen, 1932, S.441-445.

61）［本文より］Rost, V.C.F.(Hg.), Deutsch-Griechisches Wörterbuch. Göttingen 1818. メールは「1821!」としているが，この辞典の初版は「1818」年であり，第2版は「1822」年である。
62）メールは頁数を明記していないが，この文はエッガーの学位論文の冒頭で出てくる。Egger, J.B., Ibid., S.3.
63）［本文より］Platon, Staate, III, 404 B。
64）［本文より］Platon, Staate, III, 404。
65）［本文より］次の拙稿を参照されたい。Mehl, E. Was bedeutet der Satz Platons, Einfach sei die Gymnastik, in: Leibesübungen, 1929, S.184。
66）［本文より］Platon, Staate, VII, 521 E。
67）［本文より］Englert, L., Untersuchungen zu Galens Schrift Thrasybulos. Leipzig 1929, S.6.
68）［本文より］Platon, Staate, VIII, 3, 1338 B6。
69）［本文より］Müller, J.P., Mein System : fünfzehn Minuten täglicher Arbeit für die Gesundheit. Leipzig 1904. メールは版を挙げていない。1922年に刊行された第18版はオランダ語からの翻訳である。
70）［本文より］Englert, L., Ibid. S.59 und 76.
71）［本文より］Galen, Thrasybulos. 38.
72）［本文より］Galen, Thrasybulos. 46.
73）［本文より］Galen, Thrasybulos. 36.
74）［本文より］Egger, J.B., Ibid., S.49 ff.
75）［本文より］Isokrates, Peri antidoseos § 181. Egger, J.B., Ibid., S. 52.
76）［訳者注］Jüthner, J., Der Gymnastikos des Philostratos: eine textgeschichtliche und textkritische Untersuchungen. Wien 1903. ［本文］Kap. 14.
77）［本文より］Hippokrates, De diaeta II. XXI. 698 ff. Egger, J.B. Ibid., S.13.
78）［本文より］GutsMuths, J.C.F., Gymnastik für die Jugend: enthaltend eine praktische Anweisung zu Leibesübungen; ein Beytrag zur nöthigsten Verbesserung der körperlichen Erziehung. Schnepfenthal 1793.
79）［本文より］Platon, Gesetze, VII 813D, VIII 832.
80）［本文より］Xenophon, Oikonokikos, 10. 11.
81）［本文より］Galen, De sanitate tuenda, S.78, 85, 133 ff.（Kühn 版）
82）［本文より］Thukydides, ［Geschichte des peloponnesischen Krieges, Leipzig 1917］, I, 6. Platon, Staate, V 452 D.
83）［本文より］Platon, Staate, V 3.
84）［本文より］Pausanias, ［Description of Greece（The Loeb classical library 93, 188, 272, 297-298）. 1918-1935］. I. 44. これについては，Mezö, F., Geschichte der Olympsichen Spiele. München 1930, S.179 f. を参照されたい。

85)［原注］gymnazo ＝ 無防備にする，武装解除する（Gymnastik ＝ 武装解除術，つまり武器のない自己防衛）という偏った解釈は，gymnos との混同によって，そして gymnazein, gymnastes, gymnastike の意味に関する豊かな言い伝えを知らないことから生じている。そこには，これらの語の意味に関する何の証拠も存在しない。そのような解釈は真面目に論じるまでもない。参照。Mehl, E., Bedeutet ‚Gymnastik' ursprünglich 'Nacktturnkunst' oder 'Entwaffnungskunst' ?. In: Leibesübungen und Leibeserziehung. III(1948-49), Heft 8.
86)［本文より］Aischylos, Prometheus. 587 und 592.
87)［訳者注］Gaulhofer, K., Natürliches Turnen. Bd.1(1931), Bd.2(1930), Wien. Ders., System des Schulturnens und weitere Schriften aus dem Nachlass Gaulhofers. Hg. von Hans Groll. Wien 1966.
88)［本文より］Diem, C., Theorie der Gymnastik. Berlin 1930, S.8.
89)［訳者注］メールはユットナーの引用に関して，頁数「442頁」のみを挙げている。残念ながら，訳者は原著を確認することができなかった。
90)［本文より］Lukian, Anacharsis. c. 15.
91)［原注］全体については，Pauly-Wissowa の百科事典におけるユットナーの「Gymnastik」の説明と，次の文献を参照されたい。Simon, F., Leibesübung und Nationalerziehung im Wandel der Geschichte. Berlin 1928. 引用したルキアノスの箇所は，次の文献にも見られる。Hirth, G.(Hg.), Das gesamte Turnwesen: ein Lesebuch für deutsche Turner, Aufsätze turnerischen Inhalts von älteren und neueren Schriftstellen. Hof 1895².
92)「訳者注」汎愛主義教育者であるザルツマン（Salzmann, C.G. 1744-1811）は，1784年にゴータ近郊のシュネッペンタールに「汎愛学校」を創設した。グーツムーツ（J.C.F. GutsMuths, 1759-1839, 注78）は1785年よりこの学校で教鞭を執っていた。

第4章　ドイツ中世スポーツ史研究の歴史

　ドイツ中世スポーツ史の研究について，今から半世紀以上も前にK.C. ヴィルト（Klemens C. Wildt, 1957）が「究極的にまとまっておらず，確かめられていない研究」と指摘した状況は，21世紀初頭の今日においても基本的には変化していない[1]。なるほど，既に1920年代に，E. ノイエンドルフ（Edmond Neuendorff, 1925）やM. フォークト（Martin Vogt, 1926）あるいはM. ハーン（Martin Hahn, 1929）等の研究が明らかにしたように，ドイツ中世スポーツ史が決して「暗黒」ではなく，その時代固有の文化の一部であったことは周知のことである[2]。しかしながら，以下で述べるような先行研究の概観が明らかにするように，ドイツ中世スポーツ史の研究は21世紀の今日においても，その全体像を十分に明らかにしているとは言い難い。

　ドイツ中世スポーツ史については，後述する「通史」における言及を除けば，例えば上述のK.C. ヴィルトとG. ルカス（1969）が簡単に触れているほか，A. クリューガー（Arnd Krüger）／J. マクレラン（1984），J.K. リュール（Joachim K. Rühl, 1985），J.M. カーター（John M. Carter, 1988, 1992），H. ギルマイスター（Heiner Gillmeister, 1988），J. マクレラン（2007）たちが，先行研究あるいは中世スポーツ史研究の方法について言及している[3]。日本では，筆者の研究（1980）を除けば，岸野が『体育史』（1973）の第三章「体育史の研究略史」において，ドイツ中世スポーツ史の研究に言及している程度である[4]。

　以下では，岸野の論述を参考にしながら，「体育史を独立した著書として完成した最初の研究者」であるG.U.A. フィート（Gerhard U.A. Vieth,

147

1795）の研究以後の研究を考察の対象とする[5]。これらの先行研究を，H. ベルネット（Hajo Bernett, 1965）による時代区分（「実証主義的研究」と「イデオロギー的解釈」（国家主義的解釈とマルクス主義的解釈））と，岸野による時代区分（民族史観，文化史観，唯物史観）を参考にしながら，本章では「実証主義的研究」「民族史観に基づく研究」「文化史観と唯物史観に基づく研究」「多様な歴史観に基づく研究」「我が国におけるドイツ中世スポーツ史の研究」に区分し，論述を進めることにする[6]。論述に当たって，基本的には，各時代の中世スポーツ史に焦点を当てた著作と論文を概観し，次いで各時代の研究を代表すると思われる研究あるいは論争に焦点を当てて，各時代の研究の成果と限界を検討する。ただし，「第4節　多様な歴史観に基づく研究」と「第5節　我が国における研究」に関する章では，全体的な概観にとどめる。

第1節　実証主義に基づく研究—19世紀—

1. 概観

　G.U.A. フィートの『体育史』（1795）以降第一次世界大戦までのドイツ中世体育史研究は，一方では「暗黒史観」によって，他方では「実証主義的研究」によって特色づけられる。

　フィートは中世体育を「完全な没落ではないにしても，衰微していた時代」と捉え，C. オイラー（Carl Euler, 1907）は「宗教的―スコラ的教育の時代」と捉えた[7]。中世体育に対するこのような見方は，E.F. アンゲルシュタイン（Eduard F. Angerstein, 1897），K.M. バロン（Karl M. Baron, 1865），H. ブレンディッケ（Hans Brendicke, 1882），K. コッタ（Karl Cotta, 1919），F.A. ランゲ（Friedrich A. Lange, 1863）などの「体育史家」（Turnhistoriker）による通史的な「体育史」（Turngeschichte）に共通する見方であった[8]。19世紀後半に刊行された通史的な体育史は，当時の「学校体育」（Schulturnen）の制度的成立を背景にして，「学校体育」の枠組みの中で叙述さ

第1節　実証主義に基づく研究―19世紀―

れている。この意味では，学校体育が存在しなかった中世の「体育」は「暗黒」であった。したがって，これらの体育史では，中世の「体育」は教会との関係で否定的に取り扱われ，『ニーベルンゲンの歌』や『エレーク』あるいは『パルツイファル』などの騎士物語に依拠しながら，騎士の武芸を中心に記述されるのが常であった。

　他方では，19世紀のドイツにおける実証主義的歴史学の影響を受けて，中世スポーツに関する一次史料を発掘した研究や，厳密な原典批判を加えた研究，あるいは市民や農民のスポーツにも目を向けた研究が行われている。中世「暗黒史観」を否定するF. イゼリン（Friedrich Iselin, 1886）の通史的なスポーツ史が存在する一方で，J. ビンツ（Julius Bintz, 1880）の研究に見られるような「中世スポーツ」を直接の研究対象とするような研究も登場した[9]。

　19世紀後半になると，中世スポーツに関する学位論文が作成されるようになる。例えば，トーナメントに関するC. ギュルリット（Cornelius, Gurlitt, 1889），騎士文学におけるスポーツに関するF. ハウゼン（Friedrich Hausen, 1884），遊戯に関するH.A. ラウシュ（Heinrich A. Rausch, 1908），剣士に関するA. シェール（Alfred Schaer, 1900），身体訓練に関するJ. ヴィンターホーフ（Johannes Winterhoff, 1899）などの研究が挙げられる[10]。

　これらの学位論文の他に，個々のスポーツに関する著作も刊行されている。例えば，騎士的スポーツに関してはR. ベッカー（Reinhold Becker, 1887），S. メンデルスゾーン（Samuel Mendelssohn, 1861），A. シュリーベン（A. Schlieben, 1889）等の著作，トーナメントに関してはP.A. ブディーク（Peter A. Budik, 1836），H. デーリング（Heinrich Döring, 1841），W. フランク（W. Franck, 1861），J.H. von ヘフナー―アルテネック（Jakob H. von Hefner-Alteneck, 1853），F. ニーデナー（Felix Niedner, 1881），P. ヴァルター（Philipp Walter, 1853）等の著作が挙げられる[11]。剣術に関してはG. ヘルクゼル（Gustav Hergsell, 1887, 1889, 1896），F. デルンヘファー（Friedrich Dörnhöffer, 1907），J. シュミード―コヴァルツイク（Jolef Schmied-Kowarzik, 1894）等の著作が，射撃に関しては射手組合に関するJ.C. ヘンデル（Johann C. Hendel,

149

1801-02) の 3 巻本，A. エデルマン（August Edelmann, 1890），S. von フェルスター（Siegesmund von Förster, 1856），E. ツオーバー（Ernst Zober, 1853），M. ラードルコファー（Max Radlkofer, 1893, 1894）等の著作が挙げられる[12]。さらに，「伝統的民衆運動」（Die volkstümliche Übungen，走跳投）に関する P. エスターレン（Paul Österlen, 1899），農民と市民のスポーツに関する J. パヴェル（Jaro Pawsel, 1891），子どもの遊びに関する I.V. ツインゲルレ（Ignaz V. Zingerle, 1865）等の著作も注目に値する[13]。このような学位論文や著作の他に，個々には列挙しないが，『ドイツ体育新聞』（Deutsche Turn-Zeitung, 1856-1935），『体育制度月報』（Monatschrift für das gesamte Turnwesen, 1882-1920），『体育年報』（Neue Jahrbücher für die Turnkunst, 1855-1894）等の雑誌には，後述する K. ヴァスマンスドルフ（Karl Wassmannsdorff）の研究に見られるように，中世スポーツに関する数多くの論稿が掲載されている[14]。

この時代の中世体育・スポーツに関する研究を概観すると，次の点を指摘することができるだろう。

(1) 学校体育の観点から描かれた通史としての「体育史」において，「中世暗黒史観」が見られる。
(2) 個々の身体運動に関して，厳密な原典批判に基づく実証主義的な研究が現れる。

こうした 19 世紀後半の研究の中で，特に，中世スポーツ史に関する全体像を史料に基づいて描こうとした J. ビンツの研究と，数多くの実証的論文を残した K. ヴァスマンスドルフの研究は注目に値する。

2. J. ビンツ（1880）の研究

ビンツの『中世の身体運動』（1880）は，ハンブルクにあるヨハンネウム・ギムナジウムが刊行した 1878〜79 年の学報に「中世の伝統的民衆運動」（1879）と題して発表した論文が著書として出版されたものである[15]。ビンツの中世スポーツ史研究は民族的な動機に基づいている。すなわち，彼は当時の精神的陶冶に偏している教育を批判し，他方では古ゲルマン

人の身体を理想としながら,「中世のドイツ人は古ゲルマン人の身体的特性にふさわしいのか,あるいは退化しているのか」という問題を提起する[16]。この問題に対して,彼は(1)伝統的民衆運動,(2)水泳と水浴,(3)ボール遊びとダンス,(4)市民と農民の「民衆祭」(Volksfest),(5)トーナメント,(6)人文主義の身体運動,という六つのテーマに添って,中世ドイツ人の身体的能力に検討を加えた。その結果,ビンツは中世の「ドイツ人は最も大胆で,最も自由な国民(Nation)に属した」という結論を導き出した[17]。

K. ヴァスマンスドルフがビンツの著作に対する書評(1880)[18]の中で指摘しているように,本書では剣術がダンスの中で考察されているなど,騎士的・市民的剣術の取り扱いが不十分であり,『ドイツ体育新聞』等の雑誌における中世スポーツに関する論稿が十分に考慮されているとは言い難い。しかしながら,学校体育の観点からの騎士・武芸中心の叙述が支配的であった時代に,ビンツが「民衆的伝統運動」を強調したことは注目に値することである。彼は中世の五つの身体運動(走,跳,石投げ,格闘,槍投げ)を古代ギリシャの五種競技に対比しながら,これらの運動が特定の身分や地域に属さず,中世の人々に共通な身体運動であることを指摘した。このような「伝統的民衆運動」に着目することによって,彼はスポーツ史における中世という時代が単に騎士だけの時代ではなく,市民と農民の時代でもあったことを示した。ただし,「暗黒史観」の根拠とされた教会とスポーツに関して,彼は「中世の教会は身体運動に対して拒否する態度をとった」と述べ[19],伝統的な見解に留まっている。教会(教義)とスポーツとの関係が議論されるのは,20世紀に入ってからである。

3. K. ヴァスマンスドルフの研究

19世紀から20世紀初頭の体育史家の中でもK. ヴァスマンスドルフの研究は,中世と初期近世のスポーツ史に対する関心の多様さと論文数の上で,他の研究者の成果を遙かに凌駕している[20]。彼の中・近世スポーツ史

に関する論文は，約 60 篇に及んでいる。これらの論文の内容を概観すると，彼の関心は次のような問題圏にまとめられるだろう。
　(1)「騎士学校」(Ritterschule) における身体運動の考察。
　(2) 身体運動に関する人文主義者と医学者の見解の考察。
　(3) 体育用語の語源的な考察。
　(4) 騎士の身体運動に関する考察。
　(5) 剣術・格闘・射撃・水泳に関する古文書の翻刻と解説。
　(6) 伝統的民衆運動に関する考察。
以下では，これらの問題圏に関する代表的な論文を紹介する。

　騎士学校における身体運動の考察。この分野の代表的な論文は『バゼドー以前のドイツの学校体育』(1870) である。この中で，彼は 1594 年に創立されたチュービンゲンの貴族学校「Collegium Illustre」における身体運動を，学校規則から明らかにしている。この他，彼は 16 世紀の学校における体罰についても報告 (1867) している[21]。

　身体運動に関する人文主義者と医学者の見解の考察。この分野の代表的な論文は，J. カメラリウス (Joachim Camerarius) による 1544 年の身体運動に関する『対話』(De Gymnasiis) をラテン語からドイツ語に訳した論文 (1872) と，身体運動に関する医学者の影響に関する論文 (1869) である。後者の論文では，H. メルクリアリス (Hieronymus Mercurialis) を始めとするイタリアとドイツの医学者の身体運動に関する見解を紹介している[22]。

　体育用語の語源的な考察。彼は「体育用語」(Turnwort) の問題に関して多数の論文を発表しているが，ここでは次の二つの論文を挙げておこう。一つはヤーンの標語である「Frisch, Frei, Fröhlich, Fromm」に関する論文 (1860) と，もう一つは「turn」という動詞に関する論文 (1893) である。前者の論文では，16 世紀のドレスデンの『系譜』(Stammbuch) を史料にして，この標語が学生の標語であったことを明らかにしている。後者の論文は，11 世紀の L. ノトカー (Labeo Notker) の著作を史料にしながら，「turnen」という動詞が中世では「身体運動を行う」ことを意味するのではなく，「方向を定める (lenken)，制御する (regieren)」を意味する

ことを明らかにしている。また，この論文では，中世の手書き文書を史料として，「Turner」が中世には「トーナメントとトーナメント戦士」を意味していたことを明らかにしている[23]。

騎士の身体運動に関する考察。ドイツの騎士の身体運動に関する論文（1866）と，騎士・市民・農民の身体運動に関する論文（1879）の中で，彼は『ニーベルンゲンの歌』や『エレーク』などの英雄文学，あるいはH. ザックス（Hans Sachs）の詩などを史料として，騎士・市民・農民の身体運動を明らかにしている。この他，彼はシュヴァーベンの騎士エーインゲン（Ritter Georg von Ehingen）の騎士旅行に関する論文（1863），バイエルン公クリストフ（Herzog Christoph von Bayern）の身体教育に関する論文（1875），さらにM. ベーハイム（Michael Beheim）の年代記を史料にしたプファルツ選帝侯フリードリッヒ（Kurfürsten Friedrich des Siegreichen von der Pflaz）の身体教育に関する著作（1886）などを発表している[24]。

剣術・格闘・射撃・水泳に関する古文書の翻刻と解説。彼のドイツ中・近世の身体運動に関する研究の中で，後の時代のスポーツ史研究に対する最も重要な貢献と思われるのが，これらの身体運動に関する文書の翻刻と原典批判である。剣術に関してはA. デューラー（Alfred Dürer）の剣術書に関する著作（1871），16・17世紀の手書き剣術書と印刷された剣術書に関する著作（1888），M. フント（Michael Hundt）の1611年の剣術書をラテン語からドイツ語訳した著作（1890）などを通じて，ドイツで「最初の」手書き剣術書と印刷された剣術書の紹介を試みている[25]。また，「剣士団体」（Fechtergesellschaft）である「マルクス兄弟団」（Marxbrüderschaft）と「羽剣士団」（Federfechter）の相違を問題にした論文（1864），「剣術学校」（Fechtschule）に関するテキストとC. レーゼナー（Christoff Rösener）による1589年の『剣術賛歌』とを翻刻した著作（1870），マルクス兄弟団が皇帝フリードリッヒIIIから得た特許状に関する論文（1877）などがある[26]。格闘に関しては，デューラーの格闘術に関する印刷本の翻刻（1870），F.von アウエルスヴァルト（Fabian von Auerswald）とN. ペーター（Nicolaes Petter）の格闘術に関する著作の翻刻（1869, 1887）などがある[27]。射撃

153

に関しては16世紀のドイツの道化師L.フレクセル（Lienhart Flexel）とB.ハン（Balthasar Han）による射撃大会についての詩の翻刻（1886, 1887）がある。さらに，1576年にシュトラスブルクで開催された公開射撃大会の際に，チューリッヒの人々が船で参加したことに関する論文（1870）も発表している。水泳についても，N.ヴィンマン（Nicolaus Wynmann）の水泳書の翻刻（1889）を行っている[28]。

　伝統的民衆運動に関する考察。彼は『ドイツ体育新聞』における一連の「小報告」（Kleine Mittheilungen）の中で，ドイツ中・近世に行われていた様々な種類の走・跳・投について報告している。この他，J.フィッシャート（Johann Fischart）の『Geschichtklitterung』（1575）を史料にしながら，15・16世紀の遊戯に関する論文（1899）も発表している[29]。

　主として後期中世のスポーツに集中しているヴァスマンスドルフの研究は，特に剣術と格闘に関する史料の発掘と，史料に対する厳密な原典批判が示しているように，極めて実証主義的な研究である。このことは，彼とK. H. シャイドラー（Karl H. Scheidler）との間の剣士団体に関する論争に，特に明白に現れる。この論争で問題となったのは，「マルクス兄弟団」と「羽剣士団」が使用する武器に関する歴史的事実の確認であって，武器使用の意味解釈ではなかった[30]。このようなヴァスマンスドルフの研究に対して，ノイエンドルフの批判（1926）に見られるように，歴史研究の予備的作業にすぎず，「史料的証拠の併置」であり，歴史ではない，と批判するのは容易である[31]。しかしながら，19世紀における中世スポーツ史研究の状況を考慮するならば，ヴァスマンスドルフの研究は中世スポーツ史研究において先駆的役割を果たした，と言えるだろう。

第2節　民族史観に基づく研究— 20世紀前半—

1. 概観

　この時代の研究では，前世紀の実証主義的研究の成果を吸収しながら，

第2節 民族史観に基づく研究— 20 世紀前半—

中世スポーツに対する「暗黒史観」が否定される。すなわち，後述のノイエンドルフとメールの論争に代表されるように，スポーツに対する教会（教義）の支配が否定され，中世独自のスポーツの存在が強調される。

この時代における通史としては，G.A.E. ボーゲングの『世界スポーツ史』(1926) とノイエンドルフの4巻本の『ドイツ近代体育史』(1930) が挙げられる。ボーゲングの著作の中で，中世のスポーツ史を執筆したM. フォークト（Martin Vogt）はキリスト教的禁欲とスコラ的精神陶冶の支配を否定し，「古代以来の運動を愛好するドイツ人」を描いた。他方，ノイエンドルフは彼の著作の第1巻において，中世における古ゲルマン人の身体理想の継続を叙述している[32]。

1920 年代になるとドイツの各大学に「体育研究所」(Institut für Leibesübung）が設置され，中等教育機関における体育教師の養成が行われるようになった。こうしたことを背景に，中世スポーツに関する学位論文が作成されるようになる。例えば，民衆生活におけるスポーツに関するM. ハーン (Martin Hahn, 1929)，古ゲルマンのダンスに関するG. ケラー (Gottfried Keller, 1927)，カロリング期のスポーツに関するH. コヴァルト (Helmut Kowald, 1934)，水浴制度に関するJ. クッシェ (Johannes Kusche, 1929)，騎士叙任に関するE.M. マスマン (Ernst H. Massmann, 1933)，剣舞に関するK. メシュケ (Kurt Meschke, 1931)，中世におけるスポーツの位置づけを論じたE. レームス (Erhart Remus, 1923)，16 世紀の市民のスポーツに関するM. シューマン (Max Schumann, 1924)，あるいは球技館に関するW. ストライプ (Wilhelm Straib, 1933) 等による研究が挙げられる。また，射手祭に関するA. シュタドラーの研究 (A. Stadler, 1934) に見られるように，体育研究所で学ぶ体育教員志望者による「国家試験論文」(Staatsexamenarbeit) でも，中世スポーツが取り上げられ始める。さらに，メールは『古ゲルマンの水泳』(1927) と題する著作を著している[33]。

他方，『陸上競技』(Athletik)『身体運動』(Die Leibesübungen)『ドイツ体育新聞』『身体運動と体育』(Leibesübungen und körperliche Erziehung) 等の専門雑誌にも，中世スポーツ史に関する論稿が掲載されている。例

えば，中世のスポーツを文化史の観点から論じた F. ヒュッペ（Ferdinand Hueppe, 1930），中世スポーツ史研究のあり方を論じた H. コスト（Helmut Kost, 1926），初期中世のスポーツを論じた O. クルト（Otto, Kurth, 1927）らの記事，水泳や球戯などに関するメールの一連の論稿（1923, 1925, 1926），格闘に関する H. ミンコフスキーの一連の論稿（Helmut Minkowski, 1933, 1934, 1935），中世スポーツ史研究のあり方を論じた K. ミューラーの論稿（Karl Müller, 1926, 1928），射手祭に関する H. ヴェーリッヒの論稿（Hans Wehlitz, 1928, 1929）等が挙げられる。その他，K. ガウルホーファーの『姿勢史』（Karl Gaulhofer, 1930）は，スポーツの「様式史」（Stilgeschichte）の観点から注目に値する研究である[34]。

この時代の研究を概観すると，次の点を指摘することができる。
(1) ノイエンドルフとフォークトの研究に見られるように，民族史観が研究の根底にあり，この歴史観はナチスが政権を取る 1933 年以降の研究に極めて顕著になる。
(2) 中世スポーツに関する認識が「暗黒史観」から，中世固有のスポーツを認める方向に転換した。
(3) ハーンやメールあるいはノイエンドルフの研究に見られるように，19 世紀の実証主義的な事実確認の研究から，歴史的事実の文化的・社会的解釈を主体する研究が現れてきた。

こうした中で，ノイエンドルフとメールとの間の中世スポーツ史論争とハーンの研究は，第二次世界大戦までの中世スポーツ史研究の状況を理解する上で重要な手がかりを与えてくれる。

2. E. ノイエンドルフと E. メールとの中世スポーツ史論争

1926 年に雑誌『身体運動』において展開された中世スポーツ史に関するノイエンドルフとメールによる論争の発端は，1925 年に刊行されたノイエンドルフの小冊子『ドイツ初期中世の身体と身体運動』（1925）である[35]。この著作の中で彼は，「栄光の古代，暗黒の中世，再生の現代」と

いう歴史の3区分を否定しながら，中世スポーツに関して次のように主張した。
(1) 中世のドイツ人の「身体能力」(Leibestüchtigkeit) は，E.アンゲルシュタイン (1897) や C.オイラー (1881) が主張するような「暗黒」ではない。
(2) 16～17世紀のスポーツは古代スポーツの「再生」ではなく，むしろ「衰えて」いる。
(3) ゲルマン的な身体理想はキリスト教によってではなく，14～15世紀における経済革命と16世紀の主知主義によって消滅した。
(4) 17世紀の人文主義は心身二元論を強化した。
(5) 17世紀のデカルトに始まる哲学は肉体に敵対した。

このようなノイエンドルフの主張に対して，メールは1926年に雑誌『身体運動』に批判論文を投稿した[36]。彼は古代・中世・現代という時代の3区分を堅持しながら，ノイエンドルフの主張を次のように批判する。ノイエンドルフは
(1) 中世スポーツを過大評価している。
(2) 人文主義（デカルト）と教父（アウグスチヌス）の思想を一面的に説明するだけでなく，誤解している。
(3) 主知主義を不十分にしか説明していない，
(4) 史料に基づかない記述に留まっており，非科学的である。
(5) 中世スポーツの全体的解明はドイツ以外の国々をも含む包括的な研究によってのみ可能である。

このようなメールの批判に対して，ノイエンドルフ (1926) は次のように反論する[37]。
(1) 中世スポーツにはキリスト教は存在しなかった。しかし，より重要なことは，中世のドイツ人がキリスト教をどのように受け入れたか，ということを史料によって解明することである。
(2) ヴァスマンスドルフの研究のような実証主義的研究は歴史研究の予備的作業であり，「史料的証拠の併置」であり，歴史的研究ではない。

歴史研究において重要なことは，ある時代のスポーツをその時代の文化から解釈することである。

ノイエンドルフの反論に対するメールの次のような再批判（1926）によって，両者の間の論争は終決する[38]。

(1) 中世のキリスト教とスポーツに対する評価は，やはり誤りである。
(2) 史料的厳密さという欠点を克服していない。
(3) スポーツ史が未だに不十分である理由は思想にではなく，史料に関する個別研究の欠如にある。したがって，スポーツ史研究は史料の収集とその解釈という二つの困難な課題に直面している。

民族的立場に立つノイエンドルフとヨーロッパ的立場に立つメールとの間の中世スポーツに関する論争は，メール（1926）の上述の論文において指摘されているように，歴史研究のあり方あるいは歴史研究の課題を巡る論争であり，「文献的厳密さ」と「事実の文化史的吟味」を巡る論争であった。上述のように，メールは前者を，ノイエンドルフは後者を重視した[39]。いずれにしても，二人の間で論議の焦点となった諸問題（歴史研究の課題，キリスト教と中世スポーツ，史料収集，歴史的事実の解釈，時代区分等）は，次節においても考察するように，21世紀の今日においても，スポーツ史研究者の間で必ずしも十分な意見の一致を見てはいない。

3. M. ハーンの研究

M. ハーンの『中世の民衆生活における身体運動』（1929）は，1929年にブレスラウ大学に提出された学位請求論文が公刊されたものである。ハーンは19世紀のK. コッタやC. オイラーあるいはF.A. ランゲ等の「体育史」（Turngeschichte）における中世スポーツ「暗黒史観」を批判し，中世におけるドイツ「民族の自然的，特に肉体的感覚の本源性」の存続を主張した。このような立場から彼は，従来のスポーツ史研究に見られるように中世スポーツを知的・宗教的な範囲にだけ限定して考察するのではなく，「さまざまな社会層における中世の身体運動の民族性（Volkstümlichkeit）

第2節　民族史観に基づく研究—20世紀前半—

に関する研究」を課題とした[40]。この課題を達成するために，彼は次のような問題を論じている。
(1) 身体運動に対する年齢と性の関係
(2) 身体運動と身分との関係
(3) 身体運動に対する当局の立場
(4) 勝者の名誉と賞品
(5) 祭りの時期
(6) 身体運動の法制度

特に身体運動と身分との関係について，ハーンは次のように述べている。
(1) 聖職者については，公教会が身体運動に度々干渉する一方で，身体運動（特に球戯）を愛好する聖職者が存在した。
(2) 農民はダンス，運動遊戯，伝統的民衆運動を楽しんだ。
(3) 騎士はトーナメントと伝統的民衆運動を行った。
(4) 都市民は射撃祭や剣術学校，運動遊戯，伝統的民衆運動を行った。

各々の身分における身体運動を概観した上で，彼は身体運動と身分との関係について次のように指摘している。ドイツでは「身分と出自に従って分離される試合」が一般的であり，市民の民衆祭に対する騎士の参加は「身分の接近という社会的な意味はなく」，個人的な要望であった[41]。

再版（1972）の序においてハーン自らが述べているように，彼の研究では新しい史料の発掘は見られない。しかし，彼が中世スポーツ史の考察に社会学的な観点を導入した点は，前世紀の実証主義的な研究との大きな相違点である。ただし，社会学的な解釈あるいは文化的な解釈にせよ，そこに明白な方法論があるのではなかった。方法論上の問題は，聖職者の身分に関する問題と共に，第二次世界大戦以後に論議される問題であった。

第3節　文化史観と唯物史観に基づく研究
―1970年代まで―

1. 概観

　1949年のドイツ連邦共和国（BRD）とドイツ民主共和国（DDR）への分裂の影響はスポーツ史研究にも及び，各々の体制を反映したスポーツ史研究の意味を検討する論稿が現れる。すなわち，西ドイツではU. ポプロウ（Ulrich Popplow, 1956）やA. ザイボルト―ブルンフーバー（Annemarie Seybold-Brunnhuber, 1950）あるいはK.C. ヴィルト（1952）等が従来の「体育史」を批判しながら，研究対象・研究方法・歴史観などについて論じている。東ドイツではF.I. サモウコフ（F.I. Samoukow, 1960）やL. スコルニンク（Lothar Skorning, 1952）等が社会主義国家建設のためのスポーツ史研究のあり方を論じた[42]。こうした東西ドイツのスポーツ史論の影響は，当然，中世スポーツ史研究にも及んでいる。

　旧東ドイツの中世スポーツ史研究は，ハレ大学とイエナ大学に集中しているように思われる。ハレ大学では，中世都市ハレにおけるスポーツ祭の研究（1961）と，後述する『ドイツ身体文化史』（1964-1969）の第1巻を担当したG. ルカスの研究に代表される。また，ハレ大学ではW. グルーペ（Werner Grupe, 1955），H. クラウゼ（Hans Krause, 1953），W. ルカス（Werner Lukas, 1960），W. シャーケル（Werner Schakel, 1955），H. シェルフ（Helma Scherf, 1964）等が，国家試験論文のテーマとして中世都市アウグスブルクやニュルンベルクのスポーツを研究し，騎士のスポーツを論じている。他方，イエナ大学ではL. ベルンハルト（Lothar Bernhardt, 1955），M. エルミッシュ（Margrit Ermisch, 1959），G. デルレ（Gerhard Dölle, 1959），H.K. カルスト（Helga Karst, 1958），W. シュテンゲル（Werner Stengel, 1955），G. ヴァーゲンハウス（Gertrud Wagenhaus, 1958），L. ヴェーバー（Lothar Weber, 1958）等が，国家試験論文としてトーナメントや射撃

第3節　文化史観と唯物史観に基づく研究—1970年代まで—

祭を論じている[43]。これら旧東ドイツの中世スポーツ史研究では,「東ドイツにおける社会主義の社会的システムの発展」という国家的目的の下に,「身体文化のマルクス―レーニン主義的歴史像」の構築がその課題であった[44]。

　他方,旧西ドイツ・オーストリアにおけるスポーツ史研究では,戦前のような強い民族史観は影を潜め,文化史観に基づく研究が多く現れる。中世スポーツに関する全体像を描いている研究としては, C. ディーム（1960）や B. ザウルビール（Bruno Saurbier, 1959）等の通史における中世の記述,あるいは後述の K.C. ヴィルトの『ドイツ中世体育史』(1957) が挙げられる。学位請求論文としては,剣術の発達史に関する K.E. ロッホナー（Karl E. Lochner, 1953）,格闘に関する H. ミンコフスキー（Helmut Minkowski, 1963）等の研究の他に,古ゲルマンのスポーツに関する H. ホールマン（Helga Hollmann, 1945）,騎士のスポーツに関する K.H. コップ（Karl H. Kopp, 1953）,騎士の教育に関する A.L. メルツ（Adolf L. März, 1950）,キリスト教とスポーツの関係に関する H. ヴァインベルガー（Heinrich Weinberger, 1949）,射手祭に関する K. チーシャンク（Klaus Zieschang, 1974）等の研究が挙げられる。また,古ゲルマンとケルトのスポーツに関する M. ヒースベルガー（M. Hiesberger, 1946）,ニュルンベルクの剣術に関する P. マール（Peter Maar, 1961/62）,剣術に関する S. リーデル（Siegward Riedel, 1960/61）等の修士論文も注目に値する。さらに,雑誌論文としては,中世スポーツ史に関する文献目録を作成した E. シュレー（Emil Schlee, 1955）や公会議とスポーツを論じた F.K. マティス（Friedrich K. Mathys, 1961）等の研究など,数多くの論文が発表されている[45]。

　これらの論文では,戦前の単なる「形態史」（Formgeschichte）から脱し,問題史や動機史のような新しい問題意識から研究が進められている。この意味では, R. ソボトカ（Raimud Sobotoka, 1974）や F. チェルネ（Friedrich Tscherne, 1965）の「様式史」（Stilgeschichte）も注目されねばならない。さらに,スポーツ史研究者ではないが, T. ラintゲス（Theo

Reintges, 1963) の射手組合に関する研究や, M. ヴィールシン (Martin Wierschin, 1965) の剣術筆稿に関する研究には, スポーツ史研究として学ぶ点が多い[46]。

2. G. ルカスの研究

山本が指摘しているように[47], 旧東ドイツの「身体文化史」の定本の観を呈する4巻本の『ドイツ身体文化史』の第1巻『起源から近代までのドイツの身体文化』(1969) を担当した G. ルカスは,「中世的身体文化」に関して C. オイラー, H. コスト, K. ミューラー, M. ハーン, E. ノイエンドルフ等の「ブルジョア的スポーツ史」を批判しながら, 中世スポーツの考察の観点について次のように指摘している[48]。「封建制度の社会経済的全体構造によってだけ, 個々の階級の身体文化のモチーフと目標設定への必要な洞察が得られる」。したがって,「中世的身体文化」は古代・中世・近代という文化史的な観点からではなく, 社会経済的な封建制度の観点から, 5～6世紀から15世紀後半までの時代において論じられている。彼はこの封建時代の階級として農民・騎士・市民を挙げ,「聖職者は決して一つの階級を表さない」と見なした。つまり, 聖職者は三つの階級に影響を与えたが, その精神的構えは統一的ではなく, さらに肉体に敵対する教会と聖職者が存在する一方で, 伝統的民衆運動や球戯を愛好する聖職者も存在したからである。「個々の階級の身体文化」について, 彼は次のように述べている。騎士は階級支配を確実にするために身体教育を行い, 戦闘能力を試すためにトーナメントを行った。市民は都市防衛と楽しみのために剣術・格闘・伝統的民衆運動・民衆祭を行い, 農民は楽しみと力比べのために伝統的民衆運動・ダンス・球戯を行った。

ルカスの場合, 封建制度を軸にした時代区分の下に「中世的身体文化」を論じたために, 16～17世紀における極めて「中世的」と思われる剣士組合や剣術学校あるいは射手組合と射撃大会などが「初期資本主義発生期」において論じられている。ここでは, スポーツ史固有の時代区分が看

過されている，と言えよう。

3. K.C. ヴィルトの研究

　旧西ドイツとオーストリアにおける中世スポーツ史研究の中で注目に値するのは，岸野（1973）と松尾順一（1978）によって紹介されているK.C. ヴィルトの『ドイツ中世における身体運動』（1957）である[49]。僅か40数頁のこの著作は，副題に「文化社会学的解釈の試み」とあるように，19世紀の実証主義的研究と1920年代の民族史観的研究とは異なり，A. ヴェーバー（Alfred Weber, 1951）の「生活圏」の理論に従った歴史理論に基づく研究である[50]。ヴィルトは「あらゆる時代がその時代固有の文化を持っているように，あらゆる文化は文化と本質を同じくし，文化によって形成される身体運動を持っている」という文化史的命題の下に，身体運動の歴史的研究の課題を「身体的活動が形態と存在を与えられている推進的・形成的・精神的理論の探求と叙述」に求めた[51]。

　ヴィルトは歴史的な時代の始まりと終わりを決定することは困難としながらも，「中世」の始まりをゲルマン民族の大移動から定住に至った時代に，終わりを「宗教改革」（新しい精神方向）におく。この「中世」における社会構造に関して，彼はM. ハーンの主張する四つの身分を批判し，A. ヴェーバーに従って社会学的形態としての「生活圏」（Lebenskreis）の理論を導入する。つまり，彼は農民の本源的な生活圏，ここから発生した騎士の生活圏，両者から生まれた都市民の生活圏，という三つの生活圏を措定する。聖職者の生活圏は，「統一的な生活形態を発展させなかった」という理由から，中世社会における生活圏としては否定される。これら三つの生活圏は「固有の文化圏」を有し，固有の身体運動を有していた。すなわち，農民の身体運動は「基本運動」（Grundübungen）[52]，遊戯（特に球戯），円舞であり，騎士のそれはトーナメントであり，市民のはギルド組織による剣術と射撃である。他方，水浴と水泳，曲芸師と遊芸人（Spielleute）の運動，剣術による法的決闘などは，「中世の身体運動の判断にとって

本質的な意味が与えられない」。こうした中世の身体運動を動かす究極的な力としての精神的姿勢は，「戦闘能力と武器使用能力での意志」に求められた。

ヴィルトの著作について，旧東ドイツの G. エーミゲン（Gerhard Oehmigen, 1958）は雑誌『身体文化の理論と実践』に書評を掲載している[53]。彼は「各時代・各歴史的発展段階が自己の固有な文化と，同時に身体運動の特殊な形態を示す」というヴィルトの認識を正しい前提と認めながら，次の点を批判する。

(1) 騎士と市民の生活圏がさまざまな社会階層から構成される，ということを認識していない。
(2) 生活圏の統一性について語ることは誤りである。
(3) 都市文化の評価の際に余りに一般化しすぎている。
(4) 身体運動に関して，農民の生活圏が創造的ではなく，騎士の生活圏が創造的・発展的である，とするのは誤りである。

このようなエーミゲンの批判に見られるように，ヴィルトの研究では生活圏内部あるいは相互のダイナミックな関係が看過されている，と言えよう。

第4節　多様な歴史観に基づく研究
― 1970 年代以降 ―

1. 概観

1970 年代は，第1章において既に言及したように，世界的に「体育史」(History of Physical Education) から「スポーツ史」(History of Sports) へと変わる時代であった。同時に，例えば「北米スポーツ史学会」(North American Society for Sport History) に見られるように，スポーツ史に関する学術団体が設立され，『スポーツ史研究』(Journal of Sport History) のような学術誌が刊行されるようになった。しかしながら，ドイツに限らず欧米

第 4 節　多様な歴史観に基づく研究―1970 年代以降―

の学界では，「中世スポーツ史」研究は必ずしも活発とは言えない。

　1970 年代以降，スポーツ史に関するドイツ語の通史の出版は，僅かである。例えば，H. ユーバーホルストが編集した『身体運動の歴史』(6 Bde, 1972-1978)，M. クリューガー (Michael Krüger) による 3 巻本の『体育スポーツ史入門』(1993-2004)，J. ボフス (Julius Bohus) の『スポーツ史』(1986) などが挙げられるだろう[54]。『身体運動の歴史』第 3 巻の 1 (1980) では，「中世の身体運動」が論じられている。この中で，E. ニーダーマン (Erwin Niedermann) は「騎士と市民の身体運動」の章を担当し，社会史の方法を意識しながら，中世におけるスポーツ活動の動機を解明しようとしている。また，「中世における市民と農民の身体運動」の章を担当した R. レンソン (Roland Renson) は，文化人類学の概念を使用しながら，民衆生活における「マージナル史」としてのスポーツ史を構想している。しなしながら，彼らの論稿では中世スポーツに関する新しい解釈の方法は提示されているが，新たな史料の発掘に基づく研究ではない[55]。他方，クリューガーは彼の著作の第 1 巻において「中世と初期近世における遊戯とスポーツ」を論じている[56]。本章では，「中世という概念と時代区分」「中世の運動・遊戯・スポーツ」「騎士とトーナメント」「市民と農民の遊戯・競技・身体運動」「近世への道程における遊戯・スポーツ・身体教育」が論じられている。しかし，書名における「入門」という用語が示しているように，クリューガーの場合も新たな一次史料を発掘した叙述とはなっていない。また，ボフスの著作も前書きにあるように，「教科書」として書かれており，歴史的事実の新たな発見は見られない。

　なお，歴史的事実を叙述した著作ではないが，M. クリューガーと H. ランゲンフェルトが編集した『スポーツ史案内』(2010) に言及しておく必要があろう[57]。というのは，スポーツ史に関心を抱く人々に対する「案内書」である本書は，スポーツ史を研究する者にとっては必携かつ必読の文献と思われるからである。400 頁を越える本書は，編者二人のほかに英仏米とデンマークそしてオーストリアの研究者 22 名が執筆に当たっている。目次から本書の構成を見ると，「A 基礎」（スポーツ史研究に関わる基本

的な方法論），「B 理論」（歴史を解釈するための理論），「C 時代」（各時代のスポーツ史），「D テーマ」（テーマごとのスポーツ史），「E 付録」（年表，文献目録，略記，著者一覧）となっている。スポーツ史研究のためのこのような案内書は，管見の限り出版されておらず，この意味では画期的な文献と思われる。

　さて，ドイツ中世スポーツに関して全体的かつ体系的に論じられたドイツ語による研究は，残念ながら見当たらない。ヨーロッパにおける中世スポーツを全体的に論じた研究も，充実しているとは言い難い。A. クリューガーと J. マックレランが編集した『ルネサンスにおける近代スポーツの起源』(1984) は，中世スポーツを体系的に論じた著作ではなく，編者と P. マッキントッシュ (Peter McIntosh)，D. ハンデルマン (Don Handelman)，J.K. リュールの5人が寄稿した論文集である。特に，本書の後半部におけるクルーガーとマックレランによる中世と近世のスポーツ史に関する史料と先行研究の目録は，中世スポーツ史に関する文献目録として注目に値する。A. クリューガーと J.M. カーターが編集した『儀礼と記録　前近代社会におけるスポーツの記録と数量化』(1990) も，編者を含めた12人による論文集である。本書は A. グットマンの『儀礼から記録へ：近代スポーツの本質』(1978) において展開されたテーゼについて，「ヨーロッパ，アメリカ，カナダそして日本の学者」による検証を目的としている[58]。

　他方，J.M. カーターは 1984 年に『中世のスポーツと娯楽』を，J. マクレランは 2007 年に『身体と精神　ローマ帝国からルネサンスのヨーロッパにおけるスポーツ』を上梓している[59]。カーターは主として「バイユーのタペストリー」と「フィッツスティーブンの年代記」に依拠しながら，イングランドの盛期中世におけるスポーツと娯楽を論じている。マクレランは J. フレッケンシュタイン (Josef Fleckenstein, 1985)，R. バーバーと J. ベイカー (Richard Barner & Juliet Barker, 1989)，H. ギルマイスター (Heiner Gillmeister, 1990)，S. アングロ (Sidney Anglo, 2000) らの研究に依拠しながら，社会的・政治的な観点から中世スポーツを論じている。さ

第 4 節　多様な歴史観に基づく研究— 1970 年代以降—

らに，S. ウイルキンス（Sally Wilkins）の『中世文化のスポーツとゲーム』（2002）と，A. ライプス（Andrew Leibs）の『ルネサンスのスポーツとゲーム』（2004）は，いずれも百科事典的な叙述であり，研究書とは言い難い[60]。なお，J. マクレランと B. メリリース（Brian Merrilees）が編集した『初期近代ヨーロッパにおけるスポーツと文化』（2009）は，「初期近代の競技者と競技」と題して 2004 年 6 月にカナダのトロント大学で開催されたシンポジウムの報告書である。筆者も含めた 20 人の論文が載録されている[61]。最後に，M.W. マッコーナハイ（Michael W. McConahey）の『後期中世フランスとイングランドのスポーツとレクレーション』（1974）と題する学位論文と，C. バセッタ（Carlo Bascetta）によるイタリアの『中世スポーツ史料集』（1978）などの研究を挙げておきたい[62]。

　個々のスポーツあるいは問題に目を転じると，「馬上試合（トーナメント）」に関しては，J. フレッケンシュタインが編集した『中世における騎士のトーナメント』（1985）が最も重要である。本書は，1982 年秋にゲッティンゲンにある「マックス—プランク歴史研究所」で開催されたコロキウムに基づいている。この著作にはヨーロッパ各国から 20 人の研究者が寄稿しており，ドイツ・イギリス・フランス・イタリア・ハンガリー・ベーメンにおけるトーナメントの歴史だけでなく，「トーナメント団体」や都市におけるトーナメント，戦争とトーナメントやトーナメントでの武装など多岐に渡る問題が論じられており，しかも言語的・軍事的・社会的・経済的などの様々な観点から考察が加えられている。この意味では，スポーツ史的な観点からトーナメントを研究する者にとっても，必要不可欠な研究となっている。フレッケンシュタインの著作以外のトーナメント研究としては，この著作に「トーナメント団体」について寄稿した W. マイヤー（Werner Meyer, 1987, 1988, 1992）が一連の研究を発表している。これらの研究を通じて彼は，中世における「スポーツ大会」としてのトーナメント大会の特徴を明らかにしている。『ローベルト・ドーヴァーのオリンピック競技』（1975）で有名な J.K. リュールは，その後の一連の研究においてイギリスとドイツのトーナメントにおける「得点の記録化」（1988）あ

167

るいは「参加資格」(1989, 1990) などを明らかにすることによって，スポーツ史的な観点からトーナメントにおける競技方法の解明に努めている。M. ヘールマン (Michael Hörrmann, 1989, 1989) は 16～17 世紀の宮廷におけるトーナメントの研究を行い，L. クーラス (Lotte Kurras, 1982, 1983, 1992) はトーナメント関係史料の翻刻を通じて騎士とトーナメントの関係を明らかにしようとしている。さらに，H. シュタム (Heide Stamm, 1986) は L. フォン・アイプ (Ludwig von Eyb) のトーナメント書に関する学位論文を作成している[63]。

　射撃に関しては，例えば G. マインハルト (Günther Meinhardt) の『ゲッティンゲン　市民―射手―団体　600 年 1392-1992』(1992) に見られるように，ドイツ各地でその地の射手団体の歴史に関する著作が数多く出版されている。しかしながら，スポーツ史的な観点から射撃に着目した研究は極めて僅かである。H.-T. ミカエリス (Hans-Thorald Michaelis, 1988) は，上述の T. ラエントゲス (1963) が主張した射手団体の起源説（都市防衛の観点から，13 世紀の終わり頃にフランドルで成立した）を批判して，射手団体の起源が古ゲルマンの「鳥射撃儀礼」と「ギルド共同体」に基づくことを主張した。他方，T. シュニッツラー (Thomas Schnitzler, 1990, 1992, 1993) は公開射撃大会への招待状の内容を分析することによって，成績・競争・記録といった「近代スポーツの特徴」が既に中世後期の公開射撃大会の中に認められることを明らかにした[64]。

　剣術に関する研究しては，H.-P. ヒルズ (Hans-Peter Hils) の『ヨハン・リヒテナウエルの剣術』(1985) が挙げられる。彼はドイツ語による手書きの剣術史料に基づいて，剣術師範の社会的な地位と活動とを包括的に明らかにした。また，S. アングロによるヨーロッパの中世とルネサンスにおける剣術に関する詳細な研究も注目に値する。格闘に関しては，『古格闘術の年代記』(1990) において，F.von アウエルスヴァルトの『格闘術』(1539) を始めとする 15 世紀から 17 世紀に至る格闘術の文献が翻刻されている。なお，21 世紀に入ると，例えば 15 世紀の S. リンゲック (Sigmund Ringeck) や H. タールホファー (Hans Thalhofer) の剣術筆稿の翻

第 4 節　多様な歴史観に基づく研究—1970 年代以降—

刻に見られるように，15〜16 世紀のドイツの剣術筆稿に関する翻刻が相次いで刊行されている[65]。

『テニスの文化史』（1990）に代表されるように，H. ギルマイスターはテニスの歴史に関して数多くの成果を発表し，テニス史の研究に関して新たな地平を切り開いた。彼は一連の研究において，比較文学・比較言語学・図像学の方法論を駆使しながら，テニスの起源が「城門の攻防」（pas d'armes）にあることを明らかにした。他方，K. グラスホーフ（Kurt Grasshoff, 1975, 1976）は P. ブリューゲル（Peter Bruegel）の絵などの図像に基づいて，走跳投などの「民族的運動」を明らかにしている。また，R. レンソン（1983）も文化人類学の方法論を援用しながら「伝統的民族運動」の解明を行っている。さらに，H. ストロマイヤー（Hannes Strohmeyer, 1977, 1980）は貴族身分の「体育」について研究を行っている[66]。

欧米における 1970 年代以降の「中世スポーツ史」に関する研究を概観すると，次のような点を指摘できるだろう。

(1) 新しいスポーツ史事実の実証的研究。例えば，グラスホーフとレンソンらが走跳投について，ギルマイスターがテニスについて，マイヤーがトーナメント団体について，クーラスとフレッケンシュタインらがトーナメントについて，新たなスポーツ史的事実を明らかにしている。

(2) 「中世スポーツ」の再解釈。例えば，レンソンが文化人類学あるいは民俗学の観点から，ギルマイスターが言語学の観点から，グラスホーフが図像学の観点から，アイヒベルクが社会学の観点から，「中世スポーツ」の再評価を試みている。さらに，リュールやシュニッツラーらは，A. グットマンの「近代スポーツ」の七つの特徴について，中世スポーツの立場から再検討を加えている。

(3) 後述するように，特に 1990 年代以降，剣術に関する翻刻あるいは解説書が数多く出版されている。

しかしながら，ドイツ中世スポーツ史に関する研究を全体的に眺めてみ

169

ると，中世スポーツ史を一次史料に基づいて全体的かつ体系的に論じる著作は極めて僅かであり，今後も一次史料の発掘が期待されよう。

2. スポーツ史学会の設立と学術誌の刊行

体育あるいはスポーツの歴史研究に関する最初の国際的な学術団体は，1967年にプラハで創設された「国際体育スポーツ史委員会」(International Committee for the History of Physical Education and Sport, ICOSH) であろう。1973年には「国際体育・スポーツ史協会」(International Association for the History of Physical Education and Sport, HISPA) が結成された。そして，ICOSHとHISPAは1989年に合併して「国際体育スポーツ史学会」(International Society for the History of Physical Education and Sport, ISHPES) となった。その後，1994年には「東北アジア体育スポーツ史学会」(North East Asian Society for History of Physical Education and Sport) が，1995年には「ヨーロッパスポーツ史学会」(European Committee for Sport History, CESH) が結成されている。

国際的な学術団体と並んで，国内的なスポーツ史学会も1970年代以降相次いで組織されている。1972年には「北米スポーツ史学会」(North Ameri- can Society for Sport History, NASSH) が結成されている。1980年代になると，1982年に「イギリススポーツ史学会」(British Society of Sports History, BSSH) が，1983年には「オーストラリアスポーツ史学会」(Australian Society for Sports History, ASSH) が，1987年には「日本スポーツ史学会」が創設されている。さらに，1991年には「国際スキー史学会」(International Skiing History Association, ISHA) と「国際オリンピック史学会」(International Society of Olympic Historians, ISOH) が，1992年には「フィンランドスポーツ史学会」(Finnish Society for Sport History, FSSH) が，2008年には「フランススポーツ史学会」(French Society for Sport History, FSSH) が設立されている[67]。

これらの学会の中には学術誌を刊行していない団体もあるが，例えば

第4節　多様な歴史観に基づく研究―1970年代以降―

1970年には「カナダ健康・体育・レクレーション学会」（Canadian Association for Health, Physical Education and Recreation, CAHPER）が『Canadian Journal of History of Sport and Physical Education』（1981年には『Canadian Journal of History of Sport』に，1996年からは『Sport History Review』に誌名変更）を，1974年にはNASSHが『Jurnal of Sport History』を，1984年にはASSHが『Sporting Tradition』を，1989年にはISHAが『Skiing Heritage』を，1992年にはISOHが『Journal of Olympic History』を，2009年にはフィンランドのFSSHが『The Yearbook of the Finnish Society for Sport History』を，2010年にはCESHが『European Studies in Sports History』を，2012年にはフランスのFSSGが『Revue Matériaux pour l'Histoire de notre temps』を創刊している。日本では，日本体育学会体育史専門分科会（2011年より「体育史学会」に名称変更）が1984年に『体育史研究』を，スポーツ史学会が1988年に『スポーツ史研究』を創刊している。さらに，1975年にはドイツのケルンスポーツ大学（Deutsche Sporthochschule Köln）のW. デッカーとM. レンマー（Manfred Lämmer）が『Stadion. Zeitschrift für Geschichte des Sports und der Körperkultur』（1984より「Stadion. Internationale Zeitschrift für Geschichte des Sports」に名称変更）を，1984年にはグラスゴー大学のJ.A. マンガン（James A. Mangan）が『The British Journal of Sports History』（1987年から『International Journal of the History of Sport』に誌名変更）を，1987年にはハノーファー大学のL. パイファー（Lorenz Peiffer）らが『Sozial- und Zeitgeschichte des Sports』（2000年から『SportZeiten. Sport in Geschichte』に誌名変更）を，1998年にはケルンスポーツ大学のW. デッカーらが『Nikephoros. Zeitschrift für Sport und Kultur im Altertum』を創刊している[68]。

　このように，1980年以降になると，スポーツ史研究に関する国際的あるいは国内的な学会が結成され，同時にスポーツ史に関する学会誌や専門誌が創刊されるようになった。以下では，主として2010年までの「論文」を確認することのできた『Stadion』『Sozial- und Zeitgeschichte des Sports』（後継誌を含む）『Journal of Sport History』『The British Journal of

Sports History』(後継誌を含む)の四つの学術誌における「中世スポーツ史」に関する研究を概観することにしよう。

3. 学術誌における「中世スポーツ史」研究

　1975年に創刊された『Stadion』には，2008年の第34巻までに428編の論文が掲載されている。これらの論文の内容を概観すると，研究対象国は単にドイツだけではなく日本や韓国も含めたほぼ全世界に及んでおり，古代から現代までの問題が論じられている。しかしながら，論文内容から「中世」(「近世」と「ルネサンス」を含む) に該当すると判断できる論文数は，僅かに「32編」(7.5%) に過ぎない。

表6　『Stadion』における中世スポーツ史関係論文

	通史	球技	射撃	民族	馬槍	祝祭
スペイン		1				
イギリス	1	1			1	
ヨーロッパ		2				1
イタリア	1	2	1			
ドイツ		2		3	3	
フランス						1
ポーランド	1					
アイスランド	1					
日本				1		
オランダ			1	1		

　表6が示しているように，『Stadion』における研究の対象国は基本的にはヨーロッパである。日本に関する論文は，A. クリューガーと伊東明が共著で「力石」について論じたものである[69]。表6における「通史」は中世を全体的に，「球技」は主としてテニスを論じている。「民族」は「伝統

172

第 4 節　多様な歴史観に基づく研究―1970 年代以降―

的民族運動」を，「馬槍」は「馬上試合」を意味する。表 6 には示していないが，「体育」「水泳」「スポーツと法理との関係」そして「身体観」に関する論文が各々 1 篇ある。

　1987 年にハノーファー大学の L. パイファーとボン大学の G. シュピツアー（Giselher Spitzer）によって創刊された『Sozial- und Zeitgeschichte des Sports』には，2010 年までに 329 編の論文（後継誌を含む）が掲載されている。この内，内容から中世スポーツ史に関すると判断できる論文は，僅かに 5 編（1.5%）である。この雑誌の編集者であるパイファーとシュピツアーが第二次世界大戦以後の東ドイツのスポーツ史研究を専門としていることを考慮すると，この雑誌における中世スポーツ史研究の状況は首肯できるものである。5 編の内，M. ヘールマン（1993）はシュツットガルトでのトーナメントを，H.-T. ミカエリス（1988）と楠戸（1996）は射撃を，B. レンシェートリル（Barbara Ränsch-Trill, 2002）はダンスを，S. シュミット（Sandra Schmidt, 2003）は 16 世紀の宙返りを論じている[70]。

　1984 年にグラスゴー大学の J.A. マンガンが創刊した『The British Journal of Sports History』には，2010 年までに 1120 編の論文（後継誌を含む）が掲載されている。この内，内容から中世スポーツ史に関すると判断できる論文は極めて少なく，全部で「22 編」（2.0%）である。表 7 が示しているように，中世スポーツに関する対象国はヨーロッパに留まらず，インド・イラン・ラテンアメリカ・韓国に及んでいる。しかし，内容はそれほど多岐に及んでいる訳ではない。表 7 の「教会」では，筋肉的キリスト教徒のスポーツと，教会によるスポーツの禁止が論じられている。「人物」では，H. メルクリアリスの体育論が取り上げられている。「娯楽」では宗教的祭日におけるスポーツ的娯楽が論じられている。「球技」ではポロ・テニス・フットボールが論じられている。韓国の武芸では，朝鮮王朝期の武芸と軍事訓練が論じられている。「馬上」は馬上試合を意味する[71]。

第4章　ドイツ中世スポーツ史研究の歴史

表7　『国際スポーツ史研究』における中世スポーツ史関係論文

	教会	人物	娯楽	球技	祝祭	射撃	武芸	スキー	馬上
イギリス	2		5	1					
イタリア		1		1					
インド			1						
イラン				1					
オランダ				1					
スエーデン			1						
ラテン					1				
ドイツ						2			
ヨーロッパ				1					1
韓国							1		
フランス				1					
スロヴァニア								1	

　1974年に創刊された北米スポーツ史学会の機関誌である『Journal of Sport History』には，2010年までに502編の論文が掲載されている。この内，内容から中世スポーツ史に関すると判断できる論文は極めて少なく，「8編」(1.6%) である。J.M. カーター (1988) は13世紀イギリスのレクレーションについて，A. グットマン (1981) はヨーロッパにおけるスポーツと観客について，T.S. ヘンリックス (Thomas S. Henricks, 1982) はイギリス中世におけるスポーツと階級について論じている。また，L. レコンプテと W.H. ビーズレイ (Lou LeCompte & William H. Beezley, 1986) はスペインにおける日曜の娯楽について，J. マクレラン (2002, 2006) はヨーロッパにおけるスポーツとエロスおよびゴルフについて，J.K. リュール (1990) はドイツのトーナメントについて，B. シュロート (Barbara Schrodt, 1981) はビザンチンのスポーツについて論じている[72)]。

　上述の4誌に中世スポーツ史に関する論文を2編以上投稿しているの

は，次の9人である。J.M. カーター，M. ドルヒ (Martin Dolch)，H. ギルマイスター，K. グラスホーフ，J. マクレラン，W. マイヤー，R. モルガン (Roger Morgan)，J.K. リュール，S. シュミット，H. サル (Heasim Sul)。カーターは (1984, 1988, 1988, 1991) 主としてイギリスにおけるスポーツと娯楽について論文を投稿している。彼は，前述のように中世スポーツ史に関する単行本も上梓しているが，残念ながら研究の多くは「二次史料」に基づくものであり，「一次史料」を駆使したものではない。ドルヒ (1981, 1982/83) は球技に関して，ギルマイスター (1977, 1981, 1984, 1990, 2002) は一貫してテニスについて，グラスホーフ (1975, 1976, 1977) は絵画に見られるスポーツについて研究をしている。マクレランについては上述の通りである。マイヤー (1986/87, 1988, 1992) は一貫してトーナメントについて，モルガン (1985, 1989, 1991) はテニスについて，リュール (1984, 1985, 1986/87, 1990, 2001) はトーナメントについて，シュミット (2003, 2008) は「宙返り」(Salto) について，サル (1999, 2000) はスポーツ的娯楽について研究をしている。中世スポーツ史に関する研究者が少ない中で，カーター (1988, 1991) とギルマイスター (1988) そしてリュール (1985) が先行研究の検討や歴史研究の方法論を展開していることは興味深いことである[73]。

第5節　日本におけるドイツ中世スポーツ史研究

わが国における「ドイツ中世スポーツ史」の研究は，極めて低調であると言っても過言ではない。明治年代末から1964年の東京オリンピックまでに刊行された体育史の多くの文献では，ヨーロッパ「中世」の体育（スポーツ）は騎士の武芸中心の記述であった。これに対して，岸野が指摘しているように[74]，わが国における体育史（スポーツ史）の研究が地域的・時代的・領域的に専門・分化するようになるのは，東京オリンピック大会以後である。以下では，第二次世界大戦の以前と以後に分けて，欧米体育史（スポーツ史）に関する「通史」と学会誌の論文における「中世スポーツ史」研究について概観することにしよう。

175

第 4 章　ドイツ中世スポーツ史研究の歴史

1. 第二次世界大戦以前の「体育史」研究

　我が国で最初の欧米体育史に関する叙述は，日本体育会体操学校の校長であった高島平三郎による『体育原理』(1904) の「第三章　體育史」に見られる。彼は，E.M. ハートウエル (Edmund M. Hartwell) の著作 (1892) に依拠しながら，本章の第 1 節から第 12 節において，古代ギリシャの体育から 19 世紀のスエーデン体操までを通史的に紹介している。中世体育については，「騎士ハ，実ニ中世體育ノ，特色ヲナセルモノニシテ，騎馬・狩猟・撃剣・舞踏等，身体修養ヲ務ムルモノタリ」と述べられている[75]。このような「騎士の武芸」中心の中世体育観は，後述するように，第二次世界大戦以後の体育史においても見られる。

　木下 (1981) の研究に見られるように[76]，第二次世界大戦以前には，体育あるいはスポーツに関する「通史」は，それほど多く出版されている訳ではない。高島の著書の後に出版されたのは，C. オイラー (1881) の体育史を坪井玄道と可児徳が翻訳した『體操発達史』(1910) である。その後，大正時代には可児の『古代希臘ノ体育』(1921) と須加精一の『西洋体育史』(1924) が出版されている。昭和に入ると，岡部平太 (1927) が F.E. レナード (Fred E. Leonard, 1923) の体育史を全訳している (『西洋体育史』)。このほか，出口林次郎 (1927) が『世界体育史』を，二宮文右衛門 (1934) が『体育全史』を，今村嘉雄 (1935) が『欧米体育史』を出版している。さらに，「体育史」という用語が一般的であった時代に，小高吉三郎 (1930) の『スポーツの話』と刈屋卓一郎 (1936) の『スポオツの由来とその転化』に見られるように，書名に「スポーツ」という名称を使用した図書が出版されていることは注目に値する[77]。これらの著作は，後述の『体育と競技』の記事に見られるように，欧米の体育史に学びながら叙述されている。すなわち，ヨーロッパ（ドイツ）中世における体育は，キリスト教との関係で否定的に捉えられ，騎士の武芸中心の記述であり，市民や農民の体育は僅かに言及されるだけであった。

第5節　日本におけるドイツ中世スポーツ史研究

ところで，1915（大正4）年に設置された東京高等師範学校体育科の教官たちは，学科設置以来私的な「体育研究会」を組織して，体育に関する研究を進めていた。彼らは体育科の入学定員の増員（1921年）を契機に，「体育研究会」を発展的に解消して，1921（大正10）年12月に「日本体育学会」を創設した。日本体育学会はさまざまな事業を展開したが，月刊雑誌『体育と競技』の刊行は夏季と冬季の体育講習会と並んで，最も重要な事業の一つであった[78]。

『体育と競技』は1922（大正11）年3月に第1巻第1号が発行され，第19巻第12号（1940年12月）まで発行された。表8は雑誌『体育と競技』に掲載されている記事の中で，目次において「研究」「論説研究」「訳述」「紹介」という見出しの下に掲載されている記事を分類したものである。分類に当たっては，先ず外国論文の訳述や外国事情を紹介した記事を「海外」としてまとめ，次いで研究と論説における記事については日本体育学会専門分科会をモデルにした。表8に見られるように，記事内容から「研究」と判断した記事は全部で694編あり，そのうち歴史に関する記事は51編（7.3％）である。

表8　『体育と競技』における論文の内容

海外	歴史	哲学	教育学	社会学	心理学
111	51	77	178	36	41
生理学	バイオメカニクス	方法	測定	保健	
29	30	68	24	49	

表9　『体育と競技』における歴史論文

日本				欧米			
通史	中世	近世	近代	通史	古代	近世	近代
1	6	8	7	11	10	1	7

表9が示しているように，日本に関する歴史論文は22編，欧米に関する歴史論文は29編である。日本体育史に関する論文の多くは，一次史料

177

に基づいている[79]。しかし，欧米の体育史に関する論文は翻訳あるいは内容紹介であり，参考文献を明示していない論文も見られる。

欧米の体育史の中で通史に関する論稿は，主として K. コッタ (1902)，R. ガッシュ (Rudolf Gasch, 1910)，F.E. レナード (1923) の著書を参考としている[80]。この内，岡部 (1926) によるレナードの翻訳は，上述の『欧米体育史』(1927) として出版されている。古代ギリシャの体育やオリンピックに関する論稿は，主として J. ビンツ (1878)，A. ベットヒャー (Adolf Boetticher, 1886)，G.A.E. ボーゲング (1926)，C.A. フォルベス (Clarence A. Forbes, 1929)，E.N. ガーディナー (E. Norman Gardiner, 1910, 1930)，W.W. ハイデ (Walter W. Hyde, 1921)，J.H. クラウゼ (Johann H. Krause, 1841)，F. メゾー (Ferene Mezö, 1930) などの著作に依拠している[81]。近世に分類したのは，廣井家太 (1934) の「文芸復興中の芸術と体育との関係」と題する論文であるが，残念ながら参考文献が不明である[82]。近代体育史の論稿は，18～19世紀のドイツ体育と19世紀のスエーデン体育などを論じているが，残念ながら典拠文献が不明である[83]。その中で，アメリカの女子大学体育に関する河出信策・都築重雄の論稿 (1935) は，D.S. アインスワース (Dorothy S. Ainsworth) の『The History of Physical Education in Col- leges for Women』(1930) の序文の翻訳である[84]。

このように，第二次世界大戦以前の体育史研究においては，日本体育史に関する論文が一次史料に基づく研究であるのに対して，欧米体育史に関する論稿は英米独の文献の翻訳に留まっていた。

2. 第二次世界大戦以後の「スポーツ史」研究

昭和40 (1965) 年代に入ってわが国の体育・スポーツ史研究が専門分化していったと言っても，外国の体育・スポーツ史への研究関心は主として近代以降に集中し，中世への関心は極めて低調である。

ヨーロッパ中世の体育・スポーツに対する従来の「暗黒」史観，あるいは「騎士の武芸中心」史観を否定し，市民や農民の体育を積極的に評価し

た叙述は，岸野の『体育の文化史』（1959）が最初と思われる。ここで岸野は「中世の体育」を，「騎士と体育」「僧侶と体育」「市民と体育」「農民と体育」の四つの観点から叙述している。彼は中世スポーツについて次のように述べている[85]。

> 一時代前の文化史は，中世は娯楽やゲームと全く関係のない時代のように語り，中世は体育にとっても暗黒時代（dark age）のように述べている。しかしそれは類型化された中世を指すのであって，時間的に発展した実際の中世を語るものではなかった。いな，近代の多彩なスポーツの形式をさかのぼっていけば，その萌芽を中世に発見できるものが大部分なのである。

このように，岸野にとって，中世は「決して禁欲的」ではなく，むしろ「近代スポーツの温床」であった。

　1960年代になっても，ヨーロッパ中世体育（スポーツ）に関する「武芸中心」史観が払拭されることはなかった。なるほど，岸野が主張した近代スポーツの「中世萌芽」観は，東京教育大学体育学部体育史研究室が編集した『図説世界体育史』（1964）に反映されている。しかしながら，水野忠文の『体育史概説：西洋・日本』（1966）と『体育思想史序説』（1967），あるいは須郷智の『西洋体育思想史概説』（1974）などは，相変わらず「騎士の武芸中心」の叙述である[86]。通史あるいは教科書において，ヨーロッパ中世の体育（スポーツ）に関する叙述が市民あるいは農民までを視野に入れるようになるのは，1980年代に入ってからのように思われる。例えば，岸野雄三編著の『体育史講義』（1984）や，浅見俊雄他編の『現代体育・スポーツ体系　第2巻　体育・スポーツの歴史』（1984），あるいは成田十次郎編著の『スポーツと教育の歴史』（1988）では，ヨーロッパ中世の体育（スポーツ）が貴族（騎士）・市民・農民という封建的身分制の中で叙述されている[87]。さらに，寒川恒夫編の『図説スポーツ史』（1991）や，稲垣正浩・谷釜了正編著の『スポーツ史講義』（1995），あるい

は稲垣正浩ほかの『図説スポーツの歴史：「世界スポーツ史」へのアプローチ』(1996) は，中世を「前近代」と捉えた論述が進められている。21世紀になると，例えば木村吉次編著の『体育・スポーツ史概論』(2001) に見られるように，体育（スポーツ）に関する通史あるいは歴史的教科書においては，「騎士の武芸中心」史観は見られなくなり，貴族（騎士）・市民・農民という封建的身分制に沿った叙述が一般的になっているように思われる[88]。

3. 学術誌における「中世スポーツ史」研究

戦後の教育改革の中で設置された新制大学に「保健体育」科目が導入された。戦前の大学にはなかった保健体育という新しい科目を担当する体育教員たちは，1950（昭和25）年に「日本体育学会」を設立して，「体育学」という新しい学問の構築を始めた。この学会は毎年「体育学会」を開催し，『体育学研究』という機関誌を発行している。会員の増大と研究内容の拡大に伴って，1961（昭和36）年には「体育心理学」「体育生理学」「キネシオロジー」の三つの専門分科会が設置された。その後，専門分科会は増加の一途をたどり，現在では15の分科会が存在している。

日本体育学会に体育史専門分科会が設置されたのは，1962（昭和37）年である。体育史専門分科会は年に二回研究会を開催し，1984（昭和59）年からは『体育史研究』という機関誌を刊行している。さらに，2011（平成23）年9月には体育史専門分科会は「体育史学会」として独立した学術団体となった。他方，1986（昭和61）年11月には，「スポーツ史学会」が設立され，学会大会を開催し，機関誌『スポーツ史研究』を刊行している。表10は，『体育学研究』(1951年の第1巻第1号から2010年の第55巻第2号）に掲載された論文のうち歴史論文と判断される論文（173編）の中から，「外国体育史」と思われる論文（63編，36.4%）を時代別かつ国別に一覧表にしたものである。表10から，国別論文数ではギリシャ（20.6%）とドイツ（19.0%）が群を抜いて多く，時代別論文数では近代（34.9%）と現代

第5節 日本におけるドイツ中世スポーツ史研究

(33.3%) に集中していることが分かる。特に，ギリシャの場合は古代の哲学者たちの体育思想に関する論文が12編もある。「体育学研究第50巻記念特集」において体育史専門分科会を担当した大熊は，『体育学研究』に掲載された「設立後10数年間」の歴史論文について，次のように指摘している[89]。「この時期の特徴として，はじめは古代ギリシャ体育に関心が集まっていたこと，やがて日本の明治期の研究が充実してきた」。

表10における「中世」に関する論文のうち2編は筆者の論文である。もう一編は，川村英男他6名による「ルネサンスにおけるイタリアの体育」である[90]。本論文は残念ながら一次史料に基づく研究ではない。

表10 『体育学研究』における外国体育史研究

	古代	中世	近代	現代	通史	論文数
アメリカ			6	3		9
イギリス			4			4
イタリア		1				1
オーストリア				2		2
韓国				2		2
ギリシャ	12		1			13
世界					3	3
ソ連				5		5
中国	1		1	2		4
ドイツ		2	7	3		12
東洋				1		1
パラグアイ				1		1
フランス			3	1		4
ヨーロッパ				1		1
方法論					1	1
合　計	13	3	22	21	4	(63)

181

第 4 章　ドイツ中世スポーツ史研究の歴史

　表 11 は，日本体育学会体育史専門分科会の機関誌『体育史研究』(1984-2010) に掲載された論文 199 編の中で，「外国体育史」と思われる論文 (52 編，26.1%) を，表 10 と同様に国別及び時代別に一覧表にしたものである。国別論文数で多いのはイギリス (21.1%) とドイツ (25.0%) である。また，時代別論文数では近代 (46.2%) と現代 (32.7%) である。ドイツ中世に関する論文は，すべて筆者によるものである[91]。

表 11　『体育史研究』における外国体育史研究

	古代	中世	近代	現代	通史	論文数
アメリカ			3	3		6
イギリス			9	2		11
オーストリア			1	1		2
韓国			2	3		5
ギリシャ	1					1
ローマ	1					1
世界				1		1
チェコソロバキア			1			1
中国	2			3		5
ドイツ		6	4	3		13
フランス			4	1		5
方法論					1	1
合　　計	4	6	24	17	1	(52)

　大熊廣明は上述の論文において，『体育学研究』の歴史関係論文と『体育史研究』の論文を「対象地域別・時代別に分類」して，次のように指摘している[92]。

　　日本，欧米，アジアの割合は『体育学研究』が 57.8%，33.7%，4.8%，『体育史研究』が 51.6%，36.8%，5.3% であった。両誌の傾向はほぼ同

182

様で，日本研究が半数以上，次いで欧米が約3分の1を占めている。それに比してアジアの研究は極めて少ないことがわかる。

次に時代別に見ると，前近代と近代の割合は，『体育学研究』が13.3%，84.3%で，『体育史研究』が16.8%，80.0%であった。これについても両誌の割合はほぼ同じで，近代に関する研究が圧倒的に多いことがわかる。

このような大熊の指摘は，表10と表11からも裏付けられよう。

表12 『スポーツ史研究』における外国スポーツ史研究

	古代	中世	近代	現代	通史	論文数
アイルランド			1			1
アメリカ			8	3		11
イギリス		1	20	2		23
インド			1			1
エチオピア				1		1
韓国			1	2		3
ギリシャ	8			1		9
スペイン		1				1
世界			1			1
中国			1	3		4
ドイツ		4	4	6		14
フランス				1		1
ヨーロッパ		1	2			3
方法論					5	5
合　計	8	7	39	19	5	(78)

表12はスポーツ史学会の『スポーツ史研究』（1988-2010）に掲載された論文（144編）の中で「外国スポーツ史」と思われる論文（78編，54.2%）

第4章　ドイツ中世スポーツ史研究の歴史

を，表10と11と同様に国別及び時代別に一覧表にしたものである。この雑誌においても，『体育史研究』と同様に，国別論文数ではイギリス（29.5%）とドイツ（17.9%）が他を圧倒している。また，時代別論文数では近代（50.0%）と現代（24.4%）に集中している。中世に関する論文7篇（9.1%）は，イギリス（1篇），スペイン（1篇），ヨーロッパ（1篇），そして筆者によるドイツ（4編）である。中房敏朗と奈良重幸の論文は二次史料に基づく研究であり，稲垣の論文は民族学あるいは文化人類学の成果を応用した研究である[93]。

　外国の体育・スポーツ史に関する三つの専門的学術誌における国別及び時代別の論文数を概観すると，次のことが指摘できるだろう[94]。
(1) 国別では，イギリスとドイツに関する論文が他を圧倒している。韓国あるいは中国に関する論文は，留学生による研究が多い。
(2) 時代別では，近代と現代に関する論文が他を圧倒している。ギリシャ古代に関しては，哲学者による思想あるいは古代オリンピックに関する論文が大部分である。
(3) 中世に関しては，筆者の研究以外には一次史料に基づく研究は見られない。

注
1) Wildt, K.C., Leibesübungen im deutschen Mittelalter. Versuch einer kultursoziologischen Deutung. Frankfurt a.M. 1957, S.3. なお，本章では，主として「学校体育」に焦点を当てている研究では「体育」と，「運動競技」に焦点を当てている研究では「スポーツ」という用語を便宜的に使用する。
2) Hahn, M., Die Leibesübungen im mittelalterlichen Volksleben. Breslau, Phil. Diss. 1929. Ders., Die Leibesübungen im mittelalterlichen Volksleben. Langensalza 1929. (Neudruck 1972). Neuendorff, E., Leib und Leibesübungen im deutschen Frühmittelalter. Dresden 1925. Vogt, M., Der Sport im Mittelalter. In: Geschichte des Sports aller Völker und Zeiten. Hg. von G.A.E. Bogeng. Bd.I. Leipzig, 1926. S.163-237.
3) Carter, J.M., The Study of Medieval Sports 1927-1987. In: Stadion. 14(1988)2: 149-161. Ders, Medieval Games: Sports and Recreations in Feudal Society. New

York/Westport/London 1992. Gillmeister, H., Medieval Sport: Modern Methods of Research ― Recent Results and Perspectives. In: The International Journal of the History of Sport. 5(1988)1:53-68. Krüger, A. und J. McClelland, Die Anfänge des modernen Sports in der Renaissance. London 1984. Lukas, G., Die Körperkultur in Deutschland von den Anfänge bis zur Neuzeit. In: Eichel, W. (Hg.), Geschichte der Körperkultur in Deutschland. Bd.1, Berlin 1969. McClelland, J., Body and Mind. Sport in Europe from the Roman Empire to the Renaissance. London/New York 2007. Rühl, J. K., Methodological, Technical and Organizational Aspects of Research in Medieval Sport. In: Stadion. 11(1985) 1:41-48.

4）岸野雄三，体育史―体育史学への道―，大修館書店，1973年，148-154頁。楠戸一彦，ドイツ中世スポーツ史研究の課題，山口大学教育学研究論叢 第3部，30(1980):127-142.

5）岸野雄三，前掲書，110頁。Vieth, G.U.A., Versuch einer Encyklopädie der Leibesübungen. Dessau 1795.

6）Bernett, H., Die pädagogische Neugestaltung der bürgerlichen Leibesübungen durch die Philanthropen. Stuttgart 1965², S.5. 岸野雄三，前掲書，228頁。

7）Vieth, G.U.A., Geschichte der Leibesübungen. Dessau 1818², S.8. Euler, C., Geschichte des Turnunterrichts. Gotha 1907³(1881), S.9.

8）Angerstein, E., Grundzüge der Geschichte und Entwicklung der Leibesübungen. Wien/Leipzig 1926⁶(1897). Baron, C.M., Geschichte der Leibesübungen. Limbach 1865. Brendicke, H., Grundriß zur Geschichte der Leibesübungen. Köthen 1882. Cotta, K., Leitfaden für den Unterricht in der Turngeschichte. Leipzig 1919⁶(1902). Lange, F.A., Die Leibesübungen. Eine Darstellungen des Werdens der Turnkunst in ihrer pädagogischen und kulturehistorischen Bedeutung. Gotha 1863.

9）Iselin, F., Geschichte der Leibesübungen. Hg. von P. Meyer. Leipzig 1886. Bintz, J., Die volkstümlichen Leibesübungen des Mittelalters. Hamburg. Schulprogr. Johanneum 1879. Ders., Die Leibesübungen des Mittelalters. Gurfersloh 1880.

10）Gurlitt, C., Deutsche Turniere, Rüstungen und Plätter des XVI. Jahrhunderts. Leipzig. Phil. Diss. 1889. Hausen, F., Die Kampfschilderungen bei Hartmann von Aue und Wirnt von Gravenberg. Halle. Phil. Diss. 1884. Rausch, H.A., Das Spielverzeichnis im 25. Kapital von Fischer's „Geschichtsklitterung", Gargantua. Straßburg. Phil Diss. 1908. Schaer, A., Die altdeutsche Fechter und Spielleute. Ein Beitrag zur deutschen Culturgeschichte. Straßburg. Phill. Diss. 1900. Winterhoff, J., Die Pflege körperlicher Übungen in Münster während des

Mittelalters. Münster. Schulprogr. Realgymn. 1899.
11) Becker, R., Ritterliche Waffenspiele nach Ulrich von Lichtenstein. Düren. Schulprogr. 1887. Mendelssohn, S., Beiträge zur Geschichte des Turnwesens mit Bezug auf Waffenübungen. Kampfspiele. H.1. Leipzig 1861. Schlieben, A., Ritterliche Übungen und Zirkusbelustigungen in alter und neuer Zeit. Leipzig 1888. Budik, A.P., Ursprung, Ausbildung, Abnahmend und Verfall des Turniers. Ein Beitrag zur Geschichte des Ritterwesens im Mittelalter. Wien 1836. Döring, H., Turnier- und Ritterbuch. Erfurt 1841. Franck,W., Beiträge zur Geschichte der Turniergesellschaften nach archivalischen Quellen. Frankfurt a.M. 1861. Hefner-Alteneck, J. von, Hans Burgkmaier's Turnierbuch nach Anordnung Maximilian I. Frankfurt a.M. 1853. Niedner, F., Das deutshe Turnier im 12. und 13. Jahrhundert. Berlin 1881. Walter, P., Die Nürnberger Gesellenstechen von Jahre 1446. Nürnberg 1853.
12) Hergsell,G.,Die Fechtkunst im XV. Und XVI. Jahrhundert. Prag 1896. Ders., Talhofers Fechtbuch (Ambraser Codex) aus dem 1459. Prag 1889. Ders., Talhofers Fechtbuch aus dem Jahre 1467. Prag 1887. Dörnhöffer, F., Albrecht Dürers Fechtbuch. Wien/Leipzig 1907-1909. Schmied-Kowarzik, J., und Kufahl, H., Fechtbüchlein. Leipzig 1894. Hendel, J.C., Archiv für deutsche Schützengesellschaften. 3 Bde. Halle 1801-1802. Edelmann, A., Schützenwesen und Schützenfeste der deutschen Städte vom 13. bis zum 18. Jahrhudert. München 1890. Förster. S. von, Die Schützengilden und ihr Königsschießen. Entstehung der Schützengilden, ihre Sitten. Berlin 1856. Zober, E., Beitrag zur Geschichte der Schützengesellschaft und des Vogelschießens zu Stralsund. Stralsund 1853. Radlkofer, M., Beschreibung des Büchsenschiessens im Jahr 1555 zu Passau durch den Augsburger Pritschenmeister Lienhart Flexel. Mit Einleitung und Anmerkung herausgegeben von Max Radlkofer. Verhandlungen des Historischen Vereins für Niederbayern. 29(1893):129-172. Ders., Die Schützengesellschaften und Schützenfeste Augsburgs im 15. und 16. Jahrhundert. In: Zeitschrift des Historischen Vereins für Schwaben und Neuburg. 21(1894):87-138.
13) Österlen, P., Beiträge zur Geschichte der volkstümliche Leibesübungen. Tübingen. Jahresarbeit. Kgl. Gymn. 1899-1900. Beilage. Pawel, J., Die leiblichen Ergötzlichkeiten der Bauern und Bürger im Mittelalter. Wien 1891. Zingerle, O.V. von, Das deutshe Kinderspiel im Mittelalter. Wien 1868.
14) 例えば，Meyer, W.L., Die leibliche Leistungen der Ritter im Mittelalter. In: Deutsche Turn-Zeitung（以下「DTZ」と略）. 1866. S.162-164. Krampe, W., Leibesübungen und Jugendspiele in deutschen Schule früherer Jahrhunderte. In: DTZ. 1891. S.527 ff. Lion, J.C., Das Ringen im Grüblein. In: DTZ. 1861. S.135-137.

Maßmann, H.F., Fabian von Auerswald. In: DTZ. 1861. S.159.
15) 注の 9. を参照。
16) Bintz, J., Die Leibesübungen des Mittelalters. Gurfersloh 1880. S.4.
17) Ibid., S.183.
18) Wassmanndorff, K., Dr. Jul. Bintz „Die Leibesübungen des Mittelalters". In: Jahrbücher der deutschen Turnkunst. 1880. S.128-133.
19) Bintz, J., Ibid., S.172.
20) ヴァスマンスドルフの生涯と文筆活動については，次の拙稿を参照されたい。K. ヴァスマンスドルフ（1820-1906）のドイツ中・近世スポーツ史研究，広島大学総合科学部紀要Ⅵ保健体育学研究，9(1991):25-36。スポーツ史資料：K. ヴァスマンスドル（1820-1906）の文献目録，前掲書，37-51 頁。
21) Wassmannsdroff, K., Klettern als Schulstrafe im 16. Jahrhundert. In: DTZ. 1867. S.77-78. Ders., Deutsches Schulturnen vor Basedow, oder: Die Turnübungen der beiden ältesten deutschen Adelsschulen. In: DTZ. 1870. S.33-40, 41-42.
22) Wassmannsdroff, K., Aetzlicher Einfluss auf die sog. Erneuerung der Leibesübungen in Deutschland; ein Beitrag zur Geschichte der Turnkunst. In: Neue Jahrbücher für die Turnkunst. 1869. S.111-133. Ders., Joachim Camerarius's Gespräch über Leibesübungen vom J. 1544. In: DTZ. 1872. S.272-273, 279- 281.
23) Wassmannsdroff, K., Das „Frisch, Frei, Fröhlich, Fromm" als Studenten Wahlsspruch vor Jahn. In: Neue Jahrbücher für die Turnkunst. 1860. S.251- 253. Ders., Das Turn-Wort Notkers und der Turnierzeit bedeutet nicht Leibesübungen treiben. In: Jahrbücher der deutschen Turnkunst. 1893. S.269-275, 316-322.
24) Wassmannsdorff, K., Die Leibesübungen der deutschen Ritter im Mittelalter. In: Neue Jahrbücher Für die Turnkunst. 1866. S.194-207, 253-263. Ders., Leibesübungen der deutschen Ritter, des Bürger- und Bauernstand im 15. und 16. Jahrhundert. In: Neue Jahrbücher für die Turnkust. 1879. S.153-160, 193- 200. Ders., Turn= und Kriegsfahrten des schwäbischen Ritters Georg von Ehingen im 15. Jahrhundert. In: DTZ. 1863. S.243-246. Ders., Turnerische Bildung Bayerischer Fürsten, besonders des Herzogs Christoph von Bayern. In: DTZ. 1875. S.177-179. Ders., Turnübungen kürpfälzischer und bayerischer Fürsten aus dem Hause der Wittelsbacher. In: Ders.(Hg.), Turnen und Fechten in früheren Jahrhunderten. Aufsätze zur Geschichte der deutschen Leibesübungen aus der Festzeitung für das siebente deutsche Turnfest München. 1889. Heidelberg 1890. S.1-9.（楠戸一彦訳，K. ヴァスマンスドルフ著：ヴィッテルバッハ家出身のプファルツ選定侯とバイエルン公の体操運動，清水重勇先生退官記念論集刊行会，清水重雄先生退官記念論集　体育・スポーツ史研究への問

第 4 章　ドイツ中世スポーツ史研究の歴史

いかけ，2001 年，35-41 頁）Ders., Die Erziehung Friedrichs des Siegreichen, Kurfürsten von der Pflaz. Aus Michel Beheims Reimchronik. Heidelberg 1886.
25) Wassmannsdorff, K., Fechthandschriften und 17 Zeichnungen von Albrecht Dürer. Heidelberg 1871. Ders., Aufschlüsse über Fechthandschriften und gedruckte Fechtbücher des 16. und 17. Jahrhunderts, in einer Besprechung von G. Hergsell: Talhoffers Fechtbuch aus dem Jahre 1467. Berlin 1888. Ders.(Hg.), Turnen und Fechten in früheren Jahrhunderten. Aufsätze zur Geschichte der deutschen Leibesübungen aus der Festzeitung für das siebente deutsche Turnfest München. 1889. Heidelberg 1890.
26) Wassmannsdorff, K., Ueber die Marxbrüder und Federfechter und über das älteste - bisher noch unbekannte - gedruckte deutsche Fechtbuch. In: DTZ. 1864. S. 253-256. Ders., Sechs Fechtschulen（d.i. Schau= und Preisfechten）der Marxbrüder und Federfechter aus den Jahren 1573 bis 1614; Nürnberger Fechtschulreime v. J. 1579 und Röseners Gedicht: Ehrentitel und Lobspruch der Fechtkunst v. J. 1589. Heidelberg 1870. Ders., Kaiser Friedrich's III. Freiheitsbrief von 10. August 1487 an die Deutschen Meister des Schwerts. In: DTZ. 1877. S. 137-139.
27) Wassmannsdorff, K., Die Ringkunst des deutschen Mittelalters mit 119 Ringerpaaren von Albrecht Dürer. Aus den deutschen Fechthandschriften zum ersten Male herausgegeben. Leipzig 1870. Die Ringer=Kunst des Fabian von Auerswald, erneuert von G.A. Schmidt Turnlehrer zu Leipzig, mit einer Einleitung von Dr. K. Wassmannsdorff in Heidelberg. Leipzig 1869. Ders.(Hg.), Nicolaes Petters Ring= Kunst vom Jahre 1674. Mit deutschen und holländischem Text und 71 Lichtdrucken der Kupfer Romein de Hooghes. Heidelberg 1887.
28) Wassmannsdorff, K.(Hg.), Lienhardt Flexels Reimspruch über das Heidelberger Armbrustschießen von Jahre 1554. Heidelberg 1886. Ders.(Hg.), Balthasar Hans Ausreden der Armbrust und Büchsenschützen. Aus einer Handschrift des 16. Jahrhunderts. Heidelberg 1887. Ders., Eine Turn= und Wasserfahrt der Züricher nach der freien deutschen Reichsstadt Straßburg im J. 1576. In: DTZ. 1870. S.264-266, 269-270, 273-274. Ders.(Hg.), Wynmann, Nicolaus: Colymbetes, sive de arte natandi. Heidelberg 1889.
29) Wassmanndorff, K., Deutsche Spielverzeichnisse aus dem 15. und 16. Jahrhundert und Maßmanns unrichtige Deutung dieser Spiele. In: DTZ. 1899. S.78.
「Kleine Mitteilung」の記事については，注 20 の拙稿を参照されたい。
30)「マルクス兄弟団」（Marxbrüderschaft）と「羽剣士団」（Federfechter）に関する両者の論争は，1865 年に『ドイツ体育新聞』において展開された。K.H. シャイドラー（Kurze Geschichte der Fechtkunst in aller und neuer Zeit,

namentlich in Deutschland, mit Bezug auf die Wehrfrage der Gegenwart. In: DTZ. 1864. S.4-6, 25-28, 65-68, 169-171, 180-181, 203-205.）の主張は，(1) 羽剣士団がドイツにおける「打突剣術」(Stoßfechten) を発見した．(2)「羽」(Feder) という武器はマルクス兄弟団には知られていなかった．(3)「剣士ギルド」(Fechtergilde) は「打撃武器」(Hiebwaffe) と「刺突武器」(Stoßwaffe) の相異によって区別される。これに対して，K. ヴァスマンスドルフ (Ueber die Marx- brüder und Federfechter über das älteste – bisher noch unbekannte – gedruckte deutsche Fechtbuch. In: DTZ. 1864. S.253-256.）は，(1) 剣術について最初に書いたのは「羽剣士」(Federfechter) ではなく，J. リヒテナウエル (1389年) である．(2)「羽」という武器は存在しない．(3) 剣士ギルドは「聖ファイト」(Sankt Vitus) と「聖マルクス」(Sankt Markus) という守護神によって区別される。このような事実確認に関する論争は，ヴァスマンスドルフの正しさが認められて，終了した（Wassmannsdorff, K., Sechs Fechtschulen der Marxbrüder und Federfechter aus den Jahre 1573-1614. Heidelberg 1870, S.V-VII.）。

31）Neuendorff, E., Zur Turngeschichte des Mittelalters. In: Die Leibesübungen. 2(1926)20:468. Ders., Dr. Karl Wassmannsdorff. In: Monatschrift für das Turnwesen. 1906. S.291 und 294.

32）Vogt, M., Der Sport im Mittelalter. In: Bogeng, G.A.E.(Hg.), Geschichte des Sports aller Völker und Zeiten. Leipzig 1926. S.163-237. Neuendorff, E., Geschichte der neueren deutschen Leibesübung vom Beginn des 18. Jahrhunderts bis zur Gegenwart. Bd.1. Dresden 1930.（3. Die germanischen Völker, S. 18-31; 4. Das christliche Mittelalter, S.31-37; 5. Die Leibesübung des Mittelalters, S.37-80; 6. Die Zeit des Verfalls der Leibesübung, S.81-102)

33）Mehl, E., Altgermanische Schwimmkunst. Die antiken Nachrichten über die Schwimmkunst der Westgermanen. 72(1927), Beil. Deutsches Schwimmerblatt. 5/6. Hahn, M:, Die Leibesübungen im mittelalterlichen Volksleben. Breslau. Phil. Diss. 1929.（Langensalza 1929. Neudruck 1972). Keller, G., Tanz und Gesang bei den alten Germanen. Bern. Phil. Diss. 1927. Kowald, H., Die Leibesübungen der Germanen bis zum Ende der deutschen Karolinger. Wien. Phil. Diss. 1934. Kusche, J, Verfall und Wiederaufbau des deutschen Badewesens. Berlin. Med. Diss. 1929. Massmann, E.H., Schwertleite und Ritterschlag. Hamburg. Phil. Diss. 1933. Meschke, K., Der Schwerttanz im germanischen Kulturkreis. Greiswald. Phil. Diss. 1931. Remus, E., Die Stellung der Leibesübungen im deutschen Mittelalter. Jena. Phil. Diss. 1923. Schumann, M., Die Pflege der Leibesübungen im Bürgertum des 16. Jahrhuderts. Leipzig. Phil. Diss. 1924. Straib, W., Geschichte des Ballhauses. Darstellung unter besonderer Berücksichtigung des Ballhauses zu Marburg. Marburg. Phill. Diss. 1933. Stadler, A., Die Leibesübungen bei den alten Schützenfesten. Wien. Staatsex. Arbeit. Inst. f. Leibeserziehung. 1934.

34) Hueppe, F., Kulturgeschichte der Leibesübungen im Mittelalter. In: Krummel, K.(Hg.), Athletik. München 1930. S.28-51. Kost, H., Eine neue Geschichtsschreibung. In: Leibesübungen. 1926. H.2. S.45-47. Kurth, O., Zur turngeschichtlichen Beurteilung des Frühmittelalter. In: DTZ. 1922. S.641- 642. Mehl, E., Die Leibesübungen bei den alten Nordgermanen. In: DTZ. 1923. S.125, 137. Ders., Altnordischer Eis- und Schneelauf. In: DTZ. 1925. S.84-86. Ders., Altnordische Schwimmkunst. In: DTZ. 1926. Beil. Deutsch Schimmblatt. 3. Minkowski, H., Deutsche Ringbücher und Ringhandschriften des Mittelalters. In: Die Leibesübungen. 1933. H.12. S.259-270. Ders., Über Zweikämpfe zwischen Mann und Weib. In: Leibesübungen und körperlichen Erziehung. 1934. H.2. S.26-37. Ders., Die Ehebrecherbrücke des Jost Amman. Eine unbekannte Darstellung des mittelalterlichen Leibesübungen. In: Leibesübungen und körperliche Erziehung. 1935. H.16. S.321-328. Müller, K., Zur Frage der Leiebsübungen im Mittelalter. In: Die Leibesübungen. 1926. H. 9, S. 449-452. Ders., Zur geschichtlich-theoretischen Erforschung der Leibesübungen. In: Die Leibesübungen. 1928. H.8, S.201-202. Wehlitz, H., Armbrüst= und Buchsenschießen in früheren Zeiten. In: DTZ. 1928. S.787. Ders., Frankfurter Schützenfest im Jahre 1671. In: DTZ. 1929. S.828. Gaulhofer, K., Die Fußhaltung. Ein Beitrag zur Stilgeschichte der menschlichen Bewegung. Kassel 1930.

35) Neuendorff, E., Leib und Leibesübungen im deutschen Frühmittelalter. Dresden 1925.

36) Mehl, E., Leib und Leibesübungen im deutschen Mittelalter. In: Die Leibesübungen. 1926. H.14, S.343-347.

37) Neuendorff, E., Zur Turngeschichte des Mittelalters. In: Die Leibesübungen. 1926. H.20, S.468.

38) Mehl, E., Nochmals die Turngeschichte des Mittelalters. In: Die Leibesübungen. 1926. H.24, S.580.

39) ノイエンドルフの『近代ドイツ体育史』の第1巻（1930）の「中世」（31-80頁）における論述は，メールが指摘するような「文献的厳密さ」を欠いている。

40) Hahn, M., Die Leibesübungen im mittelalterlichen Volksleben. Breslau. Phil. Diss. 1929. Ders., Hahn, M., Die Leibesübungen im mittelalterlichen Volksleben. Langensalza 1929.（Neudruck 1972). S.9 und 11. コッタ，オイラー，ランゲについては，注7と8を参照されたい。

注

41) Hahn, M., Ibid., S.61-62.
42) Samoukow, F.I., Probleme der Geschichtsschreibung auf dem Gebiete der Körperlkultur. In: Theorie und Praxis der Körpererziehung. 9(1960)2:116-121. Skorning, L., Die Bedeutung der Geschichte der Körperkultur. In: Deutsches Sportecho. 6(1952)25:2. Popplow, U., Geschichte der Leibesübungen als Kulturgeschichte. In: Olympisches Feuer. 6(1954)4:8-10, 5:22, 6:13-15. Seybold-Brunnhuber, A., Zur Problematik einer Geschichte der Leiebserziehung. In: Sport und Leibeserziehung. 1(1960)7:4. Wirldt, K.C., Zur Problematik der Geschichte der Leibesübungen. In: Leibesübungen-Sportarzt-Erziehung. 3(1952) 11:131.
43) Lukas, G., Sportliche Fest in der Hallischen Frühzeit. In: Wissenschaftliche Zeitschrift der Martin-Luther-Universität Halle-Wittenberg. Ges. Wiss. Reihe. 10(1961)3:1237-1253. Ders., Die Körperkultur in Deutschland von den Anfänge bis zur Neizeit. In: Eichel, W.(Hg.), Geschichte der Körperkultur in Deutschland. Bd. 1, Berlin 1969. Grupe, W., Stand und Bedeutung der Körperübungen am Ausgang des Mittelalters (14.-16. Jahrhundert) in der Stadt Nürnberg. Halle. Staatsex. Arbeit Inst. f. Körpererziehung 1955. Krause, H., Rittertum und Köreperübungen am Artushof. Dargestellt nach deutschen mittelhochdeutschen Epen. Halle. Staatsex. Arbeit. Inst. f. Körpererziehung 1953. Lukas, W., Die Körperübungen in den Werken des Hans Sachs. Halle. Staatsex. Arbiet. Inst. f. Körpererziehung 1960. Schakel, W., Stand und Bedeutung der Körperübungen am Ausgang des Mittelalters (14.-16. Jahrhundert) in der Stadt Augsburg. Halle. Staatsex. Arbeit. Inst. f. Körpererziehung. 1955. Scherf, H., Der Anteil der Frau am sportlichen Leben im Mittelalter. Halle. Staatsex. Arbeit. Inst. f. Körpererziehung. 1964. Bernhardt, L., Die Körperkultur bei den Germanen auf der Stufe der „Militärischen Demokratie". Jena. Staatseex. Arbeit. Inst. f. Körpererziehung. 1955. Dölle, G., Entstehung und Entwicklung der Turnier in Deutschland bis zum 14. Jahrhundert. Jena. Staatsex. Arbeit. Inst. f. Körpererziehung. 1959. Ermisch, M., Die Entstehung und Entwicklung der Schützenfeste des mittelalterlichen Bürgertum. Jena. Staatsex. Arbeit. Inst. f. Körpererziehung. 1959. Karst, H., Die Entwicklung der Turniere in Deutschland vom 15. Jahrhundert bis zu ihrem Verfall. Jena. Staatsex. Arbeit. Inst. f. Körpererziehung 1958. Stengel. W., Der Klassencharakter der Schützenfeste des Bürgertum. Jena. Staatsex. Arbeit. Inst. f. Körpererziehung. 1955. Wagenhaus, S., Die wichtigsten Körperübungen innerhalb eines Turniers. Jena. Staatsex. Arbeit. Inst. f. Körpererziehung. 1958. Weber, L., Die Turnierartikel als Charakteristikum des mittelalterlichen Turnierwesens. Jena. Staatsex. Arbeit. Inst. f.

Körpererziehung 1958.
44) Eichel, W., Aktuelle Problem und künftige Aufgaben der Geschichte der Körperkultur als sportwissenschaftliche Disziplin. In: Theorie und Praxis der Körperkultur. 1970. S.370.
45) Diem, C., Weltgeschichte des Sports und der Leibeserziehung. Stuttgart 1960. Saurbier, B., Geschichte der Leiebsübungen. Frankfurt a.M. 1976⁹. Wildt, K.C., Leibesübungen im deutschen Mittelalter. Versuch einer kultursoziologischen Deutung. Frankfurt a.m. 1957. Lochner, K., Entwicklungsphasen der europäischen Fechtkunst. Wien 1953. Minkowski, H., Das Ringen im Grüblein. Stuttgart 1963. Hollmann, H., Kritischen Betrachtungen zu germanischen Leiebsübungen. Bonn. Phil. Diss. 1945. Kopp, K.H:, Ritterliche Leibeskultur im Spiegel des mittelalterlichen deutschen Entwicklungsromans. Wien. Phil. Diss. 1953. März, A.L., Die Entwicklung der Adelserziehung vom Ritter bis zu den Ritterakademien. Wien. Phil. Diss. 1950. Weinsberger, H., Die Stellung der Leibesübungen im Christentum von seinen Anfängen bis zum 18. Jahrhundert. Innsbruck. Phil. Diss. 1949. Zieschang, K., Vom Schützenfest zum Turnfest. Würzburg. Phill. Diss. 1974. Hiesberg, M., Die Leibesübungen in der germanischen und keltischen Heldendichtung. Wien. Staatsex. Arbeit. Inst. f. Leibeserziehung 1946. Maar, P., Anfang, Blütezeit und Verfall der Fechtkunst in Nürnberg vom 14. bis zum 19. Jahrhundert. Diplomarbeit an der Sporthochschule Köln. Köln 1961/62. Riedel, S., Die Entwicklungsgeschichte der Sportfechtwaffen. Diplomarbeit an der Sporthochschule Köln. Köln 1960/61. Schlee, E., Literatur über die Geschichte der Leibesübungen im Mittelalter. In: Die Leibeserziehung. 195.H.7, S.176. Mathys, F.K., Aeneas Sylvius Picolomini und die Leibesübungen. In: Die Leibesübungen. 1961. S. 86-87.
46) Sobotka, R., Formgesetze der Bewegungen im Sport. Schorndorf 1974. Tscherne, F., Ein Beitrag zur Stilgeschichte der menschlichen Bewegung（Mittelalter）. In: Festschrift zum 60. Geburtstag von Herrn Univ. Doz. Dr. Josef Recla. Graz 1965. S.58-69. Reintges, T., Ursprung und Wesen der spätmittelalterlichen Schützengilden. Bonn 1963. Wierschin, M., Meister Johann Liechtenauers Kunst des Fechtens. München 1965.
47) 山本徳郎，ドイツにおける体育学研究概史，前川・猪飼・笠井他編著，現代体育学研究法，大修館書店，1974年，33-39頁。ここでは39頁。
48) Lukas, G., Die Körperkultur in Deutschland von den Anfange bis zur Neuzeit. In: Eichel, W.(Hg.), Geschichte der Körperkultur in Deutschland. Bd. 1, Berlin 1969. S.49 und 50.
49) 岸野雄三，体育史，大修館書店，1973年，234-237頁。松尾順一・宮脇清

自，K. ヴィルトのドイツ中世体育史研究試論，東京都立商科短期大学研究論叢，17(1978):81-96。
50) Weber, A., Kulturgeschichte als Kultursoziologie. München 1951.
51) Wildt, K.C., Leibesübungen im deutschen Mittelalter. Versuch einer kultursoziologischen Deutung. Frankfurt a.M. 1957. S.4.
52) ヴィルトの言う「基本運動」(走・跳・投・挙・運搬) には，二つの意味がある。一方は「あらゆる発展段階の人間」が行う運動であり，他方は「騎士あるいは都市民には属さない人々 (Volk)」つまり「民衆」(gewöhnliche Volk) の運動である (Wildt, K.C., Ibid., S.4 und 15)。「volkstümliche Übungen」と同義である後者のメルクマールは，技術的準備・計画的訓練・複雑な指導体系を必要としない点にある。ヴィルトの場合，ビンツとハーンとは異なり，ルカスと同じく「volktümliche Übungen」は「農民の中世的表象」である。
53) Oehmigen, G., Dr. K. Wildt. Leibesübungen im deutschen Mittelalter. In: Theorie und Praxis der Körperkultur. 1958. H.11, S.934-935.
54) Ueberhorst, H., Geschichte der Leibesübungen. 6 Bde. Berlin/München/Frankfurt a.M. 1972-1989. Krüger, M., Einführung in die Geschichte der Leibeserziehung und des Sports. 3 Teile. Schrondorf 1993-2004. Bohus, J., Sportgeschichte, Gesellschaft und Sport von Mykene bis heute. 1986.（稲垣正浩訳，スポーツ史，大修館書店，1988年。）なお，次の二冊はスポーツ史に関する年表として有用である。Umminger, W., Die Chronik des Sports. Dortmund, 1990(1992). (Sport Chronik: 5000 Jahre Sportgeschichte. Dortmund 2010). Wildt, Kl. C., Daten zur Sportgeschichte. 4 Teile. Schorndorf 1970.
55) Ueberhorst, H.(Hg.), Geschichte der Leibesübungen. Bd.3/1. Berlin/München/Frankfurt a.M. 1980. Friesse, A., Strukturen und Entwicklungen in der Gesellschaft des Mittelalters. S.47-69. Niedermann, E., Dir Leibesübungen der Ritter und Bürger. S.70-96. Renson, R., Leibesübungen der Bürger und Bauern im Mittelalter. S. 97-144.
56) Krüger, M., Einführung in die Geschichte der Leibesübungen und des Sports. Teil 1: Von den Anfängen bis ins 18. Jahrhundert. Schorndorf 2004.（6. Spiel und Sport im Mittelalter und in der Frühen Neuzeit, S.167-211.）
57) Krüger, M. & H. Langenfeld. Handbuch Sportgeschichte. Beiträge zur Lehre und Forschung im Sport 173. Schorndorf 2010.
58) Krüger, A. und J. McClelland, Die Anfänge des modernen Sports in der Renaissance. London 1984. Carter, J.M. & A. Krüger, Ritual and Record. Sports Records and Quantification in Pre-Modern Societies. New York/Westport/London, 1990. Guttmann, A., From Ritual to Record. The Nature of Modern Sports.

New York 1978.
59) Carter, J.M., Sports and Pastimes of the Middle Ages. Columbus 1984. McClelland, J., Body and Mind. Sport in Europe from the Roman Empire to the Renaissance. London/New York 2007.
60) Wilkins, S., Sport and Games of Medieval Cultures. Westport/London 2002. Leibes, A., Sports and Games of the Renaissance. London/New York 2004.
61) McClelland, J. & B. Merrilees(eds.), Sport and Culture in Early Modern Europe. Toronto 2009. Kusudo, K., P.H. Mair(1517-1579): A Sports Chronicker in Germany. pp.339-355.
62) McConahey, M.W., Sports and Recreations in Later Medieval France and England. University of Southern California, Ph.D., 1974. Bascetta, C., Sport e Giuochi: Trattati et scritti dal XV al XVIII secolo. Milano 1978.
63) Fleckenstein, J.(Hg.), Das ritterliche Turniers im Mittelalter. Beiträge zu einer vergleichenden Formen- und Verhaltensgeschichte des Rittertums. Göttingen 1985. Meyer, W., Wettkampf, Spiel und Waffenübung in der spätmittelalterlichen Eidgenossenschft. In: Schweizer Beiträge zur Sportgeschichte. 1 (1982):9-18. Ders., Hirsebrei und Hellebarde. Auf den Spuren des mittelalterlichen Lebens in der Schweiz. Olten/Freiburg i.B. 1985. Ders., Das ritterliche Turnier des Mittelalters als Fest. In: Stadion. 12/13(1987/86):49-62. Ders., Wettkampf und Spiel in den Miniaturen der Manssischen Liederhandschrift. In: Stadion. 14(1988)1:1-48. Ders., Buhurt, Tjost, Turnei und Hochgezeit. Ein Arbeitsbericht zur Geschichte des mittelalterlichen Turnierwesens. In: Stadion. 18(1992)2:59-208. Rühl, J. K., Die „Olympischen Spiele" Robert Dovers. Heidelberg 1975. Ders., Zur Leistungsquantifizierung im spätmittelalterlichen Turnier. In: Brennpunkte der Sportwissenschaft. 2(1988):97-111. Ders., Preliminaries to German Tournament Regulations of the 15th Century. In: Britisch Society of Sports History Bulletin. 9(1989):90-101. Ders., German Tournament Regulations of the 15th Century. In: Journal of Sport History. 17(1990)2:163-182. Hörrmann, M., Ringrennen am Stuttgarter Hof. Die Entwicklung eines Ritterspiels im 16. und 17. Jahrhundert. In: Sozial- und Zeitgeschichte des Sports. 3 (1989)1:50-69. Ders., Leibesübungen in der höfischen Gesellschaft. Die Bedeutung von Ritterspielen und Exercitia an der Residenz der württembergischen Herzöge im 16. und 17. Jahrhundert. In: Sportwissenschaft. 19(1989)1:36-51. Kurras, L., Turnierbuch aus der Kraichgauer Ritterschaft. Kommentar zur Faksimileausgabe des Cod. Ross. 711 (Codices e Vaticanis selecti LVII). Zürich 1983. Ders., Georg Rixner, der Reichsherold „Jerusalem". In: Mitteilungen des Vereins für Geschichte der Reichsstadt Nürnberg. 69(1982):341-344. Ders.,

Ritter und Turniere. Ein höfisches Fest in Buchillustrationen des Mittelalters und der frühen Neuzeit. Stuttgart/Zürich 1992. Stamm, H., Das Turnierbuch des Ludwig von Eyb(cgm 961). Edition und Untersuchung mit einen Anhang: Die Turnierchronik des Jörgen Rugen (Textabdruck). Stuttgart 1986. なお，トーナメント研究に関しては，次の文献も挙げておかなければならないだろう。Barber, R. & J. Barker, Tournaments: Jousts, Chivalry and Pegeants int he Middle Ages. New York 1989. トーナメントに関する史料については，第5章を参照。

64) Meinhardt, G., 600 Jahre Göttinger Bürger-Schützen-Gesellschaft: 1392-1992. Gundensberg-Gleichen 1992. Michaelis, H.-T., Schützengilden. Ursprung - Tradition - Entwicklung. München 1985. Ders., Schützengesellschaften und Schützengilden. Die gegenwärtige Sicht der deutschen und europäischen Schützengeschichte. In: Sozial- und Zeigeschichte des Sports. 2(1988)2:87-93. Schnitzler, T., Zur Leistungsquantifizierung im spätmittelalterlichen Schützenwesen. In: Brennpunkte der Sportwissenschaft. 4(1990)2:243-256. Ders., Die Kölner Schützenfeste des 15. und 16. Jahrhunderts - Zum Sportfest in „vormoderner Zeit". In: Jahrbuch des Kölnischen Geschichtsvereins. 63(1992):127-142. Ders., Quantification of Results in Late Medieval Crossbow and Rifle Shooting. In: The International Journal of the History of Sport. 10(1993)2:259-268. 射撃に関する史料については，第5章を参照。

65) Hils, H.-P., Meister Johann Liechtenauers Kunst des langen Schwerts. Frankfurt a.M./Bern/New York 1985. Anglo, S., The Martial Arts of Renaissance Europe. New Haven/London 2000. Chronik alter Kampfkünste. Zeichnungen und Texte aus Schriften alter Meister entstanden 1443-1674. Berlin 1990[4]. Rector, M. (trans. and ed.), Hans Talhoffer. Medieval Combat: a Fifteenthcentury Illustrated Manual of Swordfighting and Close=quarter Combat. London 2006. Tobler, C.H. (trans. and interpreted), Secrets of German Medieval Swordsmanship. Sigmund Ringeck's Commentaries on Johann Liechtenauer's Verse. Union City 2001. 剣術に関する史料については，第5章を参照。

66) Gillmeister, H., Über Tennis und Tennispunkte. Ein Beitrag der Sprachwissenschaft zur Sportgeschichte. In: Stadion. 3(1977)2, 187-229. Ders., Wo die Liebe gleich Null ist. Eine kleine Wortgeschichte des Tennis. Hamburg 1977. Ders., The Origin of European Ball Games. A Re-Evaluation and Linguistic Analysis. In: Stadion. 7(1981)1:19-52. Ders., Die Herkunft des Ballspiels im Spiegel der Tennissprache. In: Schweizer Beiträge zur Sportgeschichte. 1(1982):19-22. Ders. Die mittelalterlichen Ballspiel: Eine Chronologie ihrer Entwicklung. (Vortrag aus Anlaß der Second European Conference on Sports History Informati-

on. Budapest, 1985). In: Stadion. 10(1984):77-94. Ders., Linguistics and Sport Historiography. In: Stadion. 11(1985)1:31-40. Ders., Aufschlag für Walther von der Vogelweide: Tennis seit dem Mittelalter. München 1986. Ders., Challenge Letters from a Medieval Tournament and the Ball Game of Gotland. A Typological Comparison. In: Stadion. 16(1990)2:184-222. Ders., Kulturgeschichte des Tennis. München 1990.（稲垣正浩，奈良重幸，船井廣則訳，テニスの文化史，大修館書店，1993年。）Grasshoff, K., Peter Bruegels d. Gemälde „Heuernte" und „Kornernte". Eine ikonographische Auswertung für die Geschichte der Leibesübungen in der Mitte des 16. Jahrhunderts. In: Stadion. 1(1975)1:90-102. Ders., Leibesübungen und Gesellschaft im Gemälde „Melancolia 1558" des Matthias Gerung. In: Stadion. 3(1977)1:44-59. Ders., Leibesübungen in Planetenkinderbildern des 15. und 16. Jahrhunderts. Die Kinder des Planetengottes Sol. In: Stadion. 2(1976)2:218-232. Renson, R. and E. de Vroede, Folk Games at the Fair: Kermis Scenes in the Work of Pieter Bruegel the Elder. In: Stadion. 12/13(1987/86):87-100. Strohmeyer, H., Physical Education of the Princes in the Late Middle Ages as Depicted by two Works on the Styrian Abbot, Engelbert of Admont (1250-1331 A.D.). In: Canadian Journal of History of Sport and Physical Education. 8(1977)1:38-49. Ders., Physical Education of Noblemen in the Austrian Baroque Culture. In: History of Physical Education and Sport. 3 (1977):71-88. Ders.,(Hg.): Beiträge zur Geschichte von Leibeserziehung und Sport in Österreich. Wien 1980.

67) 今日ではインターネットによって体育・スポーツの学術団体のリストを検索することが可能である。ここでは，テキサス大学の「スターク・センター」(The H. J. Lutcher Stark Center for Physical Culture and Sports) が開設している「Scholarly Sports Site」(http://www.starkcenter.org/research/web/ scholarly-sports-sites/) を紹介しておきたい。このサイトのリストは現在の国際的なスポーツ史研究団体をほぼ網羅している。また，ISHPESのホームページ (http://ishpes.org/home/) からも関連団体を知ることが可能である。

68) これらの学術誌についても，注67のウエブサイトを参照されたい。また，体育・スポーツの学術雑誌については，次の目録を参照されたい。日本体育図書館協議会雑誌目録編集委員会（編），日本体育図書館協議会雑誌目録 外国雑誌編，日本体育図書館協議会，1985年。

69) Krüger, A. und A. Ito, On the Limitations of Eichberg's and Mandell's Theory of Sports and their Quantification in View of Chikaraishi. In: Stadion. 3(1977) 2:244-252.

70) Hörrmann, M., Ringrennen am Stuttgarter Hof. Die Entwicklung eines Rit-

terspiels im 16. und 17. Jahrhundert. In: Sozial- und Zeitgeschichte des Sports (以下「SZGS」と略). 3(1989)1:50-69. Kusudo, K., Ein Beitrag zur Geschichte des „Freischießens" in der ersten Hälfte des 15. Jahrhunderts. In: SZGS. 10 (1996)3:34-49. Michaelis, H.-T., Schützengesellschaften und Schützengilden. Die gegenwärtige Sicht der deutschen und europäischen Schützengeschichte. In: SZGS Sports. 2(1988)2:87-93. Ränsch-Trill, B., Tanz. Weltspiel - Spiel der Bewegungen - freies Spiel der Erkenntniskraefte. In: SportZeiten. Sport in Geschichte, Kultur und Gesellschaft. (以下「SportZeiten」と略) 2(2002)2:7-18. Schmidt, S., Dialoge über den Salto - die Nobilitierung einer Bewegung im 16. Jahrhundert. SportZeiten. 3(2003)1:53-72.

71) Carter, J. M., Muscular Christianity and its Makers: Sporting Monks and Churchmen in Anglo-Norman Society, 1000-1300. In: The British Journal of Sports History. (以下「BJSH」と略) 1(1984)2:109-124. McIntosh, P.C., Hieronymus Merculialis 'De Arte Gymnastica': Classification and Dogma in the Sixteenth Century. In: BJSH. 1(1984)1:73-84. Pearson, M. N., Recreation in Mughal India. In: BJSH. 1(1984)3:335-350. Rühl, J. K., Religion and Amusements in Sixteenth- and Seventeenth-Century England: 'Time might be better bestowed, and beside wee, see sind acted'. In: BJSH. 1(1984)2:125-165. Bailey, S., Permission to Play: Education for Recreation and Distinction at Winchester College, 1382-1680. In: International Journal of the History of Sport. (以下「IJHS」略) 12(1995)1:1-17. Carter, J. M., A Research Note: Further Evidence of Sports Records in the Middle Ages. In: IJHS. 8(1991)3:417-419. Chehabi, H.E. and A. Guttmann, From Iran to All of Asia: The Origin and Diffusion of Polo. In: IJHS. 19(2002)2/3:384-400. Gillmeister, H., Medieval Sport: Modern Methods of Research - Recent Results and Perspectives. In: IJHS. 5(1988)1:53-68. Ders., Golf on the Rhine: On the Origins of Golf, with Sidelights on Polo. In: IJHS. 19(2002)1:1-30. Hellspong, M., A Timeless Excitement: Swedish Agrarian Society and Sport in the Pre-Industrial Era. In: IJHS. 14(1997)3:11-24. Kraemer-Mandeau, W., Tradition, Transformation and Taboo: European Games and Festivals in Latin America, 1500-1900.In: IJHS. 9(1991)1:63-82. Kusudo, K., Open Shooting Festivals (Freischiessen) in German Cities, 1455-1501. In: IJHS. 16 (1999)1:65-86. Manas, A. & J. Rodriguez, Some Light on the Jumping Event in the Ancient Olympic Games: Suggestions Provided by the Purchena Games of 1569. In: IJHS. 27(2010)13:2288-2310. Morgan, R., Timber Tennis Courts of the Sixteenth Century. In: IJHS. 6(1989)3, 378-388. Ders., The Silver Ball of Rattray: A Note on an Early Form of Tennis. In: IJHS. 8(1991)3:420-425. Munting, R., Social Opposition to Gambling in Britain: An Historical Overview. In: IJHS.

10(1993)3:295-312. Nam-Gil, H. & J.A. Mangan, The Knights of Korea: the Hwarangdo, Militarism and Nationalism. In: IJHS. 15(1998)2:77-102. Overfield, J. H., Enfants de la Balle: Sports Terminology and the French Language in the Age of Lous XIV. In: IJHS. 16(1999)3:21-46. Rajtmajer, D., The Slovenian Origins of European Skiing. In: IJHS. 11(1994)1:97-101. Rühl, J. K., Regulations for the Joust in Fifteenth-Century Europe: Francesco Sforza Visconti (1465) and John Tiptoft (1466). In: IJHS. 18(2001)2:193-208. Schnitzler, T., Quantification of Results in Late Medieval Crossbow and Rifle Shooting. In: IJHS. 10(1993) 2:259-268. Sul, H., The Tubs of Pleasure: Tudor and Stuart Spas. In: IJHS. 16 (1999)1:148-158. Ders., Heasim. The King's Book of Sports: The Nature of Leisure in Early Modern England. In: IJHS. 17(2000)4:167-179. Twigg, J., Student Sports, and their Context, in Seventeenth-Century Cambridge. In: IJHS. 13 (1996)2:80-95. Weiler, I., Joseph-Francois Lafitau (1681-1746) and the Beginning of Comparative Sport History: Some Notes on Ethnography and Ancient History. In: IJHS. 12(1995)3:169-179. Zollinger, M., Calcio fiorentino Revisited: A Bibliographical Puzzle Finally Solved. In: IJHS. 17(2000)4: 81-92.

72) Carter, J. M., Sports and Recreations in Thirteenth-Century England: The Evidence of the Eyre and Coroner's Rolls - A Research Note. In: Journal of Sport History（以下「JSH」と略）15(1988)2:167-173. Eichberg, H., Race-Track and Labyrinth: The Space of Physical Culture in Berlin. In: JSH. 17(1990)2:245-260. Guttmann, A., Sports Spectators from Antiquity to the Renaissance. In: JSH. 8 (1981)2:5-27. Henricks, T. S., Sport and Social Hierarchy in Medieval England. In: JSH. 9(1982)2:20-37. Krüger, A., Which Associativity ? A German Answer to Szymanski's Theory of the Evolution of Modern Sport. In: JSH. 35(2008)1:39-48. Le-Compte, L. & W. H. Beezley, Any Sunday in April: The Rise of Sport in San Antonio and the Hispanic Borderlands. In: JSH. 13(1986)2:128-146. Lee, G. M., Politics, Society, and Greek Athletics: Views from the Twenty-first Century. In: JSH. 30(2003)2:167-171. McClelland, J., Eros and Sport: A Humanist's Perspective. In: JSH. 29(2002)3:395-406. Ders., The History of Golf: Reading Pictures, Viewing Texts. In: JSH. 33(2006)3:345-357. Rühl, J. K., German Tournament Regulations of the 15th Century. In: JSH. 17(1990)2:163-182. Schrodt, B., Sports of the Byzantine Empire. In: JSH. 8(1981)3:40- 59.

73) 注の 70-72 を参照。

74) 岸野雄三，体育史—体育史学への試論—，大修館書店，1973 年，190-191 頁。

75) 高島平三郎，体育原理，育英社，1904 年，256 頁。本書の「日本体育史」は「わが国最初の試み」と言われている。今村嘉雄・宮畑虎彦編，新修体育

大辞典，不昧堂出版，1976 年，955 頁。Hartwell, E.M., The principal type of physical trainning compared. Boston 1892.

76) 木下秀明（編著），体育・スポーツ書解題，不昧堂出版，1981 年。
77) カール・オイレル，坪井玄道・可児徳（抄訳），体操発達史，大日本図書株式会社，1910 年（Euler, C., Geschichte des Turnunterrichts. Gotha 1881）。可児徳，古代希臘ノ体育，体育学理研究会，1921 年。須加精一，西洋体育史，都村有為堂，1924 年。レナード教授・マッケンジー博士原著，岡部平太・安川伊三共訳，欧米体育史，目黒書店，1927 年（Leonard, F.E., A Guide to the History of Physical Education. The Physical Education Series. Edited by R. Tait McKenzie. Philadelphia and New York 1923）。出口林次郎，世界体育史，文書堂，1927 年。二宮文右衛門，体育全史，目黒書店，1934 年。今村嘉雄，欧米体育史，建文館，1935 年。小高吉三郎，スポーツの話，朝日新聞社，1930 年。刈屋卓一郎，スポオツの由来とその転化，日刊工業新聞社出版部，1936 年。
78)『体育と競技』の内容分析に関しては，次の拙稿を参照されたい。Influences of the Western Physical Education and Sport on the Japanese one. Analyses of Articles in the Journal "Taiiku to Kyougi"（1922-1940）. In: Kratzmüller B.M. et all（eds.）, Sport and the Construction of Indentities. Proceedings of the XIth International CESG-Congress Vienna, September 17th - 20th. Wien 2007. pp.611-619.
79) 中世に関する論文には次のようなものがある。阿部三亥，蹴鞠を通して見たる拾遺納言成道卿の体育思想，体育と競技，13(1934)11:51-57, 12:50-53, 14(1935)1:40-43, 2:36-40, 5:23-28。飛松正，蹴鞠の本義とその演技，体育と競技，17(1928)5:23-28。飛松正，馬上三つ物とその演技，体育と競技，17(1928)7:20-24, 8:17-21。市村清次郎，武士道の起源と其の発達，体育と競技，2(1923)6;30-34, 8:19-21。鈴木菊雄，日本中世の体育観，体育と競技，13(1934)7:37-39。鈴木菊雄，鎌倉武人の世界観，体育と競技，13(1934)10:82-88, 11:37-44。
80) レナード・マッケンジー共述，岡部平太訳，体育史，体育と競技，5(1926)3:28-34，5(1926)4:14-20，5(1926)5:11-20，5(1926)6:13-17，5(1926)7:19-23。樺山義雄，欧米体育史講座，体育と競技，11(1932)11:32-36, 12(1933)1:41-44, 2:24-27（典拠の記載なし）。喜多壮一郎，欧州体育史梗概，体育と競技，5(1926)6:43-48, 7:47-52, 8:30-35, 9:44-50, 10:41- 47（Krause, J.H., Olympia oder Darstellung der grossen Olympischen Spiele und der damit verbundenen Festlichkeiten. Wien 1938. Boetticher, A., Olympia - das Fest und seine Stätte; nach den Berichten der Alten und den Ergebnissen der Deutschen Ausgrabungen, Berlin 1883）。今村嘉雄，欧州体育大観，体育と競技，7

(1928)4:48-53(Cotta, K., Leitfaden für den Unterricht in der Turngeschichte. Leipzig 1902[6])。須加精一,体育発達史,体育と競技,1(1922)1:32-34, 4:31-34 (Gasch, R., Geschichte der Turnkunst. Leipzig 1910)。堀江耕造,運動競技の歴史,体育と競技,8(1929)11:24-29, 12:30-40, 10(1931)6:37-41(Lowe and Porrit: Athletics の中の History of Athletics)。(括弧内は当該論文の主要な典拠文献)

81) A・F・ライト述,齊藤白鷺生訳,希臘競技,体育と競技,8(1929)8:50-54, 10:51-57, 12:42-44(Wright, F.A., Greek Athletics. London 1925)。ダイアナ・ワッツ,古代ギリシャ式の体操と舞踏,体育と競技,5(1926)4:31-38.(講演記録)。金栗四三,古代オリンピック競技会,体育と競技,1(1922)3:32-56, 5:28-33.(典拠の記載なし)。加治千三朗,ギリシャ体育講和(其三),体育と競技,9(1930)4:86-93, 5:96-102, 6:54-58, 7:24-30, 8:42-43, 9:54-58, 10:36-43, 11:29-37(Forbes, C.A., Greek Physical Education. New York 1929)。可児徳,現代競技運動の起源,体育と競技,1(1922)1:34-38, 2:50-53, 3:27-31.(典拠の記載なし)。河合勇,古代ギリシャの陸上競技法,体育と競技,18(1939)2:45-48, 3:41-43, 4:47-50, 5:43-44, 6:49-51, 7:36-40, 9:49-56(ドイツのギリシャ研究と次の文献。Mazö, F., Geschichte der Olypischen Spiele. München 1930)。今村嘉雄,ギリシャ思想と体育,体育と競技,8(1929)10:4-11.(典拠の記載なし)。今村嘉雄,オリムピック祭,体育と競技,8(1929)6:14-19, 7:27-32(Gardiner, E.N., Olympia. Its History and Remains. Oxford 1925)。今村嘉雄,オリムピック制度の証跡,体育と競技,8(1929)8:45-49, 10:47-51 (Gardiner, E.N., Olympia. Oxford 1925)。平沼良,オリンピア競技史,体育と競技,10(1931)3:37-41, 5:18-20, 6:51-54, 7:40-43, 9:44-50, 10:28, 11:28-32, 12:27-34, 11(1932)1:51-54, 3:54-60, 4:52-60, 5:58-63, 12(1933)2:48-55, 12:50-55, 13(1934)2:52-55(Boetticher, A., Olympia. Berlin 1883. Mazö, F., Geschichte der Olypischen Spiele. München 1930. Bogeng, G. A.E, Geschichte des Sports aller Völker und Zeiten. Leipzig 1926. Gardiner, E.N., Olympia. Oxford 1925. Hyde, W.W., Olympic Victor Monuments and Greek Athletics Art. Washington 1921)。野口源三郎,古代オリムピックの陸上競技,体育と競技,15(1936)5:26-39, 6:20-29, 7:49-62, 8:4-11.(参考文献と典拠の記載なし)。(括弧内は当該論文の主要な典拠文献)

82) 廣井家太,文芸復興中の芸術と体育との関係,体育と競技,13(1934)10:73-81.(「B.F.W. ハイデン氏による」とあるが,典拠を確認できなかった)。鈴木康雄,西洋武士物語,体育と競技,4(1925)8:77-81, 11:92-94, 12:47-50, 5(1926)5:95-97, 6:87-90.(典拠の記載なし)。

83) 下津屋俊夫,瑞典体操の始祖リングと現代体育,体育と競技,5(1926)12:27-32。大石峰雄,スエーデンの体育先覚者としてのリンドフオーズ,体

育と競技，16(1927)11:87-90。須加精一，ヤーン以前の学校体操，体育と競技，1(1922)5:34-38。今村嘉雄，汎愛派体育思想の歴史的意味，体育と競技，11(1932)10:6-11, 11:10-16, 12:35-39。

84) ドロシイ・エス・エインスワース著，河出信策・都築重雄共訳，米国女子カレツヂ体育史，体育と競技，14(1935)12:33-38, 15(1936)1:23-28, 2:31-37, 3:52-55, 4:41-48, 5:85-92. (Ainsworth, D.S., The History of Physical Educaition in Colleges for Women の introduction, New York 1930)。また，ドイツ・フランス・イギリス・中国・日本の文献を活用している土屋の球技の歴史に関する論文も興味深い。土肥冬男，球戯の歴史，体育と競技，11(1932)1:46-50, 2:30-33, 3:38-41, 4:37-41, 5:51-58, 6:32-33, 7:40-43。

85) 岸野雄三，体育の文化史，不昧堂出版，1969年（1959），79-101頁。ここでは，97頁。さらに，岸野は『レクレーションの文化史』においても，「『暗黒』的中世観の誤り」を指摘している。しかも，彼は例えば騎士のトーナメントに「民衆の好む弓射競技やその他の種目を，番外的に加えるようになった」という事例を挙げて，中世における「スポーツは階級融合の大きな要因になった」とも指摘している。岸野雄三・小田切毅一，レクレーションの文化史，不昧堂出版，1972年，93-106頁。ここでは，93頁。

86) 東京教育大学体育学部体育史研究室編著，図説世界体育史，新思潮社，1964年。水野忠史，体育史概説：西洋・日本，体育の科学社，1966年。体育思想史序説，世界書院，1971年。須郷智，西洋体育思想史概説，駿河台出版社，197年4。邦の舞踊史も「中世暗黒史観」に基づいている。邦正美，舞踊の文化史，岩波書店，1968年。

87) 岸野雄三編著，体育史講義，大修館書店，1984年。浅見俊雄ほか編，体育・スポーツの歴史，現代体育・スポーツ体系　第2巻，講談社，1984年。これら2著の「ヨーロッパ中世」の項は著者が担当した。成田十次郎編著，スポーツと教育の歴史，不昧堂出版，1988年。なお，成田は以下の論考において，ドイツ中世体育を肯定的に論述している。世界教育史研究会編，世界教育史体系　31　体育史，講談社，1975年，13頁。体育・スポーツの歴史―私の講義ノートより―中世の体育とスポーツ，学校体育，1975, 7:135-138, 9:142-147, 10:136-142。近代ドイツ・スポーツ史　I　学校・社会体育の成立過程，不昧堂出版，1977年，31-43頁。

88) 寒川恒夫編，図説スポーツ史，朝倉書店，1991年。稲垣正浩・谷釜了正編著，スポーツ史講義，大修館書店，1995年。稲垣正浩ほか編著，図説スポーツの歴史：「世界スポーツ史」へのアプローチ，大修館書店，1996年。木村吉次編著，体育・スポーツ史概論，市村出版，2001年。新井博・榊原浩晃編著，スポーツの歴史と文化―スポーツ史を学ぶ―，道和書院，2012年。ところで，稲垣は『図説スポーツ史』（寒川編，1991）において，古代社会と近

第4章　ドイツ中世スポーツ史研究の歴史

代社会の間に位置する「前近代」という時代区分について，次のように述べている（58-59頁）。「近代スポーツを生み出した近代社会に対するアンチ・テーゼとしての中世・近世社会をより際立たせよう，という意図があってのことである」。また，彼は前近代社会におけるスポーツの特質を「古代社会のスポーツをキリスト教的に再編し，中世都市を母体にして土着性を排除した普遍的なスポーツを醸成していった」と指摘している。

89) 大熊廣明，体育史研究の成果と課題，体育学研究，50(2005)3:311-322。ここでは312頁。なお，大熊は体育学会の発足の経緯と，体育史研究の成果に関する論考として，次のような論文を挙げている。加藤橘夫，日本体育学会の誕生，体育の科学，1(1950):51-55。加藤橘夫，大学体育の創設と体育学会の発足［1］［2］，体育の科学，26(1976):814-817, 895-898。木村吉次，体育史研究の20年，体育の科学，19(1969):695-700。木村吉次，体育史研究の動向，体育の科学，23(1973):484-488。木村吉次，「体育史」研究の動向，体育の科学，30(1980):876-878。加藤元和，体育史研究の成果と課題，体育の科学，25(1975):787-790。Abe, I., Historical Studies of Sport and Physical Education in Japan: Recent developments. In: the International Journal of the History of Sport. 8(1991):291-295.

90) 楠戸一彦，16世紀のドイツ都市アウグスブルクにおける「Fechtschule」に関する規程，体育学研究，29(1984)1:53-62。ドイツ中世スポーツ史研究の課題，体育学研究，42(1997)4:292-297。川村英男ほか，ルネサンスにおけるイタリアの体育，体育学研究，11(1967)4:231-236。なお，加藤は「近代初期における身体運動の史的研究」と題して，日本体育学会の第25回大会（昭和49年）から第36回大会（昭和60年）まで11回発表している。内容は主としてイギリス近世が中心であるが，ドイツに関しては「Hans Sachsのスポーティな世界」と題して発表している（第36回大会）。加藤元和，近代初期における身体運動の史的研究(3)—Hans Sachsのスポーティな世界—，金沢大学教育学部紀要　教育科学編，34(1985):191-204。

91) 楠戸一彦，ドイツ中世後期における剣士ゲゼルシャフトの研究—「マルクス兄弟団」の規約と目的に関する一考察—，体育史研究，2(1985):23-29。15・16世紀のドイツ都市アウグスブルクにおける射手祭，体育史研究，8(1991):1-14。アウグスブルクにおける1509年の「公開射撃大会」の開催費用，体育史研究，12(1995):11-22。ニュルンベルクの公開射撃大会(1458)，体育史研究，15(1998):43-51。P.H. マイル(1517-1579)の射撃に関する年代記，体育史研究，18(2001):29-38。アウグスブルクにおける1559年の競馬大会，体育史研究，20(2003):23-30。

92) 大熊廣明，前掲書，314-315頁。

93) 中房敏朗，イギリス中世のフットボール再考，スポーツ史研究，3(1990):41-

46。稲垣正浩，テニス球戯起源論とペロタ球戯（バスク民族）の関係について—H. ギルマイスターの仮説批判　その1—，スポーツ史研究，10 (1997):23-40。奈良重幸，テニスのサービス再考—用語の解釈を巡って—，スポーツ史研究，5(1992):55-59。楠戸一彦，スポーツ史資料：アウグスブルクの自由射的祭（1509）年への招待状，スポーツ史研究，5(1992):43-53。15世紀前半のドイツにおける「公開射撃大会」への招待状—シュパイエルの「射手状」(1445)—，スポーツ史研究，12(1999):56-62。G. リュクスナーの『トーナメント書』(1530)に関する一考察，スポーツ史研究，19(2006):31-40。ドイツ中世後期の「トーナメント」に関する研究—ハイルブロンの「トーナメント規則」(1485)の成立事情，スポーツ史研究，22(2009):21-31。

94）国立情報学研究所が提供しているデータベース「GeNii」(http://ge.nii. ac.jp/genii/jsp/index. jsp)において，「中世」「体育」「スポーツ」で検索すると，ヨーロッパにおける「中世スポーツ」に関する論文は塩入による一連の研究のほか，次のような論文が載録されている（学会発表の抄録を除く）。塩入宏行，ヨーロッパの剣術における剣の奪取，埼玉大学紀要〔教育学部〕教育科学，46(1997)1-3:55-68。中世フランスの狩猟について，前掲書，34 (1985)3:73-81。騎士道の軍事的徳目— 7 Prouesse, Loyaute, Courtoisie について—，前掲書，32(1983)2:77-83。鷹の馴養・訓練法に関する研究—1—，埼玉大学紀要〔教育学部〕人文・社会科学，25(1976)1:151-161。シェークスピア時代の鷹狩に関する一考察—シェークスピアの作品を中心として—，前掲書，23(1974):109-117。フロアサールの年代記に現われたトーナメントの特徴について，大阪体育大学紀要，3(1971):59-66。トーナメントの起源と発展に関する一考察，前掲書，1(1969):45-56。新保淳，「身体」を考察することの現代的意義：中世ヨーロッパにおける心身関係の視点から，静岡大学教育学部研究報告　人文・社会科学篇，46(1995):79-90。馬場哲雄，キリスト教の身体観に関する一考察：中世の体育・スポーツ軽視の理由を探って，日本女子大学紀要　人間社会学部，1(1990):45-52, 1990。中山厚生，中世のドイツにおける騎士階級について—その身体訓練，戦技および理念—（堤廸夫教授還暦記念特集），天理大学学報，114(1978):45-64。古代ゲルマン民族の英雄の理想像における身体と精神— Tacitus「Germania」と「Nibelunglenlied」を中心にして—，前掲書，103(1976):50- 56。

第5章　ドイツ中世スポーツ史研究の史料

　主として文書を対象として研究を進めるスポーツ史研究にとって，「史料収集」は最も重要な研究作業の一つであろう[1]。筆者が研究生活を始めた約40年前は，パーソナルコンピューターは存在せず，従って現在のようなインターネットを活用した「文献検索」は不可能であった。また，ようやく「ゼロックスコピー機」が登場したばかりであり，文書の複写も簡単ではなかった。現在では，図書館の「OPAC」(On-Line Public Access Catalog) を活用することによって文献検索が極めて容易になり，紙媒体による複写だけでなく，「PDFファイル」による複写も入手可能となっている[2]。とは言え，史料の収集に当たっては，「文献目録」などに基づく史料の確認は今日でも極めて有用である。

　ドイツ中世スポーツ史に関連する史料を収集するに当たっては，単にスポーツに直接的に関連する史料だけでなく，国制・経済・社会・文化などの分野におけるスポーツに関する記述にも目を向ける必要があろう。この点で，約30年前の出版ではあるが，西川正雄編の『ドイツ史研究入門』(1984) は現在でも極めて有用な入門書である[3]。また，例えば『ドイツ語辞典』や『Lexikon des Mittealtlers』のような辞典あるいは事典においても，スポーツ史に関する史料を確認することが可能である[4]。

　さて，ドイツ中世のスポーツについて極めて概略的に言えば，貴族（騎士）は「馬上競技」（集団でのトーナメント，一対一のシュテッヘン（ジュースト））を，都市住民は弩や銃による射撃あるいはさまざまな武器による剣術を，農民は走跳投の「民族伝承的運動」(volkstümliche Übungen) を行っていた。この民族伝承的運動は貴族と都市住民も楽しんだ。また，球技

205

やダンスは，運動形態は異なっていたが，各々の身分によって行われていた。こうしたスポーツに関しては，特に14世紀以降の中世後期になると，ドイツ語による文書が作成されるようになる。以下では，主として14世紀から16世紀における特に「トーナメント」「射撃」「剣術」に関する史料の文献目録を作成すると同時に，特定の史料に関する内容紹介を行う[5]。

第1節　「トーナメント」関係史料

13世紀に数多く作成される「英雄文学」を除けば，「馬上競技」（トーナメントやシュテッヘン）に関するドイツ語による散文のテキストは，剣術や射撃などと同様に中世後期に出現し始める。以下では，17世紀初頭までに作成されたトーナメント関係史料を目録にし，次いでG. リュクスナー（Georg Rüxner）の有名な『トーナメント書』（1530）の成立と内容について概観することにする[6]。

1.「トーナメント」関係史料

1. Albertinus, Aegidius, Der Welt Turnierplatz, darinn erstlich die geistlichen Manns und Weibes Personen in ihren Zierden vnd Eigenschafften, folgends die Weltlichen, nemlich ein guter vnd böser König, das Hofgesind, die Räth, der Adel, Kriegsleut, Studenten, Theologi, Juristen, Sternseher, Alchimisten, Regenten, Richter, Aduocaten, junge vnd alte Leut, Haussvätter vnd Mütter, Seelsorger, Kauffleut, Krämer, Wechssler, Wucherer, Simonisten, vnd falsche Brüder, Wirth, Säuffer, Spieler, Tantzer, Chalcksnarzen, Schmorotzer, Ehebrecher, vermeinte Jungfrawen vnd Wittiben, Cortisanin, Kulfer vnd Kuplerin, in seltzamen Farben vnd Kleidungen, sampt etlichen erschröchlichen Thieren, auffziehen: Letzlichen kompt Christus, als Obrister Präsident vnd Richter, machet disem Tur-

第 1 節 「トーナメント」関係史料

nier den gar auß, vnd belohnet einen je glichen nach seinem verdienst. Gedruckt zu München, durch Nicolaum Henricum. Jm Jahr nach Christi Geburt, M.DC.XIV.（1614）.

2. Anjou, Rene von, Turnierbuch. Flandern oder Hennegau, um 1510-1520. In: Sächsische Landesbibliothek, Dresden. Oc. 58.

3. Beschreibung des Tourniers und Kampfspiels, so auf ankunfft Keys. Maiest. sampt dem Prinzen auf Hispanien zu Bintz gehalten, des 24. tags Augusti An. 1549. Alles zugerüst unnd bestelt durch fraw Marien zu Ungarn und Böheim Kunigin. o.O.（1550）

4. Burgkmair, Hans der Jünger, TurnierBuch（nach Anordnung Maximilians I）. 1529.

・Hefner-Alteneck, J. von（Hg.）; Hans Burgkmaier's Turnierbuch nach Anordnung Maximilians I. Frankfurt a.M. 1853.（Nachwort von R. Bentmann 1987）

5. Cellium, Erhartum, Ein Gesellen Fuß Thurnier so von Herrn Fridrichen Hertzogen zu Würtemberg gehalten zu Tübingen beschrieben in Teutsch Reimen weiß durch M. Erhardum Cellium. Tübingen 1600.

6. Clamorinius, Bartholomäus, Thurnirbüchlein: ein newer Ausszug aus dem alten Original von 36 Thurnieren von Keyser Heinrich I. Zeit an anno 936 biß auff Keyser Maximilianum den ersten; auch sonst von zweyen Ritterspielen derer vom Adel vnd anderer Herren Grafen vnd Fürsten mehr gehalten; mit einem Register darinne vber 360. Deutsche vom Adel derer Geschichte vnd Namen erzehlet werden wie sie in den alten Turnieren vor 900. Jahen gefunden werden. Zusammen verfaßet durch Bartholomäum Clamorinum. Dresden 1590/91.

7. Dess Herrn Solis Herrlicher Auffzug zum Ringrennen am 31. October dieses 1603 Jahrs zu Hamburg gehalten. Magdeburg 1603.

8. Dilich, Wilhelm, Beschreibung und Abriss dero Ritterspiel so Landgraff Moritz auff den fürstlichen Kindtauffen Fraewlein Elisabethen und Herrn

Moritzen dess anderen Landgraffen zu Hessen am fürstlichen Hoff zu Kassel angeordnet und halten lassen. Kassel 1601.

9. Elsaßer, Sigmund, Warhaffte Beschreibung und Abcontrafectung welcher massen Ferdinand Ertzherzog zu Oesterreich den 14 tag Monats Februarii Anno etc. (1580) in Ynnsbruck einen Thurnierplatz gehalten. Innsbruck 1581.

10. Die Pilgerfahrt Ludwig des Jüngeren von Eyb nach dem heiligen Lande (1476).

・Hg. und erläutert von C. Geyer. In: Archiv für Geschichte und Altertumskunde von Oberfranken. XXI. 3. S.1- 51.

11. Eyb, Ludwig von, Kriegsbuch. 1500. In: Universitätsbibliothek Erlangen. Ms. B. 26.

12. Eyb, Ludwig von, Turnierbuch. 1519. In: Bayerische Staatsbibliothek, München. cgm 961.

・Stamm, H., Das Turnierbuch des Ludwig von Eyb (Cgm 961). Stuttgart 1986.

13. Francolin, Hannsen von, Thurnier-Büch warhafftiger ritterlicher Thaten, so in dem Monat Junii des vergangenen LX Jars in und außerhalb der Statt Wienn zu Roß und zu Füß auff Wasser und Lannd gehalten worden. Wien 1560.

・Frankfurt a.M. 1566, 1578, 1579.

14. Frischlin, Jacob, Drey schöne vnd lustige Bücher von der Hohen Zollerischen Hochzeit. Augsburg 1599.

15. Frischlin, Jacob, Beschreibung des fürstlichen Apparats Auffzugs welcher bey dem Ritterlichen Thurnier und Rennen in der Fastnacht zu Stuttgart gehalten worden samt einem wunderbartlichen Feuerwerk in Gegenwart fürstlicher & gründlicher personen. Stuttgart 1602.

16. Frischlin, Nicodemus, Gladiatorium seu Gymnicum certamen. Tübingen 1577. (K. Christ Beyerが1578年にドイツ語に翻訳した)

第1節 「トーナメント」関係史料

17. Gebsattel, Siegmund von, Aufzeichnungen über die Turnier zu Stuttgart, Ansbach, Bamberg und Worms. In: Bayerische Staatsbibliothek, München. cgm 300.(Cod. germ. monac. No.300)
18. Graminäus, Dietrich, Fürstlicher Güligscher und Hochzeit. Gedruckt zu Coelln. 1587.
19. Grisoni, Fridericus, Hippoxomixe. Künstlicher Bericht und allerzierlichste beschreybung der Edlen, Vhesten und Hochberübten Ehren Friderici Grisonis Neapolitanischen hochlöblichen Adels: Wie die Streitbarn Pferdt (durch welche Ritterliche Tugendten mehrestheils geübet) zum Ernst und Ritterlicher Kurtzweil geschickt und vollkommen zu machen. In sechs Bücher bester Ordnung, wolverstendlichem Teutsch und zierlichen Figuren (mit anhengung etzlicher Kampfstuck) der massen in Druck verfertigt, das dergleichen in Teutschland niemals ersehen worden. Würtzburg 1570.(1599)
20. Haller, Barthelme, Turnierbuch. Ca 1500. In: Germanisches Nationalmuseum, Nürnberg. No. 1829.
 ・Auszugsweise abgedruckt in: L.A. Frh. von Gumppenberg: Nachrichten über die Turniere zu Würzburg ud Bamberg in den Jahren 1479 und 1486. Archiv für Historische Verein von Unterfranken. 19(1866):164-210.
21. Herzog Heinrich des Mittleren von Braunschweig-Lüneburg, Turnierbuch. In: Preußische Staatsbibliothek, Berlin. Libr. pict. A 2.(Erstes Viertel des 16. Jahrhunderts.)
22. Hollandt, Johann, Turnierreime. 1424.
 ・Abgedruckt in: Wiguleus Hund, Bayrisch Stammbuch. Ingolstadt 1585-86. und bei Raimund Duellius: Excerptorum genealogica-historicorum libri duo, Quorum I. 1725.
23. Johann Friedrichs I. von Sachsen, Turnierbuch. Werkstatt Lukas Cranach d. Ä. um 1535. In: Coburg Veste, Coburg, Kunstsammlungen, Ms 2.
24. Kraichgauer Turnierbuch. Heilbronn(?). um 1615. In: Bibliotheca Aposto-

lica Vaticana, Rom. Cod. Ross. 711.
- Turnierbuch. Ritterschaft. Cod. Ross. 711. Turnierbuch aus der Kraichgauer Ritterschaft. Entstanden um 1615. Faks.-T. Kommentarband von Lotte Kurras. Zürich 1983.

25. Maximilians „Freydal". In: Germanisches Nationalmuseum, Nürnberg. H 370/Kps/18. 1516.
   - Leitner, Q. von, Freydal: des Kaisers Maximilian I. Turniere und Mummerein: Mit einer geschichtlichn Einleitung, einem facsimilirten Namensverzeichnisse und 255 Heliogravuren. Herausgegeben mit allerhöchster Genehmigung S.M. des Kaisers Franz Joseph I. unter Leitung des K.K. Oberstkämmerers Feldzeigmeister Franz Grafen Folliat de Crenneville von Quirin von Leitner. In: Jahrbuch der Heraldischgenealog. Vereins Adler in Wien. 9(1882):61-63.

26. Magnus, Olaus, Historia delle genti et della natura delle cose settentrionali. In: Germanisches Nationalmuseum, Nürnberg. 4° G 10142. (Venedig 1565; Lateinische Ausgabe, Basel 1567)

27. Mair, Paulus Hector, Fecht-, Ring- und Turnierbuch. Augsburg um 1542. In: Sächsische Landesbibliothek, Dresden. Mscr. Dresd. C 93- 94.

28. Modius, Franz, Pandectae Triumphales. Francof. ad. M. impensis Sigismundi Feyerabendii MDLXXXVI. 1586. (Rüxner's Turnierbuch のラテン語訳)

29. Ordnung des Thurniers zue haydelberg Dinstags nach Bartholomei Anno 1481. In: Bayerisches Hauptstaatsarchiv, München. Nothaft Lit. 1988.

30. Perac, Etienne du, Kupferstich. (Turnier im Theaterhof des Vatikans). 1565. In: Germanisches Naitonalmuseum, Nürnberg. HB 21819/Kps. 1379.

31. Pfintzing, Melchior, Die geverlichheiten und eins teils der geschichten des löblichen streytparn und hochberumbten helds und Ritters herr Tewrdanckhs oder Mximiliani I. Römischen Kayers. 1517.

第1節 「トーナメント」関係史料

32. Raidenbuch, Wilhelm von, Turnierbuch. 1510.
 ・Auszugsweise abgedruckt bei L.A. Frh. von Gumppenberg: Die Gumppenberger auf Turnieren. Würzburg 1862. S.51 ff.
33. Rügen, Joerg, Turnierchronik. 1494. In: Bayerisches Hauptstaatsarchiv, München. Nothaft Lit. 1200.
34. Sachs, Hans, Der ursprung und ankunfft des Thurniers. Wie, wo, wenn und wie viel im Deutschland sindt gehalten worden. Nürnberg 1541.
35. Schemel, Jeremias, Das umfassende Reit-, Harnisch- und Turnierbuch des Kaisers. um 1565.
36. Schön, Erhard, Holzschnitt. (Turnier zwischen Hahn und Gans). um 1533. In: Schloßmuseum, Gotha. G. 1195.
37. Sittenbach, Johann Sigmund Prechtel, Turnierbuch. In: Bayerisches Hauptstaatsarchiv, München. Nothaft Lit. 1073.
38. Sturm, Caspar, Geschichtsbeschreibung Kaiser Karls V. Belehnung um das Erzherzogtum Österreich, samt Anzeigung der fürstlichen Reiterspiele in Zeit des Reichstages im 1530 Jahr zu Augsburg gehalten. Augsburg 1531.
39. Turnierbuch. In: Württembergische Landesbibliothek, Stuttgart. Cod. hist. 298. (Anfang des 16 Jahrhunderts.)
40. Die Turnire und Wolf Wolfraths Begebenheiten und Beschreibung des Turniers zu Wien im Jahre 1565.
41. Turnierhandschrift. In: Badische Landesbibliothek, Karlsruhe. K.S. Schrank I, 1. (Mitte des 16. Jahrhunderts).
42. Wallhausen, Johann Jacob, Ritterkunst, darinnen begriffen I. Ein treuhertziges Warnungsschreiben wegen des betrübten Zustandes jetziger Christenheit. II. Unterricht in allen Handgriffen, so ein jeder Cavallirer hochnöthig zu wißen bedarf. Frankfurt a.M. 1616.
43. Walther, Marx, Tournierbuch. Ende des 15. Jahrhunderts. In: Bayersiche Staatsbibliothek, München. Cgm 1930.

44. Wilhelm IV. von Bayern, Turnierbuch. Gemalt von Ostendorfer. 1541. In: Bayerische Staatsbibliothek, München. Cgm. 2800.
- Leidinger, G. (Hg.), Miniaturen aus Handschriften der Kgl.Hof- und Staatsbibliothek in München. 1913. Heft 3. S.3-28.
- Schenk, H., Turnier-Buch des Herzogs Wilhelm IV von Bayern, 1510-45. Hg. von J.C.S. Kielhaber, mit Erklärungen von F. Schlichtegroll. München 1817（1518）.（Facsimilie nach dem Originalmanuskript hg. von F. Rechhardt, München 1880/81.）
- Schlichtegroll, F. (Hg.), Turnier Buch Herzogs Wilhelm des Vierten von Bayern von 1510 bis 1545. Nach einem gleichzeitigen Manuscript der königl. Bibliothek zu München treu zu Steindruck nachgebildet von Theobald und Clemens Senefelder, mit Erklärungen begleitet von Friedrich Schlichtegroll. München. 1817.
45. Wirsung, Marx, Von wann und umb wellicher Ursachen willen das loblich Ritterspil des Turniers erdacht und zum ersten geuebet worden ist. Augsburg 1518.
46. Zweter, Reinmar von, Codex Manesse.（Turnierspruch. In: Universitätsbibliothek, Heidelberg. Cpg 848）.（Erste Hälfte des 14. Jahrhunderts.）

2. G. リュクスナーの『トーナメント書』（1530）の刊行と内容[7]

1) ゲオルグ・リュクスナーの経歴と紋章官

著作の中で自らを「紋章官にして紋章精通者，別名ヒエルサレム」[8]と称するゲオルグ・リュクスナー（Georg Rüxner）の経歴に関しては，次の点が明らかにされているだけである。(1) 1519年にフランクフルトa.M.で開催された神聖ローマ皇帝カール5世の選定会議に関する報告書を作成しており，したがって皇帝マクシミリアンの時代には「帝国紋章官」（Reichsherold）であった[9]。(2) ニュルンベルクの1525年と1526年の都市会計帳簿に彼の名前が見られ，「神聖ローマ皇帝の紋章官」あるい

は「皇帝の紋章官エルサレム」と記載されている。1526年の会計帳簿からは，彼が1198年のニュルンベルクでのトーナメントに関する記録をニュルンベルク参事会に提出したことが明らかになる[10]。(3) 彼の著作から，彼は1530年には「ライン宮中伯とバイエルン公にしてシュパンハイム伯であるヨハン2世」に仕えていた紋章官であったことが明らかになる[11]。このように，リュクスナーが「エルサレム」(Jerusalem) という別名を有する紋章官であったこと以外には，生没年も含めて彼の詳細な経歴について不明である。

ところで，「紋章」(Wappen) は，家族あるいは団体の「彩色された図徽章」(farbiges Bildkennzeichen) である。楯や兜に描かれる紋章は，個々の戦士を視覚的に確認できる目印として，十字軍と関連して12世紀前半に登場した。しかし，13世紀になると，紋章は「家族全体の相続しうる徽章」となり，封建制における相続問題と関連して「法的拘束力を持つ妥当性」を獲得した[12]。15世紀になると，紋章を着用する習慣は領邦貴族だけでなく都市貴族にも拡大した。この時代になると，戦闘技術と武装の変化によって，紋章は戦士を区別する徽章という本来の意味を失い，トーナメントにおいて家系を証明する徽章として大きな役割を果たすようになった。同時に，このような徽章としての紋章の図柄は複雑化し，その解釈には特別な知識が必要であった。この知識を有するのが紋章官であり，皇帝や国王などの貴族は独自の紋章官を任命していた。

トーナメントにおいて重要な役割を果たした紋章官の仕事は，「トーナメントへの招待，参加者のトーナメント資格の決定，トーナメント規則や宮廷作法及び騎士的徳の厳守の監視，年代記と紋章書の作成，紋章学に従った新たな紋章の作成，紋章誤用への処罰，封土や貴族に関する訴訟の裁定，決闘の際の挑戦状の手交」などであった[13]。

2) 『トーナメント書』の刊行

リュクスナーは『トーナメント書』を作成する動機について，次のように述べている[14]。「アウグスブルクの市民であるマルクス・ヴュルズンク

が，ザルツブルク修道院の大膳頭であり騎士であるヒューブルクのハンス・フォン・デア・アルベンを讃えるために，トーナメントと呼ばれる騎士遊戯の規則を紹介するパンフレットを印刷させた」。しかし，このパンフレットは「系譜を悪用した罪人によって誤った方向に導かれており，私には決して信頼できるものとは思われない」。そこで，彼は本書の誤りを正し，ドイツ貴族を讃えてより正確なトーナメント書を作成することを自らの義務とした。

　このように，リュクスナーの直接の動機は，M. ヴュルズンク (Marx Würsung) のトーナメント書の誤りを正すことにあった。しかし，その背景には，一方では上述のニュルンベルクの事例に見られるように，自らの家系が貴族に由来することを証明したいという特に都市貴族の願望があり，他方では後述するように，都市貴族によるトーナメント参加を排除しようとする貴族の企てがあった。したがって，貴族と都市貴族の双方にとって「系譜学」は非常に重要であり，トーナメントに参加した貴族の名前が列記されているリュクスナーの『トーナメント書』は，系譜学からも貴重な図書であった[15]。

　リュクスナーのトーナメント書は「ドイツ国におけるトーナメントの始まりと起源と由来」(Anfang: vrsprung: vnnd herkommen des Thurnirs in Teutschen Nation) というタイトルを有し，「出版業を営み，ジーメルン宮中伯宮廷書記であるヒエロニムス・ロードラーによって印刷され，1530 年 10 月最後の日に完成した」[16]。本書は，後述するように，H. ロードラー (Hieronimus Rodler) の死（1539 年）後も今日まで数多くの再版や増版あるいは抜粋版が刊行されている。例えば，1566 年にはフランクフルト a.M. の有名な出版業者である S. ファイエルアーベント (Sigmund Feyerabend) が抜粋版を出版し，1578 年には 1566 年版の再版を出版している。彼は 1579 年にも抜粋版を出版し，1586 年にはラテン語版を出版している。さらに，1590 年には B. クラモリヌム (Bartholomaeum Clamorinum) によって，1628 年には S. ミュンスター (Sebastian Münster) によって，1725 年には G.S. シュバルティス (Georgii S. Schvbarti) によって，1766 年には J.A. ミ

ューラー (Johann A. Müller) によって縮刷版が刊行され，第二次世界大戦後も復刻版が出版されている。

(1) Simmern 版

Rüxner, Georg; Anfang: vrsprung: vnnd herkommen des Thurnirs in Teutscher Nation. Wieuil Thurnier hiß vff den letsten zu Worms, auch wie, vnd an welchen ortten die gehalten, vnd durch was Fürsten, Grauen, Herrn, Ritter vnnd vom Adel, sie ieder Zeit besucht worden sindt. Zu lobwirdiger gedechtnuß Römischer Keyserlicher Maiestat, vnnsers allergnedigsten Herrn, vnd alles Teutschen Adels, Hohen vnd Nidern stands voreltern, außgangen. Mit Keyserlicher freiheyt Sechs jaren nitt nachzurucken. Gedrcukt bei Hieronyms Rodler in Simmern. 1530, 1532 und 1533. (Reprint der Prachtausgabe Simmern 1530. Hg. von Eike Pies. Solingen 1997.)

・Frankfurt 版 (1566, 1570, 1578/79, 1586)[17]

Rüxner, Georg; ThurnierBuch. Wahrhafftige Beschreibunge aller kurtzweil vnd Ritterspiel, so der durchleuchtigst, Großmechtigst Fürst vnd Herr, Herr Maximilian, Künig zu Beheym, Ertzherthog zu Oesterreich, Hertzog zu Burgund, u. dem Allerdurchleutigsten, vnüberwindlichsten Fürsten vnd Herrn, Herrn Ferdinand, erwehlten Römischen Kayser, u. jrer K. M. Herr Vatter, zu gehorsamsten wolgefallen, vnd zu fröhlicher ankunfft deß Hochgebornen Fürsten vnd Herrn, Herrn Albrecht Hertzogen in Beyern, auch jrer K. M. geliebsten Brüdern vnd Schwestern, in das fruchtbar Ertzhertzogthum Oesterreich, zu Ehre, bey vnd in der weitberümpten Statt Wien, zu Rossz vnd Fuß, auff Wasser vnd Land, mit sonderer verwunderung vnd frolockung lassen halten. Getruckt zu Franckfurt am Mayn, im Jar M. D. LXVI. Getruckt zu Franckfurt am Main, bey Georg Raben, in verlegung Sigmund Feyerabends vnd Simon Hüters. Als man zalt nach Christi geburt tausent, fünffhundert, sechß vnd sechtzig Jar. 1566. (Faksimile-Nachdruck. Hg. von Karl R. Pawlas. Schloß 1964.)

Rüxner, Georg; Thurnierbuch, Das ist: Warhaffttigentliche vnd kurtze Beschreibung, von Anfang, Vrsachen, Vrsprung vnd Herkommen, der Thurnier im heyligen Römischen Reich Teutscher Nation, Wie viel offentlicher Landtthurnier, von Keyser Heinrichen dem Ersten dieses Namens an, biß auff Keyser Maximilian den Andern, Hochlöblicher Gedächtnuß, vnsern Allergnädisten Herrn, vnd in welchen Stätten die alle gehalten, Auch durch welche Fürsten, Graffen, Herrn, Ritter, vnd vom Adel, dieselben jeder zeit besucht worden. Alles jetzunder von neuwen zusammen getragen, mit schönen neuwen Figuren, sonderlich auch der Adelischen Wapen, auff das schönest zugericht, vnd allen Adels Personen der hochberümptesten Teutscher Nation, Hohes vnd Nidern Stands, zu ehren vnd sonderem wolgefallen, jetzt widerumb auff ein neuwes an Tag geben, dergleichen nie gesehen worden. Mit Römischer Keyserlicher Maiestat Freyheit, nicht nach zu drucken. Gedruckt zu Franckfurt am Mayn, im Jar M. D. LXXIX.（1579）

(2) 抜粋版

Clamorinum, Bartholomaeum; Thurnirbüchlein, Ein newer Ausszug, aus dem alten Original, von 36. Thurnieren, von Keyser Heinrichs des ersten zeit an, Anno 936. biß auff Keyser Maximilianum den ersten, welcher regieret hat im 1487. Jar. Auch sonst von zweyen Ritterspielen, derer vom Adel vnd anderer Herren, Graffen vnd Fürsten mehr gehalten. Das erste, zu Bintz in Brabant, Keyser Carolo V. vnd seim Sohn Philippo, dem Printzen in Hispanien, sampt dem herrlichen einzuge zu Brussel, zu ehren gehalten, im Jar 1549. Das ander, zu Wien in Osterreich, dem Kayser Ferdinando zu ehren angestalt, von König Maximiliano seinem Sohne, im Jar 1565. Mit einem Register darinne vber 360. Deutsche vom Adel derer Geschlecht vnd Namen erzehlet werden, wie sie in den alten Thurnieren vor 900. Jaren gefunden werden, zusammen verfasset durch M. Bartholomaeum Clamorinum. Dreßden 1590.

Münster, Sebastian; Cosmographia. Beschreibung der ganzen Welt. Basel 1628.（Abgedruckt in München 1820 bei Seybold, und 1824 bei Finsterlin.）

Schvbarti, Georgii Schvbarti; Oratoris ac Historici Clarissimi, de Ludis Eqvestribvs vvlgo Thurnier= und Ritter=Spielen commentation Historica cvm additamentis eivsdem et viri celeberrimi Bvrcard. Gotthelf. Strvvi prium editis recensvit Brevemqve de vita et scriptis B. Schvbarti Narrationem praemisit D. E. D. Halae Magdeburgicae. Apud Ioh. Christophorum Krebsium, 1725.

Müller, Johann; Gründlich ausgeführter Discurs, Ob Georg Rixners, gewesenen Bayerischen Herolds, teutsches Thurnier=Buch pro Scripto Authentico zu halten, und wie weit demselben Glauben zu zustellen sey mit dreyen Extracten aus dem Thurnier=Buch, vnd zweyen noch nie gedruckten Anhängen begleitet, so als der zweyte Theil des Nürnbergischen Schönbart=Buchs und Gesellen=Stechens zu gebrauchen. Jm Jahr 1766.

3)『トーナメント書』の内容

　H. ザックスの『トーナメント格言』（1541年）[18]に大きな影響を及ぼしたリュクスナーのトーナメント書は表題，出版特許（2^r），前書き（2^v-7^v），序文（1^r-28^r），本文（28^v-402^v），索引（403^r-407^r）から構成されている。（表13を参照。）序論では，古代のギリシャとローマの歴史家や哲学者の言説を引用しながら，トーナメントの起源が論じられている。本論では，938年のマグデブルクでの第1回トーナメントから1487年のヴォルムスでの第36回トーナメントまでと，1451年のニュルンベルクのトーナメントの全部で37のトーナメントが記載されている。各々のトーナメントに関しては，最初にトーナメントの回数，主催者である諸侯あるいは騎士団の紋章図，大会委員である4人の「トーナメント王」（Turnierkönig）の紋章図，開催地である都市の紋章図が掲載され，続いて参加した貴族の名前と共に競技の経過に関する記述が続く。

第5章　ドイツ中世スポーツ史研究の史料

　各々のトーナメントに関する記述から，次のような競技会開催の経過あるいは競技方法が明らかになる[19]。先ず，トーナメントの主催者は，開催の一年前までに「先発隊」（Turnierweber, vorreyser）を開催地となる都市に派遣する。彼ら先発隊は都市当局とトーナメント開催に関するさまざまな問題を交渉する。例えば，参加者の安全の確保，開催期間中の参加者の諸特権の確保，競技施設の建設，開催期間中の警備，宿舎と飼い葉の手配，舞踏館の手配，など。他方，トーナメント参加を呼びかける「招待状」が紋章官によって各地の諸侯や騎士団に伝えられる。

　トーナメントに参加しょうとする者は，競技開催前の日曜日には開催地となる都市の宿舎に到着していなければならなかった[20]。月曜日には，全参加者の登録受け付けの記名がなされる。同時に，参加者の中から大会運営を指揮する「実行委員」（Turniervogt），参加資格の審査（Helmschau）と対戦の組分（Helmteilung）を行う老若男女からなる「競技委員」（Ältestenrat），競技の際の紛争に対して白い棒を持って調停に当たる「審判」（Grießwertel）が選出された。火曜日には，兜と鎧及び剣などの武器の検査が行われると同時に，参加資格である貴族身分の確認と，参加者の組分が実施された。

　競技は水曜日（あるいは木曜日まで）に実施された。試合に出場する騎士たちは，ラッパの合図で，柵で囲まれた競技場に入場する[21]。競技場の中央には「綱」が張られており，2組に分かれた出場者はこの綱を挟んで対峙する。実行委員の試合開始の宣言後，競技委員によって綱が切断され，競技が開始される。使用される武器は棍棒あるいは剣であり，競技時間は約2時間であった。この主要トーナメント（Hauptturnier）が終了した後には，余興として単騎の騎馬戦が実施された[22]。

　競技が終わった夜には舞踏会と表彰（Dank）を伴う宴会が行われた。宴会と舞踏会には参加した騎士たちに随伴している婦人や娘たちも参加した。表彰に際しては，競技委員に選出された女性たちの中の4人の女性が，一等から四等までの賞品を「勝者」に授与した[23]。表彰された4人は次回のトーナメント大会の実行委員を務めなければならなかった。

218

4) 内容の信頼性

　リュクスナーのトーナメント書は，貴族の系譜学に大きな影響を及ぼした。しかし，彼が本書において言及している史料は，上述の M. ヴュルズンクの著作だけである。H. シュタムや L.A.F. von グンペンベルクの研究が明らかにしているように[24]，リュクスナーのトーナメント書以前に，例えば J. リュッゲン（Joerg Rugen, 1495），W.von ライデンブッハ（Wilhelm von Raidenbuch, 1510），L.von アイプ（Ludwig von Eyb, 1519）らによる「トーナメント年代記」[25] が作成されているが，リュクスナーの著作にはこれらの著作に関する言及は見あたらない。また，個々のトーナメントの歴史に関する史料や記録に関する言及も見あたらない。

　グンペンベルガーが指摘するように，既に 16 世紀後半には，J. シュツンプフ（Johannes Stumpf）や W. フント（Wiguleus Hund）あるいは C. シュペンゲンベルク（Cyriacus Spengenberg）が，リュクスナーのトーナメント書の信頼性に対して疑念を表明している[26]。また，1728 年に刊行された著者不明の小冊子[27] は，フントやシュツンプフあるいはシュペンゲンベルクなどの言説を引用しながら，リュクスナーの信頼性に疑問を投げかけている。さらに，ニュルンベルクの参事会書記である J.A. ミューラーは，1766 年に刊行した著作の中で，年代記など様々な文書に基づいてリュクスナーの叙述の信頼性を詳細に検討している[28]。他方で，19 世紀になっても E.H. クネシュケ（Ernst H. Kneschke）の『新ドイツ貴族事典』はリュクスナーの叙述をそのまま受け入れている[29]。

　ところで，L.A.F.von グンペンベルガーは『トーナメントでのグンペンベルガー家の人々』（1862）と題する著作において，自らの系譜の確認を目的として，リュクスナーのトーナメント書の信頼性を，さまざまな史料に基づいて検証している[30]。すなわち，彼は W.von ライデンブッハや L.von アイプあるいは M. ヴュルズンクらのトーナメント年代記，W. フントらの系譜書，ニュルンベルクの都市年代記，同時代のさまざまな文書，これらに依拠しながら，リュクスナーの著作において言及されている全部で 37 のトーナメントに関する信頼性を検証している。彼によれば，次

のトーナメントが同時代の史料によって確認される。1284年のレーゲンスブルク，1296年のシュヴァインフルト，1392年のシャッフハウゼン，1396年のレーゲンスブルク，1403年のダルムシュタット，1479年のヴュルツブルク，これ以後の8回のトーナメント。（表13における「信頼性」の欄を参照。）

表13 『トーナメント書』の内容

丁数	回	年月日	開催都市	主催者	信頼
1ʳ		本のタイトル			
1ᵛ		皇帝カール5世の紋章図			
2ʳ		H. ロードラーが1527年10月4日に皇帝カール5世より得た出版特許状の写し			
2ᵛ-7ᵛ		トーナメント書の序言			
1ʳ-28ʳ		トーナメント書の序論			
28ᵛ-47ʳ	1	938.1.7	マグデブルク	神聖ローマ皇帝ハインリッヒ1世	×
47ʳ-60ʳ	2	942.7.4	ローテンブルク	フランケン大公コンラート	×
60ᵛ-69ʳ	3	948.11.7	コンスタンツ	シュヴァーベン大公ルドルフ	×
69ᵛ-77ʳ	4	969.12.6	メルゼブルク	マイセン辺境泊リダック	×
77ᵛ-85ᵛ	5	996.1.13	ブラウンシュヴァイク	ザクセン辺境泊ルドルフ	×
86ʳ-95ʳ	6	1019.2.9	トリーア	神聖ローマ皇帝コンラート2世	×
95ᵛ-104ʳ	7	1042.5.4	ハレ	神聖ローマ皇帝ハインリッヒ3世	×
104ᵛ-114ᵛ	8	1080.8.16	アウグスブルク	シュヴァーベン大公ヘルマン	×

第1節 「トーナメント」関係史料

115r-124r	9	1119.11.7	ゲッティンゲン	ザクセン大公ルドルフ	×
124v-152r	10	1165.12.6	チューリッヒ	バイエルン大公ヴェルフェン	×
152v-161v	11	1179.1.7	ケルン	ヘンネガウ伯フローレンツ	×
172r-192v	12	1198.2.9	ニュルンベルク	神聖ローマ皇帝ハインリッヒ6世	×
193r-202r	13	1209.2.9	ヴォルムス	ライン騎士団	×
202v-212v	14	1235.11.4	ヴュルツブルク	フランケン騎士団	×
213r-218r	15	1284.10.3	レーゲンスブルク	バイエルン騎士団	○
218v-224r	16	1296.8.14	シュヴァインフルト	フランケン騎士団	○
224v-229v	17	1311.8.30	ラヴェンスブルク	シュヴァーベン騎士団	×
230r-234v	18	1337.11.2	インゲルハイム	ライン騎士団	×
235r-243r	19	1362.1.10	バンベルク	フランケン騎士団	×
243v-252r	20	1374.11.13	エスリンゲン	シュヴァーベン騎士団	×
252v-262r	21	1392.11.4	シャッフハウゼン	シュヴァーベン騎士団	○
262v-267r	22	1396.8.29	レーゲンスブルク	バイエルン騎士団	○
267v-275v	23	1403.2.4	ダルムシュタット	ライン騎士団	○
276r-281r	24	1408.10.1	ハイルブロン	シュヴァーベン騎士団	×
281v-285r	25	1412.10.25	レーゲンスブルク	バイエルン騎士団	×
285v-290v	26	1436	シュツットガルト	ヴュルテンベルク伯ウルリッヒ	×
291r-295v	27	1439	ランツフート	バイエルン大公ルードヴィッヒ	×

300ʳ-318ᵛ	28	1479	ヴュルツブルク	フランケン騎士団	○
319ʳ-322ʳ	29	1480.8.29	マインツ	ライン騎士団	○
322ᵛ-344ᵛ	30	1481.8.26	ハイデルベルク	ライン騎士団	○
345ʳ-353ᵛ	31	1484.1.12	シュットガルト	シュヴァーベン騎士団	○
354ʳ-359ʳ	32	1484.9.7	インゴルシュタット	バイエルン騎士団	○
359ᵛ-377ʳ	33	1485.8.22	オノルツバッハ	フランケン騎士団	○
377ᵛ-387ʳ	34	1486.1.10	バンベルク	フランケン騎士団	○
387ᵛ-394ᵛ	35	1487.8.19	レーゲンスブルク	バイエルン騎士団	○
395ʳ-402ʳ	36	1487.8.19	ヴォルムス	ライン騎士団	○
296ʳ-299ᵛ		1451.3.7	ニュルンベルク	ブランデンブルク辺境泊アルブレヒト	○
402ᵛ	ジーメルン市の紋章図					
403ʳ-407ʳ	索引，丁づけなし					
407ᵛ	出版者，出版地，出版年					

5) トーナメント規則

　リュクスナーの『トーナメント書』には，三つの「トーナメント規則」(Turnierordnung)，即ち1479年のヴュルツブルク規則（Bl. 301ʳ-308ʳ），1481年のハイデルベルク規則（Bl. 333ʳ- 335ᵛ），1485年のハイルブルン規則（Bl. 372ᵛ-377ʳ）が所収されている。これらのトーナメント規則はリュクスナーによる創作ではなく，L.A.F.von グンペンベルクや H. シュタムの研究が示しているように，W.von ライデンブッハや L.von アイプのトーナメント書にも採録されている[31]。この意味では，リュクスナーのトーナメント書における三つのトーナメント規則に対する史料的意義は確定している，と言えよう。

　経済的・政治的・軍事的に困難な状況に置かれていた15世紀の領邦貴族にとって，トーナメントは彼らの社会的地位を誇示する重要な祝祭で

あった。このため，彼らは「トーナメント団体」を結成し，「トーナメント規則」を制定して，特に都市貴族のトーナメント参加を排除しようとした[32]。1478年，ラインラント・シュヴァーベン・フランケン・バイエルンの四つのトーナメント団体の代表は，バンベルクの会議において従来の規定を総括した新しい規定（「バンベルク規定」）を制定した。この規定は翌年のヴュルツブルクにおけるトーナメント大会から適用された。この規定は，その後，1481年のハイデルベルク会議，1485年のハイルブルンでの会議において修正が加えられた[33]。

　三つのトーナメント規則においては，個々の相違はあるにせよ，次のような内容が規定されている。(1) 参加者及び同伴女性の華美な服装の禁止。金糸銀糸が刺繍された衣服の着用や，金銀あるいは真珠のネックレスの着用などは禁止された。(2) 犯罪者の排除。偽証罪，戦場からの逃亡，名誉毀損，女性への侮蔑，高利貸し，殺人，謀反，教会への侮蔑，姦淫などの罪を犯した者は，トーナメント参加を拒否された。(3) 貴族でない者の排除。4代に遡って貴族であることを証明できない者，都市において市民となった者，商業に従事する者，貴族ではない女性と結婚した者などは，トーナメント参加を拒否された。(4) 剣の検査。剣の幅と切っ先の形が検査された。(5) 罰則。規則に違反した者は，参加者による侮蔑や舞踏会への参加禁止，あるいは馬と馬具の没収などの処罰を受けた。また，彼らは競技場の柵の上に座らされて，参加者から屈辱され，以後のトーナメントへの参加を禁止された。

　三つのトーナメント規則から上述のような内容を知ることが出来るが，例えば攻撃方法の制限や勝者の決定方法など，スポーツ史的な観点からの興味ある規定は見あたらない。

第2節　「射撃」関係史料

　ドイツ中世の射手制度に関しては，J. クレルシュ（Josef Klersch, 1967）と G. オストホフ（Gerda Osthoff, 1979）そして T. シュニッツラー（1993）

による文献目録がある[34]。中でも、シュニッツラーの文献目録は、「射撃」に関する先行研究と史料を博捜している点で出色である。彼はドイツの約130の文書館と博物館に対して射撃関係の先行研究と史料に関するアンケート調査を実施し、その結果を報告している。この点で、シュニッツラーの研究はドイツ中世の射撃研究にとって必読の文献となっている。

　ところで、弩と銃による射撃大会に関して、スポーツ史的な観点（例えば競技規則や競技方法など）から重要な史料は、今日の「競技要項」に対比できる「射手状」（射撃大会への招待状）と、射撃大会に関する記録である。以下では、T. シュニッツラー（1993）等の研究に依拠しながら、射手状と「道化師」による射撃大会記録に関する史料を整理し、次いでP. H. マイル（Paul H. Mair, 1517-1579）による「射撃年代記」の内容を紹介することにする。

1.「公開射撃大会」関係史料

1)「射手状」関係史料

　シュニッツラーの調査結果が示しているように、ドイツの文書館あるいは図書館には非常に多数の「射手状」が残されている。これらの史料すべてを言及するのは紙面の関係で困難なので、E. フライズ（Ernst Freys, 1912）の研究に依拠しながら[35]、主として15世紀の射手状を取り上げることにする。記載に当たっては、開催都市（開催年）、所蔵機関、整理番号、出典を示したが、部分的な記述にとどまっている射手状も混在している。

1. Cronenberg（1398）
   ・R.J., Mittelalterliche Schützenbriefe. In: Festzeitung zum 17. deutschen Bundes= und Goldenen Jubiläums=Schießen 1912. Frankfurt a.M. 1912. Nr. 10. S.1-3.
2. Kehlheim（1404）

- Destouches, E. von, Münchens Schützenwesen und Schützenfeste. München 1881. S.127.
3. Helmstet（1419/31）, Stadtarchiv Goslar, Schützengesellschat Nr. 66.
- 750 Jahre Goslarer Schützen 1220-1970. Hg. von der Privilegierten Schützengesellschaft Goslar von 1220. Goslar 1970. S.22.
4. Rottweil（1426）, Institut für Stadtgeschichte, Frankfurt a.M., Ubg A 85 H fol. 1.
5. Basel（1429）, Institut für Stadtgeschichte, Frankfurt a.M., Ubg A 85 P fol.3.
6. Augsburg（1432）, Institut für Stadtgeschichte, Frankfurt a.M., Ubg A 85 P fol. 21.
7. St. Gallen（1437）, Archives Manicipales de Strasbourg, III GUP 139/155/4 fol. 1-3.
8. Rothenburg（1439）, Archives Manicipales de Strasbourg, III GUP 140/155/16 fol. 2-4.
9. Strasssburg（1442）, Archives Manicipales de Strasbourg, III GUP 140/155/16 fol. 51.
10. Speyer（1445）, Archives Manicipales de Strasbourg, III GUP 140/155/16 A fol. 2.
11. Onolzbach（1447）
 - Waibel, A., Biberacher Schützen in sechs Jahrhunderten. Biberach 1900. S.34.
12. Villingen（1455）, Archives Manicipales de Strasbourg, III GUP 139/155/4 fol. 2.
13. Nürnberg（1458）
 - Die Chroniken der deutschen Städte vom 14. bis ins 16. Jahrhundert. Hg. durch die Historische Kommission bei der Bayerischen Akademie der Wissenschaften. Bd.10. Göttingen 1872. S.230-233.
14. Ulm（1468）

- Bechstein, R.(Hg.), Deutsches Museum für Geschichte, Literatur, Kunst und Alterthumsforschung. Bd.1. Hildesheim/New York 1973 (1862), S.233-237.
15. Augsburg (1470), Archives Manicipales de Strasbourg, III GUP 140/155/16 fol. 2-4.
16. Augsburg (1476)
    - Radlkofer, M., Schützengesellschaften und Schützenfeste Augsburg im 15. und 16. Jahrhundert. In: Zeitschrift des Historischen Vereins für Schwaben und Neuburg. 21(1894):87-138.
17. Nördlingen (1477), Stadtarchiv Nördlingen.
    - Freys, E., Gedruckte Schützenbriefe. S.9, Tafel I.
18. Herrenberg (1478), Königlich Privilegierte Schützengesellschaft von 1408 Kitzingen.
    - Freys, E., Gedruckte Schützenbriefe. S.10, Tafel II.
19. Bamberg (1478), Staatsbibliothek Bamberg, Archives Manicipales de Strasbourg, British Museum.
    - Freys, E., Gedruckte Schützenbriefe. S.10, Tafel III.
20. Lenzkirch (1479), Stadtarchiv Nördlingen, Archives Manicipales de Strasbourg,
    - Freys, E., Gedruckte Schützenbriefe. S.10-11, Tafel IV.
21. Schwäbisch-Gmünd (1479), Stadtarchiv Nördlingen.
    - Freys, E., Gedruckte Schützenbriefe. S.11, Tafel V.
22. Speyer (1480), Stadtarchiv Nördlingen, Stadtarchiv Speyer.
    - Freys, E., Gedruckte Schützenbriefe. S.11, Tafel VI.
23. Mainz (1480), Kölnisch Stadtmuseum.
    - Freys, E., Gedruckte Schützenbriefe. S.11, Tafel VII.
24. Würzburg (1480), Universitätsbibliothek Würzburg.
    - Freys, E., Gedruckte Schützenbriefe. S.11-12, Tafel VIII.
25. Köln (1483), Stadtarchiv Essen.

- Freys, E., Gedruckte Schützenbriefe. S.12, Tafel IX.
26. Bamberg（1483）, Stadtarchiv Eger.
- Freys, E., Gedruckte Schützenbriefe. S.12, Tafel X.
27. Offenburg（1483）, Stadtarchiv Nördlingen.
- Freys, E., Gedruckte Schützenbriefe. S.12, Tafel XI.
28. Passau（1484）, Stadtarchiv Nördlingen.
- Freys, E., Gedruckte Schützenbriefe. S.12, Tafel XII.
29. St. Gallen（1485）, Die Ganzhorn'sche Bibliothek im Stadtarchiv Ochsenfurt a.M.
- Freys, E., Gedruckte Schützenbriefe. S.12-13, Tafel XIII.
30. Neustadt（1485）, Archives Manicipales de Strasbourg.
- Freys, E., Gedruckte Schützenbriefe. S.13, Tafel XIV.
31. München（1485）, Institut für Stadtgeschichte, Frankfurt a.M., Historische Archiv der Stadt Köln.
- Freys, E., Gedruckte Schützenbriefe. S.13, Tafel XV.
32. Würzburg（1486）, Kestner-Museum, Hannover.
- Freys, E., Gedruckte Schützenbriefe. S.13, Tafel XVI.
33. Kreuznach（1487）, Archives Manicipales de Strasbourg.
- Freys, E., Gedruckte Schützenbriefe. S.13, Tafel XVII.
34. Speyer（1487）, Archives Manicipales de Strasbourg.
- Freys, E., Gedruckte Schützenbriefe. S.14, Tafel XVIII.
35. Eichstätt（1487）, Germanisches National-Museum, Nürnberg.
- Freys, E., Gedruckte Schützenbriefe. S.14, Tafel XIX.
36. Volkach（1488）, Kestner-Museum, Hannover, Germanisches National-Museum, Nürnberg.
- Freys, E., Gedruckte Schützenbriefe. S.14, Tafel XX.
37. Bamberg（1488）, Stadtarchiv Eger, Stadtarchiv Nördlingen.
- Freys, E., Gedruckte Schützenbriefe. S.14, Tafel XXI.
38. Zwickau（1489）, Stadtarchiv Eger.

第5章　ドイツ中世スポーツ史研究の史料

・Freys, E., Gedruckte Schützenbriefe. S.14-15, Tafel XXII.
39. Würzburg（1489）, Kestner-Museum, Hannover.
・Freys, E., Gedruckte Schützenbriefe. S.15, Tafel XXIII.
40. Heidelberg（1490）, Stadtarchiv Nördlingen.
・Freys, E., Gedruckte Schützenbriefe. S.15, Tafel XXIV.
41. Freiburg i.B.（1491）, Archives Manicipales de Strasbourg.
・Freys, E., Gedruckte Schützenbriefe. S.15, Tafel XXV.
42. Landshut（1493）, Archives Manicipales de Strasbourg.
・Freys, E., Gedruckte Schützenbriefe. S.15, Tafel XXVI.
43. Worms（1493）, Institut für Stadtgeschichte, Frankfurt a.M., Stadtarchiv Nördlingen.
・Freys, E., Gedruckte Schützenbriefe. S.15-16, Tafel XXVII.
44. Windesheim（1495）, Stadtarchiv Nördlingen.
・Freys, E., Gedruckte Schützenbriefe. S.16, Tafel XXVIII.
45. Strassburg（1496）, Archives Manicipales de Strasbourg.
・Freys, E., Gedruckte Schützenbriefe. S. 16, Tafel XXIX.
46. Rottweil（1496）, Institut für Stadtgeschichte, Frankfurt a.M., Stadtarchiv Nördlingen.
・Freys, E., Gedruckte Schützenbriefe. S.16, Tafel XXX.
47. Leipzig（1498）, Stadtrchiv Nördlingen, Archives Manicipales de Strasbourg.
・Freys, E., Gedruckte Schützenbriefe. S.16, Tafel XXXI.
48. Zeil（1499）, Kestner-Museum, Hannover.
・Freys, E., Gedruckte Schützenbriefe. S.17, Tafel XXXIV.
49. Bamberg（1500）, Staatsbibliothek Bamberg.
・Freys, E., Gedruckte Schützenbriefe. S.17, Tafel XXXV.
50. Köln（1502）
・Ewald, W., Die Rheinischen Schützengesellschaften. In: Zeitschrift des Rheinischen Vereins für Denkmalpflege und Heimatschutz. 26(1933):

228-231.
51. Zürich（1504）, Staats- und Stadtbibliothek Augsburg, Einblattdrucke nach 1500. Nr.21.
52. Augsburg（1508）, Stadtarchiv Esslingen, Reichsstadt F 152.
53. Augsburg（1509）, Staats- und Stadtbibliothek Augsburg, Einblattdrucke nach 1500. Nr.20.

2)「道化師」による公開射撃大会の記録
　16世紀の大規模な公開射撃大会では,「道化師」（Pritschenmeister）が重要な役割を果たした。G. フライターク（Gustav Freytag）によれば,「道化師は公開射撃大会の会場での触れ役であり，即興詩人であり，警察官であり，戯け者であった。彼らは会場での礼儀と慣習そして儀式を最も詳しく知っており，不確かな世話人に助言を与え，詩で祝辞を述べ，会場の秩序に対する軽微な違反に対しては打ちべらで罰した」[36]。また，道化師は大会の主催者（主として都市当局）のために，大会を讃える「記録」を作成した。この記録には，大会の経緯が脚韻詩で書かれており，参加者名簿も書き加えられている。このように，道化師による「記録」は公開射撃大会の経過や結果を知る上で重要な史料である[37]。載録に当たっては，開催都市（開催年），著者：タイトル，所蔵機関，整理番号，関連文献を記載したが，部分的な記述にとどまっている記録も混在している。

1. Speyer（1529）: Lutz, Hans, Was sich auf dem Reychstag zu Speier durch Keyserliche Stend des heyligen Römishen Reychs verlauffen, zugetragen und gehalten ist. Und was von Keyserliche Bottschafften und Frantzösischer, auch Bäbstlicher heyligkeyt gesandten erschynen seind Auch wie eyn gesellen schießen durch den hertzog Friderichen volendet. Anfang unnd End, Eygentlich beschriben durch Hans Lutz von Augspurg des Bundts Heroldt. Durlach. 1529.
　・Klersch, J., Das Deutsche Schützenwesen. Geschichte und Bedeutung.

Köln 1967. S.262.

2. Heidelberg (1554): Flexel, Lienhart, Lienhart Flexel's Reimspruch über das nach Heidelberg auf St. Ursula Tag (den 21. Oktober) d. J. 1554 ausgeschriebene Armbrustschießen.

・Wassmannsdorff, K., Des Pritschenmeisters Lienhard Flexel's Reimspruch über das Heidelberger Armbrustschiessen des Jahres 1554. Heidelberg 1886.（ヴァスマンスドルフによれば（S.V），原典は失われている。）

3. Passau (1555): Flexel, Lienhart, Ordeliche beschreibung des herrnn schiessen mitt der pyx das gehalten worden Ist In der fuerstlichen statt passaw wie alle sach ergange. Ist vom Anfang bys zum end In aynem reymen verfast durch Lienhart Flexel. 1556.

・Stadtarchiv Passau[38], II A 91; Universitätsbibliothek Heidelberg, Cod. Palat. No. 686.

・Radlkofer, M., Beschreibung des Büchsenschießens im Jahr 1555 zu Passau durch den Augsburger Pritschenmeister Lienhart Flexel. In: Verhandlungen des Historischen Vereins für Niederbayern. Landshut 1893. S.129-172.

4. Ulm (1556): Flexel, Lienhart, Die ordeliche beschreibung des grossen herrn schiessen des gehalten worden Ist In der hochberiemten Statt Vlm als ein glid vnd statt des heylligen reichs Wie ale sach ergangen ist vom Anfang bys zu dem end In aynnen reymen verfast durch lienhart flexel als Ordelich beschriben Wie hernachvolgt. 1556.

・Stadtarchiv Ulm[39], Ulmer Schützenbuch U 9750.

・Veesenmeyer, Ein Freischiessen in Ulm, im Jahr 1556. In: Die Württenbergische Vierteljahrhefte für Landesgeschichte. 5(1882)4:241-250.[40]

5. Rottweil (1558): Flexel, Lienhart, Die Ordeliche Beschreibung des grossen Herren Schiessen des gehalten worden jst jn der Hochberuembten statt Rottweil alls ain glitt vnnd statt des Heiligen Reichs wie alle satz

ergangen Jst vom anfang bisß zum endt Jn ain Reimen verfast Durch Liennhartt Flexel als Ordelich Beschriben wie Hernach uolgt: 1558 Jar.
・Stadtarchiv Rottweil. Nr. 125.[41]
・Birlinger, A., Das grosze Rottweiler Herrenschiezen anno 1558 von Lienhart Flexel. In: Alemannia : Zeitschrift für Sprache, Litteratur und Volkskunde des Elsasses, Oberrheins und Schwabens. Bd.6(1878), S.201-228.

6. Stuttgart (1560):
・Flexel, Lienhart, Hernach uolget wass für Chur unnd Fürsten Grauen unnd Freyherren, Ritterschafft, unnd Adel, Stett unnd Flecken auff dem Fürstlichen Stachel-Schießen dem Treyunndzwantzigsten Septembris Im Sechtzigisten Jar zu Stuttgartten im Lanndt Württenberg gehalten, Erschienen seint. In ainen Reimen verfasst durch Liennhartt Flexel alles Ordenliche beschriben wie hernach uolget ect. Ao. 1560.
・Württembergische Landesbibliothek, Cod. hist. 165; Universitätsbibliothek Heidelberg, Hs. 325 und 836; Bayerische Staatsbibliothek, München, Cgm 906; Österreichische Nationalbibliothek, Wien, Nr.7633; Germanisches Nationalmuseum, Nürnberg.
・Uhland, L., Zur Geschichte der Freischießen. In: Uhlands Schriften zur Geschichteder Dichtung und Sage. 5(1870):299-321.
・Erthel, Ulrich, Beschreibung des Stuttgart Schiessens vom Jahre 1560.
・Forschungs und Landesbibliothek Gotha, Cod. 582.
・Radlkofer, M., Die Schützengesellschaften und Schützenfeste Augsburgs im 15. und 16. Jahrhundert. In: Zeitschrift des Historischen Vereins für Schwaben und Neuburg. 21(1894):87-138.
・Gering, Heinrich, Ein schöner wolgemachter Spruch und ordentliche Beschreybung des fürstlichen Herren schießens co Christoff Hertzog zu Würtemberg gehalten hat. Tüwingen. 1560.
・Klersch, J., Ibid., S.276.

・Steichelin, Hans; Beschreibung des Stuttgarter Schießens von 1560.
・Radlkofer, M., Die Schützengesellschaften und Schützenfeste. S.88.
7. Pfolzheim (1561): Gering, Heinrich, Lobspruch auf das Fürstliche Freischießen zu Pforzheim 1561.
・Klersch, J., Ibid., S.224.
8. Wien (1563): Flexel, Lienhart, Reimspruch über das Schießen zu Wien von Jahre 1563. (Uhland 編の表題)
・Österreichische Nationalbibliothek, Wien, Nr.7632.
・Camesina, A. R. v. San Vittore (Hg.), Das grosse Freischiessen zu Wien im Jahre 1563. Besungen vom Augsburger Pritschenmeister Lienhart Flexel. In: Blättern des Vereines für Landeskunde für Niederösterreich. Neue Folge. 9(1875):32-36, 140-145, 215-221, 325-329, 10(1876):101-103.
9. Prag (1565): Anonym, Beschreibung desFreischiessens mit der Zil- und Birschbüchsen, gehalten 1565 zu Prag.
・Bayerische Staatsbibliothek, München, Cgm 944.
10. Augsburg (1566): Steichelin, Hans, Schützenlob Vnd was sich bey der Schanckung so die Rö. Kay. M: den Schützen auf dem Reichstag zu augspurg anno 1566 gehtan verlossen hat. (上記のヴァスマンスドルフの文献より)
・Wassmanndroff, K., Ibid., S.XVIII. Anm.1.
・Radlkofer, M., Die Schützengesellschaften und Schützenfeste Augsburgs im 15. und 16. Jahrhundert. In: Zeitschrift des Historischen Vereins für Schwaben und Neuburg. 21(1894):87-138.
11. Augsburg (1567): Erthel, Ulrich, Beschreibung des Augsburger Stahlschießens vom 1567.
・Radlkofer, M., Die Schützengesellschaften und Schützenfeste. S.88.
12. Wien (1568): Von dem Keyserlichen Schiessen das gehalten ist worden bey Wien 1568. in Reimen gestelt durch Hainrich Wirre, Pritschenmeister, Wien.

- Goedeke, K., Grundriss zur Geschichte der deutschen Dichtung aus den Quellen. Bd.2. Dreseden 1886. S.326.
13. Innsbruck (1569): Flexel, Lienhart, Lobspruch desz Füerstlichen Freischießens zu Inßbruck. Dieses Schießen hat die Füerstliche Durchleuchtigkeit Ertzhörtzog Ferdinandus zue Österreich x.x. in der füertlichen Statt Inßbruckß gehalten.
    - Bayerische Staatsbibliothek, München, Cg, 945.
    - Edelmann, A., Lienhard Flexel's Lobspruch des fürstlichen Freischießens zu Innsbruck im Oktober 1569. Innsbruck 1885.
14. Ottensheim (1572): Flexel, Lienhart; Aufzug der Preise bei einem Armbrustschießen zu Ottensheim. 1572. Gemalt von Lienhart Flexel.
    - Staats- und Stadtbibliothek Augsburg, Ms.498.
15. Zwickau (1573): Edlbeck, Benedict, Ordentliche vnd Gruendliche beschreibung des grossen Schiessen, mit dem Stahl oder Armbrust - in der loebl. Churf. Stadt Zwickau, d. 25. Augusti angefangen - Reimweis gestelt vnd gefast Durch d. Ertzherzog Ferdinanden zu Osterreich Pritzenmeister, Benedict Edlbeck Siber 1574. Gedruckt zu Dressden. Dresden 1574.
    - Bayerische Staatsbibliothek, München, Rems Leleg m 271[b].
16. Worms (1575): Flexel, Lienhard, Die Ordenlich Beschreibung des frey vnd Herrn Schießen mit Armbrost. das gehalten hat die K. frey vnd Reichs Statt Worms 7. Aug. dis 75 Jar Als in Reimweis verfast durch Lienhart flechsel Britschenmaister von Augsburg.
    - Universitätsbibliothek Heidelberg, Cod. Pal. Germ. 405.
    - Böninger, A. K., Festgabe zum ersten deutschen Bundes-Schießen im Juli 1862 in Frankfurt a.M. Worms 1862. S.34-48.
    - Goedeke, K., Ibid., S.326.
17. München (1577): Flexel, Lienhart, Reimspruch über das Schießen zu München von Jahre 1577.
    - Destouches, E. von, Münchens Schützenwesen und Schützenfest. In:

Festzeitung für das VII. deutsche Bundesschießen. München 1881.
18. Halberstadt（1581）: Luther, Sebastian, Ein lustige vnnd Kurtzweilige Beschreibung deß Fürstlichen Adelichen vnnd Lieblichen Schützenhofes, so zu Hauß Gröningen, im Bisthumb Halberstadt, auff Johannis Baptistae, gantz Fürstlich gehalten worden, zu ehren geschrieben Den Hochwirdigen. Heinrico Julio Postulirten Bischoffen. Anno 1581.
・Goedke, K., Ibid., S.327.
19. Regensburg（1586）:
・Lerff, Caspar, Das Herrlich Freundlich und Nachbarlich Freyschiessen Inn Reimweiß gestellt durch mich Caspar Lerff Brütschenmaister von Augspurg 1587.
　・Bayerische Staatsbibliothek, München, Rar 589.[42]
　・Goedeke, K., Grundriss zur Geschichte der deutschen Dichtung aus den Quellen. Bd.2. Dreseden 1886. S.327.
・Metz, Jeremias; Aufzählung des Regensburger Schießens von 1586.
　・Radlkofer, M., Die Schützengesellschaften und Schützenfeste. S.88.
20. Regensburg（1586）: Opel, Peter, Warhafte vnd Aigentliche Contrractvr des Loblichen Frevnd vnd Nachbarliche Stahel Schiessens so Anno 1586 den 31. IVLII ZV Regenspvrg gehalten in 5 Tailen darin der Ganze Pav. mit aller Zier vnd Actis Ordenlich fur das Gsicht gestelt vnd angezaigt wird zv Ehren den Edlen Ehrnvesten fir Sichtigen Ersamen vnd Weisen Herr N. Cammerer vnd Rath daselbst dvrch Peter Opel Pvchsenschieser in Regenspvrg. 1587.
　・Bayerische Staatsbibliothek, München, Cgm 2019.[43]
　・Edelmann, A., Schützenwesen und Schützenfeste der deutschen Städte vom 13. bis zum 18. Jahrhundert. München, 1890. S.130-158.
21. Amberg（1596）: Most, Wolf, Ordentliche Beschreibung vnd gründliche Anzeig. Wie und welcher Gestallt von den Ehrenvesten, Fursichtigen, Erbaren und Wolweysen Herrn, Burgermeister unnd Rath der oberen

Churfürstlichen Pfaltz Hauptstadt Amberg ein frey Hauptschießen mit der Hand oder ziel Büchsen vermög und Innhalt zweyer unterschiedlichen Außschreiben angestellt und gehalten, Angefangen am Sontag, den 5. Septembris, nach Christi Geburt, im 1596 Jare. In Reimweiss gestellet. Gedruckt zu Nürnberg durch Alexander Philip Dieterich. Mit gemalten Abbildungen. 1596.

・Wassmannsdorff, K.(Hg.), Balthasar Han's Ausreden der Armbrust= und Büchsenschützen. Aus einer Handschrift des 16. Jahrhunderts. Heidelberg 1887. XIV.

22. München（1599）: Barth, Bernhard, Beschreibung des fürstlichen Haubtschießens, welches Maximilian Pfaltzgraue bey Rhein, Hertzog in Bayern 1599 in München gehalten.

・Klersch, J., Ibid., S.198..

2. P.H. マイル（1517-1579）の射撃に関する年代記 [44]

1）参事会役人としてのマイル

　1537年にアウグスブルク市の統治機関である参事会の役人であった祖父ハンス・マイルが死去した際，孫であるパウル・ヘクトール・マイル（Paul Hector Mair）が祖父の役職を引き継いだが，彼はこの時20歳であった[45]。このことから，彼が1517年生まれであることが明らかになる。しかしながら，生誕地や誕生月日あるいは教育など，彼が参事会役人になるまでの経歴については，ほとんど不明である。P.vonシュテッテンが指摘しているように，マイルが残した備忘録や年代記あるいは叢書から，ラテン語を含めて「十分な教育を受けていた」ことは明かである[46]。とはいえ，マイルがどこで教育を受けたのか，また職務に必要な知識をどこで得たのか，ということに関しては不明である。

　1541年にマイルは参事会における「会計係」（Stadtkassier）に就任し，市庁舎の中にある住居に入居した。会計係としてのマイルの仕事は，次の

二つに代表される。(1) 毎週金曜日に収入役と支出役と一緒に都市会計の賃借の精算を行い，両替も行った。(2) アウグスブルクに置かれていた皇帝の「帝国金」の管理を行った。さらに，彼は1545年から「糧食係」（Proviantamt）も兼任した[47]。この仕事は多岐に及んでいた。例えば，(1) 市庁舎におけるすべての鍵の管理，(2) 市庁舎のすべての部屋の掃除，暖房，照明の監督と必要な物品の購入，(3) 武器や市庁舎における食器の購入と管理，(4) 皇帝や貴族などの高貴な訪問客に対するワインなどの贈答品の購入，(5) 帝国議会が開催される市庁舎の会場準備と必要な物品の購入，(6) 帝国議会の際の娯楽（馬上槍試合，競馬，舞踏会など）のための会場準備や飲食に必要な物品の購入，(7) 戦時に必要な物品の購入，などなど。また，彼はアウグスブルク市参事会の代表として，他の都市に贈り物を届けることもあった。このような会計係と糧食係の職務を通じて，マイルは金融と会計に精通した人間となり，帝国議会の際には多くの諸侯や貴族と知り合いになった。

参事会役人としてのマイルの年収は，当初は50グルデンであったが，最終的には160グルデンに達していた[48]。この年収の他に，彼には現金や物品による副収入があった。例えば，彼が居住した市庁舎の住居では，暖房費や光熱費が不要であった。また，市庁舎で開催される参事会員や諸侯などの宴会の際には，「余り物」が彼のものとなった。謝肉祭や復活祭など宗教的祝祭の際には，参事会から現金や穀物やワインなどが支給された。この他，諸侯への贈り物の購入や為替からの多額の「手数料」があった。このような豊かな収入を基に，彼は金銀の高価な食器や武器あるいは絵画，さらには衣服や家具などを購入し，役職から得る年収の4分の3をワインの購入に当てた。また，彼は金貸しであり，家と土地にも投機した[49]。

他方で，彼の富は不法な手段による蓄財によってもたらされていた。彼は現金には手をつけず，参事会の会計帳簿を改ざんし，物品購入の書類を偽造するなどして，公金を横領していた。こうした不正行為は1579年の11月に発覚し，裁判にかけられた。その結果，絞首刑の判決が下され，

第 2 節 「射撃」関係史料

12 月 10 日に処刑された[50]。

2) 年代記作者としてのマイル

　マイルの富は図書の購入にも向けられた[51]。彼の蔵書は絞首刑後に参事会によって売却されたが，参事会が作成した売却目録から彼の蔵書がきわめて多方面に及んでいたことが明らかになる[52]。例えば，年代記，ギリシャ語とラテン語の歴史書と哲学書，医学書と薬学書，植物誌，紋章書，予言書，歌謡書，剣術書，ルターの作品を始めとする宗教書，などなど。こうした図書の購入だけでなく，マイルは写本を集めて一つの本にした数々の「叢書」（Sammelband）を作成したり，自ら著作を書いたりした。F. ロートが作成したマイルによる写本の目録が示しているように，マイル自身が関与した著作や叢書は，(1)「備忘録」（Memorialbuch），(2) 歴史的な内容を有する写本を集めた「叢書」，(3) 射撃や剣術に関する写本，に分けられる[53]。

　マイルは会計係と糧食係という職務を通じて，参事会に関係するさまざまな「日常的な慣習」に通暁していった。例えば，参事会やツンフトの選挙，城門の開閉，夜警の配置，葬式，競馬や射撃大会などの行事，あるいは帝国議会での接待や儀式あるいは贈答，などなど。マイルはこうした出来事や慣例を『備忘録』として書き残した[54]。他方，彼はさまざまな年代記や文書などを，書記を雇って筆写させ，『叢書』にまとめた[55]。

　参事会役人でありながら多くの収入を得ていたマイルは，豊かな商人たちの生活を模範にしており[56]，競馬や狩猟などの貴族的なスポーツを行っていた。とりわけ，彼は「騎士的な剣術練習を行い，さまざまな武器での剣術を学び，剣術学校で試験を受け，そのようなことに喜びと愛着を感じていた」[57]。さらに，彼は豪華な弩を所有し，アウグスブルクの「名望ある人々」が所属している銃射手団体の会員でもあった[58]。彼は剣術や射撃を自ら修練するだけでなく，これらの「術」に関する図書を購入し，筆写させていた。彼は A. デューラーの『格闘書』，F.von アウエルスヴァルトの『格闘書』，最初に印刷されたエゲノルフの『剣術書』，あるいはアウグ

237

スブルクの G. エアハルト（Gregor Erhart）の『剣術書』などを所蔵していた[59]。他方で，彼はニュルンベルクの剣術師範である A. ラスト（Anton Rast）の剣術書[60]を筆写させ，自らの体験を基にさまざまな武器による徒歩と騎馬での剣術に関する『剣術書』[61]をも書き残した。さらに，彼はアウグスブルクや他の都市で開催された公開射撃大会について備忘録に書き留め，射撃大会に関する写本を集めた叢書を作成した。

3）射撃に関する写本の成立

15・16世紀のアウグスブルクでは，他の都市の射手も参加する「公開射撃大会」が開催され，他の都市で開催される射撃大会にも射手が派遣された。また，市民の射撃訓練を奨励するために「ズボン布」を賞品とした「ズボン射撃大会」が開催された[62]。マイルは，このようなアウグスブルクにおける射撃制度の歴史を調べ，自らが体験した射撃に関する出来事を「備忘録」に書き残した。例えば，彼が死亡する1579年まで書き継がれた『大備忘録』では，「射手と射撃について」という表題の下に1411年から1575年までの出来事が記述されている[63]。この記述の内容をみると，一部はさまざまな年代記に依拠しているが，大部分は参事会からの支出に関する都市会計帳簿からの転記である。前述のように，都市会計係として会計帳簿を管理していたマイルにとっては，古い帳簿から射撃に関する記録を書き出すことは容易なことであった。これらの記録の他に，マイルは射撃に関するさまざまな文書や絵画をも収集していた。彼はこれらの資料を基にして，射撃に関する年代記とも言える一冊の「叢書」を作成した。

マイルはこの叢書に次のような表題をつけている。「帝国都市アウグスブルクの参事会が開催し，参事会が他の都市に市民を路銀つきで派遣した1411年から1567年までの弩と銃による射撃大会の記録。私パウル・ヘクトール・マイルが特別な熱意でこの本を集めた。索引つき」[64]（以下では『記録』と略述）。現在はヴォルフェンビュッテルのヘルツオーク—アウグスト図書館が所蔵しているこの本の大きさは縦が39.5cmであり，横が27.5cmである[65]。紙を使用したこの本は，丁づけのない索引（6丁）と

第 2 節　「射撃」関係史料

389 丁の本文から構成されている。筆跡あるいは欄外へのマイルの書き込みから判断すると，彼が本文全体を一人で書写したのではなく，複数の手によって書写されたことが明らかになる[66]。さらに，36 の彩色画および木版画と銅版画の各々一つずつが所収されている[67]。

　この『記録』の正確な作成年月は不明である。表題には「1411 年から 1567 年まで」と記述されているが，実際にはマイルの死後の文書も含まれている。彼の死後の文書は「ローゼナウの銃射手団体が所蔵する財産目録」という表題を有しており，内容から「1629 年 2 月 20 日」に作成されたことが明らかになる[68]。1579 年 12 月 10 日に横領の罪で絞首刑に処せられた後，マイルの蔵書は参事会によってすべて売却された。1580 年に参事会が作成した「パウル・ヘクトール・マイルの売却蔵書目録」は，この『記録』の購入者について何も記載していない。しかしながら，恐らく，「ローゼナウの銃射手団体」がこの叢書を購入し，後に「財産目録」を挿入したものと思われる[69]。

　マイルが『記録』を叢書として完成させたのは，1579 年 7 月 15 日から横領で逮捕される 11 月 21 日の間であったと思われる。というのは，彼は 1579 年の出来事として「銃射手のための新しい射手会館の建設」と「大砲射撃への参加者名簿」について記録しており，特に射手会館の建設に関する記述には「1579 年 7 月 15 日水曜日に行われた」という記述が見られるからである[70]。しかも，マイルが作成した索引にも大砲射撃への参加者名簿に関する項目が記載されている。このように，『記録』は 1579 年に完成したと推測されるが，彼がいつ頃からこの本の作成に取りかかったのか不明である。

4) 射撃に関する写本の内容

　本書はさまざまな写本を一冊の本にし，マイルが「索引」を作成したものである。紙数の関係から「索引」の邦訳による内容の紹介を断念し，各々の写本の表題と思われるテキストの邦訳によって『記録』の内容の紹介としたい。各段落の数字は，訳者が設けたものである。（　）内の数字

239

第 5 章　ドイツ中世スポーツ史研究の史料

は丁数を示し，［　］内の語句は訳者の挿入である。なお，各々の写本の出典に関しては，一部を除いて今後の課題としたい。

表題の邦訳

(1) 1560 年シュツットガルトでの公開射撃大会（1ʳ-88ʳ）[71]。「1560 年にヴュルテンベルク公クリストフがシュツットガルトで開催した豪華な射撃大会。大公閣下は 100 デュカテンを一等賞のために寄付した。［競技会を案内する］告示の内容によれば，以下のように行われた」(1ʳ)。

(2) 1567 年アウグスブルクでの公開射撃大会（88ʳ-190ʳ，197ᵛ-210ᵛ）。「バイエルン公アルブレヒトを讃えて帝国都市アウグスブルクの市長と参事会が開催したアウグスブルクでの弩射撃大会。彼らは一等賞のために 100 グルデン相当の金メッキされた銀製の酒杯を寄付した。告示の内容によれば，以下のように行われた」(88ʳ)。射撃大会の後で参事会とアルブレヒト公がフリードベルク市を訪問したことも記載されている。さらに，射撃大会への告示を兼ねた招待状（印刷），射撃小屋・標的小屋・優勝杯の彩色画・書記・道化師・ラッパ手・笛吹き・太鼓手・標的係・矢を運ぶ少年・鍵係・旗を運ぶ少年に関する彩色画，競技場全体を描いた木版画が挿入されている[72]。

(3) 1569 年フッガーが開催した射撃大会（211ʳ-221ᵛ）。「1569 年 10 月 10 日にクルヒベルクとヴァイセンホルンの男爵であるジェロニムス・フッガーがローゼナウで開催した射撃大会に関するカスパール・ダンベルクによる詩」(211ʳ)。

(4) 1568 年フッガーが主催した射撃大会（222ʳ-223ʳ）。「1568 年 10 月 10 日にジェロニムス・フッガーが開催した射撃大会」(222ʳ)。

(5) ハンの詩（224ʳ-235ʳ）。「弩・銃・弓による射撃で命中しなかった射手たち全員が常に話す口実。全く有用で面白い口実。フランクフルトの市民バルハザール・ハン」(224ʳ)[73]。

240

第 2 節 「射撃」関係史料

(6) 射手賛歌（235ᵛ-237ᵛ）。「1566 年アウグスブルクでの帝国議会の時にローマ皇帝マクシミリアン 2 世が行ったアウグスブルク市への贈答の際の射撃大会での射手賛歌」（235ᵛ）。

(7) 1509 年アウグスブルクでの公開射撃大会（239ʳ-293ᵛ）。「二つの大規模な射撃大会の公式記録。1509 年に帝国都市アウグスブルクがローゼナウで競馬・競走・跳躍・石投げ・富くじ・盤上遊技と共に，銃と弩による射撃を開催した」（239ʳ）。マイルによる公式記録の「要約」が添えられている。さらに，盤上遊戯・九柱戯・弩射撃・競馬・競走・跳躍・石投げ・入賞者の行進・道化師・銃射撃・富くじ小屋・富くじの抽選に関する彩色画が挿入されている[74]。

(8) 公開射撃大会の開催と射手の派遣（191ʳ-193ᵛ，194ᵛ-196ʳ，293aʳ-300ʳ，380ʳ-380ᵛ）[75]。「帝国都市アウグスブルクの参事会は以下の年に射撃大会を開催し，他の［都市の］射撃大会に路銀を支給して射手を派遣した。1411 年，1425 年，1426 年，1435 年，1441 年，1450 年，1470 年，1476 年，1478 年，1478 年。［異なった筆跡で］さらに 293 丁では 1550 年，1551 年，1560 年，1567 年，1574 年，195 丁で は 1430 年，1432 年，1501 年，1518 年」（294ʳ）[76]。

(9) 1573 年ツヴィッカウでのザクセン選定侯による射撃大会に関する銅版画（301ʳ-302ʳ）。

(10) 1572 年のエーベルスドルフでの射撃大会（304bʳ-304bʳ）[77]。

(11) ビール樽を乗せた荷車を引く 2 頭の牛の彩色画（304bᵛ-305ʳ）。

(12) 1578 年のアウグスブルクでの富くじ（306ʳ-340ʳ）。「1578 年 9 月 28 日から 10 月 6 日までアウグスブルクの市民ゲオルグ・ヴィデンマンが実施した富くじの公式記録」（306ʳ）。ゲストハウス・金貨・金の鎖・杯・富くじ小屋・札を引く少年・道化師と少年・富くじでの行進に関する彩色画が挿入されている。

(13) 1578 年アウグスブルクでの大砲射撃（341ᵛ-379ᵛ）。「1578 年にアウグスブルクで開催された大砲による大規模な射撃大会。この射撃大会がどのように組織され，誰が賞品を獲得し，最初から最後までど

241

のように行われたか」(341r)。大砲射撃と行進に関する彩色画が挿入されている。
(14) 1579年ローゼナウにおける銃射手のための新しい射撃小屋の建設 (380v-381r)。
(15) 1579年アウグスブルクでの大砲射撃 (381v-383r)。
(16) ローゼナウにおける銃射手団体の財産目録 (384r-389r)。

第3節 「剣術」関係史料

ドイツ中世において，「剣術」(Fechten) の技法に関するドイツ語によるテキストが作成されるのは14世紀末である。15世紀になると，それまでの「武芸師範」(Schirmmeister) と並んで，「市民」身分の剣術師範が登場し，貴族に剣術を教え，「剣術学校」(Fechtschule) を開催した。また，15世紀後半には剣術師範たちの団体である「マルクス兄弟団」が結成された。

スポーツ史的観点から剣術を研究しようとするとき，最も重要な史料は「剣術書」である。以下では，主として15世紀から16世紀における手書きと印刷による剣術書を整理し，次いで「マルクス兄弟団」に関する規約を概観することにする。

1.「剣術」関係史料

ドイツに限らずヨーロッパの中世（及び近世）における剣術を研究しようとするとき，E. キャッスル (Egerton Castle, 1885) と C.A. ティム (Carl A. Thimm, 1986) の文献目録は必見である[78]。また，M. ヴィールシン (1965) と H.-P. ヒルズ (1985) そして H. ボーデマー (Heidemarie Bodemer, 2008) の学位論文は，ドイツ中世後期の剣術を研究する者にとっては必読の文献である[79]。

特に，ボーデマーの研究は13世紀末から1730年頃までのドイツ及び西

第 3 節　「剣術」関係史料

ヨーロッパの約 330 の剣術書の内容を分析しており，現在までの剣術研究に関する全体的総括とも言え，剣術書研究にとって極めて重要な研究である。以下では，これら三つの研究に依拠しながら，主として 15 世紀と 16 世紀にドイツ語によって作成された剣術書（筆稿と印刷物）に関する目録を整理することにする。記載に当たっては，成立年，作者（不明の場合は「Anonym」と記載），タイトル（不明の場合は筆稿を「Fechthandschrift」，印刷本を「Fechtbuch」と記載する），所蔵機関，整理番号，関連文献を記載する[80]。

1）15 世紀の剣術書

1. Johann Liechtenauer（1389），Fechthandschrift.
   - Germanisches Nationalmuseum, Nürnberg, Cod. Ms. 3227a.[81]
2. Anonym（1425-1440），Gladiatoria.
   - Jagiellonische Bibliothek, Krakau, Ms. Germ Quart. 16.
   - Kunsthistorisches Museum, Wien, KK 5013.
   - Universitäts- und Forschungsbibliothek Erfurt/Gotha, Ms. Membr. II 109 = Kriegslust.
   - Hils, H.-P., Gladiatoria - Über drei Fechthandschriften aus den ersten Hälfte des 15. Jahrhunderts. In: Codices manuscripti, 13(1987):1-54.
3. Anonym（15 世紀），Fechthandschrift.
   - Herzog August-Bibiothek, Wolfenbüttel, Cod. Guelf. 78. 2 Aug.2º.
4. Anonym（15 世紀半ば），Fechthandschrift.
   - Österreichische Nationalbibliothek, Wien, Cod. Vindob. 11093.
5. Anonym（1470），Codx Wallerstein von Baumanns.
   - Universitätsbibliothek Augsburg, Cod. I. 6. 4º. 2.
   - Hils, H.-P., Codices figurati - Libri picturati 2, Fecht- und Ringbuch, Vermisches Kampfbuch, Universitätsbibliothek Augsburg Cod. I. 6. 4º. 2. München 1991.
   - Zabinski, G. and B. Walczak, Codex Wallerstein: A Medieval Fighting

243

Book from the Fifteenth Century on the Longsword, Falchion, Dagger, and Wrestling. Boulder, CO, 2002.
6. Anonym（1500 年頃）, Fechthandschrift.
 ・Fürstlenbergische Hofbibliothek, Donaueschingen, Cod. Ms. 862.（「Cgm 3711」の手本）
7 Anonym（1500）, Fechthandschrift.
 ・Staatsbibliothek Preußischer Kulturbesitz, Berlin, Libr. Pict. A 83.
8. Anonym（1500）, Fechthandschrift.
 ・Historisches Archiv der Stadt, Köln, HS. Best. 7020.
9. Hans Folz（1479）, Fechthandschrift.
 ・Stiftung Weimar Klassik und Kunstsammlung Herzog Anna Amalia Bibliothek, Weimar, Q 556.
10. Hans Talhoffer, Fechthandschrift.
 ・1443: Universitäts- und Forschungsbibliothek Erfurt/Gotha, Cod. Ms. Chart A 558=Gothaer Codex.
 ・1443: Gräfl. Schloss Königseggwald, Cod. XIX 17. 3.（「Ambraser Codex」と大部分が一致）
 ・1459: Kunsthistorisches Museum, Wien, Cod. KK 5342 = Ambraser Codex.（「Cod. XIX 17-3」の不完全なコピー）
 ・1459: Kupferstickkabinett/Preußischer Kulturbesitz, Berlin, 78 A 15.
 ・1459: Det Kongelige Bibliothek Kopenhagen; Thott 290 2º.
 ・1460: Österreichische Nationalbibliothek, Wien, Cod. Vindob. Ser. Nov. 2978.（「Cod. icon. 394a」の忠実なコピー）
 ・1561: Universitätsbibliothek Augsburg, Cod. I. 6. 2º. 1.（「Cod. XIX 17-3」の忠実なコピー）
 ・1467: Bayerische Staatsbibliothek, München, Cod. Icon 394 a= Gothaer Codex.
 ・Hergsell, G., Talhoffers Fechtbuch aus dem Jahre 1467. Gerichtliche und andere Zweikämpfe dastellend. Prag 1887.

- Hergsell, G., Talhoffers Fechtbuch (Ambraser Codex) aus dem Jahre 1459. Prag 1889.
- Hergsell, G., Talhoffers Fechtbuch (Gothaer Codex) aus dem Jahre 1443. Prag 1889.
- Hils, H.-P., Die Handschrift des oberdeutschen Fechtmeisters Hans Talhoffer. Ein Beitrag zur Fachprosaforschung des Mittelalters. In: Codices manuscripti. 9(1983)3: 97-121.
- Talhoffer, H., Medieval Combat. A Fifteenth-Century Illustrated Manual of Swordfighting and Close-Quarter Combat. Transl. and ed. Mark Rector. London, 2000.

11. Hans von Speyer (1491), Fechthandschrift.
    - Universitätsbibliothek Salzburg, M. I. 29.
12. Johannes Lecküchner, künst vnd zedel zm messer.
    - 1478: Universitätsbibliothek Heidelberg, Cod. Pal. Germ. 430
    - 1482: Bayerische Staatsbibliothek, München, Cgm 582.
    - Lorbeer, C. und J., et. al., Johannes Lecküchner. Das ist herr hannsen Lecküchner von Nürnberg künst vnd zedel ym messer. Transkription der Fechthandschrift 582. (hhtp:www.pragmatische-schri ftlichkeit.de/cgm582.html)
    - Forgeng, J. L., The Art of Falchion Combat: A German Martial Arts Treatise of 1482 by Hans Leckucher. Union City, CA, 2006.
13. Jud Lew (1450), Fechthandschrift.
    - Universitätsbibliothek Augsburg, Cod. I. 6. 4º. 3.
14. Ludwig von Eyb (1500), Fechthandschrift.
    - Universitätsbibliothek Erlangen, Ms. B 26.
15. Paulus Kal, Fechthandschrift.
    - 1440-1449: Universitätsbibliothek Bologna, Ms. 1825.
    - 1470: Bayerische Staatsbibliothek, München, Codex Cgm 1507.
    - 1480: Kunsthistorisches Museum, Wien, KK 5126.

- 1506-1514: Zentralbibliothek, Solothurn, S.554.
- 1542: Universitäts- und Forschungsbibliothek Erfurt/Gotha, Ms. Chart. B 1021.（「Cgm 1507」のコピー）
- Tobler, C. H., In Service of the Duke: Paulus Kal's 15th Century Fighting Treatise, Union City, CA, 2006.

16. Peter Falkner（1500 年頃）, Meister Peter Falkner's Künste zu ritterlichen were.
    - Kunsthistorisches Museum, Wien, KK 5012.
17. Peter von Danzig（1452）, Fechthandschrift.
    - Bibliothca dell' Academia Nazionale dei Lincei e Corsiniana, Roma, Cod. 44 A 8.（「Mscr. Dresd. C 487」の手本）
18. Sigmund Ringeck, Fechthandschrift.
    - 1445: Sächsische Landesbibliothek, Dresden, Mscr. Dresd. C 487.
    - 1539: Universitätsbibliothek Augsburg, Cod. I. 6. 2º. 5.（「Mscr. Dresd. C 487」のコピー）
    - Lindholm, David, and Peter Svärd, Sigmund Ringeck's Knightly Art of the Longsword. Boulder 2003.
    - Tobler, C., Secrets of German Medieval Swordsmanship. Union City 2001.（Sigmund Ringeck, Fechtbücher（c.1440）, translated by Christian Tobler）
    - Wierschin, M., Meister Johann Liechtenauers Kunst des Fechtens. München 1965.

2）16 世紀の剣術書

19. Anonym（1508 年頃）, Fecht- und Ringerbuch.
    - Rl. Scott Collection Glasgow Museums, E 1939. 65. 341.
20. Anonym（1510-1520）, Goliath.
    - Jagiellonische Bibliothek, Krakau, Ms. Germ Quart. 2020.
21. Anonym（1512 年頃）, Fechthandschrift.

第 3 節 「剣術」関係史料

・Staatsbibliothek Preußischer Kulturbesitz, Berlin, Libr. Pict. A 83.
22. Anonym（1531）, Das Egenolphsche Fechtbuch: Der Altenn Fechter anfengliche Kunst. Mit sampt verborgene heymlicheyttenn, Kämpffens, Rigens, Werffens etc, Figürlich fürgemale, Bißher nie an tag kommen. Frankfurt a.M.
　・Bayerische Staatsbibliothek, München, Res 4 Gymn. 26t.
23. Anonym（1545）, Fechthandschrift.
　・Universitätsbibliothek Augsburg, Cod. I. 6. 2º. 4.
24. Anonym（1551）, Fechthandschrift.
　・Österreichische Nationalbibliothek, Wien, Cod. Vindob. 10723.
25. Anonym（1555）, Fechthandschrift.
　・Herzog August Bibliothek, Wolfenbüttel, Cod. Guelf 78. 2. Aug. 2º.
26. Anonym（1558）, Die Ritterliche, Mannliche Kunst und Handarbeyt Fechtens, und Kempffens. Auss warem ursprunglichem Grund der Alten. Mit sampt heymlichen Geschwindigkeyten, in Leibs noten sich des Feindes troestlich zuerwehren, und Ritterlich obzusigen. Klarlich beschrieben und furgemalt. Frankfurt a.M.
27. Anonym（1591 年頃）, Fechthandschrift.
　・Herzog August Bibliothek, Wolfenbüttel, Cod. Guelf 83. 4. Aug. 8º.
28. Albrecht Dürer（1512）, Albrecht Dürer's Fechtbuch.
　・Albertina, Graphische Sammlung, Wien, Hs. 26-232.
　・Dörnhöffer, F., Albrecht Dürers Fechtbuch. In: Jahrbuch der kunsthistorischen Sammlungen des allerhöchsten Kaiserhauses. Wien/Leipzig, 27（1910）. Heft 6.
29. Andre Paurnfeindt（1516）, Ergründung ritterliche Kunst des Fechterey nach klerlicher begreiffung und kurczylicher verstendnusy. Wien.
30. Anton Rast（1553）, Fechthandschrift.
　・Stadtarchiv Augsburg, Schätze 82 Reichsstadt.
31. Gregor Erhart（1533）, Fechthandschrift.

第 5 章　ドイツ中世スポーツ史研究の史料

- Rl. Scott Collection Glasgow Museums, E 1939. 65. 354.
- Universitätsbibliothek Augsburg, Cod. I. 6. 4º. 4.
32. Hans Czynner（1538）, Fechthandschrift.
- Universitätsbibliothek Graz, Ms. 963.（「Cod. I. 6. 4º. 3.」のコピー）
- Bergner, U. und J. Giessauf, Würgegriff und Mordschlag. Die Fecht- und Ringlehre des Hans Czynner（1538）.
- Universitätsbibliothek Graz, MS 963.
33. Heinrich Gunterrodt（1579）, De vertis principiis artis dimicatoriae Tractatus brevis.
- Sächsische Landesbibliothek, Staats- und Universitätsbibliothek, Dresden, Mscr. Dresd. C 15.
34. Jörg Wilhalm, Fechthandschrift.
- 1522: Bayerische Staatsbibliothek, München, Cgm 3711.
- Universitätsbibliothek Augsburg, Cod. I. 6. 4º. 5; Cod. I. 6. 2º. 3.（「Cod. I. 6. 4º. 5」のコピー）
- 1523: Universitätsbibliothek Augsburg, Cod. I. 6. 2º. 2.（「Cgm 3711」のコピー）
- 1556: Bayerische Staatsbibliothek, München, Cgm 3712.
35. Joachim Meyer（1570 年頃）, Gründliche Beschreibung der freyen Rittelrichen vnnd Adelichen kunst des Fechtens in allerley gebreuchlichen Wehren mit vil schönen und nützlichen Figuren gezieret und fürgestellet. Durch Joachim Meyer, Freyfechter zu Straßburg, ANNO M.D.LXX（1569）.
- Bayerische Staatsbibliothek, München, Res 4 Gymn 26vt. 1600（1610, 1660）.
- Forgeng, J. L.（Transl.）, The Art of Combat. A German Martial Arts Treatise of 1570 by Joachim Meyer. London & New York 2006.
36. Paulus Hector Mair, In hoc libro continetur artis athleticae.
- 1542: Bayerische Staatsbibliothek, München, Cod. Icon 393-I/II.

第3節　「剣術」関係史料

・Österreichische Nationalbibliothek, Wien, Cod. Vindobonensis Palatinus 10825 -26.
・1553: Sächsische Landesbibliothek, Staats- und Universitätsbibliothek Dresden, Mscr. Dresd. C 93-94.
・Forgeng, J. L., Paulus Hector Mair's Treatise on the Martial Arts（c. 1550）. Union City 2006.

2. 剣士団体「マルクス兄弟団」の規約（1566 年）[82]

　15 世紀のドイツ諸都市には，一方では手工業に従事して生計を維持しながら，他方では市民の子弟に剣術を教え，祝祭などに際して「剣術学校」（Fechtschule）を開催する市民身分の剣術師範が存在した。この市民的剣術師範は，15 世紀後半には「マルクス兄弟団」（Marxbruderschaft）と称する剣士団体を結成していた。フランクフルト a.M. に本拠地をおき，聖マルクスを守護聖とするこの団体は，1487 年 8 月 10 日に神聖ローマ皇帝フリードリッヒ 3 世より，剣術師範の呼称権・剣術の教授権・剣術学校の開催権の専有を保証する「特許状」を得た。このマルクス兄弟団に対して，16 世紀半ばにはこの兄弟団に属さない「自由剣士」（Freifechter）や「羽剣士」（Federfechter）が出現した。後者は，「羽剣士団」（Gesellschaft der Freifechter von der Feder）と称する剣士団体を結成していた。この団体はプラハに本拠地をおき，聖ファイトを守護聖としており，1607 年 3 月 7 日に神聖ローマ皇帝ルドルフ 2 世よりマルクス兄弟団と同様の特許状を得た。

　既に，ヴァスマンスドルフ（1877）はフランクフルト a.M. の文書館にあったマルクス兄弟団の『備忘録』（Gedenkbuch, 1492）の存在を指摘し，剣士団体に関する皇帝の特許状・剣士規程・師範証書・師範叙任書などの史料の公開を意図していたが，公開されたのは神聖ローマ皇帝フリードリヒ 3 世の特許状と，フランクフルト市に対するマルクス兄弟団の請願状 2 通などである[83]。この外，管見の限り，J.G. ビュシング（Johann G.

第5章　ドイツ中世スポーツ史研究の史料

Büsching, 1817）が神聖ローマ皇帝フリードリヒ3世（1487）と神聖ローマ皇帝レオポルド（1669）によるマルクス兄弟団への特許状と神聖ローマ皇帝ルドルフ2世（1608）による羽剣士団への「紋章状」(Wappenbrief) を，J. シュミード＝コヴァルツィーク／H. クファール（1894）がマルクス兄弟団の剣士（1682）と自由剣士（1719）の「修業証書」(Lehrbrief) と羽剣士の師範証書（1735）及び神聖ローマ皇帝レオポルド（1688）による羽剣士団への特許状を，H. ゲルバー（Harry Gerber, 1936）が神聖ローマ皇帝フリードリヒ3世の特許状（1487）を，J. バーダー（Jossef Baader, 1965）が羽剣士団の規約（1607）を，P. マール（1961/62）がマルクス兄弟団の規約（1566）と羽剣士団の規約（1606）（いずれも部分的要約）を公開している[84]。しかしながら，特にマルクス兄弟団の規約は，団体の組織や活動を知る上で重要な史料であるにもかかわらず，大部分が未公開である。

　そこで，本稿では，フランクフルト a.M. 市の文書館が蔵する「マルクス兄弟団の資料箱」に納められている規約（1566，1583，1594，1599，1608，1674）のうち，1566年の規約の全文を邦訳（ドイツ語の翻刻を付す）によって公開することにする[85]。

1) 資料

　本稿では，フランクフルト a.M. 史の文書館に依頼して入手した「マルクス兄弟団の資料箱」に納められている文書のマイクロフィルム複写によって，研究が進められた[86]。このマイクロフィルムには，「聖マルコとレーヴェンベルク兄弟団」(Löbl. Bruderschaft von St. Marco und Löwenberg) が所蔵していた「鉄製の箱」(eisene Kiste) に納められた文書の1788年1月10日づけの「目録」(Verzeichniß, Ugb A 69 No.30) が含まれている。この目録の前書きと後書きによれば，この箱の鍵が紛失したいために「錠前師のラウビンガー」が「参事会員のモッツ」らの立ち合いの下に箱を開けた際に，書記の「ヨハン・フリードリッヒ・ラッペス」によって目録が作成されている。目録によれば，この箱には次のような文書と物品が納められていた。

第 3 節　「剣術」関係史料

(1) 最初の頁に「マリアの生誕　1491」(Nativitatis Mariae　1491) と記載されている青皮表紙の本。
(2) 1575 年の豚皮装丁の本。
(3) 1609 年の羊皮紙装丁の本。
(4) 1609 年の羊皮紙装丁の本。
(5) 1609 年の兄弟団に関する会計帳簿。
(6) 1629 年の師範名簿。
(7) 1670 年の神聖ローマ皇帝レオポルドによる「紋章状」。
(8) 鍵付きの鉄製金庫。
(9) 羊皮紙と紙に印刷されたさまざまな規約状。
(10) 神聖ローマ皇帝フリードリヒ 3 世からレオポルドまでの各皇帝による特許状を納めた木箱。
(11) さまざまな師範証書。
(12) 羊皮紙に書かれたさまざまな特許状。
(13) 兄弟団の団員に宛てられたさまざまな通知状（Avis Briefe）。
(14) 一組の剣（Fechtschwerde）。
(15) 二組の革製手袋。
(16) 一組の木製武器。

しかし，筆者が入手したマイクロフィルムには，上記の目録 (1) — (5) の文書は撮影されていない。これは，当該の文書が 1944 年の戦火によって焼失したためである[87]。

上記の「9. 羊皮紙と紙に印刷されたさまざまな規約状」には，以下のような六つの規約状が含まれている。

(1) 1566 年 9 月 8 日，フランクフルトの秋市，羊皮紙に手書き。(A)
(2) 1583 年（月・日の記載なし），フランクフルト，紙に手書き。(B)
(3) 1594 年 9 月 15 日，フランクフルトの秋市，羊皮紙に手書き。(C)
(4) 1599 年（月・日・場所の記載なし），羊皮紙に手書き。(D)
(5) 1608 年（月・日の記載なし），フランクフルト，羊皮紙に手書き。(E)

(6) 1674年4月18日，フランクフルト，紙に手書き（F1），紙に印刷（2部あり，印刷年不明）（F2），紙に1716年に印刷（F3）。

A—F3までの規約状はいずれもドイツ語で書かれている。これらは内容や条項数などから，次の三つのグループに分けられる。

(1) A (1566)，C (1594)：この二つは団長の名前や師範の名前を除けば，全く同じ内容である。

(2) B (1583)，D (1599)，E (1608)：この三つは一部の条項に関してグループ1と同じ内容であるが，大部分の条項がグループ1とは異なっている。BとDとEの相違は団長や師範の名前にとどまり，内容的には三つとも同じである。

(3) F1 (1674)，F2 (?)，F3 (1716)：この三つの規約状の内容は，グループ1と2とは異なっている。F1とF2そしてF3の各条項の内容は同じである。F1とF2の相違は手書きと印刷である。F2とF3は，F3の第1頁のテキスト（Von Ihro Käyserl. Majest. Wohl privilegirte und confirmirte Articul Der Hoch=Edlen und weitberühmten Brüderschafft von Sanct Marco und Löwenberg Gedruckt im Jahr 1716）を除いて，内容的には同じである。F2の印刷年は不明である。

以下では，紙面の関係から1566年の規約状を邦訳することにする。本稿ではマイクロフィルムによって研究が進められたので，書誌学的な考察は一定の制限を受けざるを得なかった。邦訳は条項ごとに行い，邦訳の後にドイツ語の翻刻を付した。解読困難な語や理解困難なテキストは他の規約から推測し，その旨を注に記した。便宜上，各条項の前に数字を挿入した。訳文中の ［ ］ 内の語句は訳者の挿入である。

2）1566年の規約状の邦訳

1. 皇帝の特権を有する聖マルクス団体の師範たちは，団体内で従来生じている若干の弊害のゆえに，今後より一層入念に団体を管理し，同様の弊害が決して生じないようにするために，主なる神の名誉にかけて，自由・公正・慎重な心で，後述のような形式で［新しい］公正な規約を制定

第 3 節 「剣術」関係史料

し，承認した。(Mit freyem auffrichtigem vnnd wolbedachtem Muth[88] haben die Maister der Gesellschafft der Kayserlichen Freyhait Sanct Marx, vonn wegen ettlichs gebrechens[89] so bißhero jnn der Gesellschafft enntstannden ist, dieselbigen nun hinnfurther vleissiger zuuersehen, Vnnd vff daß deßgleichen nit geschehen soll. So haben sie Gott dem Herrn[90] zu lob vnnd Ehr, vffrichtige Ordenung[91] gemacht vnnd bestättigt, Jnn gleicher Form vnnd maaß, wie hiernach geschrieben volgt[92].)

2. 第 1 に，師範たちは［新しい］団長を選出した。この師範の名前はヨルゲン・ハンゲルストルフェルンであり，エルティンゲン出身の毛皮製造業者であり，マインツの市民である。師範たちは団長に，団長は師範たちに神の名誉にかけて，次のことを誓約した。今後二年間は誠実な事柄において互いに助け合うべきであり，常に二年ごとに別の団長を選び，［師範たちは］団長に，団長は団体に，現在行われているような形式で同様に誓約すべきである。(Zum ersten haben sie erwelet vnnd gemacht, einenn Hauptman[93], mit namen, M. Jörgen Hanngerstorffern vonn Örtingen Kurßnern vnnd Burgern zu Maintz, demselben haben sie, vnnd er Jhnen wiedrumb[94], Gott dem Herrn zu Ehren, Zwey Jar lanngk nechst nach einannder kommende, geschworn, daß sie yetzund vnnd furbaß, einer dem anndern jnn allen Ehrlichen vnnd Redlichen sachen, behulfflich sein sollen vnnd wöllen, vnnd daß man auch allweg ye[95] vber Zwey Jare lanngk einen anndern Hauptman erwälen, vnnd deme geloben vnnd schweren solle[96], vnd er deßgleichen herwidderumb der Gesellschafft, aller massen vnnd jnn Form, wie yetzundt be schehen[97].)

3. ある師範が真剣で戦わねばならない時，他の師範は誓約に基づき，その事を知るや否やこの師範の所に赴き，兄弟のように誠実に彼を助けるべきであり，特に剣を使用する師範たちは［そうすべきである］。いかなる師範も正当かつ自由意志でこの事を行うことを自慢すべきではない。一人の師範が打ち倒されると，他のすべての師範も打ち倒されるか，彼の報復をすべきであり，最初は若い［師範が］，そして老いた［師範］まで［報復すべきである］。ある師範が暴力に訴えられ，彼が正当さを放棄しないとい

253

うことならば，他のすべての師範は彼の［正当さを］受け入れ，彼を助けるべきである。彼らはこのことを，名誉を持って行い，弁明できる。そうして，常に一方は他方を支援し，妨げとなるべきではない。(Jtem ob einn Maister scharpff fechten solte oder muste, so sollen die Anndern vff ihren aidt, den sie geschworn, zu jhme ziehen, als baldt sie das Jnnen werden, vnnd jhme getrewlich vnnd Bruderlich beystanndt thun, vnnd Jnnsonnderlich die Maister, welche das Schwerdt niessen vnnd brauchen[98], Vnnd soll sich kheiner dessen vberheben, damit vnnrecht[99] vnnd muttwillen zuthun, Vnnd wirdt dann einer geschlagen, so sollen die anndern alle geschlagen werden, oder jhne Rechen, vnnd nemblich der Jungst zum ersten, biß vff den Eltisten. Were es aber sach, daß mann wölte gewalt ann einen Maister legen, vnnd jhne bey einem Pillichen vnnd Rechten nit Pleiben lassen, so sollen die anndern alle sich sein annemen, vnnd jhme furderlich vnnd behulfflich sein, weß sie dessen mit Ehren thun vnnd veranntwortten khönnen[100], vnnd ye einer den anndern furdern vnnd nicht hinndern[101].)

4. 団体の二人の師範が，［例えば］剣が一方の師範に当たるというような理由で互いに不和になった場合には，双方とも他の誰にも訴えるべきではなく，このことは団長と団体の前でだけ解決されるべきである。(Vnnd ob es sache were, daß zwen Maister auß der Gesellschafft vnnder einannder vnneins wurden, auß Vrsachen, vnnd so dann dz schwerdt einen treffen wurde, So soll Jhrer Kheiner den anndern yergendts anndners suchen, annlanngen, oder beclagen, dann allein vor dem Hauptman, vnnd der Gesellschafft, do solchs außgetragen vnnd hinngelegt werden soll[102].)

5. いかなる師範も同時に一つ以上の興行を挙行すべきではない。師範の名において興行を挙行する助剣士（furfechter）［も同様である］。しかし，師範はもちろん助剣士をおくことができる。(Jtem es soll auch khein Maister mehr dann eine schull vff einmall halten, vnnd khein Furfechter der die schull halte vonn deß Maisters wegen, der Maister mag aber woll den Furfechter bey sich haben.)

6. 都市内に居住する師範に［剣術興行の］挙行が許可されると，師範た

ちは彼が公開の興行を開催するのを助けるべきであるが，この興行のお金の分け前を受け取るべきではない。［都市内に］居住する師範が弟子を持たず，弟子たちもこの師範からではなく，他の師範から学ぼうとするならば，居住する師範は他の師範に対して，彼が弟子を取り，一ヶ月の間興行を挙行することを許可すべきである[103]。（Es sollen auch die Maister, so da jnn einer stadt seßhafftig einem Maister gonnen außzuhencken, vnnd jhme helffen eine offne schull halten, vnnd khein theill vonn demselben gelt neme. Vnnd so der Maister, der da seßhafftig kheinen schuler hette, Wolten dann die schuler vonn deme nicht Sonndern vnn dem anndern lernen, so soll der seßhafftig dem anndern gönnen, daß er schuler zu jhme neme, vnnd ein Monat schull halten muge.）

7．その間に別の師範がこの都市に来て，この師範が路銀を必要としているならば，ここで興行を挙行している前述の師範は，ここに来た余所者の［師範に］対して，彼がより良い旅を続けることができるように，路銀として半グルデン[104]を与えるべきである。（Vnnd were es sache, daß ein ann- der Maister dartzwischen Jnn dieselbe stadt keme, deme eine zehrung vonn nötten were, so soll der genanndt Maister, der also schul da hielte, dem annders froembden, so dar keme, ein halben gulden an der zehrung schencken, vff daß er desto besser fur khomme muge.）

8．団体に属しながら剣を使用しない師範は，毎年2ブラパルト［＝グルデン］を団体に納めるべきである。いかなる師範も［兄弟団の］金庫に2グルデンを納めなければ，団体に入団すべきではない。彼［入団を希望する者］は，いかなる武器において師範であるか試験されるべきであり，その武器において師範と書かれるべきである。［剣術の］秘技は団長による以外は決して与えられるべきではなく，それには団長の知る二人の兄弟［団員］が立ち合うべきである。しかし，団長がいようといまいと，［団員が年に1回集まる］フランクフルトでの市の際には，兄弟［団員］たちはこのこと［秘技の授与］を行った。（Jtem welcher Maister das schwerdt nit braucht, vnnd jnn der Gesellschafft ist, der soll alle Jar zwen Blappart jnn die Gesellschafft geben, mann soll auch kheinen Maister jnn die Gesellschafften ne-

255

men, er gebe dann zwen gulden jnn die Buchssen. Vnnd mann soll jhn versuchen, jnn welcher wehr er Maister seye, Jnn derselben soll er sich Maister schreiben. Auch soll die Haimlichkeit niemanndts hin oder außgeben werden, dann durch den Hauptman, vnnd soll zwen wiessendt seiner Bruder bey sich haben, doch zu Frannckfurt jnn der Meß haben die Bruder solchs macht, der Hauptman seye da oder nicht.)

9. 各々の師範は，彼自らが［年に一回の集会のために］フランクフルトに行くことができない場合は，毎年団体に納めるのに相当するお金［2グルデン］を，［誰かによって］フランクフルトの市［で行われる集会の際に］［団体に］渡させるべきである。(Jtem es soll auch ein yeder Maister alle Jar sein gebuhlich gelt, das jnn die Gesellschaft zu geben geburt, gehn Frannckfurt jnn die Meß vberanntworten lassen, wo er selber dahin nit khommen möchte.)

10. 団体のいかなる師範も賭博場の主人や，娼婦と関係すべきではない。(Jtem es soll auch khein Maister der Gesellschafft, gemainschafft haben, mit schol der Platzmaistern, oder mit offenntlichen Frawen wirtthen.)

11. 各々の師範は，彼が死ぬときには，直ちに彼が所持するMarxen［特許状］をフランクフルトの団長に送り，それによってMarxenが［団長に］手渡されるか，あるいは1グルデンで取り戻すように，予め命じておくべきである。各々の師範は，弟子が予め2プフェニッヒを［兄弟団の］金庫に納めなければ，彼を教えるべきではない。(Es soll auch ein yeglicher Maister verschaffen vnnd bestellen, Wann Gott vber jhn gebeuth, daß er vonn Todts wegen abginnge, daß er alßdann seinen Marxen, den er getragen, dem Haupt- man gehn Frannckfurt zuschicke, damit er vberantwortet werde, oder jhne mit einem gulden ablöse. Auch soll ein yeder Maister, kheinen schuler leren, derselbig Schuler habe dann zuuor zwen Pfennige jnn die Buchssen geben.)

12. 皇帝の特権を有する団体［マルクス兄弟団］の上述の長剣の師範たちは，ケルン出身でアウグスブルクの市民であり武具師である師範キルスケン・エセルと，皇帝の特権を有する長剣の［師範たちの］団長である前述のエルティンゲン出身の毛皮製造業者であり，マインツの市民であるヨ

ルゲン・ハンゲルストルフェルンの名と共に，父なる神にかけて，上述のすべての条項を全体的にも個別的にも固く守ることを誓った。皇帝の特権を有する尊敬すべき師範たちは，私のために彼らの印章をこの書状につけるように熱心に求めた。皇帝の特権を有する上述の団長と長剣の師範は，この印章の捺印がこのように行われ，［この書状を］我々と子孫に害なく与えることを認める。［このことは］我々の主なる救世主イエス・キリスト生誕後の 1566 年 9 月 8 日に，フランクフルトの秋市で行われる。(Vnnd allso alle vorgenanndte, vnnd obgeschriebene stuckh. Puncten vnnd Artikel, sammennthafft, vnnd ein yeden jnnsonnderhait[105], haben die Maister obgesanndt, der Gesellschafft Kayserlicher Freyhait deß Lanngen schwerdts, gelobt geredt, vnnd leilich zu Gott dem Herrn geschworn, stede zuhalten, mit namen M. Kirßkhen Esser vonn Colln, Pantzermacher, Burger zu Augspurgk, dem obgenanndten M. Jörgen Hanngerstorffern vonn Örtingen Kurßner vnnd Burger zu Maintz, Hauptman deß lanngen schwerdts, Kayserlicher Freyhait. Vnnd die ersamen Maister derselben Freyhait vleissig gebetten, daß sie ihre Jnnsiegell vonn meinet[106] wegen ann diessen brieff gehennckt haben: Welche siegelung wir obgeschriebene Hauptman vnnd Maistere deß Lanngen Schwerdts Kayserlicher Freyhait, vnnd allso geschehen erkhennen, doch vnns vnnd vnnsern Nachkomen ohn schaden Geben vnnd geschehen Jnn der Frannckfurter Herbstmeß, dem 8. tag Septembris jm Jar nach Christi Uesu vnnsers lieben Herrn vnnd seligmachers geburt Tausent funnffhundert Sechzig vnnd Sechs.)

注
1)「資料実証主義」については，次の拙稿を参照されたい。歴史研究は「実証から離れる」ことができるか？，スポーツ史研究，22(2009):41-44。
2) スポーツ史研究におけるインターネットの活用については，次の拙稿を参照されたい。「第 8 章　スポーツ史研究における情報活用」，広島大学情報メディア教育研究センター編，情報化社会への招待，学術図書出版社，2006 年，92-97 頁。なお，スポーツ史研究の情報検索に関して，ここでは次のウェブサイトだけを挙げておこう。国立情報学研究所（http://www.nii.ac.jp/）の「GeNii（学術コンテンツ・ポータル）」http://ge.nii.ac.jp/genii/jsp/index.

jsp，国立国会図書館（http://www.ndl.go.jp/）の「近代デジタルライブラリー」（http://kindai.ndl.go.jp/），Google（http://www.google.co.jp/）の「Google Scholar」（http://scholar.google.co. jp/schhp?hl=ja），アメリカのテキサス大学の「The H.J. Lutcher Stark Centerfor Physical Culture and Sports」が開設している「Scholarly Sports Sites, Web dictionary for academic sports research」（http://www.starkcenter.org/research/web/scholarly-sports-sites/）。特に，「近代デジタルライブラリー」と「Google Scholar」では，著作権の切れた文献の「PDF」ファイルによる閲覧が可能である。また「ヴィキペディア財団」による「Wikisource」（http://wikisource. org/wiki/Main_Page）でも史料の閲覧が可能である。注80も参照されたい。

3) 西川正雄編，ドイツ史研究入門，東京大学出版会，1984年。特に「第IV部　文献目録（1981年末現在）」（301-502頁）は，ドイツ史研究を志す者にとっては必読書である。この外，ここでは次の2冊を挙げておきたい。國方敬司，直江眞一編，史料が語る中世ヨーロッパ，刀水書房，2004年。高山博，池上俊一編，西洋中世学入門，東京大学出版会，2005年。

4) Deutsche Wörterbuch von Jacob und Wilhelm Grimm. München 1984. Robert, A., B.R. Henri, A. Norbert(Hg.), Lexikon des Mittelalters. 9 Bde. Zürich 1980-1999. ところで，ドイツ中世都市におけるスポーツを研究する場合，「バイエル科学アカデミー歴史委員会」が編集した『ドイツ都市年代記』は必読の史料である。Die Chroniken der deutschen Städte vom 14. bis ins 16. Jahrhundert. Hg. durch die Historische Kommission bei der Bayerischen Akademie der Wissenschaften. 37 Bde. Neudruck: Göttingen, 1961-1969.（現在ではインターネットで閲覧が可能である。http://de. wikisource.org/wiki/Die_Chroniken_ der_deutschen_St%C3%A4dte）。また，1819年に創設された「Gesellschaft für ältere deutsche Geschichtskunde」（1963年以来「Bayerischen Staatsministeriums für Wissenschaft, Forschung und Kunst」の管轄下にある「Monumenta Germaniae Historica」研究所）が刊行している中世最大の資料集である『Monumenta Germaniae Historica』におけるスポーツ史関係文書の確認については，現在の所ほとんど未着手と思われる。Mersiowsky, M., 津田拓郎訳，ドイツ語圏における文書形式学とモニュメンタ・ゲルマニエ・ヒストリカ（講演録ヨーロッパ中世史料学から見るドイツ歴史学—回顧と展望—，史學（三田史学会），79(2010)1/2:118-135。なお，本章の史料については復刻版をも載録した。

5) 史料は主として単行本に限定し，年代記などにおける記述は割愛した。また，特定の史料の紹介に関しては，既に発表した拙稿を載録した。

6) 本節は筆者の次の報告書と論文に基づいている。ドイツ中世後期の「トーナメント」に関する基礎的研究（課題番号　14580037），平成14年度〜16年

注

度科学研究費補助金（基盤研究（C）（2）研究成果報告書，2005年。G. リュクスナーの『トーナメント書』（1530）に関する一考察，スポーツ史研究，19(2006):31-40。
7) 本節のリュクスナーからの引用は，バイエルン州立図書館が所蔵している「1530年版」に基づいている。Rüxner, G., Anfang, Vrsprung vnnd Herkommen des Thurnirs in Teutscher Nation. Simmern（Hieronyms Rodler）1530.（Bayerische Staatsbibliothek. Res 2º Herald. 39.）以下では「Rüxner, G., Anfang, 1530」と略。なお，1997年に刊行された次の復刻版も参照した。Rixner, G., Turnierbuch. Reprint der Prachtausgabe Simmern 1530. Eingeleitet von Willi Wagner. Solingen 1997,（Bibliothek für Familienforscher. Hg. von Dr. Eike Pies. Bd.2. Georg Rixner, Turnierbuch 1530).（以下では「Rixner, G., Turnierbuch, 1997」と略）。本復刻版は「Rüxner」ではなく，「Rixner」と表記している。リュクスナー自身は「Rixner」と「Rüxner」の両方の表記を使用している。本研究では，多くの先行研究に従って「Rüxner」と表記する。なお，E. ピースの復刻版はバイエルン州立図書館版に見られる「索引」（Bl.403ʳ-40ʳ)，及び「出版者，出版地，出版年」の記載（Bl.407ᵛ）を欠いている。
8) Rüxner, G., Anfang, 1530. Bl.1ʳ.
9) Kurras. L., Turneirbuch aus der Kraichgauer Ritterschaft. Zürich 1983, S.43.
10) Kurras, L., Ibid., S.42, 48-49. 都市会計帳簿の確認に関しては，今後の課題としたい。
11) Rüxner, G., Ibid., Bl.1ʳ. Kurras, L., Ibid., S.42.
12) Kurras, L., Ibid., S.35.
13) Rixner, G., Turnierbuch. 1997, S.12.
14) Rüxner, R., Ibid. Bl.1ʳ. M. ヴュルズンクの「正しいオリジナル」とは「マグデブルクの聖マウリティウス修道院助任司祭であるヨハン・キルヒベルガー」（Bl.1ʳ）が所持していた文書である。前節の文献番号45を参照。本書は四つの紋章図と一つの戦いの図を有する全部で18丁の小冊子である。
15) リュクスナーはメックレンブルクの貴族たちのための系図を1530年に作成している。Historischer Auszug von dem Herkommen und Wappen der Koenige und Herzoge in Mecklenburg Anno 1530 von Georg Rixner, genendt Hierosalem Eraldo und Konig der Wappen. この他，彼はヘンネベルク伯やツォーレルン伯のためにも系図を作成している。Rixner, G., Turneirbuch, 1997, S.11
16) Rüxner, G., Ibid., Bl.407ᵛ. 本書は次のような長い副題を有している。「Wieuil Thurnier hiß vff den letsten zu Worms, auch wie, vnd an welchen ortten die gehalten, vnd durch was Fürsten, Grauen, Herrn, Ritter vnnd vom Adel, sie ieder

259

Zeit besucht worden sindt. Zu lobwirdiger gedechtnuß Römischer Keyserlicher Maiesat, vnnsers allergnedigsten Herrn, vnd alles Teutschen Adels, Hohen vnd Nidern stands voreltern, außgangen. Mit Keyserlicher freiheyt Sechs jaren nitt nachzurucken. gedruckt bei Hieronyms Rodler in Simmern. 1530.」

17) 1530年版が407丁だったのに対して，1566年版と1578年版は131丁である。1579年版は236丁と索引である。1586年のラテン語版の表題は「Franz Modius für die Pandectae triumphales. Francof. ad. M. impensis Sigismundi Feyerabendii MDLXXXVI」である。Gumppenberg, L.A.F.von, Ibid., S.5.

18) Sachs, H., Historia. Ursprung und ankunfft des thurniers, wie, wo, wenn unnd wie viel der im Teutschland sind gehalten worden. Nuernberg 1541. In: Hans Sachs's Werke. Bd.II. Hg. von Adelbert von Keller. Rep. der Ausgabe Stuttgart 1870. Hildesheim 1964. S.342-352.

19) 以下で述べる競技経過あるいは競技方法は，W.ワーグナーの言及を参考にしながら，いわば「理想型」として構成されるものである。Wagner, W., Einführung. In: Rixner, G., Turnierbuch. Reprint der Prachtausgabe Simmern 1530. Eingeleitet von Willi Wagner. Solingen 1997, S. 16-20.

20) 表13が示すように，トーナメント開催の特定の時期は見いだせない。

21) 競技場は都市内の広場に設営された。都市当局による競技場の設営，あるいは主催者と都市当局との交渉については，次の論稿を参照されたい。Zotz, T., Adel, Bürgertum und Turnier in deutschen Städten vom 13. bis 15. Jahrhundert. In: Fleckenstein, J.(Hg.), Das ritterliche Turnier im Mittelalter. Göttingen 1985. S.450-499.

22) 15世紀後半には単騎の騎馬戦として，「シュテッヘン（Stechen）」（軽武装で，殺傷力のない槍による戦い），「レンネン（Rennen）」（重武装で，殺傷力のある槍による戦い），「イタリア式シュテッヘン（Welsche Stechen）」（柵を隔ててのシュテッヘン），「ゲゼレンシュテッヘン（Gesellenstechen）」（若い従者によるシュテッヘン）が実施された。

23) 競技方法の中でも，今日の我々にとって最も興味がある勝者の判定者や判定基準については，残念ながらリュクスナーは言及していない。

24) Stamm, H., Das Turnierbuch des Ludwig von Eyb (cgm 961). Stuttgart 1986. 特に，31頁から81頁における「トーナメント年代記」に関する叙述を参照。Gumppenberg, L.A.F. von, Die Gumppenberger auf Turnieren. Nachtrag zur Geschichte der Familie von Gumppenberg. Würzburg 1862. 特に，5頁から42頁の序論を参照。

25) H.シュタムによるJ.リュッゲン（前節の文献番号33）とW.vonライデンブッハ（前節の文献番号32）に関する指摘（Ibid., S.41-42, 51-52）と，L.A.F.vonグンペンベルク（Ibid., S.50-74, 83-163）によるW.vonライデンブ

注

ッハのトーナメント書の復刻を参照。
26）Gumppenberg, L.A.F. von, Ibid., S.7. Stumpf, J., Gemeiner löblicher Eidgenossenhaft, Stetten, Landen und Völkern chronikwürdiger Thaten Beschreibung. 1587. Hund, W., Bayrisch Stammenbuch. Ingolstadt 1585. Spengenberg, M.E., Mansfeldische Chronica. Eisleben 1572.
27）Das Urtheil berühmter Geschichtschreiber von der Glaubwürdigkeit der Teutschen Thurnier= Bücher. 1728.
28）Müller, H., Gründlich ausgeführter Discurs, ob Georg Rixners, gewesenen Bayrischen Herolds, teutsches Thurnier=Buch pro Scripto Authentico zu halten, und wie weit demselben Glauben zu zustellen sey. Zweyte Theil des Nürnbergischen Schönbart=Buchs und Gesellen= Stechens. Nürnberg 1766.
29）Kurras, L., Turnierbuch aus der kraichgauer Ritterschaft. Kommentar zur Faksimileausgabe des Cod. Ross. 711. Zürich 1983. S.51. Kneschke, E.H., Neues allgemeines deutsches Adels-Lexikon. 9 Bde. Leipzig 1859-1870.
30）Gumppenberg, L.A.F. von, Ibid., Ders., Nachrichten über die Turniere zu Würzburg und Bamberg in den Jahren 1479 und 1486. In: Archiv für Historische Verein von Unterfranken. Bd.19, 1866. S.164-210.
31）前節の文献番号 12 及び 33 を参照。
32）このような団体は，既に 13 世紀の後半には出現する。例えば，1265 年にはバーゼルで「オウム」（Psitticher）と「星」（Sterner）という名称の騎士団体が存在した。しかし，これら初期の団体は，むしろ政治的―軍事的な結びつきであり，トーナメント参加（主催）は社交的な副次物であった。Meyer, W., Turniergesellschaft. Bemerkungen zu sozialgeschichtlichen Bedeutung der Turniere im Spätmittelalter. In: Fleckenstein, J.(Hg.), Das ritterlichen Turnier im Mittelalter. Göttingen 1985. S.500-512. ここでは 503 頁。しかし，14 世紀半ばになると，例えば 1361 年のバイエルンのトーナメント団体に見られるように，トーナメントの開催を目的とする「トーナメント団体」が結成されるようになる。Dokumente zur Geschichte von Staat und Gesellschaft in Bayern. Hg. von K. Bosl, Abteilung I: Altbayern vom Frühmittelalter bis 1800. Teil 1: Vom 1180 bis 1550. München 1977. S.230-233 und 356-359.
33）バンベルク規程（1478 年）からハイルブロン規程（1485 年）に至る経緯と内容については，次の拙稿を参照されたい。ドイツ中世後期の「トーナメント」に関する研究―ハイルブロンの「トーナメント規則」（1485）の成立事情―，スポーツ史研究，22(2009):21-31。
34）Klersch, J., Das deutsche Schützenwesen, Geschichte und Bedeutung. Eine Bibliographie. Köln 1967. Osthoff, G., Bibliographie zum Schützenwesen in Westfalen. Münster 1978. Schnitzler, T., Quellen- und Literatursammlung zum

Forschungsvorhaben "Schützenwesen in spätmittelalterlichen Europa..."; mit einem chronologischen Register von Schützenfesten 1398 bis 1906. Trier 1993. (unveröffentlicht)
35. Freys, E.(Hg.), Gedruckte Schützenbriefe des 15. Jahrhunderts. In: Seltenheiten aus süddeutschen Bibliotheken. München 1912. 本書には，15世紀後半の印刷された35の射手状が印刷複写されている。
36) Freytag, G., Bilder aus der deutschen Vergangenheit. In: Gustav Freyag Gesammelte Werke. Zweite Serie. Bd.5. Leipzig, Ohne Jahre, S.310.
37) 以下では，次の「道化師」を取り上げる。Hans Lutz（アウグスブルク），Lienhart Flexel（アウグスブルク），Ulrich Erthel（アウグスブルク），Hans Steichelin（アウグスブルク），Heinrich Gering（不明），Benedict Edelbeck（オーストリア），Caspar Lerff（アウグスブルク），Jeremias Metz（アウグスブルク），Peter Opel（レーゲンスブルク），Wolf Most（ニュルンベルク），Heinrich Wire（ウィーン），Sebastian Luther（プファルツ地方）。
38) パッサウ文書館の「Repertorium Akten vor 1803」によれば，1555年と1577年の射撃大会に関する文書が保存されている。Schützenprotokoll des großen Festschießens vom Jahr 1555. Enth. Zahlr. kolorierte Zeichnungen auf 23 Bl.（z.T. Stadtbeschäftigt）. 37 Bl. Orig. 1555.（II A 91）. Festschießen der Stahel- und Büchsenschützen im Jahre 1577. Enth. Zusammenstellung der Einnahmen und Ausgaben. Papierbll. 46 Bl., davon 41 beschrieben. Orig., 1577.（II A 103）
39) ウルム文書館はランツフート（1480）（Bestand A［3066］Nr.3 1/2），ニュルンベルク（1522）（Bestand A［3066］Nr.5），ハイデルベルク（1523）（Bestand A［3066］Nr.Nr.20），不明都市（1463）（Bestand A［3067］Nr.4）からウルムへの射手状を所蔵している。
40) Veesenmeyer（S.243）と Radlkofer（S.134）によれば，フレクセルはウルムに向かう前にメミンゲンの射撃大会を訪れている。
41) Radlkofer（S.134 und 135）によれば，フレクセルは1558年に「Weinfelden in Thurgau」の射撃大会を訪れている。
42) Goedeke（S.327）によれば，本書には1584年のリンツでの射撃大会に関する記録も所収されている。Das Herlich Freundlich vnd Nachbarlich Freyschiessen so die Bürgermeister der Stadt Lintz gehalten haben im Jar 1584.
43) この筆稿は六つの銅版画を含んでいる。
44) 本節は次の拙稿の本文を載録したものである。P.H. マイル（1517-1579）の射撃に関する年代記，体育史研究，18(2001):29-38。
45) Roth, F., Einleitung. In: Die Chroniken der deutschen Städte vom 14. bis ins 16. Jahrhundert.Hg. durch die Historische Kommission bei der Bayerischen

注

Akademie der Wissenschaften. Göttingen 1966 (1917). Bd.32. (Die Chroniken der schwäbischen Städte Augsburg. Bd.7). S.IV. 本稿のマイルの生涯と年代記作成については，ロートの記述に従った。

46) Stetten, P. von (Jünger), Lebensbeschreibung zur Erweckung und Unterhaltung bürgerlicher Tugend. Augsburg 1782. S.335. 参会役人としての最初の仕事が何であったのか不明である。彼は職に就く前後に「アウグスブルクの都市裁判所書記であるフランツ・ケッツラー」の娘「フェリキタス・ケッツラー」と結婚した（Roth, F., Ibid., S.VIII）。

47) マイルは1567年まで「会計係」と「糧食係」の職務を兼務していたが，1568年以降は「糧食係」に専従した（Roth, F., Ibid., S.X/XI）。

48) マイルは祖父から6,000グルデンの遺産を受け取り，また妻からは200グルデンの持参金を得ていた。したがって，マイルは最初から「非常に裕福」であった（Roth, F., Ibid., S.IX）。ちなみに，1567年当時のアウグスブルクにおける左官親方の日当は，「9クロイツエル」であった（Mair, P.H., Beschreibung Ettlicher Furnemer Stahel vnd Puchssen Schiessen. Bl. 165^v）。60クロイツエルが1グルデンに相当した（Verdenhalven, F., Alte Maße, Münzen und Gewichte aus dem deutschen Sprachgebiet. Neustadt a.d. Aisch 1968. S.31）ことから考えると，マイルの遺産がいかに高額であったか想像できる。

49) 彼は1567年にはバイエルン公アルブレヒト5世に5%の利子で3,330フロリン（グルデン）を貸している（Roth, F., Ibid., S.XXII）。さらに，彼は1572年には市庁舎の裏手にある家を2,364グルデンで購入し，1577年には郊外の畑と野原を540グルデンで購入している（Roth, F., Ibid., S.XXIII-XXIV）。

50) マイルにとって死刑の判決は2度目であった。1571年3月にマイルの横領が発覚した。この時，彼はバイエルンに逃亡したが，バイエルン当局によってアウグスブルク市参会に引き渡され，裁判にかけられた。その結果，彼は9月に「斬首刑」の判決を受けた。しかし，「匿名の紳士の命令」によって刑を免除され，職務に復帰した（Roth, F., Ibid., S.XI- XII）。

51) マイルはフランクフルトの有名な出版家であるS. ファイエルアーベントと親交を結んでおり，彼から新刊本を献呈されることもあった（Roth, F., Ibid., S. XXXII）。ファイエルアーベントはG. リュクスナーの『トーナメント書』（Rüxner, G., Thurnier Buch. Frankfurt a.M. 1566）を刊行している。マイルの『剣術書』におけるトーナメントに関する記述（Opus amplissimum de arte athletica et gladiatoria. Codex Vindobonensis Palatinus 10826 in der Österreichische Nationalbibliothek. Bl.157^r-172^v）から判断すると，彼がリュクスナーの『トーナメント書』を所蔵していたと推測できるが，死後に作成された彼の蔵書の『売却目録』（注52参照）にはこの本に関する記載は見られない。

52）マイルの蔵書は1580年5月2日から売却が始まった。この『売却目録』（1580. Inuentarium vnnd verkauffregister der Buecher Paul Hector Mayrs, so auß der Herren Stattpfleger gewelb kommenn. Im Augsburger Stadtarchiv）では，スポーツ関係の蔵書に関して「マルクス・フッガー氏が若干の剣術書を購入した」（S.31）と記載されているだけである。
53）Roth, F., Ibid., S.C-CXLIV.
54）マイルは全部で9冊の「備忘録」を作成している（Roth. F., Ibid., S.CCXIII）。その内の1冊は，祖父が1501年に書き始めた「備忘録」を彼の死後も1568年まで書き続けたものである。Memorialbuch. „Schätze" Nr. 63 im Augsburger Stadtarchives.
55）マイルは全部で28冊の「叢書」を残している（Roth. F., Ibid., S.CXIII-CXX-XIV）。こうした叢書の中には，例えば同時代の年代記作者であるランゲンマンテルあるいはイエーガーの年代記も取りあげられている。なお，バイエルン科学アカデミー歴史委員会が編集した『14世紀から16世紀のドイツ都市年代記』の第32巻と33巻は，マイルの年代記に当てられている。Die Chroniken der deutschen Städte vom 14. bis ins 16. Jahrhundert. Hg. durch die Historische Kommission bei der Bayerischen Akademie der Wissenschaften. Göttingen 1966. Bd.32 und 33. Die Chroniken der schwäbischen Städte Augsburg. Bd.7（Paul Hektor Mairs 1. Chronik von 1547-1565）und Bd. 8（Das Diarium Paul Hektor Mairs von 1560-1563, Paul Hektor Mairs 2. Chronik von 1547-1565）.
56）マイルは1561年には貿易商たちの「酒房」の会員に選出された。Roth, F., Ibid., S.XXXIII.
57）Mair, P.H., Opus amplissimum de arte athletica et gladiatoria. Codex Vindobonensis Palatinus 10825 in der Österreichische Nationalbibliothek. Bl.14^v. 剣術師範たちの団体である「マルクス兄弟団」（拙稿，ドイツ中世後期における剣士ゲゼルシャフトの研究―「マルクス兄弟団」の規約と目的に関する一考察―，体育史研究，2(1985):23-29）とマイルとの関係については今後の課題としたい。
58）Roth, F., Ibid. S.LXII-LXIII. 銃射手団体に関しては，1512年に参事会から規約を作成することを許可されている（拙著，ドイツ中世後期のスポーツ―アウグスブルクにおける「公開射撃大会」―，不昧堂出版，1998年，148-149頁）。マイルとこの団体との関係については，今後の課題としたい。
59）Roth, F., Ibid., S.LVII. これらの剣術―格闘書については次の文献を参照。Auerswald, F. von, Ringerkunst 85 Stücke zu ehren kurfürstlichen gnaden zu Sachsen. Wittemberg 1539. Erneuert von G.A. Schmidt, mit Einleitung von K. Wassmannsdorff. Leizpig 1887. Wassmannsdroff, K., Das um das Jahr 1500 ge-

druckte erste deutsche Turnbuch. Heidelberg 1871.
60) Rast, A., Fechtbuch. Schätze Nr.82 im Augsburger Stadtarchiv. マイルはラストが1549年に70歳以上で死去した後，1552年の12月に彼の剣術書を入手し，写本させた（Rast, A., Ibid. Titel）。なお，マイルはアウグスブルクにおける「剣士規定」とヨハン・リヒテナウエルの剣術などに関する写本（Hs. I.6.2⁰.5 in der Fürstlichen Oettingen-Wallersteinschen Bibliothek und Kunstsammlung）をも所蔵していた。拙稿，16世紀のドイツ都市アウグスブルクにおける「Fechtschule」に関する規定，体育学研究，2(1984)1:53-62。
61) Roth, F., Ibid., S.LVII-LXIII. マイルは「2人の経験を積んだ剣士」を雇い，彼らの攻防の術を本にまとめた（Mair, P.H., Opus. Codex Vindobonensis Palatinus 10825 in der Österreichische Nationalbibliothek. Bl.14ᵛ）。この剣術書は同じ内容のものが3部存在する。ミュンヘンの州立図書館が所蔵するラテン語版，ドレスデン州立図書館が所蔵するドイツ語版，オーストリア国立図書館が所蔵するラテン語・ドイツ語版。本書の内容の分析については，今後の課題としたい。
62) アウグスブルクにおける射撃制度に関しては，注58の拙著（125-149頁）を参照されたい。
63) Mair, P.H., Grosses Memorybuch. Im Augsburger Stadtarchiv. Bl. 835ʳ-851ʳ. さらに，1575年に書き始められた別の『年代記』（Cronica. Aug. No.248. im Augsburger Stadtarchiv）にも，『大備忘録』と同様の内容が記述されている（S. 85-103）。
64) Beschreibung Ettlicher Furnemer Stahel vnd Puchssen Schiessen, So Ein Ersamer Rath der Loblichen Reichs Statt Augspurg gehalten, Auch wie Sy Jre Burger Auf frembde vnd Auslenndische Schiessen geschickt, mit Zerung vnd Jnn Annder weeg abgeferttigt haben, Alles von Anno .1411. bis Auff das 15.67. Jar Durch mich, Paulus Hector Mair mit besonnderm Vleiß Jnn dises Buech zusammengebracht, Lustig vnnd kurtzweillig zulesen laut volgennden Registers. Cod-Guelf.1. 2.1 Aug. 2⁰ in der Herzog-August-Bibliothek Wolfenbüttel. 本研究は当該図書館から入手したマイクロフィルムとカラーポジフィルムに基づいている。
65) Heinemann, O. von, Die Handschriften der Herzoglichen Bibiothek zu Wolfenbüttel. Zweite Abtheilung. Die Augusteischen Handschriften. I. Wolfenbüttel 1890. S.18.
66) マイルは1571年に「写字生（Schreiberbube）」を雇うために，25グルデンを参事会から与えられていた（Roth, F., Ibid.,S.XII）。
67) これら彩色画や木版画あるいは銅版画の作者に関しては，今後の課題としたい。

第5章 ドイツ中世スポーツ史研究の史料

68) Mair, P.H., Beschreibung. Bl.384^r-389^r.
69) ヘルツオーク—アウグスト図書館が『記録』を所蔵するに至った経緯については，今後の課題としたい。
70) Mair, P.H., Beschreibung. Bl.380^v-383^r. 日付に関しては Bl.381^r。注58の拙著も参照されたい。
71) カッコ内の数字は丁数を，「r」(recto) は「表ページ」を，「v」(verso) は「裏ページ」を意味する。
72) マイル自身が直接関与したこの写本の出典も不明な部分が多い。この写本の大部分を占める参事会からの支出に関しては，一人称で記述されていること，またマイルが参事会の会計係と糧食係を務めていたことから判断すると，彼自身が記録したであろう。招待状は150部が印刷されたことが欄外のメモから明らかになる (198^v)。また，木版画はアウグスブルクの「ハンス・ローゲル」が作成したことが記載されている (209^r)。しかし，彩色画の作者については不明である。
73) 表題の下に書かれた「P.H.M.k. 1568」は「1568年にP.H.マイルが購入」と解釈できる。ハンの詩に関してはK. ヴァスマンスドルフが翻刻を行っている。Wassmannsdorff, K.(Hg.), Balthasar Han's Ausreden der Armbrust und Büchsenschützen. Aus einer Handschrift des 16. Jahrhunderts. Heidelberg 1887.
74) 1509年の公開射撃大会に関する写本の出典と，この大会の競技経過については拙著（注58, 247-338頁）を参照されたい。なお，この大会に対する都市当局からの支出に関しては，次の拙稿を参照されたい。アウグスブルクにおける1509年の「公開射撃大会」の開催費用，体育史研究，12(1995):11-22.
75) 「293a^r」に関しては，「293」「293a」「293b」の3種類の丁づけがある。
76) この項に関しては次の拙稿を参照。スポーツ史資料：アウグスブルにおける「弩射撃大会」(1470年) の開催経費，スポーツ史研究，8(1995): 35-40頁。スポーツ史資料：P.H.マイルによるアウグスブルクにおける公開射撃大会の『記録』(1411-1575), 成田十次郎先生退官記念会編，成田十次郎先生退官記念論文集 体育・スポーツ史研究の展望—国際的成果と課題—，不昧堂出版，1996年，25-40頁。なお，1425年，1435年，1441年，1450年にアウグスブルクで開催された射撃大会に関するマイルの記述は，H. ミューリッヒ，B. ツインク，E. ヴァールアウスの年代記からの転記であろう（拙著，前掲書，165-169頁）。
77) 「303」という丁づけは存在せず，「304b」という丁づけが2回行われている。
78) Castle, E., Schools and Masters of Fence from the Middle Ages to the Eighteen Century, Nachdruck, London 1969 (1885). Thimm, C. A., A Complete Bi-

bliography of Fencing and Duelling as Practised by all European Nations from the Middle Ages to the Present Day, New York 1896. このほか次の文献を挙げておきたい。Helweg, H., Die deutschen Fechtbücher. Eine bibliographische Übersicht. In: Börsenblatt für den deutschen Buchhandel, 22. Jahrgang, Heft 52, Frankfurt 1966. Laszlo-Nagy, Bibliographie des Fechtens. Allgemeine und chronologische Bibliographie über die Fechtkunst. Graz 1987. Pardoel, H., Fencing A Bibliography Edition 01, Amsterdam 2005. Pardoel, H., The Complete Bibliography of the Art and Sport of Fencing, Kingston 1981.

79) Wierschin, M., Meister Johann Liechtenauers Kunst des Fechtens. München 1965. Hils, H.-P., Meister Johann Liechtenauers Kunst des langen Schwerts. Frankfurt a.M./Bern/New York 1985. Bodemer, H., Das Fechtbuch. Untersuchungen zur Entwicklungsgeschichte der bildkünstlerischen Darstellung der Fechtkunst in den Fechtbüchern des mediterranen und westeuropäischen Raumes von Mittelalter bis Ende des 18. Jahrhunderts. 2008. Dissertation an der Universität Stuttgart. URN: urn:nbn:de:bsz:93-opus-36045.

80) 例えば「バイエルン州立図書館」の「Dijitale Sammlungen」(http:// www. digitale-sammlungen.de/index.html?c=digitale_sammlungen&l=de) に見られるように，剣術筆稿の一部は大学図書館あるいは公立図書館の Website においてデジタル画像による閲覧が可能である。また，「Gesellschaft für pragmatische Schriftlichkeit」(http://www. pragmatische-schriftlichkeit.de/index. html) のように，剣術筆稿の翻刻（Transkription）を公開しているサイトも存在する。さらに，「Academy of European Medieval Martial Arts」(AEMMA, http://www. aemma.org/) のような団体も，剣術筆稿のデジタル版を公開している。注2も参照。

81) この筆稿とリヒテナウエルの剣術技法については，次の拙稿を参照されたい。ドイツ中世後期の剣術　J. リヒテナウエルにおける剣術技法の分析，入江康平・中村民雄・藤堂良明ほか編，日本武道学研究　渡邉一郎教授退官記念論集，渡邉一郎教授退官記念会，1988年，609-630頁。なお，ボーデマーによれば，最も古い剣術筆稿はイギリスの「Royal Armouries」が所蔵する 1270 年頃に作成された筆稿（MS I.33）であろう。Bodemer, H., Ibid., S.83-102. この筆稿については，J. フォアゲングが翻刻を試みている。Forgeng. J., The Medieval Art of Swordsmanship, A Facsimile & Translation of Europe's Oldes Personal Combat Treatise, Royal Armouries MS I. 33. Union City 2003.

82) 本節は次の拙稿の一部を載録し，記述を修正したものである。ドイツ中世スポーツ史資料—剣士団体「マルクス兄弟団の規約—，山口大学教育学部研究論叢，34(1985)3:171-187。次の拙稿も参照されたい。ドイツ中世後期における「剣士ゲゼルシャフト（Fechtergesellschaft)」の成立事情，大場一

267

義・成田十次郎・山本徳郎ほか編,岸野雄三教授退官記念論集 体育史の探求,岸野雄三教授退官記念論集刊行会,1982,19-38頁。16世紀のドイツ都市アウグスブルクにおける「Fechtschule」に関する規程,体育学研究,29(1984)3:53-62。ドイツ中世後期における剣士ゲゼルシャフトの研究—「マルクス兄弟団」の規約と目的に関する一考察,体育史研究,2(1985):23-29。

83) Wassmannsdroff, K., Sechs Fechtschulen der Marxbrüder und Federfechter aus den 1573 bis 1614. Heidelberg 1870. Ders., Kaiser Friedrich's III. Freiheitsbrief vom 10. August 1487 an die Deutschen Meister des Schwerts. In: Deutsche Turnzeitung. 21(1877):137-139. なお,1487年のフリードリッヒ3世による特許状については,注82の岸野雄三教授退官記念論集の拙稿における全文邦訳を参照されたい。

84) Abt. Ueber Fechtspiele und Fechtschulen in Deutschland. In: Büsching, J.G. G., Wöchentlichen Nachrichten für Freund der Geschichte, Kunst und Gelehrtheit des Mittelalters. Breslau/Köln Bd.3, 1817. S.305-306. Gerber, H., Die Reichsstadt Frankfurt am Main als Vorort der Marxbrüder oder Meister vom langen Schwert. In: Frankfurter Wochenschau. 4(1936):8-11. Maar, O., Anfang, Blütezeit und Verfall der Fechtkunst in Nürnberg vom 14. bis zum 19. Jahrhundert. Diplomarbeit an der Sporthochschule Köln. 1961/62. S.129-31. Schmid=Kowarzik, J. und Kufahl, H., Fechtbüchlein. Leipzig 1894. S.110-136.

85) 本稿のために史料をマイクロフィルムで入手した1980年12月の時点では,「フランクフルト a.M. 市立文書館」(das Stadtarchiv der Stadt Frankfurt am Main)であったが,1995年に「フランクフルト市立都市史研究所」(Institut für Stadtgeschichte der Stadt Frankfurt am Main)に組織替えされている。

86) 現在の「都市史研究所」における蔵書名は「Fechtergesellschaft: Akten des Rates und Akten der Gesellschaft」である。「Akten des Rates」(Rep. 7 Ugb A 69)には1487年から1716年までの史料が,「Akten der Gesellschaft」(Fechtergesellschaften der Marxbrüder und Federfechter: Urkunden und Akten der Gesellschaft, Rep. 168)には1541年から1752年までの史料が含まれている。

87) 1981年4月24日づけの「Dr. Bund」からの手紙によれば,1492年の『Gedenkbuch』も「die Meister- und Registerbücher」(1474-1724)も1944年の戦火によって焼失したとのことである。

88)「Mit freyem auffrichtigem vnnd wolbedachtem Muth」という書き出しは,A—F3までのすべての規約状において同じである。

89) 1583: gebrechens, 1608: gedechtnus, 1674: Mibräuch.

90) 1583: Herrn, 1608: dem allmechtigen.

91) 1583, 1599: vffrichtige Ordnung, 1608: eine newe auffrichtige Ordnung.

92）1583: Jnngliecher Form vnnd maaß, wie hernach geschrieben volget，1608: jn massen wie hernach folget.
93）1583，1599: einen Hauptman，1608: einen newen Hauptman.
94）1583: unter jhm.
95）1583: Vnnd da mann auch allwege ye，1608: also nun auch.
96）1583: deme geloben vnnd schweren solle，1608: denselbigen geschworen.
97）1583: aller massen vnnd jnn form, wie yetzundt beschehen，1608: in maß vnd formb jetzund beschehen.
98）1599: die weiter die ds schwerdt brauchen muessen.
99）1566年の「damit vnnrecht」は，1583年と1608年では「das nicht unrecht」であり，1590年では「vnd jnen nicht unrecht」である。ここでは，1583年と1608年のテキストに従って訳出した。
100）1583，1599: vnnd jhme furderlich vnnd behulfflich sein, weß sie dessen mit Ehren thun vnnd veranntworten khönnen，1608: vnd jhm brüderlich beystend thun, was sie mit ehren thun, köndten.
101）1608: ye einer den anndern nicht hindern, sondern viel mehr fördern.
102）1583: so soll Jrer Kheiner den anndern yergenndts annders suchen, annlanngen, oder beclagen, dann allein vor dem Hauptman, vnnd der Gesellschafft, do solches außtragen, vnnd hinngelegt werden soll. 1599: so soll keiner den anderen, niergents verclagen, dan vor dem hauptman vnd der gantzen bruderschafft, soll solches außgetragen vnd verricht werden. 1608: so soll den andern niergendts nicht außtragen werden, den vor den haputman vnd der gantzen Bruderschafft solches verricht werden.
103）「Fechtschule」は剣術「学校」ではなく，「入場料を取って剣術試合を見せる」ことを意味していたために，「剣術興行」と訳出した。この剣術興行の開催は都市当局によっても規制されていた。注82の「Fechtschule」に関する拙稿を参照されたい。
104）「半グルデン」は大工の親方の4日分の賃金に相当した。また，「1グルデン」は「210プフェニッヒ」に相当した。拙著（ドイツ中世後期のスポーツ―アウグスブルクにおける「公開射撃大会」―，不昧堂出版，1998年）の39-40頁を参照されたい。
105）1594: underheit.
106）1594: seinet.

あとがき

　本書の構想は，手許にあるメモによれば，2005年5月に始まっている。1997年2月に「ドイツ中世後期の帝国都市アウグスブルクにおける『公開射撃大会』に関する研究」によって，奈良女子大学より「博士（学術）」を授与された。しかし，既に当時においても，ドイツのスポーツ史（体育史）に挑戦する若手のスポーツ史研究者は少なく，ましてや「中世スポーツ史」に興味を抱いて研究しようとする大学院生は皆無であった。このため，「ドイツ中世スポーツ史研究」のための入門書となるような図書が存在しなければ，筆者の研究の蓄積も無意味になってしまうという危機感があった。約10年を経て，ようやく本書を世に問うことができるようになった。

　ところで，筆者が東京教育大学体育学部体育史研究室において，恩師である故岸野雄三先生と成田十次郎先生のご指導の下に「体育史」の勉強を始めたのは，約45年前であった。当時は，ゼロックスコピー機が普及し始めた時期であり，パーソナルコンピューターは存在していなかった（筆者がパソコンを研究に使用し始めたのは，広島大学に転勤した1985年である）。したがって，「体育史」に関する参考文献の確認は，図書館における「カード検索」に頼っていた。また，先行研究に関しては，参考文献から確認するのが通例であった。さらに，史料に関しても，日本体育史関係であれば例え遠くではあっても所蔵図書館に赴けば閲覧することが可能であり，運が良ければコピーすることもできた。しかし，外国体育史関係の史料となると，「1ドル＝360円」の時代では簡単に海外へ渡航することもできず，ドイツの図書館にコピーを依頼してマイクロフィルムによる複写を入手するまでに早くても4ヶ月は必要であり，入手が極めて困難であった。こうした事情は，1974年頃に「ドイツ中世スポーツ史」の研究を始めた頃も同じであった。この意味では，史料を「持っている」こと自体が研究

者の「強み」であった。

　今日では，パソコンを利用してインターネット上にある検索サイトを活用すれば，参考文献や先行研究だけでなく史料も極めて簡単に閲覧することができ，コピーを入手することが可能である。例えば，各大学図書館の「OPAC」や国立情報学研究所の「GeNii」を活用すれば，参考文献と先行研究を極めて簡単に確認することができ，文献によっては「機関リポジトリ」を通して本文を読むことも可能である。また，史料に関しても，例えばミュンヘン州立図書館のホームページに掲載されている中世の剣術書に関する「電子文書」（PDFファイル）が示しているように，パソコン上で居ながらにして閲覧が可能である。とは言え，先行研究と史料を一冊にまとめた著作は，これから研究を始めようとする初学者にとっては，それなりの意義があるのではないだろうか。

　さて，本書は筆者がこれまでに発表した論文や，広島大学での教養教育と専門教育に関する講義ノートが基礎になっている。以下に各章に関係する論文を記しておく。

第1章
・研究ノート：スポーツ史学の方法論的前提，広島大学総合科学部紀要Ⅵ　保健体育学研究，7(1990):1-28。
・歴史研究の課題，体育史研究，20(2003):45-48。

第2章
・F.J.J.ボイテンディクの遊び論―生物学的遊び論の一系譜―，体育学研究，24(1979)3:175-183。

第3章
・スポーツにおける「規則」概念の分析―M.ウエーバーの「規則」概念の分析を手掛かりにして―，広島大学総合科学部紀要Ⅵ　保健体育学研究，4(1987):1-10。

第4章
・ドイツ中世スポーツ史研究の課題，山口大学教育学研究論叢　第3部，

あとがき

30(1980):127-142。
・K. ヴァスマンスドルフ（1820-1906）のドイツ中・近世スポーツ史研究，広島大学総合科学部紀要Ⅵ保健体育学研究，9(1991):25-36。
・スポーツ史資料：K. ヴァスマンスドルフ（1820-1906）の文献目録，広島大学総合科学部紀要Ⅵ保健体育学研究，9(1991):37-51。
・ドイツ中世スポーツ史研究の課題，体育学研究，42(1997)4:292-297。

第5章
・ドイツ中世後期における剣士ゲゼルシャフトの研究―「マルクス兄弟団」の規約と目的に関する一考察―，体育史研究，2(1985):23-29。
・ドイツ中世スポーツ史資料―剣士団体「マルクス兄弟団の規約」―，山口大学教育学部研究論叢，34(1985)3:171-187。
・P.H. マイル（1517-1579）の射撃に関する年代記，体育史研究，8(2001):29-38。
・G. リュクスナーの『トーナメント書』(1530)に関する一考察，スポーツ史研究，19(2006):31-40。

なお，第2章と第3章は，広島大学での「講義ノート」に基づいている。また，本書の一部は次のような科学研究費による研究成果に基づいている。
・昭和53年度科学研究費補助金奨励研究A　課題番号　378039　「ドイツ中世体育史序説―Fechtbuch の成立事情について―」。
・平成14年度～16年度科学研究費補助金（基盤研究（C）(2)）課題番号14580037　「ドイツ中世後期の『トーナメント』に関する基礎的研究」。
・平成18年度～20年度科学研究費補助金（基盤研究（C）(2)）課題番号18500485　「ドイツ中世後期の『トーナメント』に関する研究」。

ところで，第1章において論じた諸問題（例えば，歴史の意味，概念，法則，歴史的解釈，因果的説明など）のうち，「法則」概念についてはK.R. ポパーに，「解釈」についてはM. ヴェーバーに依拠しながら論述を進めた。

あ と が き

　この論述は，結果的には，「岸野史学」における歴史認識論に対する批判となってしまった。しかし，大学院生の時に岸野先生から「概念」の厳密な使用や，歴史研究における「学問論」の重要性を繰り返し指摘されたことを想起すると，本書によってほんの少しではあっても岸野先生に近付くことができたのではないか，と思っている。繰り返しになるが，故岸野雄三先生の学恩に深謝したいと思う。

　最後に，私事で誠に恐縮ではあるが，私の研究生活に対する妻・典子の「内助の功」に深く感謝すると同時に，昨年 12 月に生まれた我々の初孫子が何時の日か本書を「手にする」ことを期待したい。

　　2013（平成）25 年　収穫の秋 10 月

　　　　　　　　　　　　　　　　　　　　　　　　　　　　楠戸　一彦

参考文献

1. 略記
BJSH: The British Journal of Sports History.
CJHSPE: Canadian Journal of History of Sport and Physical Education.
DTZ: Deutsche Turn-Zeitung.
IJHS: International Journal of the History of Sport.
JSH: Journal of Sport History.
SZGS: Sozial- und Zeitgeschichte des Sports.
SportZeiten: SportZeiten. Sport in Geschichte, Kultur und Gesellschaft.
TPK: Theorie und Praxis der Körperkultur

2. 複数の章で出てくる参考文献
Bintz, J., Die volkstümlichen Leibesübungen des Mittelalters. Hamburg. Schulprogr. Johanneum 1879.（1章，4章）
Bintz, J., Die Leibesübungen des Mittelalters. Gurfersloh. 1880.（1章，4章）
Bogeng, G.A.E.(Hg.), Geschichte des Sports aller Völker und Zeiten. Leipzig 1926.（2章，4章）
Diem, C., Wesen und Lehre des Sports und der Leibeserziehung. Berlin 1960.（Wesen und Lehre des Sports. Berlin 1949. 福岡孝行，スポーツの本質と基礎，法政大学出版局，1958年）（1章，2章，4章）
Dörnhöffer, F., Albrecht Dürers Fechtbuch. In: Jahrbuch der kunsthistorischen Sammlungen des allerhöchsten Kaiserhauses. Wien/Leipzig, 27(1910). Heft 6.（4章，5章）
Edelmann, A., Schützenwesen und Schützenfeste der deutschen Städte vom 13. bis zum 18. Jahrhudert. München 1890.（4章，5章）
Eichberg,H., Der Weg des Sports in die industrielle Zivilisation. Baden-Baden 1979².（1章，2章）
Fleckenstein, J.(Hg.), Das ritterliche Turniers im Mittelalter. Beiträge zu einer vergleichenden Formen- und Verhaltensgeschichte des Rittertums. Göttingen 1985.（4章，5章）
Guttmann, A., From Ritual to Record. The Nature of Modern Sports. New York 1978.（清水哲男訳，スポーツと現代アメリカ，TBSブリタニカ，1981年）（1章，2章，4章）
Hefner-Alteneck, J. von(Hg.), Hans Burgkmaier's Turnierbuch nach Anordnung

Maximilian I. Frankfurt a.M. 1853.（4章, 5章）
Hempel, C.G., Fundamentals of Concept Formation in Empirical Science. Chicago 1952.（カール・G. ヘンペル, 黒崎宏訳, 自然科学の哲学, 倍風館, 1978年）（1章, 2章）
Hergsell, G., Talhofers Fechtbuch aus dem Jahre 1467. Gerichtliche und andere Zweikämpfe darstellend. Prag 1887.（4章, 5章）
Hergsell, G., Talhofers Fechtbuch（Ambraser Codex）aus dem 1459. Prag 1889.（4章, 5章）
Hergsell, G., Die Fechtkunst im XV. und XVI. Jahrhundert. Prag 1896.（4章, 5章）
Hils, H.-P., Meister Johann Liechtenauers Kunst des langen Schwerts. Frankfurt a.M./Bern/New York 1985.（4章, 5章）
Krüger, M., Einführung in die Geschichte der Leibeserziehung und des Sports. 3 Teile. Schrondorf 1993-2004.（2章, 4章）
Kurras, L., Turnierbuch aus der Kraichgauer Ritterschaft. Kommentar zur Faksimileausgabe des Cod. Ross. 711（Codices e Vaticanis selecti LVII）. Zürich 1983.（4章, 5章）
Lukas, G., Die Körperkultur in Deutschland von den Anfänge bis zur Neuzeit. In: Eichel, W.(Hg.), Geschichte der Körperkultur in Deutschland. Bd.1. Berlin 1969.（2, 4章）
Maar, P., Anfang, Blütezeit und Verfall der Fechtkunst in Nürnberg vom 14. bis zum 19. Jahrhundert. Diplomarbeit an der Sporthochschule Köln. Köln 1961/62.（4章, 5章）
McClelland, J., Body and Mind. Sport in Europe from the Roman Empire to the Renaissance. London/New York, 2007.（2章, 4章）
Popper, K.R., The Poverty of Historicism. London 1961.（久野収, 市井三郎訳, 歴史主義の貧困, 中央公論社, 1968年）（1章, 3章）
Radlkofer, M., Beschreibung des Büchsenschießens im Jahr 1555 zu Passau durch den Augsburger Pritschenmeister Lienhart Flexel. Mit Einleitung und Anmerkung herausgegeben von Max Radlkofer. Verhandlungen des Historischen Vereins für Niederbayern. 29(1893):129-172.（4章, 5章）
Radlkofer, M., Die Schützengesellschaften und Schützenfeste Augsburgs im 15. und 16. Jahrhundert. In: Zeitschrift des Historischen Vereins für Schwaben und Neuburg. 21(1894):87-138.（4章, 5章）
Schmied-Kowarzik, J. und Kufahl, H., Fechtbüchlein. Leipzig 1894.（4章, 5章）
Stamm,H., Das Turnierbuch des Ludwig von Eyb（cgm 961）. Edition und Untersuchung mit einen Anhang: Die Turnierchronik des Jürgen Rugen（Textabdruck）. Stuttgart 1986.（4章, 5章）

参 考 文 献

Tobler, C.H. (trans. and interpreted), Secrets of German Medieval Swordsmanship. Sigmund Ringeck's Commentaries on Johann Liechtenauer's Verse. Union City 2001.（4 章，5 章）
Ueberhorst, H.(Hg.), Geschichte der Leibesübungen. 6 Bde. Berlin/München/Frankfurt a.M. 1972-1989.（1 章，2 章，4 章，5 章）
Wassmannsdorff, K., Sechs Fechtschulen (d.i. Schau= und Preisfechten) der Marxbrüder und Federfechter aus den Jahren 1573 bis 1614; Nürnberger Fechtschulreime v. J.1579 und Röseners Gedicht: Ehrentitel und Lobspruch der Fechtkunst v. J. 1589. Heidelberg 1870.（4 章，5 章）
Wassmannsdorff, K., Kaiser Friedrich's III. Freiheitsbrief von 10. August 1487 an die Deutschen Meister des Schwerts. In: DTZ. 1877:137-139.（4 章，5 章）
Wassmannsdorff, K.(Hg.), Lienhardt Flexels Reimspruch über das Heidelberger Armbrustschießen von Jahre 1554. Heidelberg 1886（4 章，5 章）
Wassmannsdorff, K.(Hg.), Balthasar Han's Ausreden der Armbrust und Büchsenschützen. Aus einer Handschrift des 16. Jahrhunderts. Heidelberg 1887.（4 章，5 章）
Weber, M., Gesammelte Aufsätze zur Wissenschaftslehre. Hg. von J. Winkelmann, Tübingen 1982[5].（松井秀親訳，ロッシャーとクニース，（一・二），未来社，1955-1956 年。藤恭校閲，富永祐治・立野保男共訳，社会科学方法論，岩波書店，1968 年。森岡弘通訳，文化科学の論理学の領域における批判的研究，エドワルト・マイヤー／マックス・ウエーバー，森岡弘通訳，歴史は科学か，みすず書房，1970 年，99-212 頁。松井秀親訳，R. シュタムラーにおける唯物史観の「克服」― 1907 年―，世界の大思想 II-7　ウエーバー　宗教・社会論集，河出書房，1968 年，3-65 頁。松井秀親訳，R. シュタムラーにおける唯物史観の〈克服〉・補遺，商学論集（福島大学経済学会），37(1969)4:129-141 頁，38(1969)2:158-173 頁。中村貞二訳，社会学ならびに経済学における"価値自由"の意味，山口経済学雑誌，17(1967)5・6:92-112，18(1968) 1 :87-96，18(1968)2:82-93，18(1968)3:84-93。清水幾太郎訳，社会学の根本概念，岩波書店，1972 年。尾高邦雄訳，職業としての学問，岩波書店，1985 年）（1 章，3 章）
Wierschin, M., Meister Johann Liechtenauers Kunst des Fechtens. München 1965.（4 章，5 章）
碧海純一，新版 法哲学概論 全訂第一版，弘文堂，1979 年。（1 章，2 章）
朝比奈一男・水野忠文・岸野雄三編，スポーツの科学的原理，大修館書店，1977 年。（1 章，2 章）
稲垣正浩・谷釜了正編著，スポーツ史講義，大修館書店，1995 年。（1 章，4 章）
今村嘉雄・宮畑虎彦編，新修体育大辞典，不昧堂出版，1976 年。（2 章，3 章，4

章）
岸野雄三・松田岩男・宇土正彦（編），現代保健体育学大系 9　序説運動学，大修館書店，1969 年。(2 章，3 章）
岸野雄三，体育史―体育史学への試論―，大修館書店，1973 年。(1 章，2 章，4 章）
岸野雄三編著，体育史講義，大修館書店，1984 年。(1 章，2 章，4 章）
岸野雄三，スポーツ史研究の現状と課題，スポーツ史研究，1(1988):1-8。(1 章，2 章）
岸野雄三，転換期を迎えたスポーツ史の研究―問題の所在と接近の方向―，スポーツ史研究，10(1997):1-12。(1 章，2 章）
木下秀明，日本体育史研究序説―明治期における「体育」の概念形成に関する史的研究―，不昧堂出版，1971 年。(2 章，3 章）
木下秀明編著，体育・スポーツ書解題，不昧堂出版，1981。(2 章，4 章）
楠戸一彦，16 世紀のドイツ都市アウグスブルクにおける「Fechtschule」に関する規程，体育学研究，29(1984)1:53-62。(4 章，5 章）
楠戸一彦，ドイツ中世後期における剣士ゲゼルシャフトの研究―「マルクス兄弟団」の規約と目的に関する一考察―，体育史研究，2(1985):23-29。(4 章，5 章）
楠戸一彦，スポーツにおける「規則」概念の分析― M. ウエーバーの「規則」概念の分析を手掛かりにして―，広島大学総合科学部紀要Ⅵ　保健体育学研究，4(1987):1-10。(1 章，3 章）
楠戸一彦，アウグスブルクにおける 1509 年の「公開射撃大会」の開催費用，体育史研究，12(1995):11-22。(4 章，5 章）
楠戸一彦，ドイツ中世後期のスポーツ―アウグスブルクにおける「公開射撃大会」―，不昧堂出版，1998 年。(2 章，5 章）
楠戸一彦，P.H. マイル (1517-1579) の射撃に関する年代記，体育史研究，18(2001):29-38。(4 章，5 章）
楠戸一彦，G. リュクスナーの『トーナメント書』(1530) に関する一考察，スポーツ史研究，19(2006):31-40。(4 章，5 章）
新村出編，広辞苑　第六版，岩波書店，2008 年。(2 章，3 章）
日本体育協会監修，岸野雄三編，最新　スポーツ大事典，大修館書店，1987 年。(1 章，2 章）
浜井修，ヴェーバーの社会哲学　価値・歴史・行為，東京大学出版会，1982 年。(1 章，3 章）
林道義，ヴェーバー社会学の方法と構想，岩波書店，1970 年。(1 章，3 章）
前川峰雄・猪飼道夫・笠井恵雄他編，現代体育学研究法，大修館書店，1974 年。(1 章，4 章）

参 考 文 献

第1章 スポーツ史研究の方法論的前提

Adorno,T.W., Albert, H., Dahrendorf, R., Habermas, J., Pilot, H. and Popper, K.R., Der Positivismusstreit in der deutschen Soziologie. Neuwied/Berlin 1971[3]. (城塚登・浜井修訳,社会科学の論理―ドイツ社会学における実証主義論争―,河出書房新社,1986[4] 年)

Bale, J., Sport and Place. A Geography of Sport in England Scotland & Wales. London 1982.

Berrymann, J.W., Preface. In: JSH. .10(1983)1:5-6.

Blanchard, K.& A.T.Cheska, The Anthoropology of Sport. An Introduction. 1985 Massachusetts. (大林太良監訳,寒川恒夫訳,スポーツ人類学入門,大修館書店,1988 年)

Brunner, O., Neue Wege der Verfassungs- und Sozialgeschichte. Göttingen 1980[3]. (石井紫郎・石川武・小倉欣一他訳,ヨーロッパ―その歴史と精神―,岩波書店,1974 年)

Carr, E.H., What is History ?. Penguin Books 1961. (清水幾太郎訳,歴史とは何か,岩波書店,1967 年)

Elias, N. & E. Dunning (ed.), Quest for Excitement. Oxford 1986.

Guttmann, A., Recent Work in Europian Sport History, In: JSH. 10(1983)1:35-52.

Hempel, C.G., Aspects of Scientific Explanation and Other Essays in the Philosophy of Science. New York/London 1970. (長坂源一郎訳,科学的説明の諸問題,岩波書店,1979 年。)

Kocka, J., Sozialgeschichte Begriff - Entwicklung - Probleme. Göttingen 1977.

Popper, K.R., Conjectures and Refutations: The Grouth of Scientific Knowledge. New York/London 1968. (藤本隆志・石垣壽郎・森博訳,推測と反駁 科学的知識の発展,法政大学出版局,1985 年)

Popper, K.R., The Logic of Scientific Discovery. New York/London 1968[2]. (大内義一・森博訳:科学的発見の論理,(上・下),恒星社厚生閣,1984 年・1985 年)

Popper, K.R., Objective Knowledge. An Evolutionary Approach. Oxford 1983 (Revised Edition). (森博訳,客観的知識―進化論的アプローチ―,木鐸社,1984 年)

Popper, K.R., The Open Society and its Enemies. 2 vols. London 1980[5]. (武田弘道訳,自由社会の哲学とその論敵,世界思想社,1980 年)

碧海純一,合理主義の復権 反時代的考察 再増補版,木鐸社,1985 年。

東龍太郎監修,保健体育学体系 8 体育学事典,中山書店,1957 年。

阿部生雄,イギリス・レジャー史,スポーツ史の中の社会史論争―その断章―,体育の科学,39(1989)8: 647-651。

阿部謹也，ヨーロッパ・原点への旅　時間・空間・モノ，社会史研究，1
　　(1982):1-81。
市井三郎，E.H.カー「歴史とは何か」批判―歴史における客観性について―，
　　思想の科学，6(1962)9:108-114。
市井三郎，哲学的分析―社会・歴史・論理についての基礎試論―，岩波書店，
　　1968年。
市井三郎，歴史法則と論理― K.ポパー「歴史主義の貧困」―，思想の科学，6
　　(1959)6:26-32。
ウイリアム・H・ドレイ，神川正彦訳，歴史の哲学，培風館，1968年。
大塚久雄・安藤英治・内田芳明・住谷一彦，マックス・ヴェーバー研究，岩波
　　書店，1983年。
オグデン／リチャーズ，石橋幸太郎訳，意味の意味，新泉社，1985年。
小沢英二，1896年のニューヨーク・サイクル・ショーに関する史的考察，スポ
　　ーツ史学会第1回大会発表抄録，1987年，16-17頁。
カール・G・ヘンペル著，黒崎宏訳，自然科学の哲学，培風館，1978年。
岸野雄三，スポーツ科学とスポーツ史，体育学研究，19(1974)4・5:167-174。
黒崎宏，科学的説明の特質，岩波講座　哲学XII　科学の方法，岩波書店，1968
　　年。
近藤英男編，スポーツの文化論的探求―体育学論叢（III），タイムス，1981年。
近藤洋逸・好並英司，論理学概論，岩波書店，1978年。
佐藤臣彦，体育概念における範疇論的考察―体育概念に関する岸野理論の批判
　　的検討を通して―，筑波大学体育科学研究紀要，8(1985):9-21。
沢田允茂，現代論理学入門，岩波書店，1968年。
沢田允茂，哲学と論理学，『岩波講座　哲学X　論理』，岩波書店，1968年。
清水幾太郎編，現代思想　6　批判的合理主義，ダイヤモンド社，1974年。
ジャック・ルゴフ，二宮宏之訳，歴史学と民族学の現在―歴史学はどこへ行く
　　か―，思想，630(1976):1-17。
関春南，今こそ，体育・スポーツ史研究の方法論の論議と現代史研究を，体育
　　科教育，1988年12月号，70-71頁。
世良晃志郎，歴史学方法論の諸問題　第二版，木鐸社，1983年。
高島弘文，カール＝ポパーの哲学，東京大学出版会，1977年。
奈良重幸，"LOVE"その解釈をめぐって，スポーツ史学会　第2回大会発表抄
　　録，1988年，14-15頁。
日本体育学会編，体育学研究法，体育の科学社，1961年。
日本体育図書館協議会雑誌目録編集委員会編，日本体育図書館協議会雑誌目録
　　外国雑誌編，日本体育図書館協議会，1985年。
根上優，民衆娯楽と社会史―イギリススポーツ史の新たな問題領域を探る試み

参 考 文 献

　　一，体育・スポーツ社会学研究，1(1982):77-94。
野々宮徹，スポーツ文化の周縁性に関する一考察，スポーツ史学会　第1回大会発表抄録，1987年，18-19頁。
林毅，西洋法史学の諸問題，敬文堂，1982年。
増田四郎，社会史への道，日本エディタースクール出版部，1982年。
丸山真男・世良晃志郎，歴史のディレンマ―マルクス，ウエーバー，ポパーをめぐって―，創文(200号記念特集号)，1980年，26-43頁。
森博，社会科学における科学主義と〈歴史主義〉，東北大学教養部紀要(社会科学篇)，2(1965):79-114。
柳父圀近，ウエーバーとポパー　科学観の交錯と現代，歴史と社会，4(1984):81-104。
ユルゲン・コッカ，早島瑛訳，社会史の概念と方法，思想，663(1979):61-89。
ラートブルフ，田中耕太郎訳，法哲学，東京大学出版会，1961年。
ル・ロワ・ラデュリ，樺山紘一・木下賢一・相良匡俊他訳，新しい歴史［歴史人類学への道］，新評論，1981年。

第2章　研究対象としての「スポーツ」

Beckmann, O., Beckmanns Sport Lexikon A-Z, Leipzig/Wien, 1933.
Bernett, H., Im Brennpunkt. Sportunterricht, 22(1973)1:1.
Bouissac, P. (ed.), Encyclopedia of Seminotics. New York 1998.
Buytendijk, F.J.J., Allgemeine Theorie der menschlichen Haltung und Bewegung. Als Verbindung und Gegenüberstellung von physiologischer und psychologischer Betrachtungsweise. Berlin/Göttingen/Heidelberg 1956.
Buytendijk, F.J.J., Wessen und Sinn des Spiels. Das Spielen des Menschens und der Tiere als Erscheinungsform der Lebenstrieben. New York 1976(1933).
Decker, W., Sport – eine Bezeichnung für die griechische Kultur ?. In: Deutsches Olympischen Institut(Hg.), Jahrbuch 1999. St. Augustin 2000. S.83-91.
Fetz, F., Bewegungslehre der Leibesübungen. Wien 1989³.
Gaulhofer, K., System des Schulturnens. Wien 1966.
Groll, H., Die Systematik der Leibesübungen. Vergleichende Systemkunde der pädagogischen Leibesübungen. Wien/München 18584.（高嶋実訳，近代体育教材史―体育体系論の系譜―，プレス　ギムナチカ，1978年）
Guttmann, A. and L. Thompson, Japanese Sports. A History. Honolulu 2001.
Guttmann, A., Sports Spectators. New York 1986.
Huizinga, J., Homo Ludens. Vom Ursprung der Kultur im Spiel. Hamburg 1972 (1956). (J.ホイジンガ，高橋英夫訳，ホモ・ルーデンス　人類文化と遊戯，中央公論社，1963年)

Mandell, R., Sport. Eine illustrierte Kulturgeschichte. München 1986.
Mehl, E., „Sport" kommt nicht von disportare, sondern von deportare. Eine Berichtigung Prof. Gamillschegs zum Etymologische Wörterbuch der deutschen Sprache von Kluge-Mitzka（1963）und zur landläufigen Ableitung des Wortes. In: Die Leibeserziehung. 15(1966)7: 232-233.
Meinel, K., Bewegungslehre. Versuch einer Theorie der sportlichen Bewegung unter pädagogischen Aspekt. Berlin 1960.（金子明友訳，マイネル　スポーツ運動学，大修館書店，1981年）
The Oxford English Dictionary being a corrected reissue with an introduction, supplement, and bibliography of a new English dictionary on historical principles. Vol. X. Oxford. 1978(1933).
Röhrs, H., Spiel und Sportspiel ein Wechselverhältnis. Hannover 1981。（長谷川守男監訳，遊戯とスポーツ，玉川大学出版部，1987年）
Stammler, W., Deutsche Philologie im Aufriß. Bd.3. Berlin 1955.
Strange, F.W., Outdoor Games, 丸屋善七出版，1883年（1981年）。
Weiler, I., Der Sport bei den Völkern der Alten Welt. Darmstadt 1988[2].
朝岡正雄，スポーツ運動学序説，不昧堂出版，1999年。
アサヒ・スポーツ　The Asahi Sports，第1巻（1923年）第1号（3月）。
阿部生雄，高橋孝蔵，リチャード・ルイス，渡辺融，日本体育学会第59回大会（早稲田大学）体育史専門分科会シンポジウム報告　F.W.ストレンジ像の再構成：生い立ちと業績，体育史研究，26(2009):53-99。
阿部生雄，武田千代三郎の「競技道」の系譜とその性格，筑波大学体育科学紀要，25(2002):31-48。
阿部生雄，スポーツの概念史，宇都宮大学教養部研究報告，9(1976)1:99-117。
伊藤衆生，囲碁棋士，アジア大会へ，朝日新聞，2010年2月17日，1頁。
井上一男，学校体育制度史　増補版，大修館書店，1970年。
今村嘉雄，日本体育史，不昧堂出版，1970年。
上田万年・松井簡治，大日本国語辞典，第3巻，冨山房，1918年。
内海和雄，スポーツの労働起源論・遊戯論研究，一橋大学研究年報　人文科学研究，251986):123-167。
大槻文彦，大言海，冨山房，1940年。
R.カイヨワ，清水幾太郎，霧生和夫訳，遊びと人間，岩波書店，1970年
金沢昭三郎，広辞林　新訂版，三省堂，1952年。
金子明友・朝岡正雄編著，運動学講義，大修館書店，1990年。
金子明友，わざの伝承，明和出版，2002年。
金子明友，身体知の形成，上：運動分析論講義・基礎編，下：運動分析論講義・方法編，明和出版，2005年。

参 考 文 献

金子明友，身体知の構造―構造分析論講義―，明和出版，2007年。
金子明友，スポーツ運動学―身体知の分析論―，明和出版，2009年。
岸野雄三・多和健雄編，スポーツの技術史，大修館書店，1972頁。
岸野雄三監修，近代体育文献集成　第Ⅱ期，第18巻　遊戯Ⅲ，日本図書センター，1983年。（下村泰大，西洋戸外遊戯法，博聞社，1885年）
木下東作，寺岡英吉，體育辭典，1928年。
木下秀明監修，社会体育スポーツ基本史料集成，第2巻，大空社，1992年。（武田千代三郎，競技運動理論実験，博文館，1904）
木村真知子，自然体育の成立と展開―運学的観点から―，不昧堂出版，1989年。
楠戸一彦，F.J.J.ボイテンディクの遊び論―生物学的遊び論の一系譜―，体育学研究，24(1979)3:175-183。
近藤洋逸・好並英司，論理学概論，岩波書店，1978年。
佐藤臣彦，身体教育を哲学する―体育哲学叙説―，北樹出版，2003年。
辞典協会編，日本の辞書の歩み，辞典協会，1996年。
下中彌三郎，大辞典，第15巻，平凡社，1935年。
新村出編，辞苑，博文館，1935年。
スポーツ研究会編，最新スポーツ用語辞典，モナス，1931年。
高橋幸一，ドイツ語圏におけるスポーツ科学，体育の科学，41(1991)8:471-476。
田口貞善編，スポーツの百科事典，丸善株式会社，2007年。
多々納秀雄，スポーツの概念規定についての若干の論理学的・方法論的考察，九州大学体育学研究，5(1975)3:1-14。
多々納秀雄，スポーツ社会学の理論と調査，不昧堂出版，1997年。
東京教育大学體育学部教官編，體育大辞典，不昧堂出版，1950年。
永井道明，體育講演集，健康堂體育店，1913年。
中村敏雄編，スポーツ文化論シリーズ⑤　外来スポーツの理解と普及，創文企画，1995年。
日本スポーツ協会，日本スポーツ人名辞典，皓星社，1933年。
日本体育協会，日本スポーツ百年，名古屋タイムス社，1974年。
日本大辞典刊行会編，日本国語大辞典 縮刷版，第6巻，小学館，1986年。
日本スポーツ心理学会編，スポーツ心理学事典，大修館書店，2008年。
（社）日本体育学会・監修，最新スポーツ科学事典，平凡社，2006年。
樋口聡，スポーツの美学，不昧堂出版，1987年。
樋口聡，スポーツと労働をめぐる遊戯論的考察―リガウアとグートマンを超えて―，広島大学教育学部紀要　第2部，41(1992):167-176。
藤井英嘉，稲垣正浩，対談「スポーツ学とはなにか」，IPHIGENEIA 日本体育大学大学院体育科学研究科　スポーツ文化・社会科学系　稲垣研究室　紀要，5(2004):5-104。

ベルナール・ジレ,近藤等訳,スポーツの歴史,白水社,1952年。
松村明編,大辞林,三省堂,1988年。
松村明編,大辞泉,小学館,1995年。
盛山智利編,運動競技辞典,研究社,1923年。
山田午郎,現代スポーツ辞典,万里閣書房,1930年。
山田俊雄他編,新潮国語辞典 現代語古語,新潮社,1965年。
山本忠與監修,詳解スポーツ用語辞典,実業之日本社,1931年。
讀賣新聞社運動部,スポーツ百科,泉書院,1937年。
渡辺融,F.W.ストレンジ考,体育学紀要, 7(1973):7-22.

第3章 競技と体育

Deutsches Wörterbuch von Jacob Grimm und Wilhelm Gromm. Bd.29, München 1984.

Diem,C., Theorie der Gymnastik. Handbuch der Leibesübungen, Bd. 14, Berlin, 1930.

Egger, J.B., Begriff der Gymnastik bei den alten Philosophen und Medizinern. Ihr Verhältnis zur Jatrik, Diätetik, Hygieine, Paidotribik und Athletik. Nach den Quellen dargestellt. Freiburg in der Schweiz 1903.

Englert, L., Untersuchungen zu Galens Schrift Thrasybulos. Leipzig 1929.

Galen, Thrasybulos: ist das Gesunde Gegenstand der Heilkunde oder der Trainingslehre. Berlin ca 1925.

Gaulhofer, K. und M. Streicher, Natürliches Turnen. Gesammelte Aufsätze, 5 Bde. Wien 1949-1959.

Gaulhofer, K., System des Schulturnens und weitere Schriften aus dem Nachlass Gaulhofers. Hg. von Hans Groll. Wien 1966.

GutsMuths, J.C.F., Gymnastik für die Jugend: enthaltend eine praktische Anweisung zu leibesübungen; ein Beytrag zur nöthigsten Verbesserung der körperlichen Erziehung. Schnepfenthal 1793.

Hirth, G. (Hg.) (Besorgt von F.R. Gasch), Das gesamte Turnwesen: ein Lesebuch für deutsche Turner, Aufsätze turnerischen Inhaltes von ältern und neueren Schriftstellen. Hof 1895².

Jahn, R. (Hg.), Zur Weltgeschichte der Leiebsübungen. Festgabe für Erwin Mehl zum 70 Geburtstag. Frankfurt a.M. 1960.

Jüthner, J., Die Athletischen Leibesübungen der Griechen. Bd.I. Wien 1965.

Jüthner, J., Philostratos über Gymnastik. Amsterdam 1969(1909).

Jüthner, J., Zur Namengebung einst und jetzt: Gymnastik, Athletik, Körperspiel. In: Die Leibesübungen, 1932, S.441-445.

参 考 文 献

Krause, J.H., Gymnatistik und Agonistik der Hellenen aus den Schrift und Bildwerken des Alterthums. 2 Bde. Wiesbaden 1971（Neudruck der Ausgaben von 1841）.
Kühn, K.G.（Hg.）, Clavdii Galeni Opera Omnia. Hildesheim 1921(1833).
Mehl, E. Was bedeutet der Satz Platons, Einfach sei die Gymnastik, in: Leibesübungen, 1929. S.184.
Mehl, E., Bedeutet 'Gymnastik' ursprünglich 'Nacktturnkunst' oder 'Entwaffnungskunst'?. In: Leibesübungen und Leibeserziehung. 3(1948-49)8:1885
Mering, W., Die Anschauungen des Hippokrates über Gymnastik und Massage, München 1937.
Mezö, F., Geschichte der Olympsichen Spiele. München 1930.
Müller, J.P., Mein System: fünfzehn Minuten täglicher Arbeit für die Gesundheit. Leipzig 1904.
The Oxford English Dictionary being a corrected reissue with an A New English Dictionary on Historical Principles founded mainly on the Materials collected by The Philological Society. Vol. II, Exford 1978(1933).
Paulys Realenzyklopädie der klassischen Altertumswissenschaft. Hg. von Georg Wissowa, Stuttgart 1893-1963.
Pausanias, Description of Greece. The Loeb classical library 93, 188, 272, 297-298.（1918-1935）
Rost, V.C.F.（Hg.）, Deutsch-Griechisches Wörterbuch. Göttingen 1818.
Simmel, G., Soziologie. Untersuchungen über die Formen der Vergesellschaftung. Hg. von Otthein Rammstedt. Frankfurt am M. 1992.（堀喜望・居安正訳，ジンメル　闘争の社会学，律文法化社，1969 年）
Simon, F., Leibesübung und Nationalerziehung im Wandel der Geschichte. Berlin 1928.
Thukydides, Geschichte des peloponnesischen Krieges, Leipzig 1917.
Van Miert, K. 笠原宏訳，スポーツと競争―最近の展開と欧州委員会の活動―，国際商事法務，26(1998)4:377-384。
Weber, M., Wirtschft und Gesellschaft. Gurndriss der verstehenden Soziologie. Fünfte Revidierte Auflage, Besorgt von Hohann Winckelmann. Tübingen 1980.（清水幾太郎訳，社会学の根本概念，岩波文庫，1972 年。世良晃志郎訳，支配の社会学　2，創文社，1976 年。世良晃志郎訳，法社会学，創文社，1976 年）
梅田靖次郎，スポーツにおける競争と協同についての研究，九州保健福祉大学研究紀要，6(2005):179-187。
川辺光，スポーツ・ルールの存在と機能：社会文化の要素としてのスポーツル

ールの検討，東京外国語大学論集，27(1977):257-274。
川村泰啓，マックス ヴェーバーの「法」社会学序論，法社会学，5(1954):1-45。
岸野雄三，γυμναστικη 成立に関する史的考察，博士論文（東京教育大学），1966年。
木庭康樹，プラトン哲学における身体論―ソーマ概念の体系的考察を通して―，博士論文（筑波大学），2006年。
久保田正雄，社会関係としての闘争―ジンメルの闘争理論をめぐって―，政経論叢，50（1982）5・6：641-696, http://hdl.handle.net/10291/12079。
久保田正雄，紛争と闘争―ジンメル再論―，政経論叢，51(1983)5・6:639-678, http://hdl.handle.net/10291/13202。
河野清司，スポーツ競争に関する文化論的研究―ジンメル文化論を中心にして―．体育思想研究，1(1997):41-58。
古城建一，トーナメントにおける「競争」についての一考察，スポーツ教育学研究，16(1996)1:1-12。
古城建一，スポーツ競争研究のための序説，大分大学教育学部研究紀要，11(1989)2:257-275。
古城建一，トーナメントにおける「競争」についての一考察，スポーツ教育学研究，16(1996)1:1-12。
小山高正，動物行動にみる競争と攻撃，体育の科学，40(1990)11:897-901。
小山高正，スポーツ人類学アンソロジー8―動物行動にみる競争と攻撃，体育の科学，40(1990)11:897-901。
周愛光，スポーツにおける競争と人間疎外に関する一考察―ジンメルの文化的社会的観点から―，スポーツ教育学研究，12(1992)2:89-102。
周愛光，スポーツにおける疎外に関する哲学的研究，筑波大学，博士（体育科学），1994年。
菅原礼編著，スポーツ規範の社会学 ルールの構造的分析，不昧堂出版，1980年。
高橋幸一，スポーツ学のルーツ―古代ギリシャ・ローマのスポーツ思想―，明和出版，2003年。
中村敏雄，スポーツの風土 日米比較スポーツ文化，大修館書店，1982年。
中村敏雄，スポーツルール学への序章，大修館書店，1995年。
長谷川寿一，動物行動学からみたルール―闘争と格闘をめぐって―，体育の科学，44(1994)2:91-95。
濱口義信，スポーツにおける競争の概念と理念についての考察，同志社女子大學學術研究年報，58(2007):53-60。
濱口 義信，スポーツにおける競争の概念と理念についての考察，同志社女子大學學術研究年報，58(2007):53-60。

参 考 文 献

林道義，ヴェーバー社会学の方法と構想，岩波書店，1970年。
南雅晴，スポーツ分野への競争法の適用，公正取引，610(2001):58-65。
守能信次，スポーツとルールの社会学，名古屋大学出版会，1984年。
守野信次，スポーツルールの論理，大修館書店，2007年。
守能信次，スポーツルールと法（スポーツ法学〈特集〉―スポーツ法学の諸問題），法律時報，65(1993)5:56-59。
守能信次，スポーツ・ルールの法社会学的分析とその構造，中京女子大学紀要，16(1982):69-82。

第4章 ドイツ中世スポーツ史研究の歴史

Abe, I., Historical Studies of Sport and Physical Education in Japan: Recent Developments. In: IJHS. 8(1991):291-295.

Ainsworth, D.S., The History of Physical Educaition in Colleges for Women, New York 1930.

Angerstein, E., Grundzüge der Geschichte und Entwicklung der Leibesübungen. Wien/Leipzig. 1926[6] (1897).

Anglo, S., The Martial Arts of Renaissance Europe. New Haven/London 2000.

Bailey, S., Permission to Play: Education for Recreation and Distinction at Winchester College, 1382-1680. In: IJHS. 12(1995)1:1-17.

Barber, R. & J. Barker, Tournaments: Jousts, Chivalry and Pegeants in the Middle Ages. New York 1989.

Baron, C.M., Geschichte der Leibesübungen. Limbach 1865.

Basecetta, C., Sport e Giuochi: Trattati et scritti dal XV al XVIII secolo. Milano 1978.

Becker, R., Ritterliche Waffenspiele nach Ulrich von Lichtenstein. Düren. Schulprogr. 1887.

Bernett, H., Die pädagogische Neugestaltung der bürgerlichen Leibesübungen durch die Philanthropen. Stuttgart 1965[2].

Bernhardt, L., Die Körperkultur bei den Germanen auf der Stufe der Militärischen Demokratie. Jena. Staatsex. Arbeit. Inst. f. Körpererziehung. 1955.

Bötticher, A., Olympia - das Fest und seine Stätte - nach den Berichten der Alten und den Ergebnissen der Deutschen Ausgrabungen, Berlin 1883.

Bohus, J., Sportgeschichte, Gesellschaft und Sport von Mykene bis heute. München 1986.（稲垣正浩訳，スポーツ史，大修館書店，1988年）

Brendicke, H., Grundriß zur Geschichte der Leibesübungen. Käthen 1882.

Budik, A.P., Ursprung, Ausbildung, Abnahmend und Verfall des Turniers. Ein Beitrag zur Geschichte des Ritterwesens im Mittelalter. Wien 1836.

Carter, J.M., Sports and Pastimes of the Middle Ages. Columbus 1984.
Carter, J. M., Muscular Christianity and its Makers: Sporting Monks and Churchmen in Anglo Norman Society, 1000-1300. In: BJSH. 1(1984)2:109-124.
Carter, J. M., The Study of Medieval Sports 1927-1987. In: Stadion. 14(1988)2:149-161.
Carter, J. M., Sports and Recreations in Thirteenth-Century England: The Evidence of the Eyre and Coroner's Rolls - A Research Note. In: JSH. 15(1988)2:167-173.
Carter, J.M. & A. Krüger, Ritual and Record. Sports Records and Quantification in Pre-Modern Societies. New York/Westport/London 1990.
Carter, J. M., A Research Note: Further Evidence of Sports Records in the Middle Ages. In: IJHS. 8(1991)3:417-419.
Carter, J.M., Medieval Games: Sports and Recreations in Feudal Society. New York/Westport/London 1992.
Chehabi, H.E. & A. Guttmann, From Iran to All of Asia: The Origin and Diffusion of Polo. In: IJHS. 19(2002)2/3:384-400.
Chronik alter Kampfkünste. Zeichnungen und Texte aus Schriften alter Meister entstanden 1443-1674. Berlin 1994.
Cotta, K., Leitfaden für den Unterricht in der Turngeschichte. Leipzig 1919(1902).
Diem, C., Weltgeschichte des Sports und der Leibeserziehung. Stuttgart 1960².
Dölle, G., Entstehung und Entwicklung der Turnier in Deutschland bis zum 14. Jahrhundert. Jena. Staatsex. Arbeit. Inst. f. Körpererziehung. 1959.
Döring, H., Turnier- und Ritterbuch. Erfurt 1841.
Eichberg, H., Race-Track and Labyrinth: The Space of Physical Culture in Berlin. In: JSH. 17(1990)2:245-260.
Eichel, W. (Hg.), Geschichte der Körperkultur in Deutschland. 4 Bde. Berlin 1965-1969.
Eichel, W., Aktuelle Problem und künftige Aufgaben der Geschichte der Körperkultur als sportwissenschaftliche Disziplin. In: TPK. 1970: 370.
Ermisch, M., Die Entstehung und Entwicklung der Schützenfeste des mittelalterlichen Bürgertum. Jena. Staatsex. Arbeit. Inst. f. Körpererziehung. 1959.
Euler, C., Geschichte des Turnunterrichts. Gotha 1907³(1881).
Forbes, C.A., Greek Physical Education. New York 1929.
Förster. S. von, Die Schützengilden und ihr Königsschießen. Entstehung der Schützengilden, ihre Sitten. Berlin 1856.
Franck, W., Beiträge zur Geschichte der Turniergesellschaften nach archivalischen Quellen. Frankfurt a.M. 1861.
Gardiner, E.N., Olympia. Its History and Remains. Oxford 1925.

参 考 文 献

Gasch, R., Geschichte der Turnkunst. Leipzig 1910.
Gaulhofer, K., Die Fußhaltung. Ein Beitrag zur Stilgeschichte der menschlichen Bewegung. Kassel 1930.
Gillmeister, H., Über Tennis und Tennispunkte. Ein Beitrag der Sprachwissenschaft zur Sportgeschichte. In: Stadion. 3(1977)2:187-229.
Gillmeister, H., Wo die Liebe gleich Null ist. Eine kleine Wortgeschichte des Tennis. Hamburg 1977.
Gillmeister, H., The Origin of European Ball Games. A Re-Evaluation and Linguistic Analysis. In: Stadion. 7(1981)1:19-52.
Gillmeister, H., Die Herkunft des Ballspiels im Spiegel der Tennissprache. In: Schweizer Beiträge zur Sportgeschichte. 1(1982):19-22.
Gillmeister, H., Die mittelalterlichen Ballspiel: Eine Chronologie ihrer Entwicklung. (Vortrag aus Anlaß der Second European Conference on Sports History Information, Budapest 1985). In: Stadion. 10(1984):77-94.
Gillmeister, H., Linguistics and Sport Historiography. In: Stadion. 11(1985)1:31-40.
Gillmeister, H., Aufschlag für Walther von der Vogelweide: Tennis seit dem Mittelalter. München 1986.
Gillmeister, H., Medieval Sport: Modern Methods of Research - Recent Results and Perspectives. In: IJHS. 5(1988)1:53-68.
Gillmeister, H., Challenge Letters from a Medieval Tournament and the Ball-Game of Gotland. A Typological Comparison. In: Stadion. 16(1990)2:184-222.
Gillmeister, H., Kulturgeschichte des Tennis. München 1990.（稲垣正浩・奈良重幸・船井廣則訳，テニスの文化史，大修館書店，1993 年）
Gillmeister, H., Golf on the Rhine: On the Origins of Golf, with Sidelights on Polo. In: IJHS. 19(2002)1:1-30.
Grasshoff, K., Peter Bruegels d. Gemälde „Heuernte" und „Kornernte". Eine ikonographische Auswertung für die Geschichte der Leibesübungen in der Mitte des 16. Jahrhunderts. In: Stadion. 1(1975)1: 90-102.
Grasshoff, K., Leibesübungen in Planetenkinderbildern des 15. und 16. Jahrhunderts. Die Kinder des Planetengottes Sol. In: Stadion. 2(1976)2:218-232.
Grasshoff, K., Leibesübungen und Gesellschaft im Gemälde „Melancolia 1558" des Matthias Gerung. In: Stadion. 3(1977)1:44-59.
Grupe, W., Stand und Bedeutung der Körperübungen am Ausgang des Mittelalters (14.-16. Jahrhundert) in der Stadt Nürnberg. Halle. Staatsex. Arbeit Inst. f. Körpererziehung 1955.
Gurlitt, C., Deutsche Turniere, Rüstungen und Plätter des XVI. Jahrhunderts. Leipzig. Phil. Diss. 1889.

Guttmann, A., Sports Spectators from Antiquity to the Renaissance. In: JSH. 8(1981) 2:5-27.

Hahn, M., Die Leibesübungen im mittelalterlichen Volksleben. Breslau, Phil. Diss. 1929.

Hahn, M., Die Leibesübungen im mittelalterlichen Volksleben. Breslau. Phil. Diss. 1929. (Langensalza 1929. Neudruck 1972)

Hartwell, E.M., The Principal Type of Physical Training Compared. Boston 1892.

Hausen, F., Die Kampfschilderungen bei Hartmann von Aue und Wirnt von Gravenberg. Halle. Phil. Diss. 1884.

Hellspong, M., A Timeless Excitement: Swedish Agrarian Society and Sport in the Pre-Industrial Era. In: IJHS. 14(1997)3:11-24.

Hendel, J.C., Archiv für deutsche Schützengesellschaften. 3 Bde. Halle 1801-1802.

Henricks, T. S., Sport and Social Hierarchy in Medieval England. In: JSH. 9(1982) 2:20-37.

Hiesberg, M., Die Leibesübungen in der germanischen und keltischen Heldendichtung. Wien. Staatsex. Arbeit. Inst. f. Leibeserziehung 1946.

Hollmann, H., Kritischen Betrachtungen zu germanischen Leiebsübungen. Bonn. Phil. Diss. 1945.

Hörrmann, M., Ringrennen am Stuttgarter Hof. Die Entwicklung eines Ritterspiels im 16. und 17. Jahrhundert. In: SZGS. 3(1989)1:50-69.

Hörrmann, M., Leibesübungen in der höfischen Gesellschaft. Die Bedeutung von Ritterspielen und Exercitia an der Residenz der württembergischen Herzöge im 16. und 17. Jahrhundert. In: Sportwissenschaft. 19(1989)1:36-51.

Hyde, W.W., Olympic Victor Monuments and Greek Athletics Art. Washington 1921.

Iselin, F., Geschichte der Leibesübungen. Leipzig 1886.

Karst, H., Die Entwiclung der Turniere in Deutschland vom 15. Jahrhundert bis zu ihrem Verfall. Jena. Staatsex. Arbeit. Inst. f. Körpererziehung 1958.

Keller, G., Tanz und Gesang bei den alten Germanen. Bern. Phil. Diss. 1927.

Kopp, K.H., Ritterliche Leibeskultur im Spiegel des mittelalterlichen deutschen Entwicklungsromans. Wien. Phil. Diss. 1953.

Kost, H., Eine neue Geschichtsschreibung. In: Leibesübungen. 2(1926)2:45-47.

Kowald, H., Die Leibesübungen der Germanen bis zum Ende der deutschen Karolinger. Wien. Phil. Diss. 1934.

Kraemer-Mandeau, W., Tradition, Transformation and Taboo: European Games and Festivals in Latin America, 1500-1900. In: IJHS. 9(1991)1:63-82.

Krampe, W., Leibesübungen und Jugendspiele in deutschen Schule früherer Jahrhunderte. In: DTZ. 1891:527 ff.

Kratzmüller B.M. et all(eds.), Sport and the Construction of Indentities. Proceedings of the XIth International CESH-Congress Vienna, September 17th - 20th. Wien 2007.

Krause, H., Rittertum und Körperübungen am Artushof. Dargestellt nach deutschen mittelhochdeutschen Epen. Halle. Staatsex. Arbeit. Inst. f. Körpererziehung 1953.

Krause, J. H., Olympia oder Darstellung der grossen Olympischen Spiele und der damit verbundenen Festlichkeiten. Wien 1938.

Krüger, A. & A. Ito, On the Limitations of Eichberg's and Mandell's Theory of Sports and their Quantification in View of Chikaraishi. In: Stadion. 3(1977)2:244-252.

Krüger, A. & J. McClelland, Die Anfänge des modernen Sports in der Renaissance. London 1984.

Krüger, A., Which Associativity ? A German Answer to Szymanski's Theory of the Evolution of Modern Sport. In: JSH. 35(2008)1:39-48.

Krüger, M. & H. Langenfeld (Hg.), Handbuch Sportgeschichte. Beiträge zur Lehre und Forschung im Sport 173. Schorndorf 2010.

Krummel, K. (Hg.), Athletik. München 1930.

Kurras, L., Georg Rixner, der Reichsherold "Jerusalem". In: Mitteilungen des Vereins für Geschichte der Reichsstadt Nürnberg 69(1982):341-344.

Kurras, L., Ritter und Turniere. Ein höfisches Fest in Buchillustrationen des Mittelalters und der frühen Neuzeit. Stuttgart/Zürich 1992.

Kurth, O., Zur turngeschichtlichen Beurteilung des Frühmittelalter. In: DTZ. 72 (1922)37:641-642.

Kusche, J., Verfall und Wiederaufbau des deutschen Badewesens. Berlin. Med. Diss. 1929.

Kusudo, K., Ein Beitrag zur Geschichte des „Freischießens" in der ersten Hälfte des 15. Jahrhunderts. In: SZGS. 10(1996)3:34-49

Kusudo, K., Open Shooting Festivals (Freischiessen) in German Cities, 1455-1501. In: IJHS. 16(1999)1:65-86.

Lange, F.A., Die Leibesübungen. Eine Darstellungen des Werdens der Turnkunst in ihrer pädagogischen und kulturhistorischen Bedeutung. Gotha 1863.

LeCompte, L. & W. H. Beezley, Any Sunday in April: The Rise of Sport in San Antonio and the Hispanic Borderlands. In: JSH. 13(1986)2: 128-146.

Lee, G. M., Politics, Society, and Greek Athletics: Views from the Twenty-first Century. In: JSH. 30(2003)2:167-171.

Leibes, A., Sports and Games of the Renaissance. London/New York 2004.
Leonard, F.E., A Guide to the History of Physical Education. Philadelphia/New York 1923.
Lion, J.C., Das Ringen im Grüblein. In: DTZ. 1861:135-137.
Lochner, K., Entwicklungsphasen der europäischen Fechtkunst. Wien 1953.
Lukas, G., Sportliche Fest in der Hallischen Frühzeit. In: Wissenschaftliche Zeitschrift der Martin-Luther-Universität Halle-Wittenberg. Ges. Wiss. Reihe. 10 (1961) 3:1237-1253.
Lukas, W., Die Körperübungen in den Werken des Hans Sachs. Halle. Staatsex. Arbiet. Inst. f. Körpererziehung 1960.
Manas, A. & J. Rodriguez, Some Light on the Jumping Event in the Ancient Olympic Games: Suggestions Provided by the Purchena Games of 1569. In: JSH. 27 (2010) 13:2288-2310.
Maßmann, H.F., Fabian von Auerswald. In: DTZ. 1861:159.
Massmann, E.H., Schwertleite und Ritterschlag. Hamburg. Phil. Diss. 1933.
Mathys, F.K., Aeneas Sylvius Picolomini und die Leibesübungen. In: Die Leibesübungen. 1961. S. 86-87.
McClelland, J., Eros and Sport: A Humanist's Perspective. In: JSH. 29 (2002) 3:395-406.
McClelland, J., The History of Golf: Reading Pictures, Viewing Texts. In: JSH. 33 (2006) 3:345-357.
McClelland, J. & B. Merrilees (eds.), Sport and Culture in Early Modern Europe. Toronto 2009.
McConahey, M.W., Sports and Recreations in Later Medieval France and England. University of Southern California, Ph.D. 1974.
McIntosh, P.C., Heironymus Merculialis 'De Arte Gymnastica': Classification and Dogma in the Sixteenth Century. In: BJSH. 1 (1984) 1:73-84.
Mehl, E., Die Leibesübungen bei den alten Nordgerman. In: DTZ. 68 (1923) 15/16:125, 137.
Mehl, E., Altnordischer Eis- und Schneelauf. In: DTZ. 70 (1925) 11:84-86.
Mehl, E., Altnordische Schwimmkunst. In: DTZ. 71 (1926). Beil. Deutsch Schimmblatt. 3.
Mehl, E., Leib und Leibesübungen im deutschen Mittelalter. In: Die Leibesübungen. 2 (1926) 14:343-347.
Mehl, E., Nochmals die Turngeschichte des Mittelalters. In: Die Leibesübungen. 2 (1926) 24:580.
Mehl, E., Altgermanische Schwimmkunst. Die antiken Nachrichten über die

Schwimmkunst der Westgermanen. 72(1927), Beil. Deutsches Schwimmerblatt. 5/6.

Meinhardt, G., 600 Jahre Göttinger Bürger-Schützen-Gesellschaft: 1392-1992. Im Wiesental 1992.

Mendelsohn, S., Beiträge zur Geschichte des Turnwesens mit Bezug auf Waffenübungen. Kampfspiele. H.1. Leipzig 1861.

Meschke, K., Der Schwerttanz im germanischen Kulturkreis. Greiswald. Phil. Diss. 1931.

Meyer, W.L., Die leibliche Leistungen der Ritter im Mittelalter. In: DTZ. 1866:162-164.

Meyer, W., Wettkampf, Spiel und Waffenübung in der spätmittelalterlichen Eidgenossenschft. In: Schweizer Beiträge zur Sportgeschichte. 1(1982):17 f.

Meyer, W., Hirsebrei und Hellebarde. Auf den Spuren des mittelalterlichen Lebens in der Schweiz. Olten/Freiburg i.B. 1985.

Meyer, W., Das ritterliche Turnier des Mittelalters als Fest. In: Stadion. 12/13 (1987/86):49-62.

Meyer, W., Wettkampf und Spiel in den Miniaturen der Manssischen Liederhandschrift. In: Stadion. 14(1988)1:1-48.

Meyer, W., Buhurt, Tjost, Turnei und Hochgezit. Ein Arbeitsbericht zur Geschichte des mittelalterlichen Turnierwesens. In: Stadion. 18(1992)2:59-208.

Mezö, F., Geschichte der Olypischen Spiele. München 1930.

Michaelis, H.-T., Schützengilden. Ursprung - Tradition - Entwicklung. München 1985.

Michaelis, H.-T., Schützengesellschaften und Schützengilden. Die gegenwärtige Sicht der deutschen und europäischen Schützengeschichte. In: SZGS. 2 (1988)2:87-93.

Minkowski, H., Deutsche Ringbücher und Ringhandschriften des Mittelalters. In: Die Leibesübungen. 9(1933)12:259-270.

Minkowski, H., Über Zweikämpfe zwischen Mann und Weib. In: Leibesübungen und körperlichen Erziehung. 1934(H.2):26-37.

Minkowski, H., Die Ehebrecherbrücke des Jost Amman. Eine unbekannte Darstellung des mittelalterlichen Leibesübungen. In: Leibesübungen und körperliche Erziehung. 1935(H.16):321-328.

Minkowski, H., Das Ringen im Grüblein. Stuttgart 1963.

Mörz, A.L., Die Entwicklung der Adelserhiehung vom Ritter bis zu den Ritterakademien. Wien. Phil. Diss. 1950.

Morgan, R., Timber Tennis Courts of the Sixteenth Century. In: IJHS. 6(1989)

3:378-388.

Morgan, R., The Silver Ball of Rattray: A Note on an Early Form of Tennis. In: IJHS. 8(1991)3:420-425.

Müller, K., Zur Frage der Leiebsübungen im Mittelalter. In: Die Leibesübungen. 2 (1926)19:449-452.

Müller, K., Zur geschichtlich-theoretischen Erforschung der Leibesübungen. In: Die Leibesübungen. 4(1928)8:201-202.

Munting, R., Social Opposition to Gambling in Britain: An Historical Overview. In: IJHS. 10(1993)3:295-312.

Nam-Gil, H. & J.A. Mangan, The Knights of Korea: the Hwarangdo, Militarisum and Nationalism. In: IJHS. 15(1998)2:77-102.

Neuendorff, E., Leib und Leibesübungen im deutschen Frühmittelalter. Dresden 1925.

Neuendorff, E., Dr. Karl Wassmannsdorff. In: Monatschrift für das Turnwesen. 1906:291 und 294.

Neuendorff, E., Zur Turngeschichte des Mittelalters. In: Die Leibesübungen. 2 (1926)20:468.

Neuendorff, E., Geschichte der neueren deutschen Leibesübung vom Beginn des 18. Jahrhunderts bis zur Gegenwart. Bd.1. Dresden 1930.

Niedner, F., Das deutshe Turnier im 12. und 13. Jahrhundert. Berlin 1881.

Oehmigen, G., Dr. K. Wildt. Leibesübungen im deutschen Mittelalter. In: TPK. 1958(H.1):934-935.

Österlen, P., Beiträge zur Geschichte der volkstümliche Leibesübungen. Tübingen. Jahresarbeit. Kgl. Gymn. 1899/1900. Beilage.

Overfield, J.H., Enfants de la Balle: Sports Terminology and the French Language in the Age of Lous XIV. In: IJHS. 16(1999)3:21-46.

Pawel, J., Die leiblichen Ergötzlichkeiten der Bauern und Bürger im Mittelalter. Wien 1891.

Pearson, M. N., Recreation in Mughal India. In: BJSH. 1(1984)3:335-350.

Popplow, U., Geschichte der Leibesübungen als Kulturgeschichte. In: Olympisches Feuer. 6(1954)4:8-10, 5:22, 6:13-15.

Ränsch-Trill, B., Tanz. Weltspiel - Spiel der Bewegungen - freies Spiel der Erkenntniskräfte. In: SportZeiten. 2(2002)2:7-18.

Rajtmajer, D., The Slovenian Origins of European Skiing. In: IJHS. 11(1994)1:97-101.

Rausch, H.A., Das Spielverzeichnis im 25. Kapital von Fischer's Geschichtsklitterung, Gargantua. Straßburg. Phil Diss. 1898.

Rector, M. (trans. and ed.), Hans Talhoffer. Medieval Combat : a Fifteenth-century illustrated Manual of Swordfighting and Close=Quarter Combat. London 2006.

Reintges, T., Ursprung und Wesen der spätmittelalterlichen Schützengilden. Bonn 1963.

Remus, E., Die Stellung der Leibesübungen im deutschen Mittelalter. Jena. Phil. Diss. 1923.

Renson, R. and E. de Vroede, Folk Games at the Fair: Kermis Scenes in the Work of Pieter Bruegel the Elder. In: Stadion. 12/13(1987/86):87-100.

Riedel, S., Die Entwicklungsgeschichte der Sportfechtwaffen. Diplomarbeit an der Sporthochschule Köln. Köln 1960/61.

Rühl, J. K., Die „Olympischen Spiele" Robert Dovers. Heidelberg 1975.

Rühl, J. K., Methodological, Technical and Organizational Aspects of Research in Medieval Sport. In: Stadion. 11(1985)1:41-48.

Rühl, J. K., Zur Leistungsquantifizierung im spätmittelalterlichen Turnier. In: Brennpunkte der Sportwissenschaft. 2(1988):97-111.

Rühl, J.K., Preliminaries to German Tournament Regulations of the 15th Century. In: Britisch Society of Sports History Bulletin 9(1989):90-101.

Rühl, J. K., German Tournament Regulations of the 15th Century. In: JSH. 17(1990) 2:163-182.

Rühl, J. K., Regulations for the Joust in Fifteenth-Century Europe: Francesco Sforza Visconti (1465) and John Tiptoft (1466). In: JSH. 18(2001)2:193-208.

Rühl, J. K., Religion and Amusements in Sixteenth- and Seventeenth-Century England: 'Time might be better bestowed, and beside wee, see sind acted'. In: BJSH. 1(1984)2:125-165.

Samoukow, F.I., Probleme der Geschichtsschreibung auf dem Gebiete der Körperkultur. In: TPK. 9(1960)2:116-121.

Saurbier, B., Geschichte der Leiebsübungen. Frankfurt a.M. 1976[9].

Schaer, A., Die altdeutsche Fechter und Spielleute. Ein Beitrag zur deutschen Culturgeschichte. Straßburg. Phill. Diss. 1900.

Schakel, W., Stand und Bedeutung der Körperübungen am Ausgang des Mittelalters (14.-16. Jahrhundert) in der Stadt Augsburg. Halle. Staatsex. Arbeit. Inst. f. Körpererziehung. 1955.

Scheidler, K. H., Kurze Geschichte der Fechtkunst in aller und neuer Zeit, namentlich in Deutschland, mit Bezug auf die Wehrfrage der Gegenwart. In: DTZ. 1864. S.4-6, 25-28, 65-68, 169-171, 180-181, 203-205.

Scherf, H., Der Anteil der Frau am sportlichen Leben im Mittelalter. Halle. Staatsex. Arbeit. Inst. f. Körpererziehung. 1964.

Schlee, E., Literatur über die Geschichte der Leibesübungen im Mittelalter. In: Die Leibeserziehung. 4(1955)7:176.

Schlieben, A., Ritterliche Übungen und Zirkusbelustigungen in alter und neuer Zeit. Leipzig 1888.

Schmidt, S., Dialoge über den Salto - die Nobilitierung einer Bewegung im 16. Jahrhundert. In: SportZeiten. 3(2003) 1:53-72.

Schnitzler, T., Zur Leistungsquantifizierung im spätmittelalterlichen Schützenwesen. In: Brennpunkte der Sportwissenschaft. 4(1990)2: 243-256.

Schnitzler, T., Die Kölner Schützenfeste des 15. und 16. Jahrhunderts – Zum Sportfest in „vormoderner Zeit". In: Jahrbuch des Kölnischen Geschichtsvereins. 63 (1992):127-142.

Schnitzler, T., Quantification of Results in Late Medieval Crossbow and Rifle Shooting. In: IJHS. 10(1993)2:259-268.

Schrodt, B., Sports of the Byzantine Empire. In: JSH. 8(1981)3:40-59.

Schumann, M., Die Pflege der Leibesübungen im Bürgertum des 16. Jahrhunderts. Leipzig. Phil. Diss. 1924.

Seybold-Brunnhuber, A., Zur Problematik einer Geschichte der Leiebserziehung. In: Sport und Leibeserziehung. 1(1960)7:4.

Skorning, L., Die Bedeutung der Geschichte der Körperkultur. In: Deutsches Sportecho. 6(1952)25:2.

Sobotka, R., Formgesetze der Bewegungen im Sport. Schorndorf 1974.

Stadler, A., Die Leibesübungen bei den alten Schützenfesten. Wien. Staatsex. Arbeit. Inst. f. Leibeserziehung. 1934.

Stengel. W., Der Klassencharakter der Schützenfeste des Bürgertum. Jena. Staatsex. Arbeit. Inst. f. Körpererziehung. 1955.

Straib, W., Geschichte des Ballhauses. Darstellung unter besonderer Berücksichtigung des Ballhauses zu Marburg. Marburg. Phill. Diss. 1933.

Strohmeyer, H., Physical Education of the Princes in the Late Middle Ages as Depicted by two Works on the Styrian Abbot, Engelbert of Admont (1250-1331 A.D.). In: CJHSPE. 8(1977)1:38-49.

Strohmeyer, H., Physical Education of Noblemen in the Austrian Baroque Culture. In: History of Physical Education and Sport. 3(1977):71-88.

Strohmeyer, H. (Hg.): Beiträge zur Geschichte von Leibeserziehung und Sport in Österreich. Wien 1980.

Sul, H., The Tubs of Pleasure: Tudor and Stuart Spas. In: IJHS. 16(1999)1:148-158.

Sul, H., Heasim. The King's Book of Sports: The Nature of Leisure in Early Modern England. In: IJHS. 17(2000)4:167-179.

Tscherne, F., Ein Beitrag zur Stilgeschichte der menschlichen Bewegung (Mittelalter). In: Festschrift zum 60. Geburtstag von Herrn Univ. Doz. Dr. Josef Recla. Graz 1965. S.58-69.

Twigg, J., Student Sports, and their Context, in Seventeenth-Century Cambridge. In: IJHS. 13(1996)2:80-95.

Umminger, W., Die Chronik des Sports. Dortmund 1990 (1992). (Sport Chronik: 5000 Jahre Sportgeschichte. Sportverlag, 2010).

Vieth, G.U.A., Versuch einer Encyklopädie der Leibesübungen. Dessau 1795.

Vieth, G.U.A., Geschichte der Leibesübungen. Dessau 1818².

Wagenhaus, S., Die wichtigsten Körperübungen innerhalb eines Turniers. Jena. Staatsex. Arbeit. Inst. f. Körpererziehung. 1958.

Walter, P., Die Nürnberger Gesellenstechen von Jahre 1446. Nürnberg 1853.

Wassmannsdroff, K., Das "Frisch, Frei, Fröhlich, Fromm" als Studenten-Wahlspruch vor Jahn. In: Neue Jahrbücher für die Turnkunst. 1860:251-253.

Wassmannsdorff, K., Turn= und Kriegsfahrten des schwäbischen Ritters Georg von Ehingen im 15.Jahrhundert. In: DTZ. 1863:243-246.

Wassmannsdorff, K., Ueber die Marxbrüder und Federfechter und über das älteste - bisher noch unbekannte - gedruckte deutsche Fechtbuch. In: DTZ. 1864:253-256.

Wassmannsdorff, K., Die Leibesübungen der deutschen Ritter im Mittelalter. In: Neue Jahrbücher für die Turnkunst. 1866:194-207, 253-263.

Wassmannsdroff, K., Klettern als Schulstrafe im 16. Jahrhundert. In: DTZ. 1867:77-78.

Wassmannsdroff, K., Aertzlicher Einfluss auf die sog. Erneuerung der Leibesübungen in Deutschland; ein Beitrag zur Geschichte der Turnkunst. In: Neue Jahrbücher für die Turnkunst. 1869:111-133.

Wassmannsdorff, K., Die Ringer=Kunst des Fabian von Auerswald, erneuert von G.A. Schmidt Turnlehrer zu Leipzig, mit einer Einleitung von Dr. K. Wassmannsdorff in Heidelberg. Leipzig 1869.

Wassmannsdorff, K., Deutsches Schulturnen vor Basedow, oder: Die Turnübungen der beiden ältesten deutschen Adelsschulen. In: DTZ. 1870:33-40, 41-42.

Wassmannsdorff, K., Die Ringkunst des deutschen Mittelalters mit 119 Ringerpaaren von Albrecht Dürer. Aus den deutschen Fechthandschriften zum ersten Male herausgegeben. Leipzig 1870.

Wassmannsdorff, K., Eine Turn= und Wasserfahrt der Züricher nach der freien deutschen Reichsstadt Straßburg im J. 1576. In: DTZ. 1870:264-266, 269-270, 273-274.

Wassmannsdorff, K., Fechthandschriften und 17 Zeichnungen von Albrecht Dürer. Heidelberg 1871.

Wassmannsdorff, K., Joachim Camerarius's Gespräch über Leibesübungen vom J. 1544. In:DTZ. 1872:272-273, 279-281.

Wassmannsdorff, K., Turnerische Bildung Bayerischer Fürsten, besonders des Herzogs Christoph von Bayern. In: DTZ. 1875:177-179.

Wassmannsdorff, K., Leibesübungen der deutschen Ritter, des Bürger- und Bauernstand im 15. und 16. Jahrhundert. In: Neue Jahrbücher für die Turnkust. 1879:153-160, 193-200.

Wassmanndorff, K., Dr. Jul. Bintz "Die Leibesübungen des Mittelalters". In: Jahrbücher der deutschen Turnkunst. 1880. S.128-133.

Wassmannsdorff, K. (Hg.), Turnen und Fechten in früheren Jahrhunderten. Aufsätze zur Geschichte der deutschen Leibesübungen aus der Festzeitung für das siebente deutsche Turnfest München 1889. Heidelberg 1890.

Wassmannsdorff, K., Die Erziehung Friedrichs des Siegreichen, Kurfürsten von der Pflaz. Aus Michel Beheims Reimchronik. Heidelberg 1886.

Wassmannsdorff, K. (Hg.), Nicolaes Petters Ring=Kunst vom Jahre 1674. Mit deutschen und holländischem Text und 71 Lichtdrucken der Kupfer Romein de Hooghes. Heidelberg 1887.

Wassmannsdorff, K., Aufschlüsse über Fechthandschriften und gedruckte Fechtbücher des 16. und 17. Jahrhunderts, in einer Besprechung von G. Hergsell: Talhoffers Fechtbuch aus dem Jahre 1467. Berlin 1888.

Wassmannsdorff, K., Turnübungen kürpfälzischer und bayerischer Fürsten aus dem Hause der Wittelsbacher. In: Wassmannsdorff, K. (Hg.), Turnen und Fechten in früheren Jahrhunderten. Aufsätze zur Geschichte der deutschen Leibesübungen aus der Festzeitung für das siebente deutsche Turnfest München 1889. Heidelberg 1890. S.1-9.（楠戸一彦訳．K．ヴァスマンスドルフ著：ヴィッテルバッハ家出身のプファルツ選定侯とバイエルン公の体操運動．清水重勇先生退官記念論集刊行会，清水重雄先生退官記念論集　体育・スポーツ史研究への問いかけ，2001，35-41頁。）

Wassmannsdorff, K. (Hg.), Wynmann, Nicolaus: Colymbetes, sive de arte natandi. Heidelberg 1889.

Wassmannsdoff, K., Das Turn-Wort Notkers und der Turnierzeit bedeutet nicht Leibesübungen treiben. In: Jahrbücher der deutschen Turnkunst. 1893:269-275, 316-322.

Wassmanndorff, K., Deutsche Spielverzeichnisse aus dem 15. und 16. Jahrhundert und Maßmanns unrichtige Deutung dieser Spiele. In: DTZ. 1899:78.

参考文献

Weber, L., Die Turnierartikel als Charakteristikum des mittelalterlichen Turnierwesens. Jena. Staatsex. Arbeit. Inst. f. Körpererziehung 1958.

Weber, A., Kulturgeschichte als Kultursoziologie. München 1951.

Wehlitz, H., Armbrüst= und Büchsenschießen in früheren Zeiten. In: DTZ. 1928:787.

Wehlitz, H., Frankfurter Schützenfest im Jahre 1671. In: DTZ. 1929: 828.

Weiler, I., Joseph-Francois Lafitau (1681-1746) and the Beginning of Comparative Sport History: Some Notes on Ethnography and Ancient History. In: IJHS. 12 (1995)3:169-179.

Weinsberger, H., Die Stellung der Leibesübungen im Christentum von seinen Anfängen bis zum 18. Jahrhundert. Innsbruck. Phil. Diss. 1949.

Wildt, K.C., Zur Problematik der Geschichte der Leibesübungen. In: Leibesübungen-Sportarzt-Erziehung. 3(1952)11:131.

Wildt, K.C., Leibesübungen im deutschen Mittelalter. Versuch einer kultursoziologischen Deutung. Frankfurt a.M. 1957.

Wildt, Kl. C., Daten zur Sportgeschichte. 4 Teile. Schorndorf 1970-55.

Wilkins, S., Sport and Games of Medieval Cultures. Westport/London 2002.

Winterhoff, J., Die Pflege körperlicher Übungen in Münster während des Mittelalters. Münster. Schulprogr. Realgymn. 1899.

Wright, F.A., Greek Athletics. London 1925.

Zieschang, K., Vom Schützenfest zum Turnfest. Würzburg. Phill. Diss. 1974.

Zingerle, O.V. von, Das deutshe Kinderspiel im Mittelalter. Wien 1868.

Zober, E., Beitrag zur Geschichte der Schützengesellschaft und des Vogelschießens zu Stralsund. Stralsund 1853.

Zollinger, M., Calcio Fiorentino Revisited: A Bibliographical Puzzle Finally Solved. In: IJHS. 17(2000)4:81-92.

浅見俊雄ほか編，体育・スポーツの歴史，現代体育・スポーツ体系　第2巻，講談社，1984年。

阿部三亥，蹴鞠を通して見たる拾遺納言成道卿の体育思想，体育と競技，13 (1934)11:51-57, 12:50-53, 14(1935)1:40-43, 2:36-40, 5:23-28。

新井博・榊原浩晃編著，スポーツの歴史と文化―スポーツ史を学ぶ―，道和書院，2012年。

稲垣正浩ほか編著，図説スポーツの歴史：「世界スポーツ史」へのアプローチ，大修館書店，1996年。

稲垣正浩，テニス球戯起源論とペロタ球戯（バスク民族）の関係について―H.ギルマイスターの仮説批判　その1―，スポーツ史研究，10(1997):23-40。

299

今村嘉雄，欧州体育大観，体育と競技，7(1928)4:48-53。
今村嘉雄,ギリシャ思想と体育，体育と競技，8(1929)10:4-11。
今村嘉雄，オリムピック祭，体育と競技，8(1929)6:14-19, 7:27-32。
今村嘉雄，オリムピック制度の証跡，体育と競技，8(1929)8:45-49, 10:47- 51。
今村嘉雄,汎愛派体育思想の歴史的意味，体育と競技 11(1932)10:6-11, 11: 10-16, 12:35-39。
今村嘉雄，欧米体育史，建文館，1935年。
大石峰雄，スエーデンの体育先覚者としてのリンドフオーズ，体育と競技 16 (1927)11:87-90。
大熊廣明，体育史研究の成果と課題，体育学研究，50(2005)3:311-322。
小高吉三郎，スポーツの話，朝日新聞社，1930年。
カール・オイレル，坪井玄道・可児徳抄訳，体操発達史，大日本図書株式会社, 1910年。
加治千三朗，ギリシャ体育講和，体育と競技，9(1930)4:86-93, 5: 96-102, 6:54-58, 7:24-30, 8:42-43, 9:54-58, 10:36-43, 11:29-37。
加藤橘夫，日本体育学会の誕生，体育の科学，1(1950):51-55。
加藤橘夫，大学体育の創設と体育学会の発足 [1] [2]，体育の科学，26(1976):814- 817, 895-898。
加藤元和，体育史研究の成果と課題，体育の科学，25(1975):787-790。
加藤元和，近代初期における身体運動の史的研究 (3) ― Hans Sachs のスポーティな世界―，金沢大学教育学部紀要　教育科学編，34(1985):191- 204。
金栗四三，古代オリンピック競技会，体育と競技，1(1922)3:32-56, 5:28-33。
可児徳，古代希臘ノ体育，体育理研究会，1921年。
可児徳，現代競技運動の起源，体育と競技，1(1922)1:34-38,2:50-53, 3:27-31。
樺山義雄，欧米体育史講座，体育と競技，11(1932)11:32-36, 12(1933)1:41- 44, 2:24-27。
刈屋卓一郎，スポヲツの由来とその転化，日刊工業新聞社出版部，1936年。
河合勇，古代ギリシャの陸上競技法，体育と競技，18(1939)2:45-48, 3:41-43, 4:47-50, 5:43-44, 6:49-51, 7:36-40, 9:49-56。
川村英男ほか，ルネサンスにおけるイタリアの体育，体育学研究，11(1967) 4:231-236。
岸野雄三，体育の文化史，不昧堂出版，1969[5] (1959)。
岸野雄三・小田切毅一，レクレーションの文化史，不昧堂出版，1972年。
喜多壮一郎，欧州体育史梗概，体育と競技，5(1926)6:43-48, 7:47-52, 8:30- 35, 9:44-50, 10:41-47。
木村吉次，体育史研究の20年，体育の科学，19(1969):695-700。
木村吉次，体育史研究の動向，体育の科学，23(1973):484-488。

参 考 文 献

木村吉次，「体育史」研究の動向，体育の科学，30(1980):876-878。
木村吉次編著，体育・スポーツ史概論，市村出版，2001年。
楠戸一彦，ドイツ中世スポーツ史研究の課題，山口大学教育学研究論叢　第3部，30(1980):127-142。
楠戸一彦，K. ヴァスマンスドルフ (1820-1906) のドイツ中・近世スポーツ史研究，広島大学総合科学部紀要VI保健体育学研究，9(1991):25-36。
楠戸一彦，スポーツ史資料：K. ヴァスマンスドルフ (1820-1906) の文献目録，広島大学総合科学部紀要VI保健体育学研究，9(1991):37-51。
楠戸一彦，15・16世紀のドイツ都市アウグスブルクにおける射手祭，体育史研究，8(1991):1-14。
楠戸一彦，スポーツ史資料：アウグスブルクの自由射的祭 (1509) 年への招待状，スポーツ史研究，5(1992):43-53。
楠戸一彦，ドイツ中世スポーツ史研究の課題，体育学研究，42(1997)4:292-297。
楠戸一彦，ニュルンベルクの公開射撃大会 (1458)，体育史研究，15(1998):43-51。
楠戸一彦，15世紀前半のドイツにおける「公開射撃大会」への招待状—シュパイエルの「射手状」(1445) —，スポーツ史研究，12(1999):56-62。
楠戸一彦，アウグスブルクにおける1559年の競馬大会，体育史研究，20(2003):23-30。
楠戸一彦，ドイツ中世後期の「トーナメント」に関する研究—ハイルブロンの「トーナメント規則」(1485) の成立事情，スポーツ史研究，22(2009):21-31。
邦正美，舞踊の文化史，岩波書店，1968年。
塩入宏行，トーナメントの起源と発展に関する一考察，大阪体育大学紀要，1(1969):45-56。
塩入宏行，フロアサールの年代記に現われたトーナメントの特徴について，大阪体育大学紀要，3(1971):59-66。
塩入宏行，シェースピア時代の鷹狩に関する一考察—シェークスピアの作品を中心として—，埼玉大学紀要〔教育学部〕人文・社会科学，23(1974):109-117。
塩入宏行，鷹の馴養・訓練法に関する研究—1—，埼玉大学紀要〔教育学部〕人文・社会科学，25(1976)1:151-161。
塩入宏行，騎士道の軍事的徳目— Prouesse, Loyaute, Courtoisie について—，埼玉大学紀要〔教育学部〕教育科学，32(1983)2:77-83。
塩入宏行，中世フランスの狩猟について，埼玉大学紀要〔教育学部〕教育科学，34(1985)3:73-81。
塩入宏行，・ヨーロッパの剣術における剣の奪取，埼玉大学紀要〔教育学部〕教

育科学，46(1997)1-3:55-68。
下津屋俊夫，瑞典体操の始祖リングと現代体育，体育と競技，5(1926)12:27-32。
新保淳,「身体」を考察することの現代的意義：中世ヨーロッパにおける心身関係の視点から，静岡大学教育学部研究報告　人文・社会科学篇46(1995):7-9。
須加精一，西洋体育史，都村有為堂，1924年。
須加精一，体育発達史，体育と競技，1(1922)1:32-34, 4:31-34。
須加精一，ヤーン以前の学校体操，体育と競技，1(1922)5:34-38。
須郷智，西洋体育思想史概説，駿河台出版社，1974年。
鈴木菊雄，日本中世の体育観，体育と競技，13(1934)7:37-39。
鈴木菊雄，鎌倉武人の世界観，体育と競技，13(1934)10:82-88, 11:37-44。
鈴木康雄，西洋武士物語，体育と競技，4(1925)8:77-81, 11:92-94, 12:47-50, 5(1926)5:95-97, 6:87-90。
世界教育史研究会編，世界教育史体系 31　体育史，講談社，1975年。
寒川恒夫編，図説スポーツ史，朝倉書店，1991年。
ダイアナ・ワッツ，古代ギリシャ式の体操と舞踏，体育と競技，5(1926)4:31-38.（講演記録）。
高島平三郎，体育原理，育英社，1904年。
出口林次郎，世界体育史，文書堂，1927年。
東京教育大学体育学部体育史研究室編著，図説世界体育史，新思潮社，1964年。
土肥冬男，球戯の歴史，体育と競技，11(1932)1:46-50, 2:30-33, 3:38-41, 4:37-41, 5:51-58, 6:32-33, 7:40-43。
飛松正，蹴鞠の本義とその演技，体育と競技，17(1928)5:23-28。
飛松正，馬上三つ物とその演技，体育と競技，17(1928)7:20-24, 8:17-21。
市村清次郎，武士道の起源と其の発達，体育と競技，(1923)6;30-34, 8:19-21。
ドロシイ・エス・エインスワース著，河出信策・都築重雄共訳，米国女子カレッヂ体育史，体育と競技，14(1935)12:33-38, 15(1936)1:23-28, 2:31-37, 3:52-55, 4:41-48, 5:85-92。
中房敏朗，イギリス中世のフットボール再考，スポーツ史研究，3(1990):41-46。
中山厚生，古代ゲルマン民族の英雄の理想像における身体と精神─Tacitus「Germania」と「Nibelunglenlied」を中心にして─，天理大学学報，103(1976):50-56。
中山厚生，中世のドイツにおける騎士階級について─その身体訓練，戦技および理念─（堤廸夫教授還暦記念特集），天理大学学報，114(1978):45-64。
奈良重幸，テニスのサービス再考─用語の解釈を巡って─，スポーツ史研究，5(1992):55-59。
成田十次郎，体育・スポーツの歴史─私の講義ノートより─中世の体育とスポーツ，学校体育，1975, 7:135-138, 9:142-147, 10:136-142。

参　考　文　献

成田十次郎，近代ドイツ・スポーツ史　I　学校・社会体育の成立過程，不昧堂出版，1977年．
成田十次郎編著，スポーツと教育の歴史，不昧堂出版，1988年．
二宮文右衛門，体育全史，目黒書店，1934年．
野口源三郎，古代オリムピックの陸上競技，体育と競技，15(1936)5:26-39, 6:20-29, 7:49-62, 8:4-11．
馬場哲雄，キリスト教の身体観に関する一考察：中世の体育・スポーツ軽視の理由を探って，日本女子大学紀要　人間社会学部，1(1990):45-52．
平沼良，オリンピア競技史，体育と競技，10(1931)3:37-41, 5:18-20, 6:51-54, 7:40-43, 9:44-50, 10:28), 11:28-32, 12:2734 11(1932)1:51-54, 3: 54-60, 4:52-60, :58-63, 12(1933)2: 48-55, 12:50-55, 13(1934)2:52-60．
廣井家太，文芸復興中の芸術と体育との関係，体育と競技，13(1934)10:73-81．
堀江耕造，運動競技の歴史，体育と競技，8(1929)11:24-29, 12:30-40, 10(1931)6:37-41．
松尾順一・宮脇清自，K. ヴィルトのドイツ中世体育史研究試論，東京都立商科短期大学研究論叢，17(1978):81~96．
水野忠史，体育史概説：西洋・日本，体育の科学者，1966年．
水野忠文，体育思想史序説，世界書院，1971年．
A・F・ライト述，齊藤白鷺生訳，希臘競技，体育と競技，8(1929)8:50-54, 10:51-57, 12:42-44．
レナード教授・マッケンジー博士原著，岡部平太・安川伊三共訳，欧米体育史，目黒書店，1927年．
レナード・マッケンジー共述，岡部平太訳，体育史，体育と競技，5(1926)3: 28-34, 5(1926)4:14-20, 5(1926)5:11-20, 5(1926)6:13-17, 5(1926)7:19-23．

第5章　ドイツ中世スポーツ史研究の史料

750 Jahre Goslarer Schützen 1220-1970. Hg. von der Privilegierten Schützengesellschaft Goslar von 1220. Goslar 1970.

Bechstein, R.（Hg.), Deutsches Museum für Geschichte, Literatur, Kunst und Alterthumsforschung. Bd.1. Hildesheim/New York 1973(1862).

Bergner, U. & J. Giessauf, Würgegriff und Mordschlag. Die Fecht und Ringlehre des Hans Czynner（1538). Universitätsbibliothek Graz MS 963. Graz 2006.

Birlinger, A., Das grosze Rottweiler Herrenschießen anno 1558 von Lienhart Flexel. In: Alemannia : Zeitschrift für Sprache, Literatur und Volkskunde des Elsasses, Oberrheins und Schwabens. 6(1878):201-228.

Bodemer, H., Das Fechtbuch. Untersuchungen zur Entwicklungsgeschichte der bildkünstlerischen Darstellung der Fechtkunst in den Fechtbüchern des mediterranen und westeuropöischen Raumes von Mittelalter bis Ende des 18. Jahrhunderts. 2008. Dissertation an der Universität Stuttgart. URN: urn:nbn:de:bsz:93-opus-36045.

Böninger, A. K., Festgabe zum ersten deutschen Bundes-Schießen im Juli 1862 in Frankfurt a.m. Worms 1862.

Büsching, J.G. G., Wöchentlichen Nachrichten für Freund der Geschichte, Kunst un Gelehrtheit des Mittelalters. Breslau/Köln Bd.3, 1817.

Camesina, A. R. v. San Vittore (Hg.), Das grosse Freischiessen zu Wien im Jahre 1563. Besungen vom Augsburger Pritschenmeister Lienhart Flexel. In: Blättern des Vereines für Landeskunde für Niederösterreich. Neue Folge. 9 (1875):3232-36, 140-145, 215-221, 325- 329, 10(1876):101-103.

Castle, E., Schools and Masters of Fence from the Middle Ages to the Eighteen Century, Nachdruck, London 1969(1885).

Destouches, E. von, Münchens Schützenwesen und Schützenfest. In: Festzeitung für das VII. deutsche Bundesschießen. München 1881.

Deutsche Wörterbuch von Jacob und Wilhelm Grimm. München 1854-1984.

Die Chroniken der deutschen Städte vom 14. bis ins 16. Jahrhundert. Hg. durch die Historische Kommission bei der Bayerischen Akademie der Wissenschaften. 37 Bde. Neudruck: Göttingen, 1961-1969.

Dokumente zur Geschichte von Staat und Gesellschaft in Bayern. Hg. von K. Bosl, Abteilung I: Altbayern vom Frühmittelalter bis 1800. Teil 1: Vom 1180 bis 1550. München 1977.

Edelmann, A., Lienhard Flexel's Lobspruch des fürstlichen Freischießens zu Innsbruck im Oktober 1569. Innsbruck 1885.

Ewald, W., Die Rheinischen Schützengesellschaften. In: Zeitschrift des Rheinischen Vereins für Denkmalpflege und Heimatschutz. 26(1933):228-231.

Forgeng. J. L., The Medieval Art of Swordsmanship, A Facsimile & Translation of Europe's Oldes Personal Combat Treatise, Royal Armouries MS I. 33. Union City 2003.

Forgeng, J. L., The Art of Falchion Combat: A German Martial Arts Treatise of 1482 by Hans Leckucher. Union City 2006.

Forgeng, J. L., The Art of Combat. A German Martial Arts Treatise of 1570 by Joachim Meyer. London & New York 2006.

Forgeng, J. L., Paulus Hector Mair's Treatise on the Martial Arts (c. 1550). Union City 2006.

Freys, E. (Hg.), Gedruckte Schützenbriefe des 15. Jahrhunderts. In: Seltenheiten aus süddeutschen Bibliotheken. München 1912.

Freytag, G., Bilder aus der deutschen Vergangenheit. In: Gustav Freytag Gesammelte Werke. Zweite Serie. Bd.5. Leipzig, Ohne Jahre.

Gerber, H., Die Reichsstadt Frankfurt am Main als Vorort der Marxbrüder oder Meister vom langen Schwert. In: Frankfurter Wochenschau. 4(1936):8-11.

Goedeke, K., Grundriss zur Geschichte der deutschen Dichtung aus den Quellen. Bd.2. Dreseden 1886.

Gumppenberg, L.A.F. von, Die Gumppenberger auf Turnieren. Nachtrag zur Geschichte der Familie von Gumppenberg. Würzburg 1862.

Gumppenberg, L.A.F. von, Nachrichten über die Turniere zu Würzburg und Bamberg in den Jahren 1479 und 1486. In: Archiv für Historische Verein von Unterfranken. Bd.19, 1866, S.164-210.

Hans Sachs's Werke. Bd.II. Hg. von Adelbert von Keller. Rep. der Ausgabe Stuttgart 1870. Hildesheim 1964.

Heinemann, O. von, Die Handschriften der Herzoglichen Bibilothek zu Wolfenbüttel. Zweite Abtheilung. Die Augusteischen Handschriften. I. Wolfenbüttel 1890.

Helweg, H., Die deutschen Fechtbücher. Eine bibliographische Übersicht. In: Börsenblatt für den deutschen Buchhandel, 22. Jahrgang, Heft 52, Frankfurt a.M. 1966.

Hergsell,G., Talhoffers Fechtbuch (Gothaer Codex) aus dem Jahre 1443. Prag 1889.

Hils, H.-P., Die Handschrift des oberdeutschen Fechtmeisters Hans Talhoffer. Ein Beitrag zur Fachprosaforschung des Mittelalters. In: Codices manuscripti. 9 (1983)3: 97-121.

Hils, H.-P., Gladiatoria - Über drei Fechthandschriften aus den ersten Hälfte des 15. Jahrhunderts. In: Codices manuscripti, 13(1987):1- 54.

Hils, H.-P., Codices figurati - Libri picturati 2, Fecht- und Ringbuch, Vermisches Kampfbuch, Augsburg Universitätsbibliothek Cod. I. 6. 4º.2. München 1991.

Klersch, J., Das deutsche Schützenwesen, Geschichte und Bedeutung. Eine Bibliographie. Köln 1967.

Kneschke, E.H., Neues allgemeines deutsches Adels-Lexikon. 9 Bde. Leipzig 1859-1870.

Laszlo-Nagy, Bibliographie des Fechtens. Allgemeine und chronologische Bibliographie über die Fechtkunst. Graz 1987.

Leidinger, G. (Hg.), Miniaturen aus Handschriften der Kgl. Hof- und Staatsbibliothek in München. 1913. Heft 3. S.3-28.

Leitner, Q. von, Freydal: des Kaisers Maximilian I. Turniere und Mummerein: Mit einer geschichtlichn Einleitung, einem facsimilierten Namensverzeichnisse und 255 Heliogravuren. Herausgegeben mit allerhöchster Genehmigung S.M. des Kaisers Franz Joseph I. unter Leitung des K.K. Oberstkämmerers Feldzugmeister Franz Grafen Folliat de Crenneville von Quirin von Leitner. In: Jahrbuch der Heraldischgenealog. Vereins Adler in Wien. 9(1882):61-63.

Lindholm, David, and Peter Svärd, Sigmund Ringeck's Knightly Art of the Longsword. Boulder 2003.

Lorbeer, C. & J., et. al., Johannes Lecküchner. Das ist herr hannsen Lecküchner von Nürnberg künst vnd zedel ym messer. Transkription der Fechthandschrift 582. (hhtp:www. pragmatische-schriftlichkeit. de/cgm582.html)

Mersiowsky, M., 津田拓郎訳，ドイツ語圏における文書形式学とモニュメンタ・ゲルマニアエ・ヒストリカ（講演録ヨーロッパ中世史料学から見るドイツ歴史学—回顧と展望—．史學（三田史学会）．79(2010)1/2: 118-135。

Osthoff, G., Bibliographie zum Schützenwesen in Westfalen. Münster 1978.

Pardoel, H., The Complete Bibliography of the Art and Sport of Fencing, Kingston 1981.

Pardoel, H., Fencing A Bibliography Edition 01. Amsterdam 2005.

R.J., Mittelalterliche Schützenbriefe. In: Festzeitung zum 17. deutschen Bundes= und Goldenen Jubiläums=Schießen 1912. Frankfurt a.M. 1912. Nr. 10. S.1-3.

Robert, A., B.R. Henri, A. Norbert (Hg.), Lexikon des Mittelalters. 9 Bde. Zürich 1980-1999.

Schenk, H., Turnier-Buch des Herzogs Wilhelm IV von Bayern, 1510-45. Hg. von J.C.S. Kielhaber, mit Erklärungen von F. Schlichtegroll. München 1817 (1518). (Facsimilie nach dem Originalmanuskript. Hg. von F. Rechhardt, München 1880-1881.)

Schnitzler, T., Quellen- und Literatursammlung zum Forschungsvorhaben "Schützenwesen in spätmittelalterlichen Europa..."; mit einem chronologischen Register von Schützenfesten 1398 bis 1906. Trier 1993. (unveröffentlicht)

Stetten, P. von (Jünger), Lebensbeschreibung zur Erweckung und Unterhaltung bürgerlicher Tugend. Augsburg 1782.

Talhoffer, H., Meddieval Combat. A Fifteenth-Century Illustrated Manual of Swordfighting and Close-Quarter Combat. Transl. and ed. Mark Rector. London, 2000.

Thimm, C. A., A Complete Bibliography of Fencing and Duelling as Practised by all European Nations from the Middle Ages to the Present Day, New York 1896.

Tobler, C. H., In Service of the Duke: Paulus Kal's 15th Century Fighting Treatise, Union City, 2006.

参 考 文 献

Uhland, L., Zur Geschichte der Freischießen. In: Uhlands Schriften zur Geschichte der Dichtung und Sage. 5(1870):299-321.

Veesenmeyer; Ein Freischiessen in Ulm, im Jahr 1556. In: Die Württembergische Vierteljahrhefte für Landesgeschichte. 5(1882)4:241-250.

Waibel, A., Biberacher Schützen in sechs Jahrhunderten. Biberach 1900.

Zabinski, Gregorz and Bartlomiej Walczak, Codex Wallerstein: A Medieval Fighting Book from the Fifteenth Century on the Longsword, Falchion, Dagger, and Wrestling. Boulder, 2002.

大場一義・成田十次郎・山本徳郎ほか編，岸野雄三教授退官記念論集　体育史の探求，岸野雄三教授退官記念論集刊行会，1982年．

楠戸一彦，ドイツ中世スポーツ史資料―剣士団体「マルクス兄弟団の規約―，山口大学教育学部研究論叢，34(1985)3:171-187。

楠戸一彦，スポーツ史資料：アウグスブルにおける「弩射撃大会」(1470年) の開催経費，スポーツ史研究，8(1995):35-40．

楠戸一彦，ドイツ中世後期の「トーナメント」に関する基礎的研究（課題番号14580037），平成14年度～16年度科学研究費補助金（基盤研究（C）(2) 研究成果報告書，2005年．

楠戸一彦，ドイツ中世後期の「トーナメント」に関する研究―ハイルブロンの「トーナメント規則」(1485) の成立事情，スポーツ史研究，22(2009):21-31。

楠戸一彦，歴史研究は「実証から離れる」ことができるか？，スポーツ史研究，22(2009):41-44。

國方敬司・直江眞一編，史料が語る中世ヨーロッパ，刀水書房，2004年．

高山博，池上俊一編，西洋中世学入門，東京大学出版会，2005年．

成田十次郎先生退官記念会編，成田十次郎先生退官記念論文集　体育・スポーツ史研究の展望―国際的成果と課題―，不昧堂出版，1996年．

西川正雄編，ドイツ史研究入門，東京大学出版会，1984年．

広島大学情報メディア教育研究センター編，情報化社会への招待，学術図書出版社，2006年．

事 項 索 引

【あ】
アサヒスポーツ 52
暗黒史観 148-150, 151, 155, 156, 158

【い】
医術 120-122, 124-126, 128, 129
一次史料 149, 165, 170, 175, 177, 178, 181, 184
一般法則 14, 20, 25, 40, 41, 45, 49
イデオロギー的解釈 148
意味解釈 14-15, 20, 29, 39, 154
意味分析 38, 48-50, 88, 108, 110
医療体育 124, 126, 130
因果帰属 9, 19, 23
因果的説明 8, 10, 16, 20-24, 26, 28, 39-41, 43, 49, 116-117

【う】
運動概念 81
運動競技 47, 48, 53, 55-58, 77, 78, 79, 87, 89, 90, 92, 98, 184
運動経過 81
運動形態 81, 206
運動領域 80
運動練習 80

【え】
衛生術 121-122, 129
理念型 14, 141
英雄叙事詩 104

【お】
オリンピック 52, 67, 70, 72, 132, 167, 170, 175, 178, 184, 200

【か】
外延 38, 49
解釈 8, 14-16, 20, 25, 28, 29, 42, 44, 46, 69, 71, 93, 95, 139, 148, 156, 158, 159, 163, 165, 166, 169, 213
科学的説明 21, 49
科学的歴史認識 5
学術研究団体 60, 63-64, 78, 93
格闘術 153, 168
格率 109, 110, 112, 115, 117
仮説 6, 19, 20-24, 25, 36, 39, 40, 42, 45, 46
価値―自由 25-26, 29
価値解釈 15, 25
価値関係 14-16, 25, 28, 33, 41
価値関心 11-13, 15, 27
価値言明 11, 15, 46
価値判断 13, 15, 25, 26, 35, 111
価値分析 8, 15, 17, 25, 28
学校体育 56, 89, 148, 149, 150, 151, 152, 184
感覚運動 130
間主観的テスト 46

【き】
記号論的四角形 75-76
記号論理学 21, 37, 86
騎士 24, 107, 138, 149, 151, 152, 153, 155,

309

159-165, 167-168, 175, 176, 178-180,
193, 201, 205, 213-214, 237
騎士学校 152
騎士団 217, 218, 221, 222, 261
騎士的スポーツ 149
騎士物語 149
記述的定義 48
規則 23, 26, 39, 48, 54, 55, 60, 66, 70, 71,
90, 94, 105-107, 108-118, 139, 142, 214
気晴らし 55, 58, 59, 67, 84, 85, 91, 98, 99
規範 11, 13, 20, 26, 105, 108-112, 117
規範的考察 110, 113-115, 118, 139
基本運動 163, 193
規約状 251, 252-257
客観性 8, 11, 20, 25-27, 29, 42, 45, 46, 84,
141
客観的可能性判断 19, 42
ギュムナシオン 122
競技 102-103
競技委員 218
競技運動 51, 52, 84, 85, 90
競技規則 109, 224
競技者 70, 76, 102-103, 120, 121, 122,
129, 131, 132
競技的身体運動 102-103, 119
競技方法 168, 218, 224, 260
競争 101-108, 121, 168
競争的闘争 104-110, 137
極東選手権大会 52
キリスト教 135, 155, 157, 158, 161, 176,
202
近代スポーツ 44, 69-71, 73, 78, 95, 166,
168, 169, 179, 202
筋肉的キリスト教徒 173

【け】
経験科学 16, 21, 27, 33, 36, 41, 42
経験的考察 110, 113, 116-118, 139
経験的事象 18
経験的法則 111, 112
経験分析 38, 48, 49, 50, 88
形成的運動 133, 143
形態史 161
系譜 152, 214
系譜学 219
ゲルマン人 150, 151, 155
健康論 121
言語学 75, 169
原始語 87
剣士団体 153, 154, 249-257
剣術学校 153, 159, 162, 237, 242, 249
剣術師範 168, 238, 242, 249, 264
剣術書 153, 237, 238, 242-249, 263, 264,
265
剣術筆稿 162, 168, 169, 267
現象学的運動学 82-85
原典批判 149, 150, 153, 154

【こ】
公開射撃大会 154, 168, 224, 229, 238-242
甲子園球場 52
戸外運動 53, 54
戸外遊戯 51, 52, 53, 78, 90
国民的競技会 103
五種競技 124, 130, 151
個性的な理解 6, 8, 20
国家試験論文 155, 160
国家主義的解釈 148
古典論理学 17, 37, 47, 77, 87

【さ】

参事会 211, 235-239, 240, 241, 250, 264, 266

【し】

事実—意味の一元論 10, 11, 17, 33, 34
事実—意味の二元論 10, 11, 13, 18, 27, 33
事実—決断の二元論 11
事実言明 11, 15, 18
自然法則 6, 20, 41, 111, 112, 116
時代区分 72, 74, 148, 158, 162, 165, 202
実質定義 47-48
実証主義 10, 11, 17, 33, 35, 86, 149, 150, 156, 159, 257
実証主義的研究 148, 154, 157, 163
史的唯物論 8
師範証書 249, 250, 251
射撃祭 159, 160
射撃大会 154, 162, 224, 237, 262
射手会館 239
射手組合 149, 162
射手祭 12, 19, 155, 156, 161
射手状 224, 262
射手制度 223
宗教改革 163
修業証書 250
宗教的祝祭 104, 236
自由剣士 249, 250
主知主義 157
述語論理学 18
シュテッヘン 205, 206, 260
循環論 20
準備運動 133, 143
状況の論理 42
初期条件 21, 22, 23, 24, 26, 28, 44

職業的体育教師 131
心身二元論 157
神聖ローマ皇帝 212, 220, 221, 249, 250, 251
身体知 84
身体文化 73, 74, 77, 88, 161, 162, 164
真理値 48, 49

【す】

図像学 169
頭脳スポーツ 79
スポーツ医者 124, 125, 126, 127, 128, 129
スポーツ運動 84
スポーツ運動系 83
スポーツ科学研究科 62, 63, 78
スポーツ科学部 61, 62
スポーツ学会 63, 72
スポーツ的娯楽 173, 175
スポーツ美学 71
ズボン射撃大会 238

【せ】

生活圏 163, 164
聖職者 159, 162, 163
説得定義 87
ゼロ—方法 39
全体論 24, 28, 43
選択基準 13, 15
先発隊 218

【そ】

叢書 235, 237, 238, 239, 264
組織化 57, 59, 60, 69-70, 77-78, 95
存在言明 24, 26, 29, 40, 44, 49

311

【た】
体育学研究科 62, 63
体育学部 61, 62
体育研究会 177
体育史家 148, 151
体育術 119, 123
体育場 124, 134, 136
体育と競技 176, 177
体育用語 152
大学院設置基準 60
大学設置基準 60
対偶の法則 40
段階説 20
単称言明 21, 24, 40, 45
ダンス 91, 104, 124, 130, 131, 133, 143, 151, 155, 159, 162, 173, 206

【ち】
治療術 121

【て】
定義項 17, 48, 87
帝国議会 236, 237, 241
伝統的民衆運動 150, 151, 152, 154, 159, 162

【と】
ドイツ体操 133
当為言明 18, 26, 29, 48
統計的説明 21
道化師 154, 224, 229, 240, 241, 262
闘争 99, 104-108, 137
闘争遊戯 105-108
トーナメント 12, 17, 19, 149, 151, 153, 159, 160, 162, 163, 165, 167, 168, 169, 173, 174, 175, 201, 205, 206-223, 261
トーナメント王 217
トーナメント規則 203, 213, 222-223, 262
トーナメント団体 167, 169, 223, 261
ドーピング 26
特殊法則 6, 20, 25, 45
都市貴族 213, 214, 223
都市防衛 162, 168
特許状 153, 220, 249, 250, 251, 256, 268
トレーナー 61, 119, 120, 121, 122, 125, 126
トレーニング術 119, 120, 121, 122, 123

【な】
内包 18, 37, 38, 49, 88

【に】
肉体養護 120, 121, 122
二次史料 175, 184
日常運動 84
日本学術会議 63, 64
日本体育学会 5, 57, 60, 63, 93, 171, 180
人間運動系 83
人間学的運動学 82
認識主体 10, 11, 12, 13, 15, 17, 22, 25, 26, 34
認識目的 13, 18, 38, 41, 49

【ね】
年代記 12, 153, 166, 168, 202, 213, 219, 235-242, 258

【は】
発声運動 130
発生的概念 19

事 項 索 引

発生的説明 21
発展法則 7, 8, 11, 14, 24, 34, 44
発展段階 6, 20, 44, 164, 193
羽剣士団 153, 154, 188-189, 249, 250
汎愛主義教育者 135, 145
パンクラチオン 124, 130
反証可能性 32, 40
判断基準 13, 18, 26, 28, 35, 44

【ひ】

被定義項 17, 48, 87
批判的伝統 27
備忘録 235, 237, 238, 249, 264
評価的考察 110, 113-115
表現運動 84, 97
表現運動系 83
表示運動 83, 97
表出運動 82, 83

【ふ】

不完全問題 37
武芸 149, 173, 174, 176
武芸師範 242
舞踏会 218, 223, 236
普遍概念 19, 25
普遍言明 19, 21, 24, 40, 41, 44, 45
普遍史 72, 73, 74
普遍的対象 17, 18, 28
普遍法則 16, 22, 39, 44
普遍名辞 17, 18
文化史観 148, 160, 161
文化人類学 165, 169, 184
文献検索 205
文献目録 161, 166, 205, 206, 224, 242, 258

【ほ】

封建制度 162
封建的身分制 179, 180
包摂法則理論 21, 44
法則主義の立場 10, 11, 17, 34, 35
法則的把握 20
方法論的一元論 11, 45
方法論的個体主義 39
方法論的二元論 26, 29, 113, 139
方法論的本質主義 17, 36, 37, 38, 43
方法論的唯名主義 18, 36
ボクシング 130
保健体育 60, 180
翻刻 152, 153, 154, 168, 169, 250, 252, 266, 267
本質主義 11, 17, 18, 28, 36, 37
本質的定義 18

【ま】

マイクロフィルム 250, 251, 252, 265, 268
マルキシズム 10, 33
マルクス兄弟団 153, 154, 188-189, 242, 249, 250, 256
マルクス主義的解釈 148

【み】

民衆祭 134, 151, 159, 162
民俗学 169
民族史観 148, 154, 156, 161

【む】

無限後退 11, 13, 18, 25, 46, 48

【め】

明治神宮外苑競技場 52

313

明治神宮競技大会 52
名辞論理学 17, 37, 86
命題論理学 18, 21, 40, 86

【も】
紋章 213
紋章官 212, 213, 218

【や】
約定的定義 48

【ゆ】
唯物史観 108, 109, 148, 160
唯名主義 18, 28, 36
唯名定義 47, 48, 49, 87, 88
遊戯論 65

【よ】
様式史 156, 161
養生 120, 124, 127, 128
羊皮紙 251

【ら】
裸体運動 119

【り】
理想型的概念 19, 20, 25, 28, 29, 38, 39, 41

領邦貴族 213, 222
理論的構成体 18, 19, 28
理論的モデル 20, 28, 38, 44

【る】
類概念 14, 139
ルネサンス 166, 167, 168, 172, 181

【れ】
歴史観 43, 148, 156, 160, 164
歴史社会学 4, 22, 29
歴史的意義 15, 16
歴史的意味 9, 12, 50, 58
歴史的概念構成 17
歴史的関心 12, 13, 39
歴史的個体 14, 16, 17, 19, 22, 28, 49
歴史的実在 19, 38
歴史的説明 8, 16, 20, 21, 23, 36
歴史的評価 15, 16, 29
歴史法則 6, 8, 20, 21, 23, 24, 36, 41, 45
歴史法則主義 43

【ろ】
労働運動系 83

人名索引

【ア】

アイスキュロス 132
アイプ（Ludwig von Eyb）168, 219, 222
アインスワース（Dorothy S. Ainsworth）178
アウエルスヴァルト（Fabian von Auerswald）153, 168, 237
朝岡　正雄 80, 81
浅見　俊雄 179
アスピン（David N. Aspin）71
阿部　生雄 53, 58, 92
アリストテレス 17, 36, 47, 75, 79, 120, 128, 130
アングロ（Sidney Anglo）166, 168
アンゲルシュタイン（Eduard F. Angerstein）148, 157

【イ】

イゼリン（Friedrich Iselin）149
イソクラテス 121, 129
稲垣　正浩 5, 7, 37, 44, 85-86, 179, 180, 184, 202
今村　嘉雄 176

【ウ】

ヴァーゲンハウス（Gertrud Wagenhaus）160
ヴァイラー（Ingomar Weiler）73
ヴァインベルガー（Heinrich Weinberger）161
ヴァルター（Philipp Walter）149
ヴィールシン（Martin Wierschin）162, 242
ヴィルト（Klemens C. Wildt）147, 160, 161, 163-164
ヴィンターホーフ（Johannes Winterhoff）149
ヴィンマン（Nicolaus Wynmann）154
ヴェーバー（Alfred Weber）163
ヴェーバー（Lothar Weber）160
ヴェーバー（Max Weber）8, 9, 13, 14-16, 18-19, 23, 25, 26-27, 29, 32, 34, 38, 39, 42, 44, 46, 102, 104, 107-118, 138-139, 140, 142

315

ヴェーリッヒ（Hans Wehlitz）156
上田　万年　55
ヴュルズンク（Marx Würsung）213-214, 219, 259
ウルマン（Jacques Ulmann）74

【エ】
エアハルト（Gregor Erhart）238
エーミゲン（Gerhard Oehmigen）164
エスターレン（Paul Oesterlen）150
エデルマン（August Edelmann）150
エラシストラトス　121, 128
エルミッシュ（Margrit Ermisch）160
エングラート（Ludwig Englert）128, 133

【オ】
オイラー（Carl Euler）148, 157, 158, 162, 176
大熊　廣明　181-183
岡部　平太　176, 178
オストホフ（Gerda Osthoff）223
小高　吉三郎　176
オリシッポス　132

【カ】
カーター（John M. Carter）147, 166, 174, 175
ガーディナー（E. Norman Gardiner）178
カイヨワ（Roger Caillois）65, 67-69, 136
ガウルホーファー（Karl Gaulhofer）156
ガッシュ（Rudolf Gasch）178
可児　徳　176
金子　明友　81-85, 97
カメラリウス（Joachim Camerarius）152
刈屋　卓一郎　176
カルスト（Helga Karst）160
ガレノス　101, 118, 119, 120, 125-131
河出　信策　178

人 名 索 引

川村　英男　181

【キ】

岸野　雄三　3, 5-8, 9-10, 12, 16, 20, 24, 25, 30, 36-38, 41, 43-45, 72, 76-78, 81, 86, 96-97, 147-148, 163, 175, 179, 201
木下　東作　53, 54
木下　秀明　5-7, 52, 53, 88, 116, 174
木村　吉次　180
キャッスル（Egerton Castle）242
ギュルリット（Cornelius, Gurlitt）149
ギルマイスター（Heiner Gillmeister）147, 166, 169, 174, 175

【ク】

グーツムーツ（Johann C. F. GutsMuths）119, 123, 130, 135, 145
クーラス（Lotte Kurras）168, 169
クッシェ（Johannes Kusche）155
グットマン（Allen Guttmann）65, 69-71, 73, 74, 76, 95, 166, 169, 174
クネシュケ（Ernst H. Kneschke）219
クラウゼ（Hans Krause,）160
クラウゼ（Johann H. Krause）178
グラスホーフ（Kurt Grasshoff）169, 175
クラモリヌム（Bartholomaeum Clamorinum）214
クリューガー（Arnd Krüger）147, 166, 172
クリューガー（Michael Krüger）72-74, 165
グルーペ（Werner Grupe）160
クルト（Otto, Kurth）156
グレイマス（Algirdas J. Greimas）75
クレルシュ（Josef Klersch）223

【ケ】

ゲーテ（Johann Wolfgang von Goethe）14
ケラー（Gottfried Keller）155
ゲルバー（Harry Gerber）250

317

【コ】
コヴァルト（Helmut Kowald）155
コスト（Helmut Kost）156, 162
コッタ（Karl Cotta）148, 158, 178
コップ（Karl H. Kopp）161
近藤　鎮三　118

【サ】
ザイボルト－ブルンフーバー（Annemarie Seybold-Brunnhuber）160
ザウルビール（Bruno Saurbier）161
佐伯　聰夫　57
ザックス（Hans Sachs）153, 217
サモウコフ（F.I. Samoukow）160
サル（Heasim Sul）175
ザルツマン（Christian G. Salzmann）135, 145

【シ】
シェール（Alfred Schaer）149
シェルフ（Helma Scherf）160
下村　泰大　51
シャーケル（Werner Schakel）160
シャイドラー（Karl H. Scheidler）154, 189
シュヴァーベンの騎士エーインゲン（Ritter Georg von Ehingen）153
シューマン（Max Schumann）155
シュタドラー（A. Stadler）155
シュタム（Heide Stamm）168, 219, 222, 261
シュタムラー（Rudolf Stammler）108, 109, 110, 113
シュツンプフ（Johannes Stumpf）219
シュテンゲル（Werner Stengel）160
シュニッツラー（Thomas Schnitzler）168, 169, 223, 224
シュバルティス（Georgii S. Schvbarti）214
シュピツアー（Giselher Spitzer）173
シュペンゲンベルク（Cyriacus Spengenberg）219
シュミード－コヴァルツイク（Jolef Schmied-Kowarzik）149, 250
シュミット（Sandra Schmidt）173, 175

318

人名索引

シュリーベン(A. Schlieben)149
シュレー(Emil Schlee)161
新村　出　55
ジンメル(Georg Simmel)102, 104-106, 108, 137

【ス】
須加　精一　176
須郷　智　179
スコルニンク(Lothar Skorning)160
ストライプ(Wilhelm Straib)155
ストレンジ(Frederick W. Strange)51
ストロマイヤー(Hannes Strohmeyer)169

【セ】
世良　晃志郎　10, 33, 35, 138

【ソ】
寒川　恒夫　179
ソクラテス　121, 127, 129
ソボトカ(Raimud Sobotoka)161

【タ】
タールホファー(Hans Thalhofer)168
高島　平三郎　176
武田　千代三郎　51
谷釜　了正　179

【チ】
チーシャンク(Klaus Zieschang)161
チェルネ(Friedrich Tscherne)161

【ツ】
ツインゲルレ(Ignaz V. Zingerle)150
ツオーバー(Ernst Zober)150
ツキディデス　131, 132

都築　重雄 178
坪井　玄道 176

【テ】
ディーム（Carl Diem）69, 73, 94, 95, 133, 142, 161
ティム（Carl A. Thimm）242
デーリング（Heinrich Döring）149
出口　林次郎 176
デッカー（Wolfgang Decker）73, 171
デューラー（Alfred Dürer）153, 237
寺岡　英吉 53, 54
デルレ（Gerhard Dölle）160
デルンヘファー（Friedrich Dörnhöffer）149

【ト】
トーマス（Carolyn E. Thomas）71
ドルヒ（Martin Dolch）174, 175

【ナ】
永井　道明 52
中房　敏朗 184
奈良　重幸 31, 184
成田　十次郎 5-7, 179, 201

【ニ】
ニーダーマン（Erwin Niedermann）165
ニーデナー（Felix Niedner）149
西川　正雄 205
二宮　文右衛門 176

【ノ】
ノイエンドルフ（Edmond Neuendorff）147, 154, 155, 156-158, 162, 190
ノトカー（Labeo Notker）152

人 名 索 引

【ハ】

バーダー（Jossef Baader）250
ハートウエル（Edmund M. Hartwell）176
バーバー（Richard Barner）166
ハーン（Martin Hahn）147, 155, 156, 158-159, 162, 163, 193
バイエルン公クリストフ（Herzog Christoph von Bayern）153, 188
ハイデ（Walter W. Hyde）178
パイファー（Lorenz Peiffer）171, 173
パヴェル（Jaro Pawsel）150
パウサニアス 132
ハウゼン（Friedrich Hausen）149
バセッタ（Carlo Bascetta）167
林　毅 10, 33
バルザック（Honore de Balzac）82
ハンデルマン（Don Handelman）148
バロン（Karl M. Baron）154
ハン（Balthasar Han）166

【ヒ】

ヒースベルガー（M. Hiesberger）161
ビーズレイ（William H. Beezley）174
樋口　聡 65, 71-72
ヒポクラテス 120
ビュシング（Johann G. Büsching）250
ヒュッペ（Ferdinand Hueppe）156
ヒルズ（Hans-Peter Hils）168, 242
廣井　家太 178
ビンツ（Julius Bintz）149, 150-151, 178

【フ】

ファイエルアーベント（Sigmund Feyerabend）214, 263
フィート（Gerhard U.A. Vieth）147, 148
フィッシャー（Michael Fischer）71
フィッシャート（Johann Fischart）154
フィロストラトス 122, 130

321

フィロン 122
フェッツ（Friedrich Fetz）84
フェルスター（Siegesmund von Förster）150
フォークト（Martin Vogt）147, 155, 156
フォルベス（Clarence A. Forbes）178
ブディーク（Peter A. Budik）149
プファルツ選定侯フリードリッヒ（Kurfürsten Friedrich des Sigreichen von der Pfalz）153
フライズ（Ernst Freys）224
フライターク（Gustav Freytag）229
プラトン 102, 117, 118, 127-132, 136, 142
フランク（W. Franck）149
ブリューゲル（Peter Bruegel）169
フレクセル（Lienhart Flexel）154, 229
フレッケンシュタイン（Josef Fleckenstein）166, 167, 169
ブレンディッケ（Hans Brendicke）148
フント（Michael Hundt）153
フント（Wiguleus Hund）219

【ヘ】
ベイカー（Juliet Barker）166
ペーター（Nicolaes Petter）153
ベーハイム（Michael Beheim）153
ヘールマン（Michael Hörrmann）168
ベッカー（Reinhold Becker）149
ベットヒャー（Adolf Boetticher）178
ヘフナー（Jakob H. von Hefner）149
ヘルクゼル（Gustav Hergsell）149
ベルネット（Hajo Bernett）93, 148
ベルンハルト（Lothar Bernhardt）160
ヘロディコス 120
ヘンデル（Johann C. Hendel）149
ヘンペル（Carl G. Hempel）35-36, 38, 40-42, 47-49, 77, 86, 87
ヘンリックス（Thomas S. Henricks）174

人名索引

【ホ】
ホンジンガ（Johan Huizinga）65-67, 93, 94, 95
ボイテンディーク（F.J.J. Buytendijk）82, 83, 97
ボーゲング（G.U.A. Bogeng）73, 155, 178
ボーデマー（Heidemarie Bodemer）242, 243, 267
ホールマン（Helga Hollmann）161
ポパー（Karl R. Popper）8, 9, 11, 16, 20, 21, 24, 26-27, 29, 32, 34, 36-43, 45-46, 86, 140
ボフス（Julius Bohus）165
ポプロウ（Ulrich Popplow）160
ホメロス 102, 104, 119, 127, 131, 136

【マ】
マール（Peter Maar）161, 250
マイネル（Kurt Meinel）82-84, 85, 97, 98
マイヤー（Werner Meyer）167, 169, 175
マイル（Paul Hector Mair）224, 235-242, 263, 264, 265, 266
マインハルト（Günther Meinhardt）168
マクレラン（John McClelland）72, 74-76, 147, 166, 167, 175
マスマン（Ernst H. Massmann）155
松井　簡治 55
松尾　順一 163
マッキントッシュ（Peter McIntosh）166
マッコーナハイ（Michael W. McConahey）167
松村　明 55
マティス（Friedrich K. Mathys）161
マルクス（Karl Marx）8, 20, 148, 161
マンガン（James A. Mangan）171, 173
マンデル（Richard D. Mandell）73

【ミ】
ミカエリス（Hans-Thorald Michaelis）168, 173
水野　忠文 179
ミューラー（Johann A. Müller）215, 219
ミューラー（Johann P. Müller）128
ミューラー（Karl Müller）156, 162

323

ミュンスター（Sebastian Münster）214
ミンコフスキー（Helmut Minkowski）156, 161

【メ】
メール（Erwin Mehl）91, 119, 123, 141-145, 155, 156-158, 190
メシュケ（Kurt Meschke）155
メゾー（Ferene Mezö）178
メリリース（Brian Merrilees）167
メルクリアリス（Hieronymus Mercurialis）152, 173
メルツ（Adolf L. März）161
メンデルスゾーン（Samuel Mendelssohn）149

【モ】
盛山　智利 53
モルガン（Roger Morgan）175

【ヤ】
ヤーン（Friedrich L. Jahn）119, 123, 143, 152
山田　午郎 53
山本　忠興 53
山本　徳郎 162

【ユ】
ユーバーホルスト（Horst Ueberhorst）5, 32, 73, 165
ユットナー（Julius Jüthner）102, 119, 123, 124, 125, 130, 132, 133, 145

【ラ】
ラードルコファー（Max Radlkofer）150
ライデンブッハ（Wilhelm von Raidenbuch）219, 222
ラintゲス（Theo Reintges）161, 168
ラスト（Anton Rast）238, 265
ランゲ（Friedrich A. Lange）148, 158

【リ】
リーデル（Siegward Riedel）161

人　名　索　引

リュール（Joachim K. Rühl）147, 166, 167, 169, 174, 175
リュクスナー（Georg Rüxner）206, 212–223, 260
リュッゲン（Joerg Rugen）219
リンゲック（Sigmund Ringeck）168

【ル】
ルカス（Gerhard Lukas）73, 147, 160, 162, 193
ルカス（Werner Lukas）160
ルキアノス　134, 145

【レ】
レーゼナー（Christoff Rösener）153
レームス（Erhart Remus）155
レコンプテ（Lou LeCompte）174
レナード（Fred E. Leonard）176, 178
レンシェートリル（Barbara Ränsch-Trill）173
レンソン（Roland Renson）165, 169
レンマー（Manfred Lämmer）171

【ロ】
ロードラー（Hieronimus Rodler）214, 220
ロスト（Valentin C.F. Rost）126
ロッホナー（Karl E. Lochner）161

著者紹介

楠戸　一彦（くすど　かずひこ）

1947 年	岡山県倉敷市に生まれる
1970 年	東京教育大学体育学部卒業
1976 年	東京教育大学大学院教育学研究科博士課程退学
1976 年	山口大学教育学部講師
1985 年	広島大学総合科学部助教授
1997 年	広島大学総合科学部教授
2006 年	広島大学大学院総合科学研究科教授
2012 年	広島大学名誉教授
現　在	環太平洋大学体育学部教授
主　著	ドイツ中世後期のスポーツ―アウグスブルクにおける「公開射撃大会」―，不昧堂出版，1998 年
	楠戸一彦先生退職祈念論集刊行会編，楠戸一彦先生退職記念論集　体育・スポーツ史の世界―大地と人と歴史との対話―，渓水社，2012 年

ドイツ中世スポーツ史研究入門

平成 25 年 11 月 1 日　発　行

著　者　楠戸　一彦
発行所　株式会社　渓水社
　　　　広島市中区小町 1-4（〒730-0041）
　　　　電話 082-246-7909／FAX082-246-7876
　　　　e-mail : info@keisui.co.jp
　　　　URL : www.keisui.co.jp

ISBN978-4-86327-233-0　C3075
©2013　Printed in Japan